Larousse

ATLAS MONDIAL

Larousse

17, RUE DU MONTPARNASSE-75298 PARIS CEDEX 06

Imprimé par John Bartholomew & Son Ltd,
en Écosse, à Édimbourg

ISBN 2-03-521103-4

Préface

Par la télévision, la presse ou la radio, le Golfe Persique ou l'Érythrée, l'Amérique centrale ou l'Afghanistan, le détroit d'Ormuz ou la route du Cap, la bande de Gaza ou celle d'Aozou, sont évoqués quotidiennement ou presque. Les médias, surtout audiovisuels, ont ainsi accéléré la mondialisation de l'actualité, de l'information. Mais si les noms cités sont devenus familiers, ils ne sont pas pour autant toujours aisément localisés (sinon fugitivement, l'espace d'une seconde, par le passage d'une carte sur le petit écran).

"Le monde est devenu un village" (pour paraphraser Mc Luhan), mais ce village nécessite un plan, un repère visuel adapté pour ne pas s'y égarer. C'est l'objet de *l'Atlas Mondial,* méritant réellement son qualificatif par la priorité inédite accordée à une couverture véritablement universelle.

L'Europe (avec la France) n'est pas négligée, mais simplement traitée selon son importance actuelle dans un monde où son poids, surtout démographique, n'a cessé de diminuer depuis le début du siècle. Une juste place est enfin reconnue à l'Asie qui regroupe nettement plus de la moitié de la population mondiale. Par exemple, le milliard d'habitants de l'Asie méridionale (Pakistan, Inde, Bangladesh, Sri Lanka) n'est plus "regroupé" sous une page unique. L'Amérique latine (englobant l'Amérique centrale, les Antilles et l'Amérique du Sud) n'est pas ici le parent pauvre du duo États-Unis - Canada (qui n'est cependant pas sacrifié). L'Afrique, enfin, reçoit une couverture homogène, avec un traitement privilégié pour les zones de fortes densités que sont le Maghreb et le pourtour du golfe de Guinée.

Au total, environ 25 000 noms sont répertoriés, une large nomenclature localisant les noms de lieux utiles et susceptibles d'être recherchés, mais qui permet aussi de conserver une grande lisibilité à la carte. Cette lisibilité qui ne rebute pas et qui fait de la consultation un plaisir, résulte aussi de la hiérarchisation des couleurs, des noms et des symboles. Le relief est clairement représenté, l'armature urbaine apparaît bien ordonnée, statistiquement à jour.

Une légende générale, claire mais complète, indique la signification des nombreux symboles que l'on peut rencontrer sur les cartes. Le repérage est également aisé, expliqué naturellement en fin d'ouvrage à la tête d'un index alphabétique qui comporte 48 pages bien que chaque nom (et certains, importants, apparaissent évidemment sur plusieurs cartes) ne soit répertorié qu'une seule fois. De plus, juste avant cet index, l'essentiel des abréviations et des expressions géographiques internationales, que l'on peut trouver sur les cartes, est regroupé sur une page.

Naturellement, préalable à cette couverture régionale originale (par sa pondération), le monde, dans son ensemble, n'est pas négligé. Au planisphère politique, synthèse actuelle, sont juxtaposées des doubles pages consacrées à des phénomènes naturels (de la tectonique des plaques "la Terre en mouvement" à la circulation atmosphérique et aux grandes zones climatiques) qu'il ne faut pas oublier dans l'explication de la répartition de l'homme sur Terre. Et, la carte de la Communauté économique européenne montre finalement que, même dans cet Atlas qui se veut véritablement mondial, les préoccupations "continentales" demeurent présentes.

TABLE DES MATIÈRES

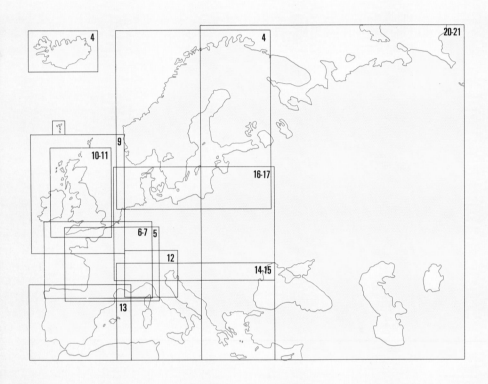

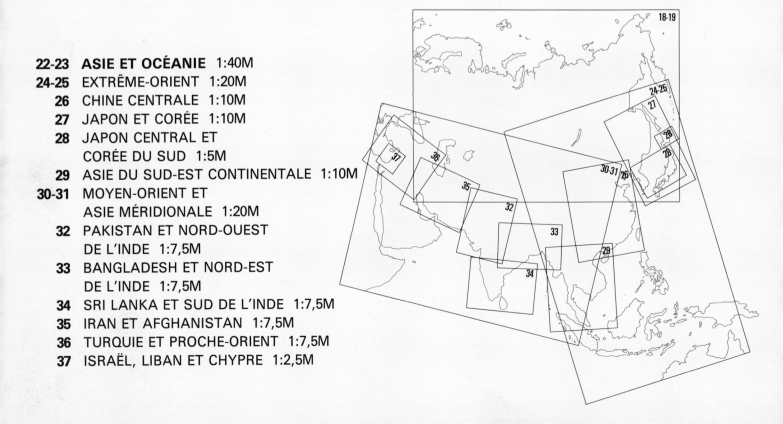

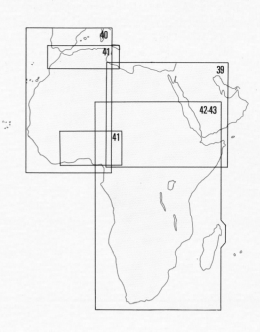

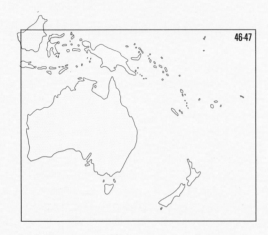

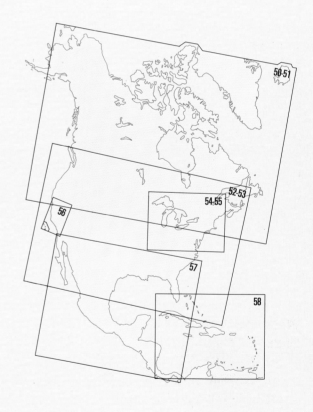

LE MONDE POLITIQUE

LA TERRE EN MOUVEMENT

Contrairement à nos voisins, la Lune, Mars et Vénus, la Terre est une planète "vivante", en perpétuel changement. Des mouvements internes provoquent des mouvements à grande échelle de la croûte, qui déterminent la taille et la forme de nos océans et continents et sont responsables des tremblements de terre et des éruptions volcaniques.

La croûte instable

La Terre est composée de trois couches concentriques, la croûte (ou lithosphère), le manteau et le noyau. L'épaisseur de la croûte varie de quelques kilomètres sous les océans à 100 km sous les montagnes (telles que les Alpes). Le manteau forme 82% du volume de la terre et atteint une température de 3700°C, alors que le noyau atteint 4300°C.

De ces hautes températures internes résulte une instabilité crustale. Le manteau chaud, et donc plastique, est animé de mouvements convectifs. Sa remontée produit de la croûte nouvelle aux dorsales médio-océaniques et le plancher océanique se déplace latéralement jusqu'aux zones de subduction où il descend sous la croûte continentale et est réabsorbé dans le manteau.

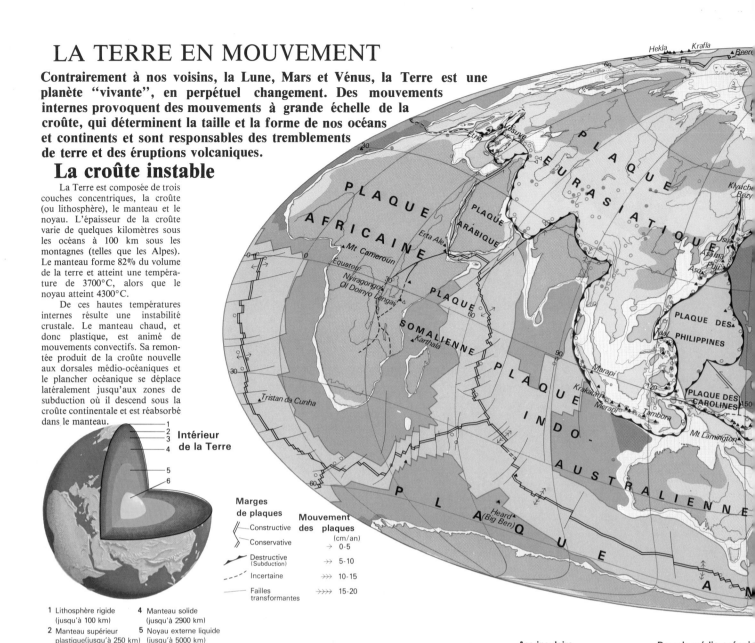

Intérieur de la Terre

Marges de plaques

〰 Constructive
⟋ Conservative
◣ Destructive (Subduction)
- - - Incertaine
─── Failles transformantes

Mouvement des plaques (cm/an)
→ 0-5
→→ 5-10
→→→ 10-15
→→→→ 15-20

1 Lithosphère rigide (jusqu'à 100 km)
2 Manteau supérieur plastique (jusqu'à 250 km)
3 Zone de transition (jusqu'à 700 km)
4 Manteau solide (jusqu'à 2900 km)
5 Noyau externe liquide (jusqu'à 5000 km)
6 Noyau interne solide (jusqu'à 6371 km)

La tectonique des plaques

La théorie de la tectonique des plaques a été une révolution dans la compréhension de notre planète. Elle explique que la croûte terrestre est formée de vastes "plaques" rigides reposant sur le manteau supérieur plastique qui se déplacent continuellement les unes par rapport aux autres, à des vitesses atteignant 20 cm par an.

La relation des mouvements entre les plaques est définie par la nature de leurs marges, constructives, destructives ou conservatives (voir schéma). L'océan Atlantique est un bon exemple du mouvement constructif. Du plancher océanique nouveau est créé continuellement à la dorsale médio-océanique, éloignant progressivement les Amériques de l'Europe et de l'Afrique. On observe des mouvements destructifs au pourtour du Pacifique, où les plaques descendent sous la lithosphère adjacente. Le mouvement est conservatif quand deux plaques coulissent l'une par rapport à l'autre le long d'une faille transformante, comme celle de San Andreas en Californie. C'est là qu'ont lieu les plus violents tremblements de terre.

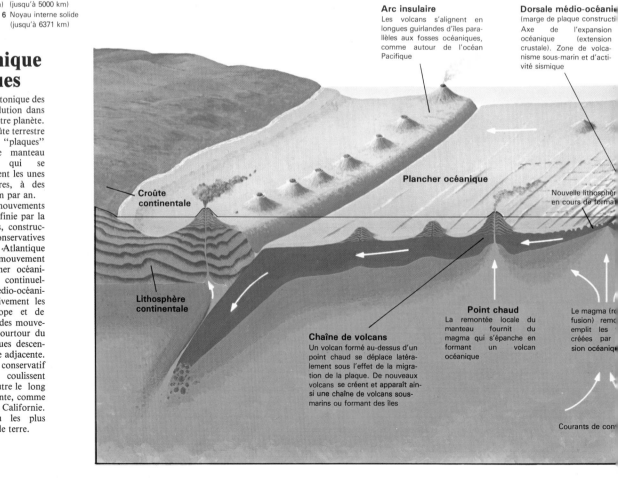

Arc insulaire
Les volcans s'alignent en longues guirlandes d'îles parallèles aux fosses océaniques, comme autour de l'océan Pacifique

Dorsale médio-océani...
(marge de plaque constructi...) Axe de l'expansion océanique (extension crustale). Zone de volcanisme sous-marin et d'activité sismique

Croûte continentale

Plancher océanique

Nouvelle lithosphèr... en cours de forma...

Lithosphère continentale

Chaîne de volcans
Un volcan formé au-dessus d'un point chaud se déplace latéralement sous l'effet de la migration de la plaque. De nouveaux volcans se créent et apparaît ainsi une chaîne de volcans sous-marins ou formant des îles

Point chaud
La remontée locale du manteau fournit du magma qui s'épanche en formant un volcan océanique

Le magma (r... fusion) rem... emplit les créées par... sion océaniq...

Courants de con...

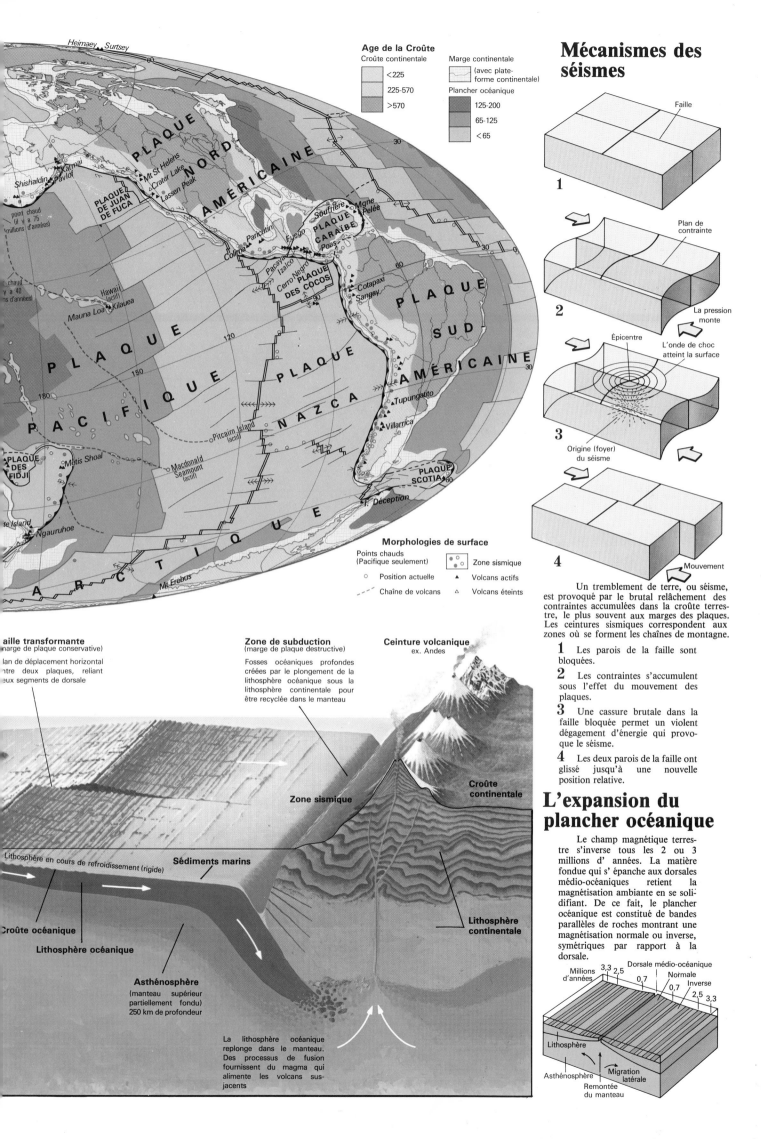

Age de la Croûte

Croûte continentale

- < 225
- 225-570
- > 570

Marge continentale
(avec plate-forme continentale)

Plancher océanique

- 125-200
- 65-125
- < 65

Mécanismes des séismes

Faille

1

Plan de contrainte

2

La pression monte

Épicentre

L'onde de choc atteint la surface

3

Origine (foyer) du séisme

4

Mouvement

Un tremblement de terre, ou séisme, est provoqué par le brutal relâchement des contraintes accumulées dans la croûte terrestre, le plus souvent aux marges des plaques. Les ceintures sismiques correspondent aux zones où se forment les chaînes de montagne.

1 Les parois de la faille sont bloquées.

2 Les contraintes s'accumulent sous l'effet du mouvement des plaques.

3 Une cassure brutale dans la faille bloquée permet un violent dégagement d'énergie qui provoque le séisme.

4 Les deux parois de la faille ont glissé jusqu'à une nouvelle position relative.

L'expansion du plancher océanique

Le champ magnétique terrestre s'inverse tous les 2 ou 3 millions d'années. La matière fondue qui s'épanche aux dorsales médio-océaniques retient la magnétisation ambiante en se solidifiant. De ce fait, le plancher océanique est constitué de bandes parallèles de roches montrant une magnétisation normale ou inverse, symétriques par rapport à la dorsale.

Dorsale médio-océanique

Millions d'années 3,3 2,5 0,7 Normale 0,7 Inverse 2,5 3,3

Lithosphère

Asthénosphère Migration latérale

Remontée du manteau

Morphologies de surface

Points chauds (Pacifique seulement)

- ○ Position actuelle
- – – – Chaîne de volcans

Zone sismique

- ▲ Volcans actifs
- △ Volcans éteints

Faille transformante
(marge de plaque conservative)

Plan de déplacement horizontal entre deux plaques, reliant deux segments de dorsale

Zone de subduction
(marge de plaque destructive)

Fosses océaniques profondes créées par le plongement de la lithosphère océanique sous la lithosphère continentale pour être recyclée dans le manteau

Ceinture volcanique
ex. Andes

Zone sismique

Croûte continentale

Lithosphère continentale

Lithosphère en cours de refroidissement (rigide)

Sédiments marins

Croûte océanique

Lithosphère océanique

Asthénosphère
(manteau supérieur partiellement fondu) 250 km de profondeur

La lithosphère océanique replonge dans le manteau. Des processus de fusion fournissent du magma qui alimente les volcans sus-jacents

VÉGÉTATION ET ENVIRONNEMENT

On peut diviser le monde en 8 principales zones biogéographiques, déterminées essentiellement par les conditions climatiques (températures et précipitations en premier lieu). La carte générale montre cette distribution. La couleur de la bande surmontant chaque zone décrite reproduit la couleur utilisée sur cette carte principale pour la représenter. Le petit planisphère à l'intérieur de chaque zone rappelle la localisation de cette zone à la surface de la Terre. Par exemple la bande choisie pour le Désert est de couleur jaune-orangé et, à partir du petit planisphère, on peut la retrouver sur la carte générale (principalement en Afrique [Sahara] et en Asie [Arabie et Asie centrale], puis dans l'intérieur de l'Australie et dans l'Ouest américain). Le texte rappelle brièvement les caractéristiques essentielles du paysage de la zone concernée.

ZONE "MÉDITERRANÉENNE"

Ce type de paysage correspond à de longues périodes de sécheresse et de chaleur (l'été dans les régions méditerranéennes), l'absence de grands froids. C'est le pays de la vigne et de l'olivier.

TOUNDRA ET MONTAGNES

Les zones polaires et les régions de hautes altitudes ont un sol gelé presque en permanence. Seule la couche superficielle dégèle en été, provoquant la formation de marais et autorisant une maigre végétation (lichens, mousses).

FORÊT BORÉALE (TAÏGA)

La forêt de conifères couvre de vastes superficies, notamment en Sibérie et au Canada, dans des régions aux hivers longs et rigoureux, aux étés parfois chauds, mais toujours courts.

FORÊT TEMPÉRÉE

La forêt tempérée est présente dans les régions aux écarts thermiques réduits entre hiver et été. Elle est surtout développée en Europe, occupe l'Est des États-Unis et de la Chine. Mais, très exploitée, sa superficie a reculé, devant l'habitat et l'agriculture surtout.

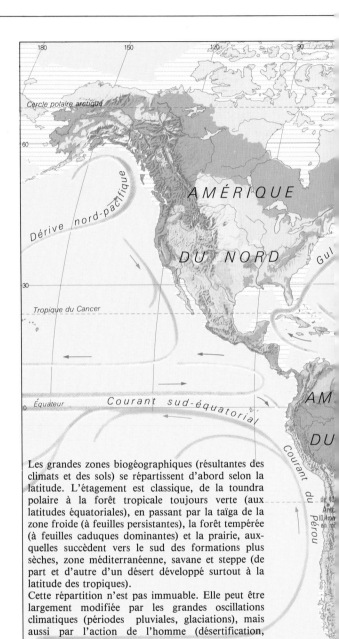

Les grandes zones biogéographiques (résultantes des climats et des sols) se répartissent d'abord selon la latitude. L'étagement est classique, de la toundra polaire à la forêt tropicale toujours verte (aux latitudes équatoriales), en passant par la taïga de la zone froide (à feuilles persistantes), la forêt tempérée (à feuilles caduques dominantes) et la prairie, auxquelles succèdent vers le sud des formations plus sèches, zone méditerranéenne, savane et steppe (de part et d'autre d'un désert développé surtout à la latitude des tropiques).
Cette répartition n'est pas immuable. Elle peut être largement modifiée par les grandes oscillations climatiques (périodes pluviales, glaciations), mais aussi par l'action de l'homme (désertification, déforestation, salinisation, etc).

PRAIRIE

La prairie (couvrant des sols généralement fertiles) est le grand domaine agricole, juxtaposant ou mêlant élevage et cultures. Elle se développe sous des climats aux écarts thermiques déjà contrastés, avec des précipitations réduites, mais bien réparties dans l'année.

SAVANE

C'est un paysage de hautes herbes, souvent parsemé d'arbres (savane arborée), particulièrement développé en Afrique, le long du golfe de Guinée et jusqu'à l'Afrique australe. On le trouve aussi en Amérique latine, beaucoup plus rarement en Asie et en Australie.

VÉGÉTATION ET ENVIRONNEMENT

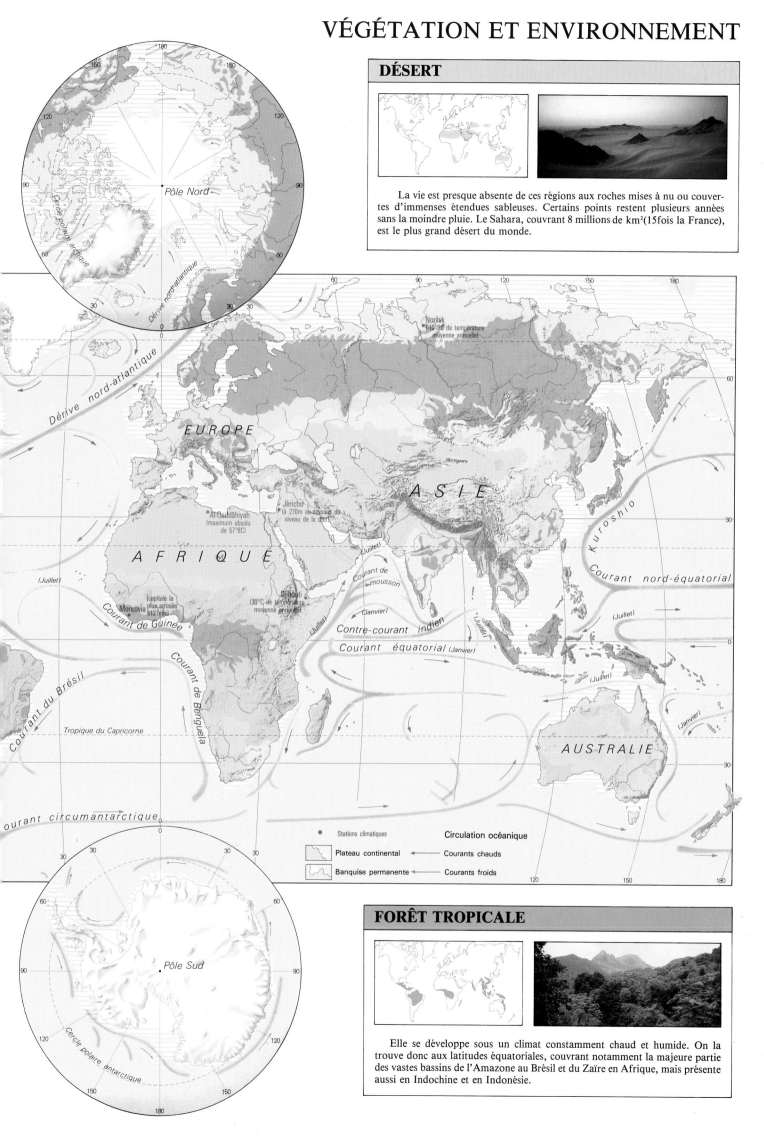

DÉSERT

La vie est presque absente de ces régions aux roches mises à nu ou couvertes d'immenses étendues sableuses. Certains points restent plusieurs années sans la moindre pluie. Le Sahara, couvrant 8 millions de km² (15 fois la France), est le plus grand désert du monde.

FORÊT TROPICALE

Elle se développe sous un climat constamment chaud et humide. On la trouve donc aux latitudes équatoriales, couvrant notamment la majeure partie des vastes bassins de l'Amazone au Brésil et du Zaïre en Afrique, mais présente aussi en Indochine et en Indonésie.

Pôle Nord

Cercle polaire arctique

Dérive nord-atlantique

Dérive nord-atlantique

EUROPE

ASIE

AFRIQUE

Norilsk (-10°C de température moyenne annuelle)

Al Qaddāhiyah (maximum absolu de 57°8C)

Jéricho (à 270m au dessous du niveau de la mer)

(Juillet)

Courant de mousson

Djibouti (30°C de température moyenne annuelle)

(Janvier)

(Juillet)

Contre-courant indien

Courant équatorial (Janvier)

Monrovia (capitale la plus arrosée 5131mm)

Courant de Guinée

Courant du Brésil

Courant de Benguela

Tropique du Capricorne

Kuroshio

Courant nord-équatorial

(Juillet)

(Juillet)

(Janvier)

AUSTRALIE

(Juillet)

ourant circumantarctique

Pôle Sud

Cercle polaire antarctique

Stations climatiques

Plateau continental

Banquise permanente

Circulation océanique

Courants chauds

Courants froids

CLIMATS ET CIRCULATION ATMOSPHÉRIQUE

Le climat exerce une grande influence sur l'homme, affectant son environnement, conditionnant largement son implantation et aussi les productions alimentaires. Les précipitations et les températures sont les caractéristiques les plus importantes des climats. Leurs valeurs propres et leurs combinaisons permettent de déterminer les grands domaines climatiques à la surface de la Terre. Ces grands domaines apparaissent avec chacun une teinte différente sur la carte. Ils sont illustrés graphiquement par le choix d'une douzaine de stations climatiques significatives de chacun d'entre eux représentant la distribution mensuelle des températures et des précipitations, en distinguant périodes sèches et humides.

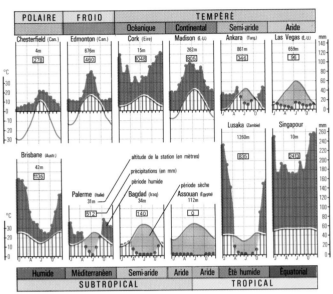

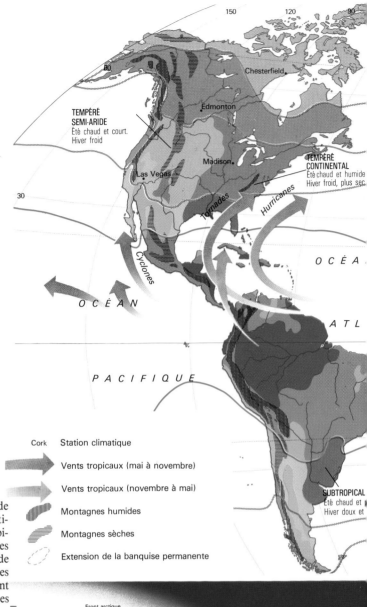

Cork — Station climatique

→ Vents tropicaux (mai à novembre)

→ Vents tropicaux (novembre à mai)

▩ Montagnes humides

▨ Montagnes sèches

⬭ Extension de la banquise permanente

LA CIRCULATION ATMOSPHÉRIQUE

Elle s'organise autour de trois cellules (cellule polaire, cellule de Ferrel et cellule de Hadley) dans les deux hémisphères, eux-mêmes séparés par la convergence intertropicale (CIT) lieu de rencontre des alizés et remontant vers le N. pendant l'été boréal. On remarque la distribution zonale des zones de hautes pressions, les anticyclones (A) proches des tropiques et les zones de basses pressions (dépressions (D) à de plus basses et de plus hautes latitudes. Les vents se dirigent des anticyclones vers les dépressions.

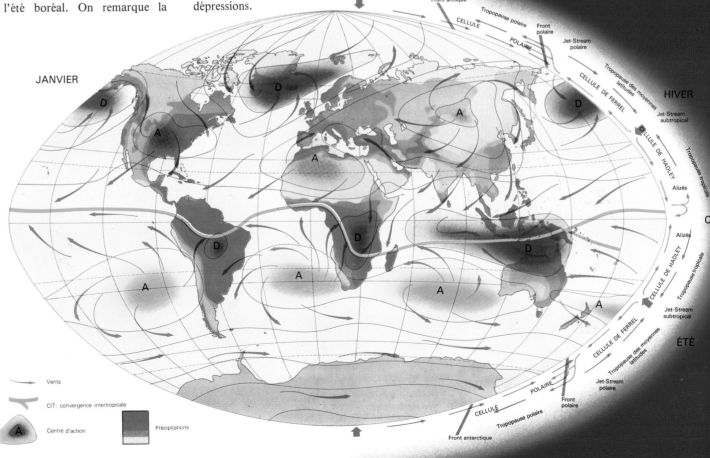

JANVIER

Vents

CIT: convergence intertropicale

Centre d'action

Précipitations

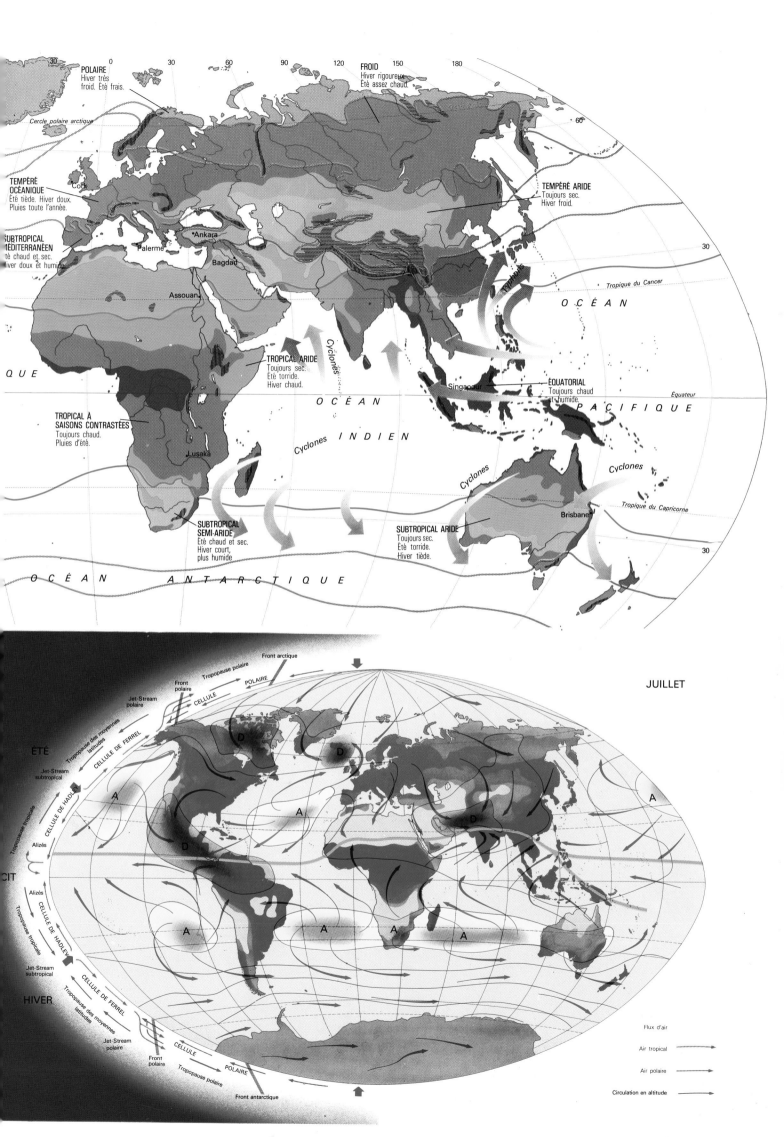

POLAIRE
Hiver très
froid. Été frais.

FROID
Hiver rigoureux.
Été assez chaud.

Cercle polaire arctique

TEMPÉRÉ
OCÉANIQUE
Été tiède. Hiver doux.
Pluies toute l'année.

Cork

TEMPÉRÉ ARIDE
Toujours sec.
Hiver froid.

SUBTROPICAL
MÉDITERRANÉEN
té chaud et sec.
iver doux et humide.

Palerme
•Ankara

Bagdad

TYPHONS

30

OCÉAN

Tropique du Cancer

Assouan.

TROPICAL ARIDE
Toujours sec.
Été torride.
Hiver chaud.

QUE

Cyclones

OCÉAN

Singapour

ÉQUATORIAL
Toujours chaud
et humide.

PACIFIQUE

Équateur

TROPICAL À
SAISONS CONTRASTÉES
Toujours chaud.
Pluies d'été.

Lusaka

Cyclones   INDIEN

Cyclones

Cyclones

Brisbane

Tropique du Capricorne

SUBTROPICAL
SEMI-ARIDE
Été chaud et sec.
Hiver court,
plus humide.

SUBTROPICAL ARIDE
Toujours sec.
Été torride.
Hiver tiède.

30

OCÉAN   ANTARCTIQUE

Front arctique

JUILLET

Front   Tropopause polaire
polaire   POLAIRE
Jet-Stream   CELLULE
polaire

ÉTÉ

Tropopause des moyennes latitudes

CELLULE DE FERREL

Jet-Stream
subtropical

D

D

CELLULE DE HADLEY

A

A

D

A

Tropopause tropicale

Alizés

CELLULE DE HADLEY

A

CIT

Alizés

A

A

A

A

Tropopause tropicale

CELLULE DE HADLEY

Jet-Stream
subtropical

CELLULE DE FERREL

Flux d'air

HIVER

Tropopause des moyennes latitudes

Air tropical

Air polaire

Jet-Stream
polaire

CELLULE

Front
polaire   POLAIRE

Circulation en altitude

Tropopause polaire

Front antarctique

XIII

LA COMMUNAUTÉ ÉCONOMIQUE EUROPÉENNE

La Communauté Économique Européenne (C.E.E.), couramment appelée
aussi Marché Commun, est née à
Rome le 25 mars 1957, lieu et jour de
la signature du traité, entré en
application le 1er janvier 1958.

Elle comportait 6 États à l'origine:
France, R.F.A., Italie, Belgique, Pays-
Bas et Luxembourg, auxquels se sont
joints successivement la Grande-
Bretagne, l'Irlande et le Danemark,
puis la Grèce, enfin l'Espagne et le
Portugal.

L'ensemble constitué, l'Europe des
Douze, couvrant 2 250 000 km² environ (4 fois la France) est beaucoup
moins étendu que les États-Unis et
surtout l'U.R.S.S., mais, avec plus de
320 millions d'habitants, est plus
peuplé que chacun de ces grands
États. Son poids économique, mesuré
par la valeur du produit intérieur brut,
demeure notablement inférieur à celui
des États-Unis, mais reste de beaucoup
supérieur à celui de l'U.R.S.S., est
près du double du P.I.B. d'un Japon,
il est vrai, trois fois moins peuplé.

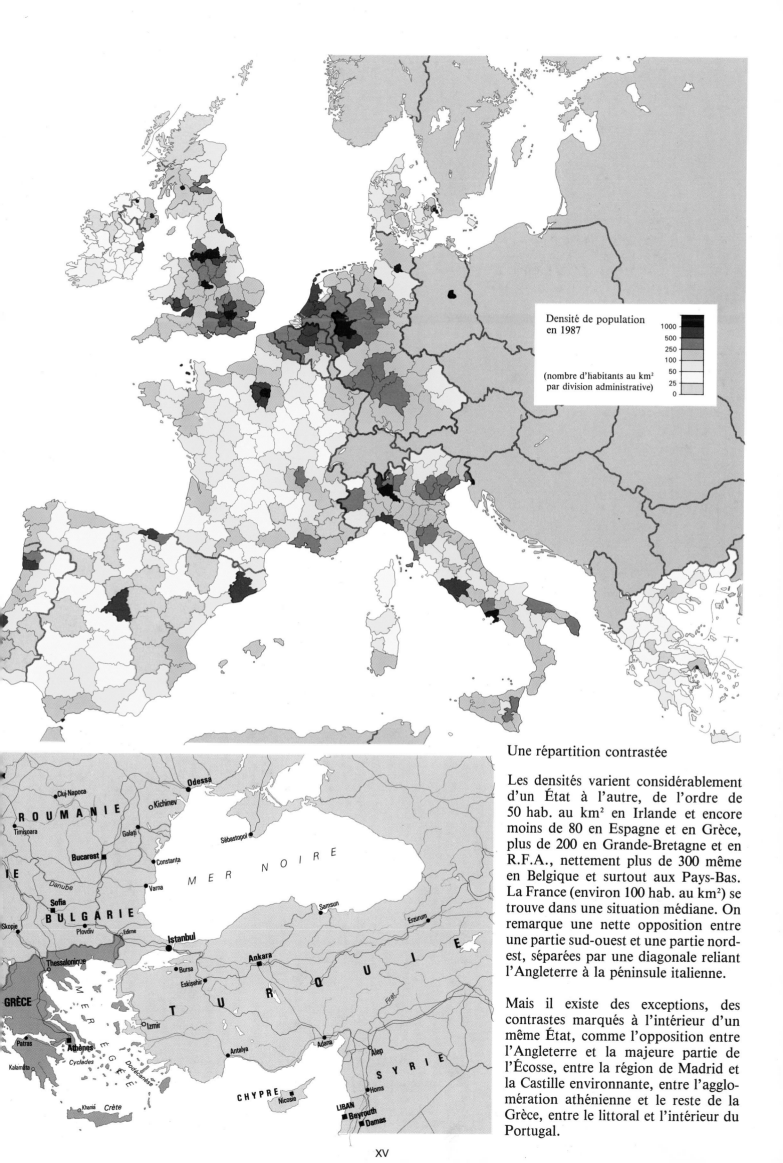

Une répartition contrastée

Les densités varient considérablement d'un État à l'autre, de l'ordre de 50 hab. au km² en Irlande et encore moins de 80 en Espagne et en Grèce, plus de 200 en Grande-Bretagne et en R.F.A., nettement plus de 300 même en Belgique et surtout aux Pays-Bas. La France (environ 100 hab. au km²) se trouve dans une situation médiane. On remarque une nette opposition entre une partie sud-ouest et une partie nord-est, séparées par une diagonale reliant l'Angleterre à la péninsule italienne.

Mais il existe des exceptions, des contrastes marqués à l'intérieur d'un même État, comme l'opposition entre l'Angleterre et la majeure partie de l'Écosse, entre la région de Madrid et la Castille environnante, entre l'agglomération athénienne et le reste de la Grèce, entre le littoral et l'intérieur du Portugal.

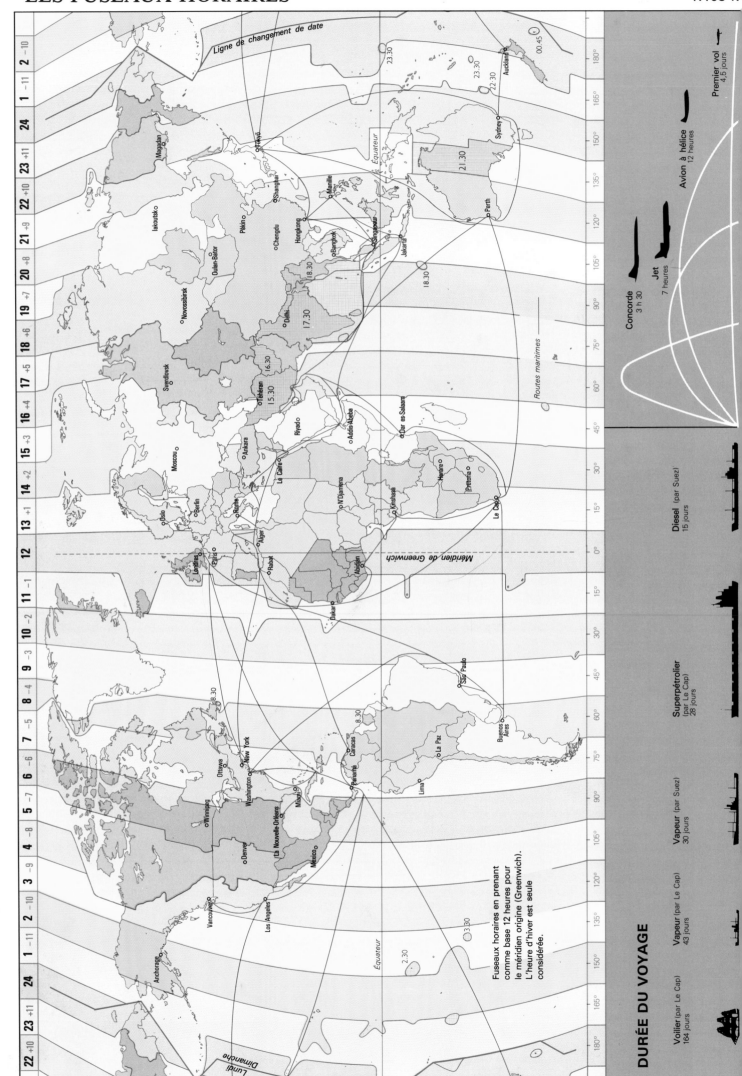

Ligne de changement de date

Équateur

Méridien de Greenwich

Routes maritimes

Fuseaux horaires en prenant comme base 12 heures pour le méridien origine (Greenwich). L'heure d'hiver est seule considérée.

Lundi
Dimanche

DURÉE DU VOYAGE

Voilier (par Le Cap)
164 jours

Vapeur (par Le Cap)
43 jours

Vapeur (par Suez)
30 jours

Superpétrolier (par Le Cap)
28 jours

Diesel (par Suez)
15 jours

Concorde
3 h 30

Jet
7 heures

Avion à hélice
12 heures

Premier vol
4,5 jours

L'échelle de la carte est indiquée
en haut de chaque page.
Les abréviations et les expressions
utilisées sur les cartes sont
expliquées au début de l'index.

FRONTIÈRES

Internationale

Internationale contestée

Ligne de cessez-le-feu

Régionale

Autre limite administrative

Maritime (Internationale)

Ligne de changement de date

TRANSPORTS

Autoroute / Voie rapide

En construction

Route principale

Autre route

En construction

Chemin

Tunnel routier

Car-ferry

Grande ligne ferroviaire

Autre ligne ferroviaire

En construction

Tunnel ferroviaire

Ferry-boat

Canal

Aéroport international

Autre aéroport

TYPES DE LACS

Eau douce

Eau salée

Saisonnier

Lac asséché

GLACIERS, MARAIS, SABLES

Glacier

Marais, marécage

Désert de sable, dune

AUTRES SYMBOLES

Cours d'eau

Cours d'eau saisonnier

Col, gorge

Barrage et retenue

Chutes, rapides

Aqueduc

Récif

▲ 4231 Sommet, altitude

. 217 Profondeur

Puits

Δ Gisement de pétrole

▲ Gisement de gaz

Gaz / Pétrole Oléoduc / Gazoduc

Vanoise Parc national

.·.ÉPHÈSE Site historique

PAYS ET RÉGIONS

FRANCE État indépendant

FLORIDE État, province ou
région autonome

Gibraltar (G.-B.) Dépendance

Rhône-Alpes Région administrative

ANJOU Région historique

Adour Aubrac Termes de
géographie physique

VILLES OU AGGLOMÉRATIONS

Les carrés individualisent
les capitales

Population

▣ ⬤ **Paris** Plus de 5 000 000 h.

◼ ● **Lyon** Plus de 1 000 000 h.

◻ ○ Bordeaux Plus de 500 000 h.

◼ ● Rennes Plus de 100 000 h.

◻ ○ Bourges Plus de 50 000 h.

◻ ○ Chaumont Plus de 10 000 h.

◻ ○ Ruffec Moins de 10 000 h.

Superficie bâtie

Altitude

6000m
5000m
4000m
3000m
2000m
1000m
500m
200m
0 0 Niveau de la mer
200m
2000m
4000m
6000m
8000m
Profondeur

1:15M

200 400 600 km

Ⓐ 40 Ⓑ ② 30 Ⓒ 20 70 Ⓓ 10 Ⓔ 0 Ⓕ 10 Ⓖ

OCÉAN

Groenland (Dan.)
Cap Farvel

Jan Mayen (Nor.)

ISLANDE

Reykjavik

Cercle polaire arctique

MER DE

③

NORVÈGE

Vesterålen

Lofoten

Nar

I. Féroé (Dan.)

Trondheim

N
O
R
V
È
G
E

Bergen

S
U
È
D

Vänern

Stock

Shetland

Stavanger

Oslo

Göteborg Jönköping

Orcades

Ålborg

Öland

OCÉAN

Aberdeen

DANEMARK
Copenhague

Malmö

50

ROYAUME-UNI
(GRANDE-BRETAGNE ET
IRLANDE DU NORD)
Glasgow
Édimbourg

MER DU

Mer B

Bornholm

Belfast

Newcastle

NORD

Rostock

IRLANDE

Liverpool

Dublin

Manchester

Birmingham

Hambourg

EST

Berlin

Poznań

Cork

Cardiff

Bristol

④ Londres

Amsterdam
La Haye
PAYS-BAS
Rotterdam

Hanovre

ALLEMAGNE

PO

Manche

Le Havre

Rouen
Seine

Lille

Bruxelles
BELGIQUE

Essen

Cologne
Bonn OUEST
Francfort

Leipzig

Dresde

Wrocław

Brest

LUXEMBOURG

Prague

TCHÉCOSLO

Paris

Nuremberg

Brno

ATLANTIQUE

Nantes

Tours
Loire

Strasbourg
Rhin

Stuttgart

FRANCE

Munich

Vienne

Bratis

La Corogne

Golfe de
Gascogne

Clermont-
Ferrand

Genève

Berne
Zurich
SUISSE LIECHTENSTEIN

Salzbourg

AUTRICHE

Graz

HO

40

Bordeaux

Lyon

Milan

Trieste

Zagreb

Bilbao

Toulouse

Rhône

Turin
Gênes

Venise

YOUG

Porto

Valladolid

Ebre

ANDORRE

Marseille

MONACO

Florence

SAINT-
MARIN

Split

MER ADRIATIQU

PORTUGAL

Madrid

ESPAGNE

Saragosse

Barcelone

Bastia
Corse

Ajaccio

Rome

Lisbonne

Tage
Tolède

Faro

Séville

⑤

Valence

Baléares
Minorque

Sardaigne

Olbia

MER
TYRRHÉNIENNE

Naples

Tarer

Murcie

Ibiza

Majorque

Málaga

Cagliari

Madère (Port.)

Tanger
Gibraltar (G.-B.)
Ceuta (Esp.)

Melilla
(Esp.)
Oran

Alger

Palerme

Messine

Reggio di Calabria

Casablanca Rabat

MER MÉDITERRANÉE

Sicile

les Canaries (Esp.)

MAROC

Marrakech

Ⓓ 10 Ⓔ

0

ALGÉRIE

Tunis

F

TUNISIE

MALTE

Ⓖ 10

1:7,5M

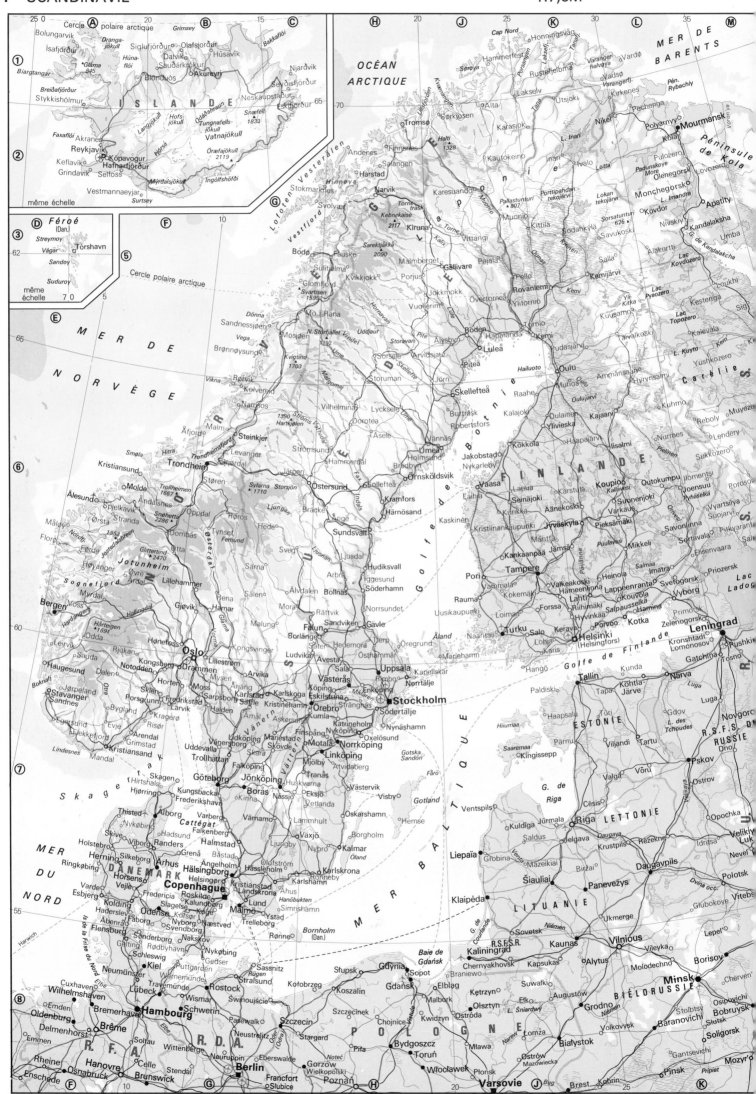

0 50 100 150 200 km

Les noms soulignés désignent les chefs-lieux de région (France) ou de province (Belgique).

0 50 100 150 km

Ⓐ   Ⓑ   Ⓕ

ANGLETERRE

Londres · Cardiff · Bristol · Bath · Reading · Weston-super-Mare · Salisbury · Winchester · Guildford · Crawley
Barnstaple · Taunton · Southampton · Brighton · Eastb.
Bude · Bournemouth · Weymouth · Portsmouth · Ile de Wight
Exeter · Newquay · Torbay
Truro · Plymouth
Penzance · Falmouth
Land's End · C.Lizard · Iles Scilly
Lundy · Dartmoor

Manche

C. de la Hague · Pte de Barfleur · Féca.
Alderney · Cherbourg · Valognes · Le Havre
Guernesey · Sark · St-Lô · Bayeux
Jersey · St-Hélier · Caen · Calvados
Iles Anglo-Normandes (G.-B.) · Coutances · Granville · Vire · Arge.
Golfe de St-Malo · Manche · Basse-Normandie · Bocage · Or.
Roscoff · Dinard · St-Malo · Le Mont St-Michel · Domfront · Alençon
Morlaix · Guingamp · Dinan · Fougères · Mayenne
Léon · St-Brieuc · Côtes-du-Nord · Loudéac · Ille-et- · Laval · Le Mans
Brest · Carhaix-Plouguer · Rennes · Vitré · Vilaine · Mayenne · Sar.
Châteaulin · Finistère · Bretagne · Pontivy · Ploërmel · Pays
Quimper · Concarneau · Quimperlé · Morbihan · Redon · Nozay · Châteaubriant · Maine- · La Flèc.
Lorient · Auray · Vannes · Loire- · Angers · Azay
Quiberon · Belle-Ile · St-Nazaire · Nantes · Atlantique · de-la- · Saumur · Chinon
La Baule · Rezé · Cholet · Loire · F.
Ile de Noirmoutier · Montaigu · Thouars
Ile d'Yeu · La Roche-sur-Yon · Bressuire · Parthenay · Poitiers
Les Sables d'Olonne · Vendée · Fontenay-le-Comte · Deux- · Poito.
Ile de Ré · Niort · Sèvres · Charentes
La Rochelle · Rochefort · Charente- · Ruffec
Ile d'Oléron · St-Jean-d'Angély · Maritime · Cognac · Char.
Royan · Saintes · Angoulême
Médoc · Gironde · Barbezi. · St-H.
Arcachon · Libourne · Bordeaux · Gironde · Aquita.
Golfe de Gascogne · Langor · Marmar.
Landes · Bazas · Néra.
Capbreton · Mont-de-Marsan
Biarritz · Bayonne · Dax · Adour
Baracaldo · Bilbao · St-Sébastien · Pays Basque · Pau · Béarn
Durango · Eibar · Irún · Pyrénées · Bigorr.
Tolosa · Oloron-Ste-Marie · Atlantiques · Tarbes
Vitoria · Pampelune · Lourdes · Pyr.
Logroño · Calahorra · Ebre · Aragón · Tarfalla · Huesca
ESPAGNE

RÉGION PARISIENNE:

Auvers-sur-Oise · Montsoult · Ⓕ
Pontoise · Oise · Louvres
Ville nouvelle · Forêt de Montmorency · Ezanville · Goussainville
Cergy · St-Ouen-l'Aumône · Taverny · Domont
de Cergy-Pontoise · Pierrelaye · St-Leu- · Écouen · Aéroport · Charles-de-Gaulle · Roissy-en-France
Beauchamp · la-Forêt · Villiers-le-Bel · Le Thillay
Conflans- · Ermont · Franconville · Montmorency · Sarcelles
Ste-Honorine · Herblay · Cormeilles- · Eaubonne · Gonesse
Chanteloup- · Achères · en-Parisis · St-Gratien · Gargès-lès-G.
les-V. · Enghien-les-Bains · Villetaneuse · Aéroport · du Bourget
Maisons- · Épinay- · St-Denis · SEINE-ST-DENIS · Villepinte
Laffitte · Argenteuil · sur-S. · Stains · Le Blanc- · Aulnay- · Tremblay- · Villeparisis
Poissy · Sartrouville · Villeneuve- · Mesnil · ss-B. · lès-G.
Bezons · la-Garenne · St-Denis · Drancy · Livry- · N3
Houilles · Genevilliers · La Courneuve · Aubervilliers · Gargan
Colombes · Bondy · Le Raincy · Montfermeil
La Garenne- · Clichy · Bobigny · Clichy-sous-B.
Le Vésinet · Courbevoie · Colombes · St-Ouen · Noisy- · Villemomble · Montfermeil
St-Germain- · Le Pecq · Levallois- · Pantin · le-Sec · Rosny- · Gagny
en-Laye · Chatou · Nanterre · Perret · Gare du · Les Lilas · ss-B. · Chelles
Marly-le-Roi · Rueil- · La Défense · Nord · Bagnolet · SEINE-
Forêt de Marly · Malmaison · Suresnes · Neuilly-sur-S. · Gare St-Lazare · Gare de l'Est · Montreuil · Neuilly-sur- · Château de · Marne
La Celle- · Garches · Bois de · Gare de Lyon · Fontenay- · M. · Noisy-le- · Champs · A104
St-Cloud · St-Cloud · Boulogne · Vincennes-ss-Bois · Grand · Ville nouvelle de
YVELINES · Sèvres · Issy-les- · Gare Montparnasse · PARIS · Bois de · Villiers- · Marne-la-Vallée
Le Chesnay · Boulogne- · M. · Gare d'Austerlitz · Vincennes · sur-M. · A4
Versailles · Billancourt · Malakoff · St-Mandé · Nogent- · Champigny- · T.G.V.
Chaville · Meudon · Montrouge · Ivry- · Charenton- · s-M. · sur-M. · REIMS
St-Cyr- · Vélizy- · Clamart · Arcueil · sur-S. · le-Pont · St-Maur- · Chennevières- · Pontault-
l'École · Villacoublay · Le Plessis- · Fontenay- · Cachan · Alfortville · des-Fossés · sur-Marne · Combault
Guyancourt · Buc · Robinson · aux-Roses · Villejuif · Maisons- · Marne · N4
Ville · Jouy- · Sceaux · L'Haÿ- · Vitry- · Alfort · Créteil · Ⓐ
nouvelle · en-Josas · Châtenay- · les-Roses · sur-S. · A86 · VAL-DE- · Sucy- · ET-
de St-Quentin- · Toussus- · Malabry · Antony · Choisy-le- · MARNE · en-Brie · Bois · ET-
en-Yvelines · le-Noble · Fresnes · Thiais · Roi · Boissy- · Notre-Dame
Chevreuse · Verrières- · Marché · St-Léger · Château de
St-Rémy- · le-Buisson · de Rungis · Orly · Grosbois
lès-Ch. · Saclay · Aéroport · Villeneuve- · Villeneuve- · Villecresnes
Vallée de Chevreuse · Centre d'ét. · d'Orly · le-Roi · St-Georges · Yerres
Orsay · nucléaires · Athis- · Vigneux- · Brie-Comte-
Gif-sur-Yvette · N118 · Massy · Mons · sur-Seine · Robert
Palaiseau · Chilly- · Juvisy-sur- · Montgeron · Brunoy
Les Ulis · Mazarin · Orge · Draveil · Forêt de Sénart · MARNE
Limours · Savigny-sur- · Viry- · Yerres · Combs-
Orge · Châtillon · Grigny · la-Ville
Montlhéry · Morsang- · Ris- · Seine
ESSONNE · Ste-Geneviève- · sur-Orge · Orangis · Ville nouvelle
St-Michel- · des-Bois · Fleury- · d'Évry · Moissy-
Bruyères- · sur-Orge · Mérogis · Évry · Cramayel
le-Châtel · Autodrome · Bondoufle · TROYES
Arpajon · Brétigny- · de · Plessis-
sur-Orge · Corbeil- · Melun-Sénart · le-Roi
Breuillet · Essonnes · N6
Marolles-en- · Cesson
St-Chéron · Hurepoix · Mennecy · St-Fargeau- · Melun
St-Vrain · Ponthierry
Ballancourt- · Ponthierry · Forêt
sur-Essonne · de Fontainebleau
Lardy · LYON
Chamarande
ORLÉANS

Rouen · ROUEN · A10 · A13 · A15 · A14 · A115 · N1 · N16 · N17 · A1 · N2
A12 · N10 · N20 · A6 · N7 · N6 · A86 · A104

Légende:

0 5 km
— autoroute — route ▢ aéroport
— grande route — voie ferrée

Drancy : plus de 50 000 h.   **Orsay** : de 10 000 à 20 000 h.
Bezons : de 20 000 à 50 000 h.   Saclay : moins de 10 000 h.

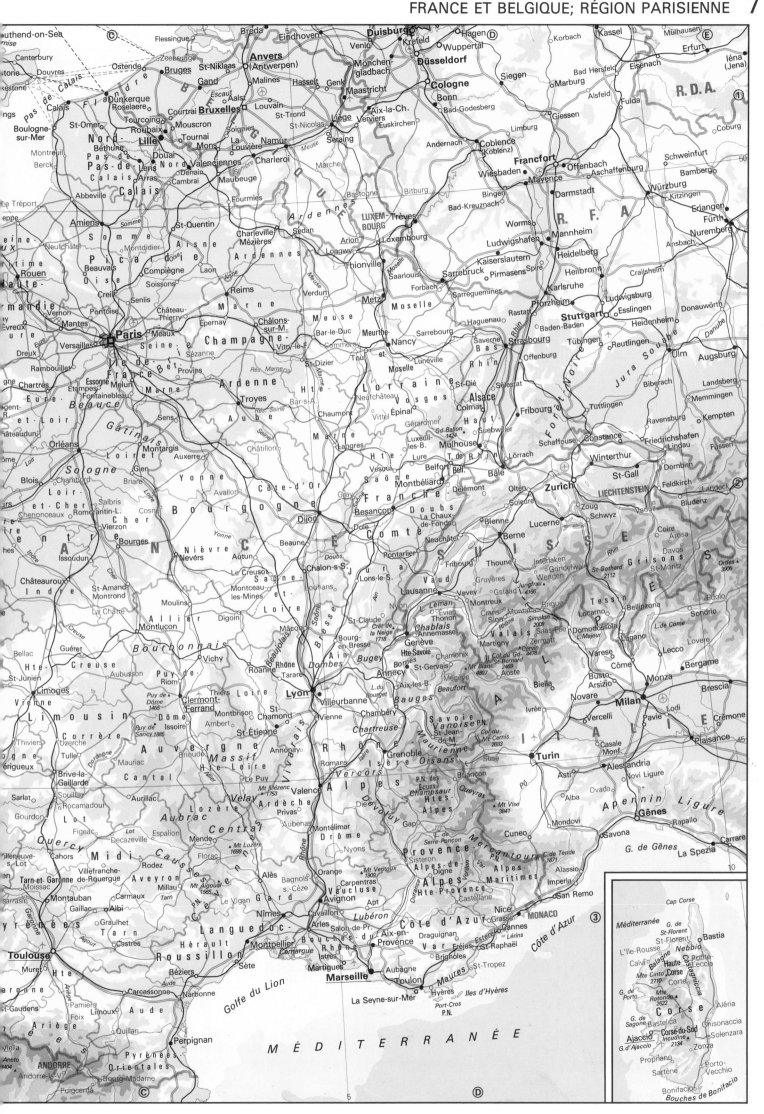

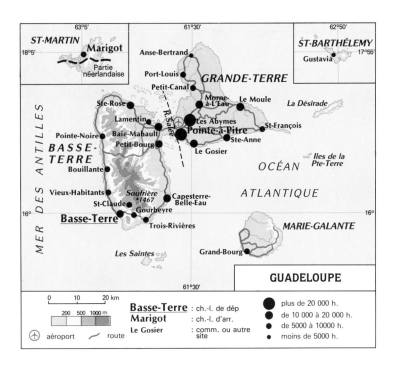

GUADELOUPE

ST-MARTIN · Marigot · Partie néerlandaise

ST-BARTHÉLEMY · Gustavia

GRANDE-TERRE · Anse-Bertrand · Port-Louis · Petit-Canal · Morne-à-L'Eau · Le Moule · La Désirade · Ste-Rose · Lamentin · Les Abymes · St-François · Pointe-à-Pitre · Ste-Anne · Pointe-Noire · Baie-Mahault · Petit-Bourg · Le Gosier · Îles de la Pte-Terre

BASSE-TERRE · Bouillante · Vieux-Habitants · Soufrière 1467 · St-Claude · Capesterre-Belle-Eau · Gourbeyre · Basse-Terre · Trois-Rivières · MARIE-GALANTE · Grand-Bourg · Les Saintes

MER DES ANTILLES · OCÉAN ATLANTIQUE

Basse-Terre : ch.-l. de dép
Marigot : ch.-l. d'arr.
Le Gosier : comm. ou autre site

- plus de 20 000 h.
- de 10 000 à 20 000 h.
- de 5000 à 10000 h.
- moins de 5000 h.

aéroport · route
0 10 20 km · 200 500 1000 m

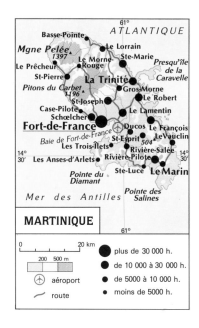

MARTINIQUE

ATLANTIQUE · Basse-Pointe · Mgne Pelée 1397 · Le Lorrain · Le Prêcheur · Le Morne Rouge · Ste-Marie · St-Pierre · Presqu'île de la Caravelle · Pitons du Carbet 1196 · La Trinité · Gros-Morne · Case-Pilote · St-Joseph · Le Robert · Schœlcher · Le Lamentin · Fort-de-France · Ducos · Le François · Baie de Fort-de-France · St-Esprit · Le Vauclin · Les Trois-Îlets · Rivière-Salée · Les Anses-d'Arlets · Rivière-Pilote · Ste-Luce · Le Marin · Pointe du Diamant · Pointe des Salines

Mer des Antilles

- plus de 30 000 h.
- de 10 000 à 30 000 h.
- de 5000 à 10 000 h.
- moins de 5000 h.

aéroport · route
0 20 km · 200 500 m

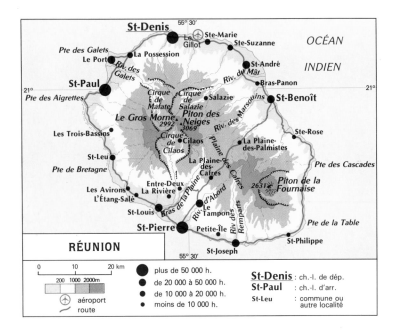

RÉUNION

St-Denis · Ste-Marie · Gillot · Ste-Suzanne · OCÉAN INDIEN · Pte des Galets · Le Port · La Possession · St-André · Riv. des Galets · Riv. du Mât · St-Paul · Bras-Panon · Pte des Aigrettes · Salazie · St-Benoît · Cirque de Mafate · Cirque de Salazie · Piton des Neiges 3069 · Riv. des Marsouins · Le Gros Morne 2992 · Ste-Rose · Les Trois-Bassins · Cirque de Cilaos · Cilaos · La Plaine-des-Palmistes · St-Leu · Plaine des Cafres · Pte des Cascades · Pte de Bretagne · La Plaine-des-Cafres · Les Avirons · Entre-Deux · La Rivière · Piton de la Fournaise 2631 · L'Étang-Salé · Bras de la Plaine · St-Louis · Riv. d'Abord · Le Tampon · Pte de la Table · St-Pierre · Riv. des Remparts · Petite-Île · St-Philippe · St-Joseph

- plus de 50 000 h.
- de 20 000 à 50 000 h.
- de 10 000 à 20 000 h.
- moins de 10 000 h.

St-Denis : ch.-l. de dép.
St-Paul : ch.-l. d'arr.
St-Leu : commune ou autre localité

aéroport · route
0 10 20 km · 200 1000 2000m

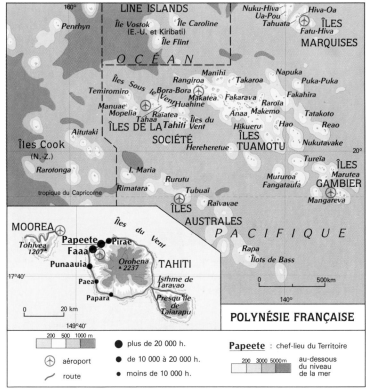

POLYNÉSIE FRANÇAISE

LINE ISLANDS · Nuku-Hiva · Hiva-Oa · Penrhyn · Île Vostok · Île Caroline · Ua-Pou · Tahuata · ÎLES · Fatu-Hiva · Île Flint (E.-U. et Kiribati) · MARQUISES · OCÉAN · Manihi · Napuka · Puka-Puka · Îles Sous le Vent · Rangiroa · Takaroa · Temiromiro · Bora-Bora · Makatea · Fakarava · Fakahira · Manuae · Huahine · Raroïa · Tatakoto · Mopelia · Tahaa · Anaa · Makemo · ÎLES DE LA · Raïatea · Îles du Vent · Aitutaki · Tahiti · Hikueru · Hao · Reao · Îles Cook · SOCIÉTÉ · Hereheretue · ÎLES · Nukutavake · (N.-Z.) · TUAMOTU · Tureïa · ÎLES · Rarotonga · I. Maria · Mururoa · Marutea · Rimatara · Rurutu · Fangataufa · GAMBIER · tropique du Capricorne · Tubuaï · Mangareva · ÎLES · Raïvavae · AUSTRALES · PACIFIQUE · MOOREA · Îles du Vent · Tohivea 1207 · Papeete · Pirae · Rapa · Faaa · Îlots de Bass · Punaauia · Orohena 2237 · TAHITI · Paea · Isthme de Taravao · Papara · Presqu'île de Taïarapu

Papeete : chef-lieu du Territoire

- plus de 20 000 h.
- de 10 000 à 20 000 h.
- moins de 10 000 h.

aéroport · route
0 20 km · 200 500 1000 m · 200 3000 5000m au-dessous du niveau de la mer

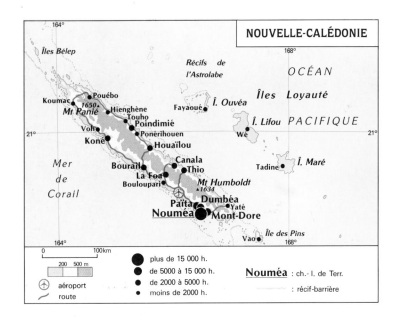

NOUVELLE-CALÉDONIE

Îles Bélep · OCÉAN PACIFIQUE · Récifs de l'Astrolabe · Îles Loyauté · Koumac · Pouébo · Î. Ouvéa · Mt Panié 1650 · Hienghène · Touho · Fayaoué · Voh · Poindimié · Î. Lifou · Koné · Ponérihouen · Wé · Houaïlou · Mer de Corail · Canala · Thio · Tadine · Î. Maré · Bourail · La Foa · Bouloupari · Mt Humboldt 1634 · Païta · Dumbéa · Yaté · Nouméa · Mont-Dore · Île des Pins · Vao

Nouméa : ch.-l. de Terr.
: récif-barrière

- plus de 15 000 h.
- de 5000 à 15 000 h.
- de 2000 à 5000 h.
- moins de 2000 h.

aéroport · route
0 100km · 200 500 m

GUYANE FRANÇAISE

ATLANTIQUE · Mana · Iracoubo · Sinnamary · St-Laurent-du-Maroni · Îles du Salut · Cayenne · Kourou · Rémire-Montjoly · Maroni · Matoury · Roura · Grand-Santi-Papaichton · Regina · Mana · Maripasoula · Sinnamary · Approuague · St-Georges · SURINAM · Mgne Tabulaire 830 · Camopi · Oyapock · Mt Mitaraca 690 · Mt St-Marcel 635 · BRÉSIL

- plus de 10 000 h.
- de 2 000 à 10 000 h.
- de 1 000 à 2 000 h.
- moins de 1 000 h.

Cayenne : ch.-l. de dép.
St-Laurent-du-M. : ch.-l. d'arr.

aéroport · route
0 100km · 100 200 m

1:5M

1:2,5M

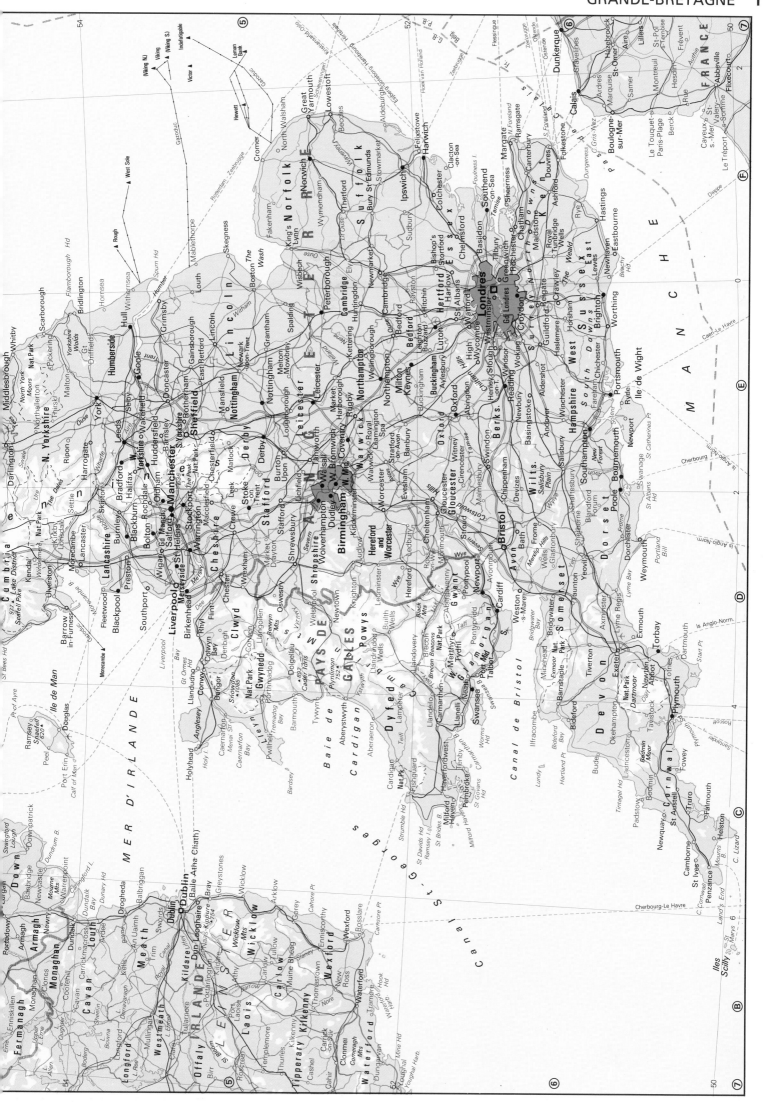

MER D'IRLANDE

MANCHE

Baie de Cardigan

Canal de Bristol

IRLANDE

PAYS DE GALLES

ANGLETERRE

FRANCE

Londres

Dublin

Liverpool

Manchester

Birmingham

Bristol

Cardiff

Ile de Man

1:2,5M

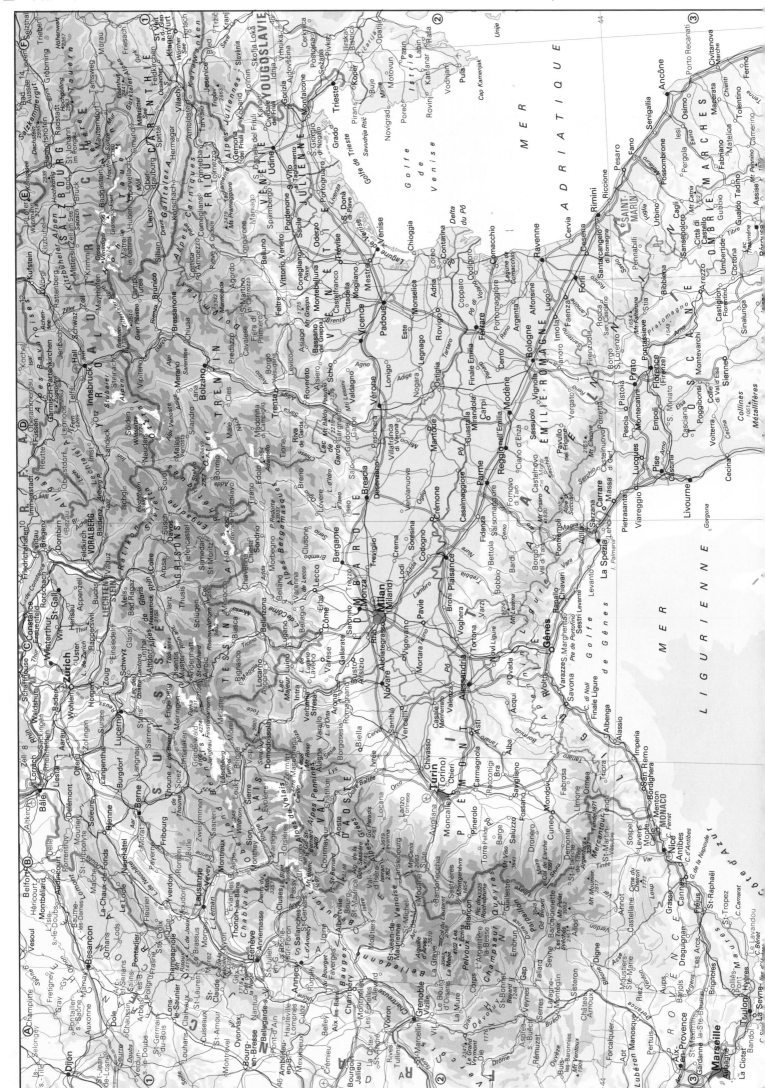

1:5M

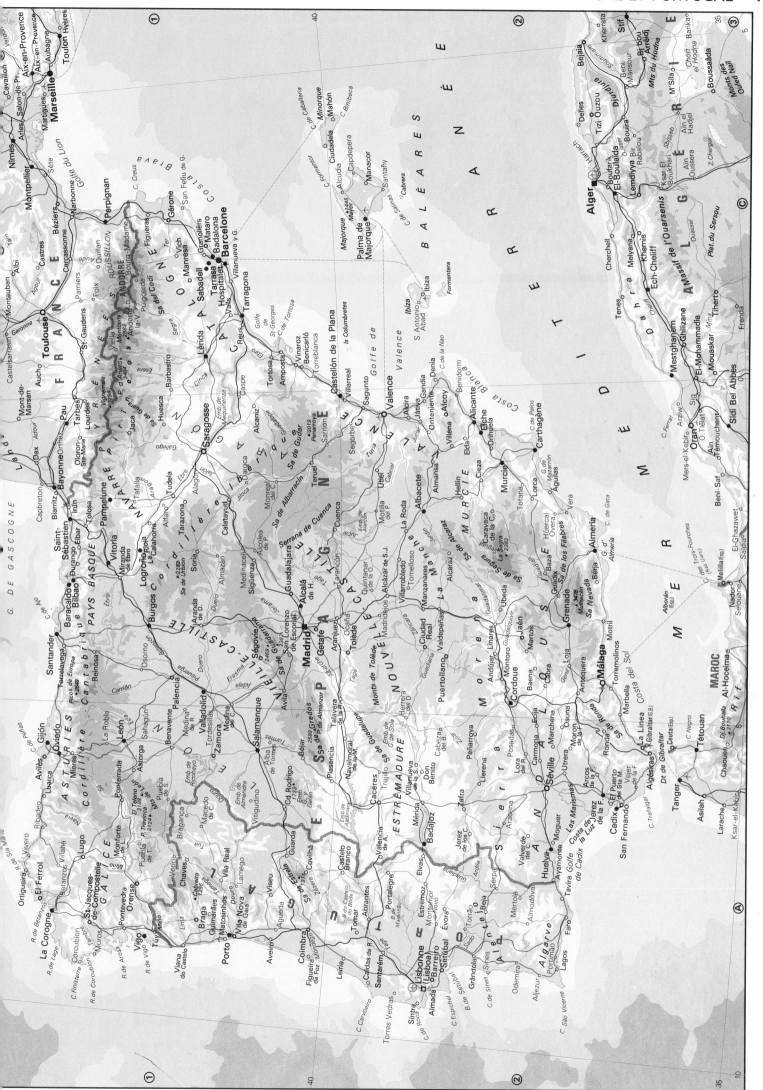

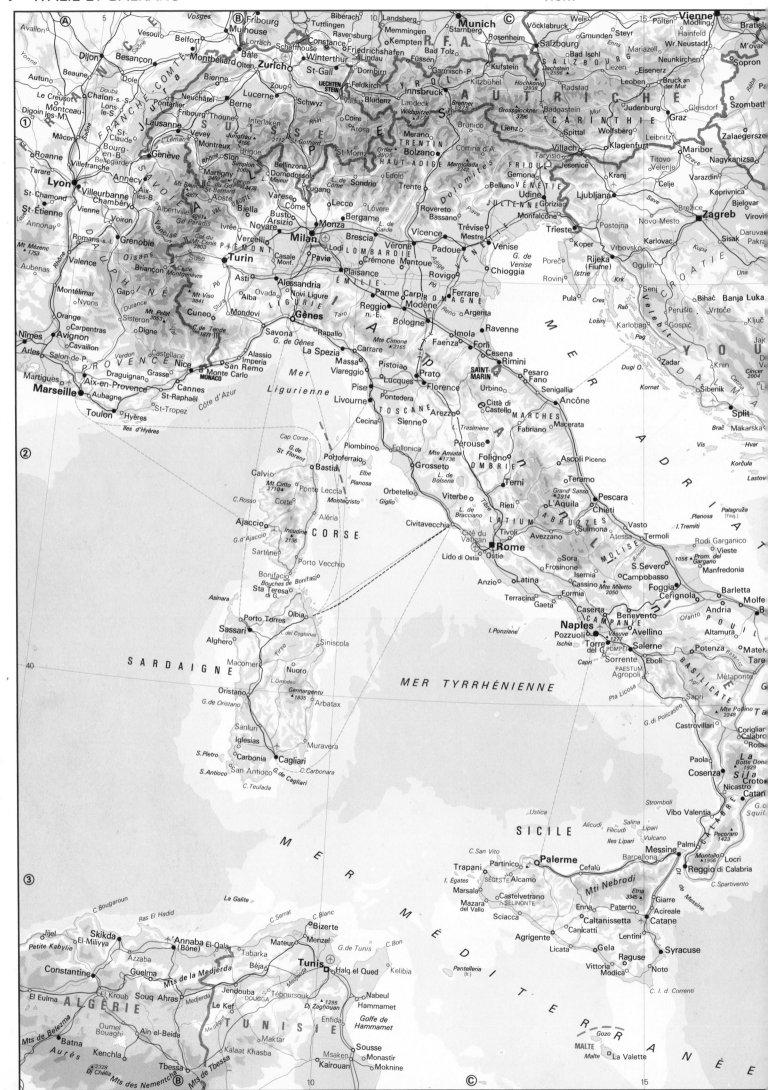

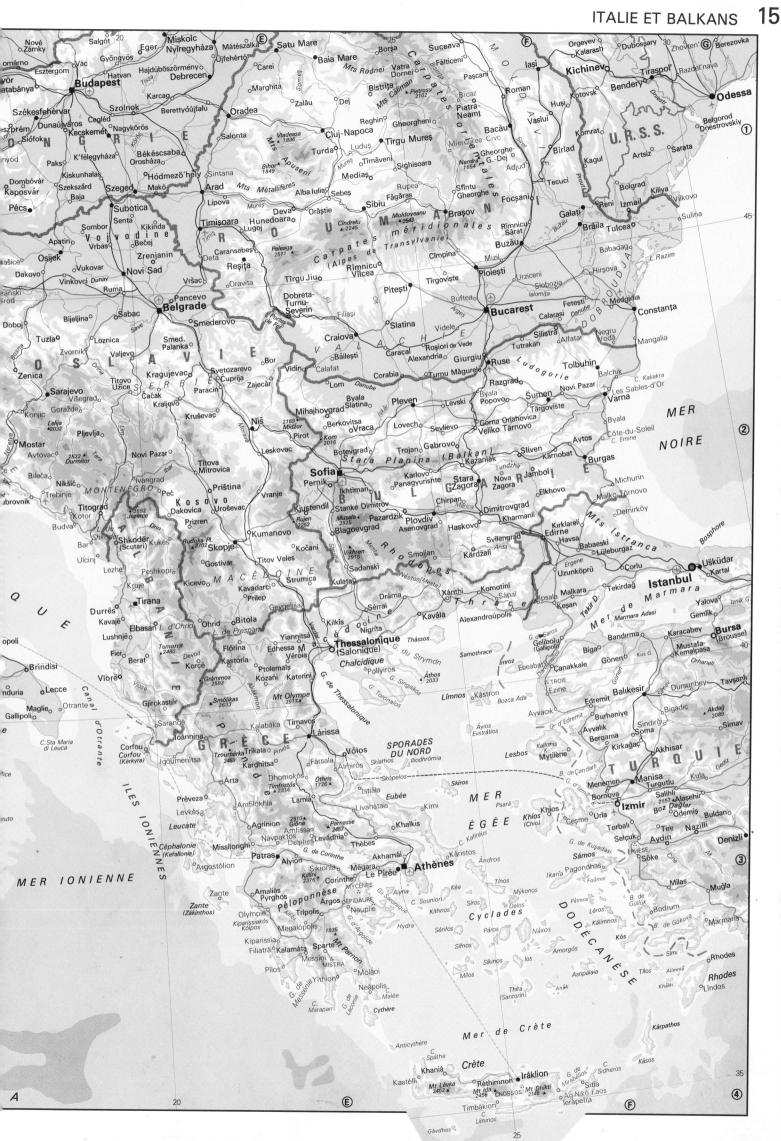

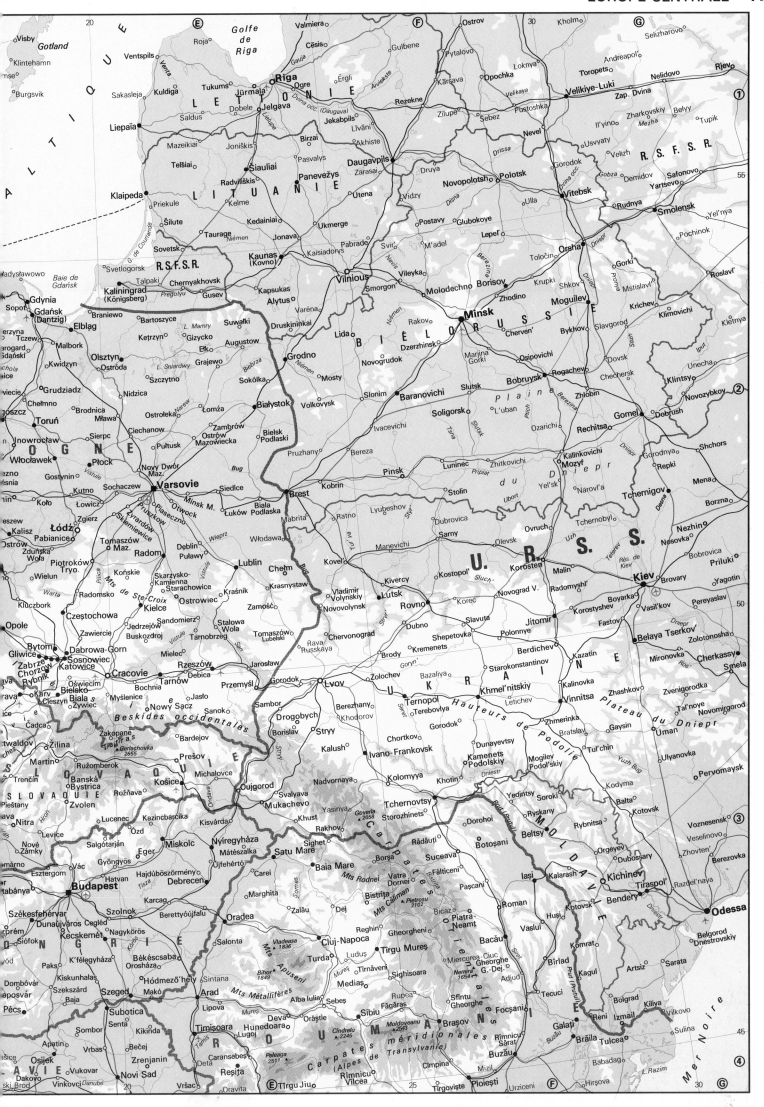

1:20M

1 Rép. aut. des Tchouvaches
2 R. aut. des Tchétchènes-Ingouches
3 R. aut. d'Ossétie du N.
4 R. aut. de Kabardino-Balkarie
5 Rép. aut. d'Abkazie
6 Rép. aut. d'Adjarie
7 R. aut. de Nakhitchevan

ARCTIQUE

SEVERNAYA ZEMLYA
(TERRE DU NORD)

ARCHIPEL DE NOUVELLE-SIBÉRIE

MER DES LAPTEV

MER DE SIBÉRIE ORIENTALE

MER DES TCHOUKTCHES

Plaine de la Kolyma

Mts Byrranga

Péninsule Taymyr

Monts Oulgan

Monts Tcherski

Hauteurs de la Kolyma

Monts Sredinny

KAMTCHATKA

MER DE BÉRING

Monts Putorana

RUSSIE

Plateau Central de Sibérie

Monts de Verkhoïansk

MER D' OKHOTSK

SAKHALINE

Îles Kouriles

Hauteurs de l'Aldan

Monts Stanovoï

Monts Tukuringra

HOKKAIDO
Sapporo

MANDCHOURIE

Qiqihar
Harbin
Changchun
Jilin
Fushun
Shenyang

Vladivostok

MER DU JAPON

HONSHU

Tokyo
Yokohama
Nagoya
Kyoto
Osaka
Kobe
Hiroshima

Rép. aut. des Bouriates

Irkoutsk
Angarsk
Oulan-Oude

Lac Baïkal

Tchita

Oulan-Bator

MONGOLIE

GOBI

MONGOLIE INTÉRIEURE

CHINE

CORÉE DU NORD
Pyongyang

CORÉE DU SUD
Séoul
Inchon
Taejon
Taegu
Pusan

KYUSHU
Fukuoka
Nagasaki
Kagoshima

MER JAUNE

Pékin (Beijing)
Tianjin
Baotou
Datong
Hohhot

Taiyuan
Jinan
Qingdao

Shijiazhuang

Qilian Shan

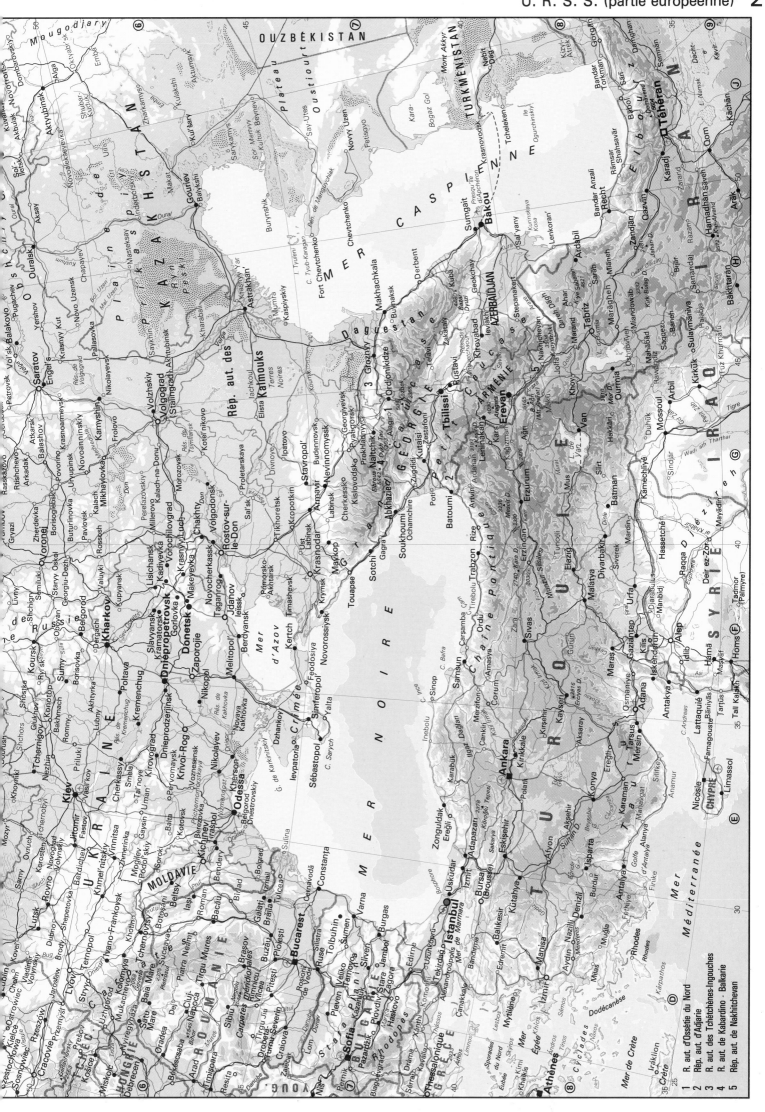

1:40M

GROUPES ETHNOLINGUISTIQUES

1:80M

OCÉANIE

1:60M

1:20M

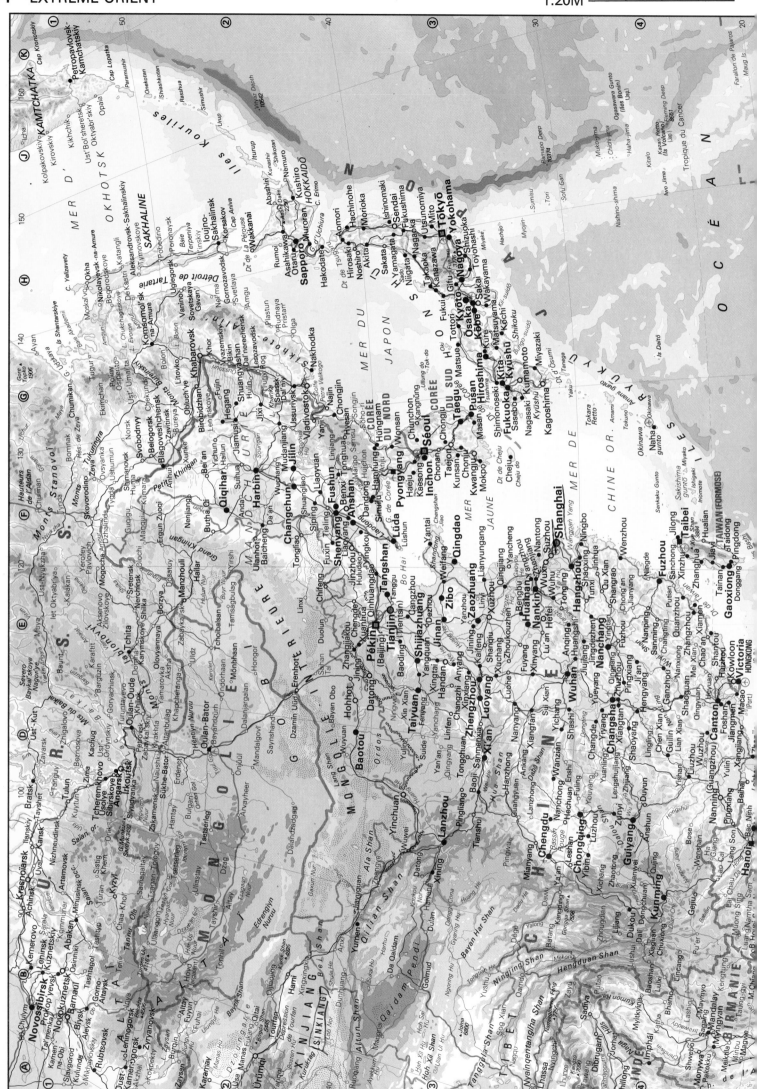

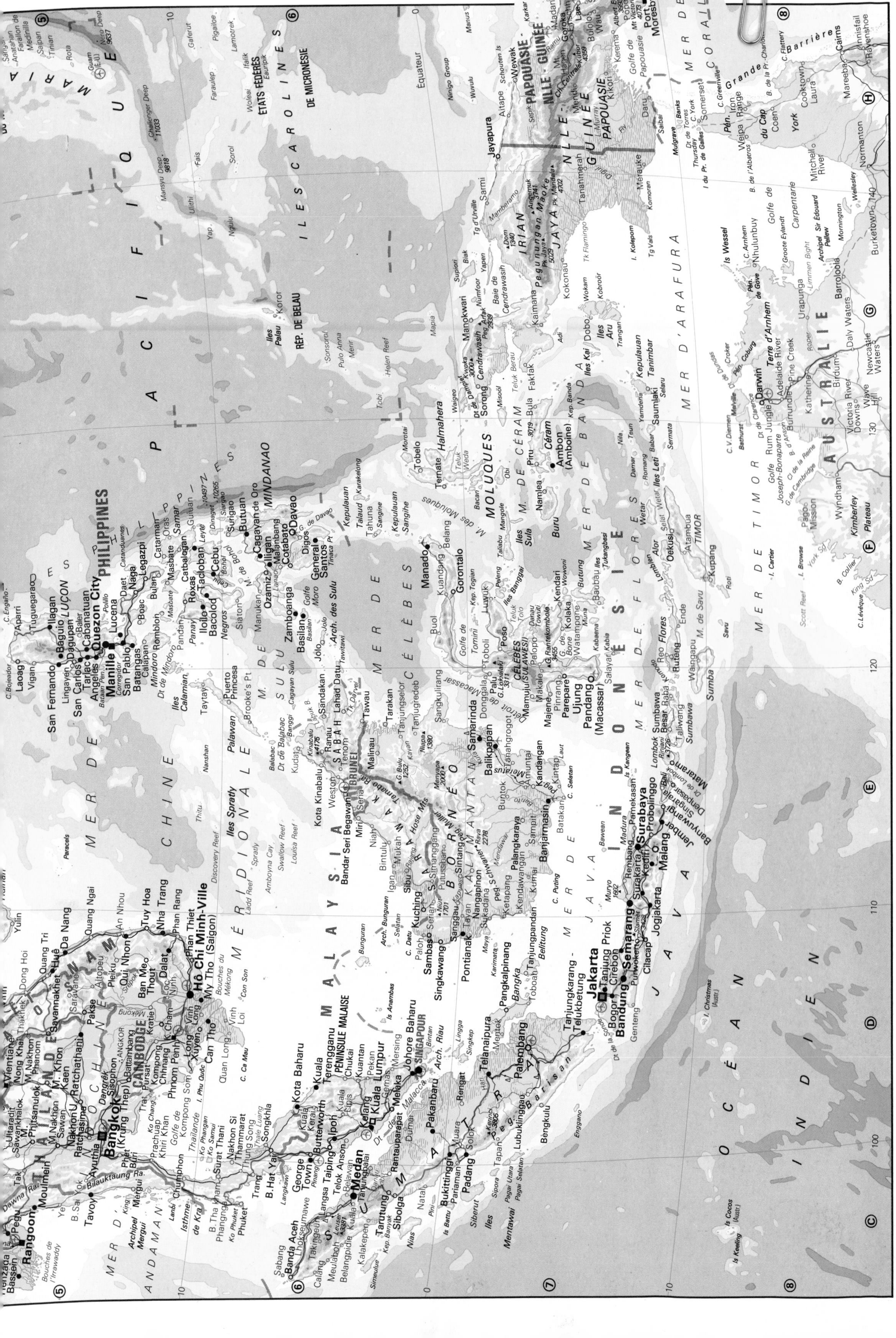

Grid reference letters and numbers

5   6   7   8 (top)

H   G   F   E   D   C (right side)

Seas and Oceans

OCÉAN PACIFIQUE

MER DE CHINE MÉRIDIONALE

MER DES PHILIPPINES

MER DE CÉLÈBES

MER DE CÉRAM

MER DE BANDA

MER DE FLORES

MER DE JAVA

MER DE TIMOR

MER D'ARAFURA

MER DE CORAIL

MER DES MOLUQUES

MER DE SULU

OCÉAN INDIEN

MER D'ANDAMAN

Golfe de Papouasie

Golfe de Carpentarie

Baie de Cendrawasih

Golfe de Tomini

Golfe de Boni

Détroit de Macassar

Golfe de Thaïlande

Countries / Regions

PHILIPPINES

INDONÉSIE

MALAYSIA

BRUNEI

THAÏLANDE

CAMBODGE

VIÊTNAM

NLLE GUINÉE / PAPOUASIE NLLE GUINÉE

IRIAN JAYA

AUSTRALIE

LUCON

MINDANAO

BORNÉO

KALIMANTAN

SABAH

SARAWAK

CÉLÈBES (SULAWESI)

SUMATRA

JAVA

TIMOR

MOLUQUES

ÉTATS FÉDÉRÉS DE MICRONÉSIE

ILES CAROLINES

RÉP. DE BELAU

Cities and places

Rangoon, Bassein, Pegu, Moulmein, Tavoy, Mergui, Bangkok (Krung Thep), Ayuthia, Nakhon Sawan, Phitsanulok, Ho Chi Minh-Ville (Saïgon), My Tho, Can Tho, Phnom Penh, Battambang, Da Nang, Hué, Quang Tri, Dong Hoi, Quang Ngai, Qui Nhon, Da Lat, Nha Trang, Phan Rang, Phan Thiet, Pleiku, Ban Me Thuot

Phnom Penh, Kompong Som, Kompong Cham, Kratie, Pakse, Savannakhet

Manille, Quezon City, Baguio, Dagupan, Angeles, Cabanatuan, San Fernando, San Carlos, Tarlac, San Pablo, Batangas, Lucena, Naga, Legazpi, Daet, Laoag, Vigan, Aparri, Tuguegarao, Ilagan, Lingayen, Calapan

Cebu, Iloilo, Bacolod, Tacloban, Catbalogan, Masbate, Roxas, Dumaguete, Surigao, Butuan, Cagayan de Oro, Iligan, Ozamiz, Malaybalay, Cotabato, Davao, General Santos, Zamboanga, Jolo, Basilan

Kota Baharu, Kuala Terengganu, Kuantan, Kuala Lumpur, Klang, Ipoh, Taiping, George Town, Butterworth, Telok Anson, Johore Baharu, Melaka, Mersing, SINGAPOUR

Bandar Seri Begawan, Kuching, Sibu, Bintulu, Miri, Kota Kinabalu, Sandakan, Lahad Datu, Tawau, Tarakan, Samarinda, Balikpapan, Pontianak, Palangkaraya, Banjarmasin, Sampit

Medan, Banda Aceh, Sibolga, Padang, Bukittinggi, Pakanbaru, Dumai, Palembang, Jambi, Bengkulu, Tanjungkarang-Telukbetung, Tanjung-pandan, Pangkalpinang

Jakarta, Tanjung Priok, Bogor, Bandung, Cirebon, Semarang, Surakarta, Jogjakarta, Surabaya, Malang, Jember, Banyuwangi, Probolinggo, Pekalongan, Cilacap, Purwokerto

Denpasar, Mataram, Sumbawa, Ujung Pandang (Macassar), Parepare, Palu, Poso, Gorontalo, Manado, Kendari, Kolaka, Ternate, Ambon (Amboine), Tobelo

Jayapura, Sorong, Manokwari, Merauke, Wewak, Port Moresby, Madang, Lae

Darwin, Katherine, Wyndham, Kimberley, Cairns, Cooktown, Burketown, Normanton

Physical features

Pic Maoke 5029, Mt Victoria 4073, Cordillera Centrale

Équateur

MÉRIDIEN 120, 110, 100

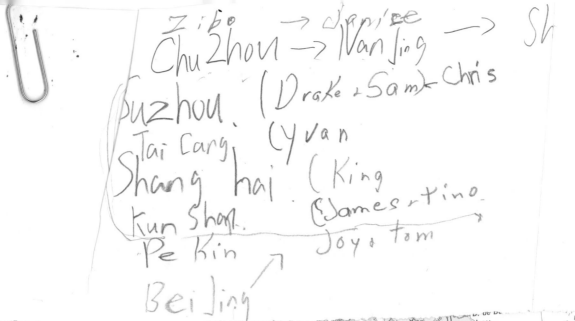

Zibo → Denize → Sh
Chu Zhou → Nan Jing →
_uzhou. (Drake + Sam + Chris
Tai Carg   (Yvan
Shang hai   (King
Kun Shan.   (James + Tino.
Pe Kin   Joy + tom

Beijing

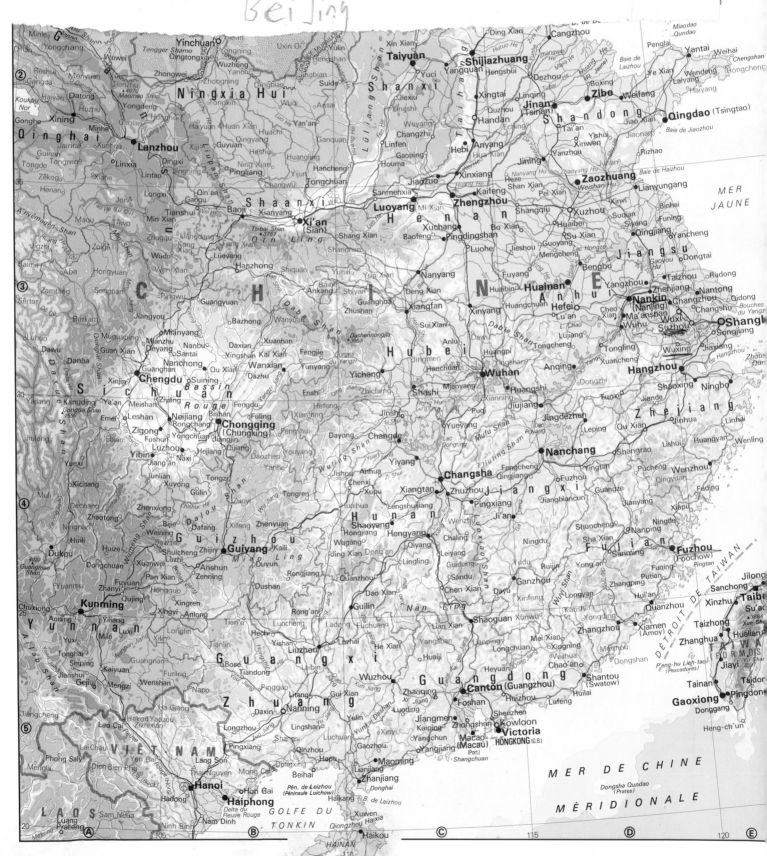

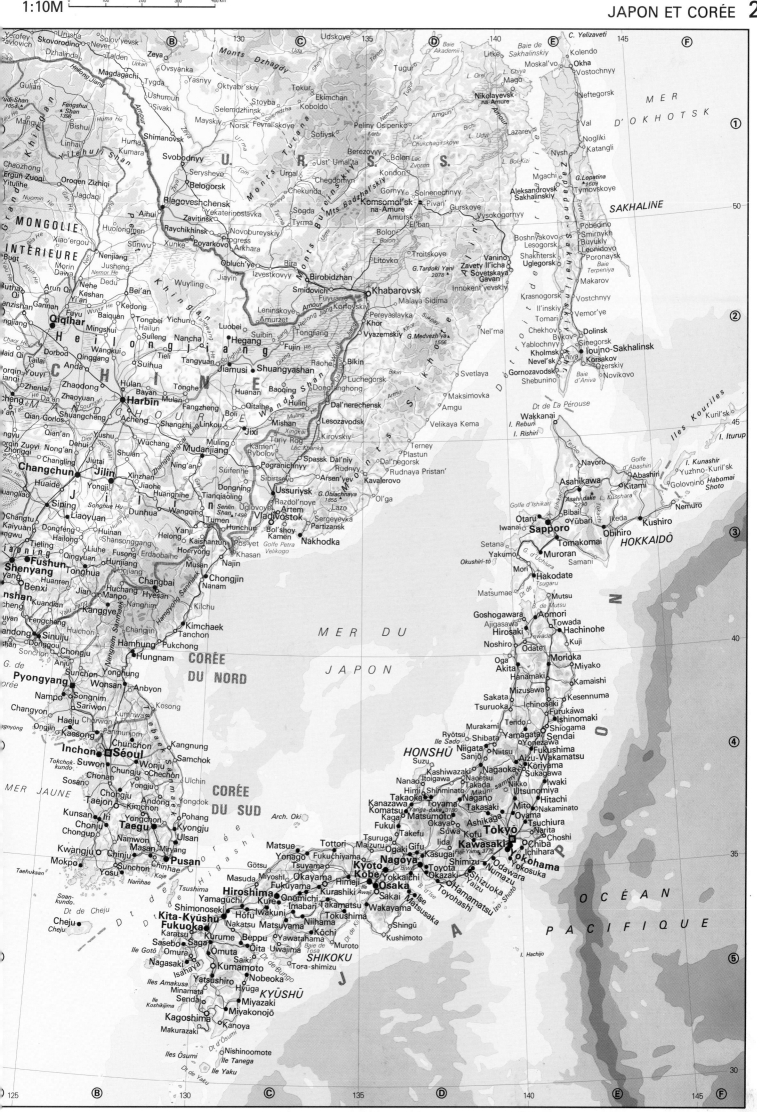

0   100   200   300   400 km

MER D'OKHOTSK

SAKHALINE

50

C. Yelizaveti

MONGOLIE INTÉRIEURE

Grand Khingan

Khingan

U.   R.   S.   S.

Ilehuli Shan

Monts Dzhagdy

Monts Tutana

Monts Bureinskiy

Monts Badzhal'skiy

Qiqihar

CHINE

MANDCHOUR

Heilongjiang

Harbin

Monts Sikhote

45

Iles Kouriles
Kuril'sk
I. Iturup

Changchun

Jilin

I. Kunashir
Yuzhno-Kuril'sk

Habomai
Shoto

Nemuro

Golfe d'Abashiri
Abashiri
Kitami
Asahikawa
Nayoro
Golfe d'Ishikari
Asahidake 2290
L. Kussharo
Kushiro
HOKKAIDŌ
Bibai
Otaru
Yūbari
Ikeda
Obihiro
Sapporo
Tomakomai
Muroran
Samani
③

Shenyang

Fushun

Pyongyang

CORÉE DU NORD

Hamhung

Chongjin

Kimchaek

Setana
Yakumo
Okushiri-tō
G. d'Uchiura
Mori
Hakodate
Matsumae
Dt. de Tsugaru

Mutsu
B. de Mutsu
Goshogawara
Ajigasawa
Aomori
Towada
Hachinohe
Hirosaki
Kuji
Noshiro
Odate
Oga
Akita
Morioka
Miyako
Hanamaki
Kamaishi
Mizusawa
Kesennuma
Sakata
Ichinoseki
Tsuruoka
Ishinomaki
Shiogama
Murakami
Yamagata
Sendai
Tendo
Furukawa
40

MER DU JAPON

MER JAUNE

Séoul
Inchon

CORÉE DU SUD

Taegu

Pusan

Ryōtsu
Ile Sado
Shibata
Niigata
Niitsu
Yonezawa
Fukushima
HONSHŪ
Suzu
Sanjō
Nagaoka
Aizu-Wakamatsu
Kōriyama
Sukagawa
Nanao
Kashiwazaki
Takada
Nikko
Iwaki
Himi
Shinminato
Mikuni
Nagano
Utsunomiya
Hitachi
Toyama
Takaoka
Matsumoto
Takasaki
Mito
Kanazawa
Nagano
Ashikaga
Nakaminato
Komatsu
Kofu
Oyama
Tsuchiura
Kaga
Matsumoto
Suwa
Tokyo
Narita
Fukui
Takefu
Ōgaki
Gifu
Kawasaki
Chiba
Tsuruga
Maizuru
Iida
Fuji-Yama 3776
Yokohama
Choshi
④

Matsue
Tottori
Fukuchiyama
Kasugai
Numazu
Yokosuka
Yonago
Toyama
Shimizu
Odawara
Masuda
Miyoshi
Okayama
Kyōto
Yokkaichi
Shizuoka
35
Yamaguchi
Fukuyama
Kobe
Himeji
Okazaki
Yaizu
Hamamatsu
Hiroshima
Kurashiki
Osaka
Toyota
Nagoya
Toyohashi
OCÉAN
Kure
Onomichi
Ile Awaji
Sakai
Matsusaka
Shimonoseki
Iwakuni
Takamatsu
Wakayama
Ise
Kita-Kyūshū
Nakatsu
Matsuyama
Nihama
Tokushima
PACIFIQUE
Fukuoka
Kurume
Beppu
Imabari
Kōchi
Shingū
Sasebo
Saga
Ōita
Yawatahama
Muroto
Nagasaki
Omura
Saiki
Uwajima
SHIKOKU
Kushimoto
Omuta
Isahaya
Kumamoto
Nobeoka
I. Hachijo
Yatsushiro
Hyūga
Minamata
KYŪSHŪ
Miyazaki
Kagoshima
Miyakonojō
Kanoya
Makurazaki
Nishinoomote
Ile Tanega
Ile Yaku
Iles Ōsumi
30

1:5M

200 400 600 800 km

Belgrade · Split · Sarajevo · Yougoslavie · Shkodër · Tirana · ALBANIE · Skopje · GRÈCE · Trikkala · Olympe 2917 · Thessalonique · Patras · Péloponnèse · Kalamáta · Athènes · Crète · M. MÉDITERRANÉE

ROUMANIE · Sibiu · Carpates méridionales · Galati · Ploiesti · Bucarest · Ruse · BULGARIE · Plovdiv · Sofia · Rhodopes · Burgas · Varna · Constanta · Sulina

Nikolayev · Zaporojie · Melitopol · Odessa · Berdyansk · Kertch · Crimée · Mer d'Azov · Simferopol' · Sébastopol · Novorossiysk · Krasnodar · Sotchi

Donetsk · Chakhty · Rostov-sur-le-Don · Taganrog · Don · Rés. de Tsimliansk · Volgograd · U.R.S.S.

MER NOIRE · Zonguldak · Istanbul · Üsküdar · Ereğli · Sinop · Samsun · Trabzon · Chaîne Pontique · Batoumi · Tbilissi · GÉORGIE · Soukhoumi · Kutaisi · Ordjonikidze · Groznyy · Makhachkala · MER CASPIENNE

Temir · Dossor · Gouriev · Kul'sary · Astrakhan' · Fort-Chevtchenko · Chevtchenko · Plateau Oustiourt · Chelkar · Aral'sk · KAZAKSTAN · Novokazalinsk · Kzyl · Mer d'Aral · Chimbay · Nūkus · Tashauz · Ourguentch · Turtkul' · OUZBÉKISTAN

Üsküdar · M. de Marmara · Bursa · Eskişehir · Balıkesir · Mer Égée · Rhodes · İzmir · Aydın · Denizli · Ak Dağ 3073 · Taurus · Antalya · Konya · Afyon · Ankara · Kayseri · Erciyas D. 3916 · Yozgat · Sivas · Erzurum · Kaçkar Dağı 3937 · Leninakan · Erevan · ARMÉNIE · Mt Ararat 5165 · Kars · TURQUIE · Malatya · Diyarbakır · Murat · Kurtalan · L. de Van · Van · Khoy · Nakhichevan · AZERBAIDJAN · Bakou · Krasnovodsk · Kara-Bogaz Gol · TURKMÉNISTAN · Nebit-Dag

Adana · Gaziantep · Qurmia · L. d'Ourmia · Tabriz · Ardabil · Lenkoran' · Recht · Kara-Boum · Köpet Dag · Kyzyl-Arvat · Achkhabad · Mary · Kerki · Tchardjou · Karshi

Nicosie · CHYPRE · Lattaquié · Alep · Famagouste · Hama · Homs · SYRIE · Hassetché · Mossoul · Arbil · Deir ez-Zor · Tigre · Zandjan · Sulaymaniya · Kirkuk · Samarrā · Babol · Téhéran · Damāvend 5604 · Qazvin · Elbourz · Emāmrūd · Sabzevar · Mechhed · Meyr · Kushka · Herat · AFGHANISTAN · Chakhcharan

Beyrouth · Damas · LIBAN · Haïfa · Tel-Aviv · ISRAËL · Jaffa · Jérusalem · Port-Saïd · Damiette · Alexandrie · Marsa-Matrouh · Tobrouk · Derna · LIBYE

Le Caire · Tantah · Ismailia · Suez · Beni-Souef · M. el-Fayoum · Minîeh · Siouah · Oasis de Farafra · ÉGYPTE · Assiout · Hourghada · Safaga · Kharguèh · Louqsor · Oasis de Khargueh · Assouan · L. Nasser · Désert de Libye · Désert de Nubie · Ouadi-Halfa · Dongola · Merowe · Berber · Atbara · Ed Damer · Khartoum-N · Khartoum · Omdurman · Kassala · Ouad-Medani · Sennar · Singa · Kosti · El-Obeïd · Ed Dueim · En Nahud · SOUDAN · Malakal · Rumbek · Juba

Ma'an · Aqaba · G. de Suez · Sinaï 2637 · El-'Arich · JORDANIE · Amman · Deraa · Hedjaz · Tabūk · al-Wadjh · al-'Anayza · Taymā' · Ḥā'il · Médine · Yanbu al Bahr · Rabigh · Djedda · La Mecque · Ta'if · Lith · Rabigh · Yanbu · Qunfudha · Port-Soudan · Souakin · Massaoua · Asmara · Adigrat · Gondar · L. Tana · Ras Dachan 4550 · ÉTHIOPIE · Addis-Abeba · Dendi 3072 · Adama · Djimma · Batu 4307 · Negelle · Gardula

ARABIE SAOUDITE · al-Djawf · Badana · Gd Nufūd · Burayda · Chuqra · Ad Dahna · Riyād · al-Hufuf · al-Salamiya · Layla · Bicha · Abha · Sa'da · Nadjd · YÉMEN DU NORD · San'ā · al-Hudayda · Sabiya · Djizān · Ta'izz · al-Mukallā · Moka · Aden · YÉMEN DU SUD · Hadramaout · Tarim · Niṣāb · Sayhūt · Rub' al-Khalī · OMAN · Zufār · Salāla · Ras Fartak

Bagdad · IRAQ · Ramadi · Karbalā' · Nadjaf · al-Diwāniyya · Amāra · Bassora · Koweit · KOWEIT · G. Persique · Dammām · Dhahrān · BAHREIN · Manāma · QATAR · al-Dawha · Abū Zabi · Dubayy · Chārdja · EMIRATS ARABES UNIS · Al Liwa · Suhār · al-Khābūrah · Mascate · Sūr · Al Hadd · Masira · Ra's al Madrakah

IRAN · Hamadhān · Qom · Namak · Dacht-e Kavir · Bākhtarān · Khorramābād · Arāk · Kāchān · Ispahan · Yezd · Qomicheh · Birjand · Dezful · Ahvāz · Abādān · Bandar Khomeyni · Chirāz · Būchehr · Sa'īdābād · Kūh-e Hazārān · Lār · Bandar 'Abbās · Kermān · Zāhedan · Bam · Kuh-e Taftān 4042 · Dacht-e Lut · Hāmūn-e Jāz Mūriān · Makrān · Dt d'Ormuz · Jāsk · Chāh Bāhar · Golfe d'Oman · Nazwa · Dj. Hadjar · Gwadar · Turbat · MER D'OMAN

Zagros · Baloutchistan · Kandahar · Zaranj · Dilaram · Giris · Koh-i · Shindand · Farah

MER D'OMAN · Dorsale de Carlsberg · Bassin somalien · OCÉAN

DJIBOUTI · Djibouti · Golfe d'Aden · Berbera · Hargeisa · Hadiboh · Socotra (Yémen du Sud) · C. Guardafui · Raas Xaafuun · Ceerigaabo · SOMALIE · Hobyo · Diredaoua · Harār · Dessié · Debra Marqos · Assab · Bab el Mandeb · Luhayyah

ZAÏRE · Watsa · Pakwach · OUGANDA · L. Mobutu · Bunia · El Portal · Kampala · L. Kyoga · Mbale · Mt Elgon 4321 · Soroti · Jinja · Entebbe · Kisumu · Nakuru · Nanyuki · Mt Kenya 5199 · KENYA · Eldoret · Garissa · Wajir · Moyale · Dolo · Mandera · Turkana · L. Turkana · Nimule

RUANDA · Kigali · BURUNDI · Bujumbura · Gitega · Kigoma · TANZANIE · Mwanza · L. Victoria · Bukoba · Mbarara · Kasese · Masindi · Mbale · Arusha · Moshi · Kilimandjaro 5895 · Meru 4567 · L. Eyasi · L. Natron · Nairobi · Marka · Baraawe · Kismaayo · Muqdisho (Mogadishu)

Équateur · Tropique du Cancer

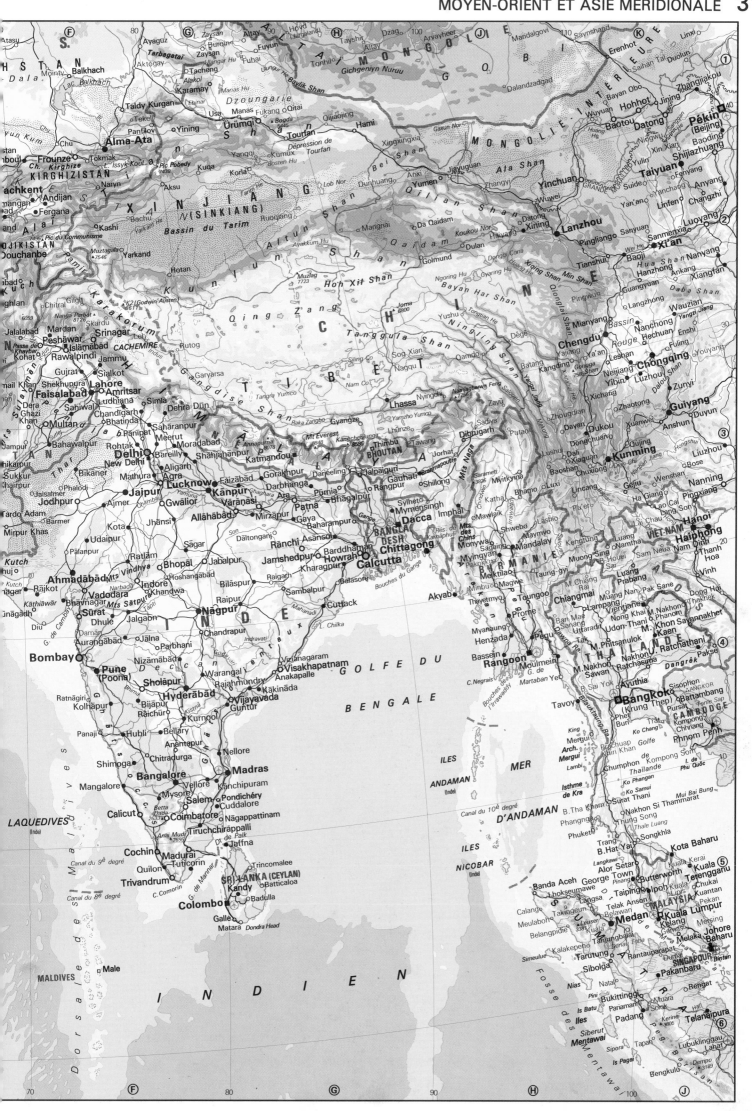

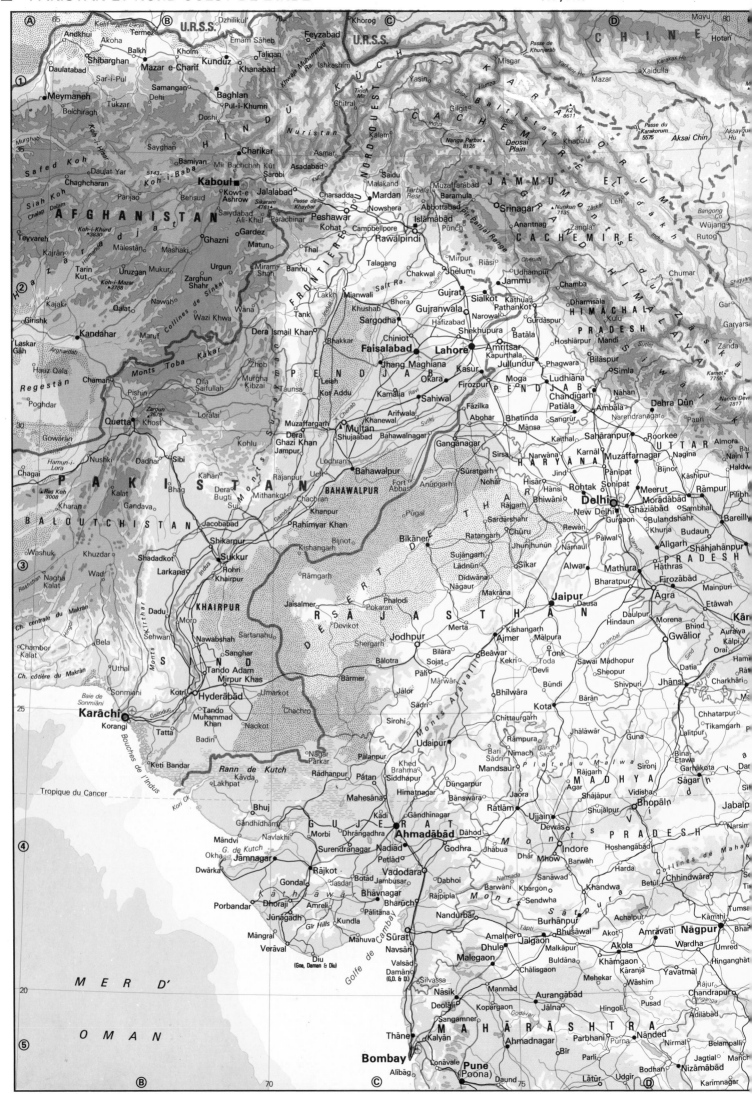

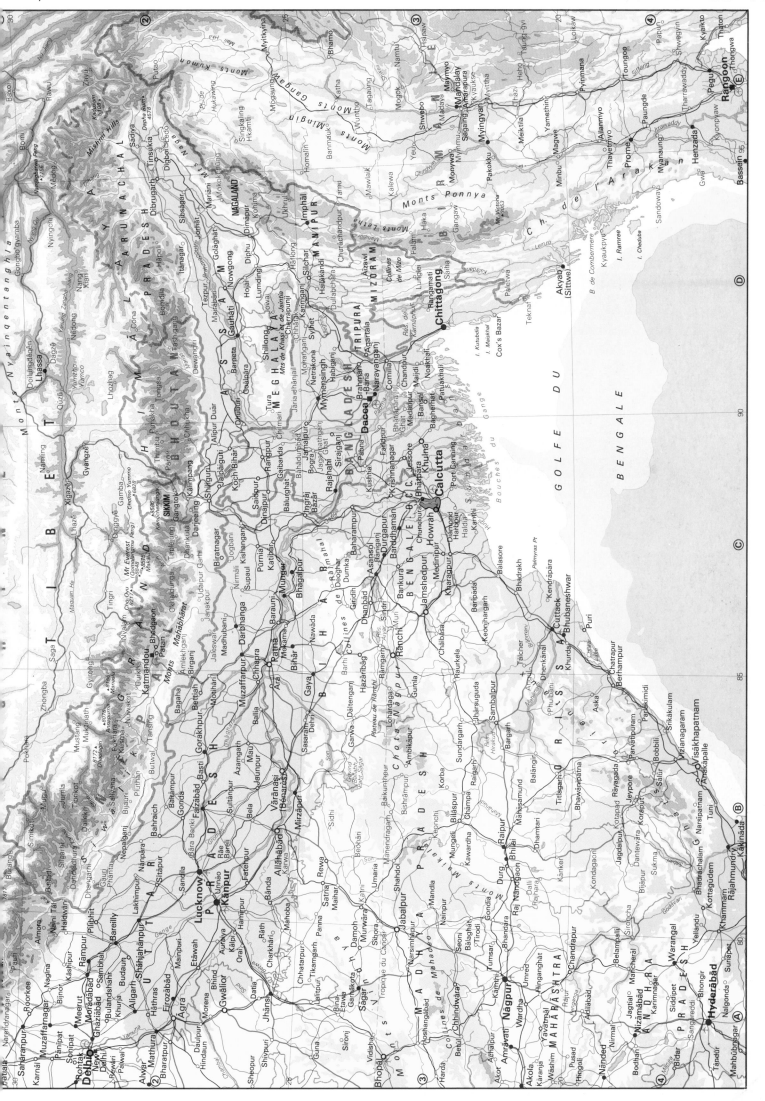

0 100 200 300 km

MER D' OMAN

GOLFE DU BENGALE

Côte de Coromandel

SRI LANKA
CEYLAN

MALDIVES

Laquedives
(Lakshadweep)
[Inde]

Minicoy

Canal du 9e degré

Canal du 8e degré

ÎLES ANDAMAN
[Inde]

ÎLES NICOBAR
[Inde]

Preparis

Cocos
[Birmanie]
Détroit des Is Cocos

Karen
Ritchie's Archipelago

Andaman du Nord
Andaman Centrale
Andaman du Sud

N Sentinel

Port Blair
Rutland

Détroit de Duncan

Petite Andaman

Palalankwe
Ignoitijala

Canal du 10e degré

Car Nicobar
Batti Malv
Chaura
Teressa
Katchall
Nancowry
Tillanchong
Camorta
Sombrero
Petite Nicobar
Grande Nicobar
Pananna

10N

Bombay
Thane
Kalyán
Alibág
Srivardhana
Ratnágiri
Chiplun
Mahád
Wai
Phaltan
Bárámati
Sátára
Karád
Vite
Mäivan
Vengurla
Panaji
Madgaon
Damão
Kárwár
Kumta
Bhatkal
Coondapoor
Udupi
Karkal
Mangalore
Kásaragod
Cannanore
Tellicherry
Mahe
Badagara
Beypore
Ponnáni
Calicut
Kozhikode

Pune (Poona)
Daund
Ahmadnagar
Bir
Parbhani
Purna
Parlí
Ambadnagar
Nánded
Nirmal
Jagtial
Bodhan
Nizámábád
Karimnagar
Bhongir

MAHÁRÁSHTRA
Sholápur
Osmanábád
Bijápur
Bágalkot
Guledagudda
Gajendragarh
Jamkhandi
Chakrahalli
Kolhápur
Miraj
Sangli
Belgaum
Dandeli
Sirsi
Háveri
Gadag
Hubli
Koppal

KARNÁTAKA
Hospet
Bellary
Kottúru
Rámbenru
Dávangere
Bhadrávati
Shimoga
Chikmagalúr
Hassan
Hole Narsipur
Madikeri
Chámrajnagar
Nanjangúd
Mysore
Mandya
Bangalore
Tumkur
Tiptúr
Arsikere
Sira
Chitradurga
Kalyandurg
Ráyadurg

Gulbarga
Shorápur
Shahábád
Yádgir
Ráichur
Kurnool
Adoni
Dhone
Guntakal
Anantapur
Dharmávaram
Kadiri
Hindupur
Koláron
Gold Fields
Krishnagiri

Bidar
Udgir
Látúr
Barsi
Akalkot
Hommábad
Bhir
Tándúr
Wanparti
Mahbúbnagar
Nalgonda
Nágárjuna
Macherla

Nánded
Mancheral
Siddipet
Sangáreddi
HYDERÁBAD
Bhongir
Bhadráchalam
Khammam
Kottagüdem
Warangal
Yellandu
Eluru
Rájahmundry

ANDHRA PRADESH
Narasaráopet
Guntúr
Vijayawáda
Tenáli
Bhímávaram
Machilipatnam
Chilakalúrapet
Bápatla
Chirála
Ongole
Kani Giri
Nandyál
Giddalúr
Proddatúr
Cuddapah
Tádpatri
Gooty
Tádpatri

Kavali
Nellore
Gúdur
Venkatagiri
Tirupati
Sri Kálahasti
Pulicat L.
Arakonam
Tiruttani
Madras
Kánchipuram
Chittoor
Vellore
Ámbúr
Tiruvannamalai
Villupuram
Pondichéry
Cuddalore
Chidambaram

TAMIL NADU
Salem
Vriddháchalam
Karaikál
Nágappattinam
Kumbakonam
Thanjávúr
Tiruchchirappalli
Pudukkottai
Káraikkudi
Rámanáthpuram
Paramakkudi
Virudunagar
Madurai
Dindigul
Palani
Polláchi
Erode
Tiruppur
Dharmapuri
Métúr
Coimbatore
Palghát
Pollánhi
Trichúr
Cochin
Ernákulam
Alleppey
Kottayam
Káyankulam
Quilon
Trivandrum
Nágercoil
C. Comorin
Kanniyákumari
Tirunelveli
Tenkási
Tiruchchendúr
Tuticorin
Palayankottai
Aruppukkottai
Rájapálaiyam
Puliyangudi
Bodinávakkanúr
Kambam

Rés. de Stanley

Coll. de Javádi

Coll. des Nilgiri
Res. de Bhadra

Malabár

Côte de Malabár

Godávari
Sabari
Indrávati
Kistna
Tungabhadra
Penner
Kisina
Káveri
Ghát

Berhampur
Paláshmidi
Paralákimidi
Srikákulam
Vizianagaram
Bobbili
Ráyagada
Jeypore
Koraput
Salúr
Tuni
Anakápalle
Visakhapatnam
Narsipatnam
Kakináda
Yanam

Jagdalpur
Dantewára
Sukma
Bijápur
Belampalli
Siroincha

ORISSA

Ghats orientaux

Res. Sri Lankamalleswaram

Mullaittvu
Trincomalee
Batticaloa
Vavuniya
Anuradhapura
Puttalam
Chilaw
Negombo
Colombo
Dehiwala-Mt Lavinia
Moratuwa
Kurunegala
Kandy
Matale
Dambulla
Polonnaruwa
Gampola
2524
Nuwara-Eliya
Badulla
Ratnapura
Opanáke
Galle
Matara
Dondra Hd
Hambantota

Jaffna
Pt Pedro
Pt Calimera
Pt Palmira
Palk
Détroit de Palk
Golfe de Mannar
Pont d'Adam
Talaimannar
Mannar
Havankulam
Rámanáthpuram
Pámban

Kodikkarai

Haldia

Anápalle

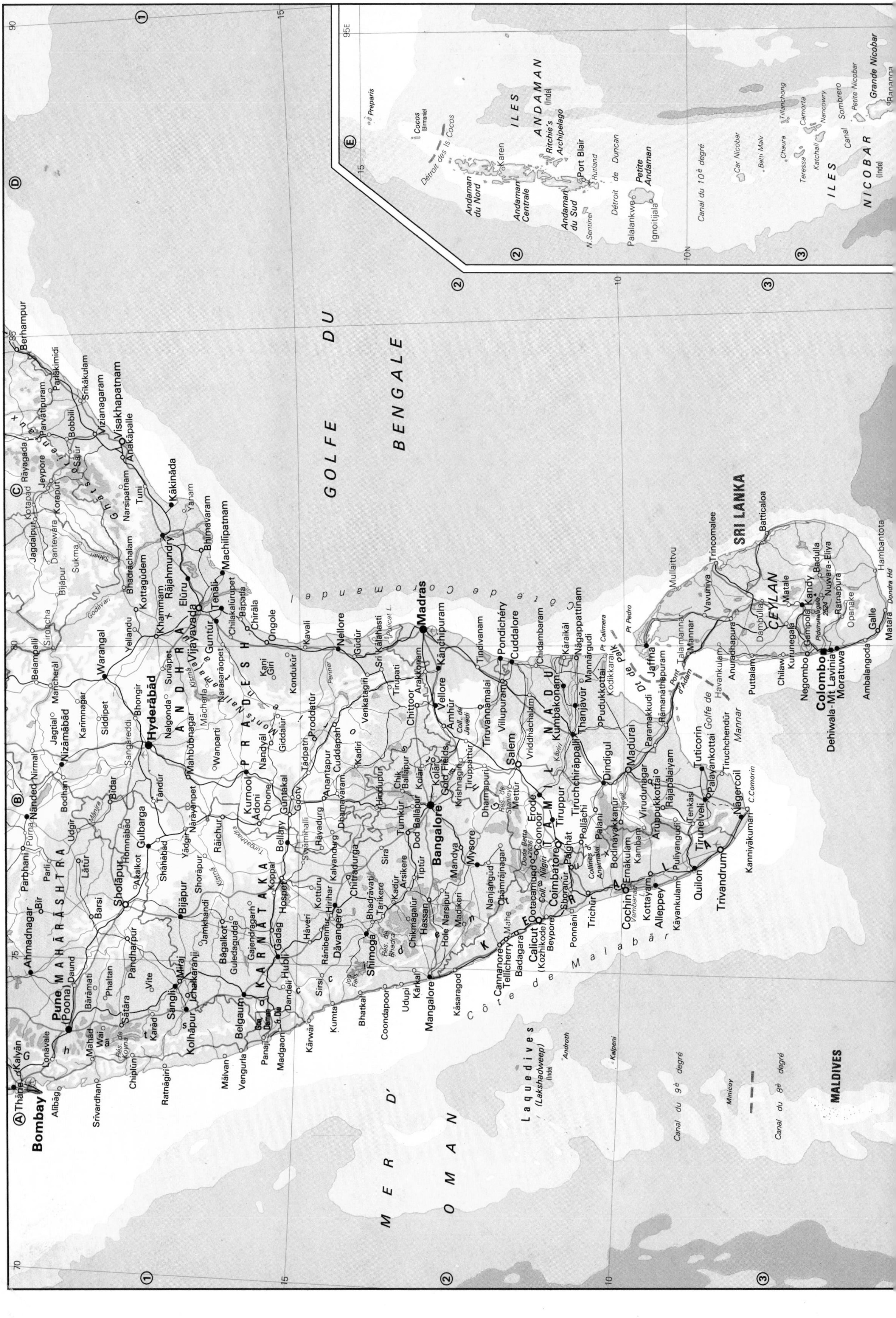

1:7,5M

0   100   200   300 km

MER NOIRE

MÉDITERRANÉE

U. R. S. S.

IRAN

IRAK

SYRIE

TURQUIE

ARABIE SAOUDITE

ÉGYPTE

GRÈCE

CHYPRE

LIBAN

ISRAËL

Grand Caucase

Désert de Syrie

Grand Nufūd

Plateau d'Hadjara

Chaîne Pontique

Taurus

Cappadoce

Arménie

Anti-Liban

Sinaï

Désert oriental

Plateau Libyen

Mer de Marmara

Golfe de Suez

Golfe d'Aqaba

Lac de Van

Mer Morte

Bakou, Tbilissi, Erevan, Batoumi, Trabzon, Samsun, Sinop, Istanbul, Izmir, Ankara, Konya, Adana, Antalya, Tabriz, Van, Erzurum, Diyarbakir, Malatya, Sivas, Kayseri, Gaziantep, Alep, Homs, Damas, Beyrouth, Tripoli, Haïfa, Tel-Aviv-Jaffa, Jérusalem, Amman, Mossoul, Kirkūk, Bagdad, Bassora, Koweït, Abadan, Ahvāz, Raqqa, Deir ez Zor, Hamadān, Bākhtarān, Nicosie, Famagouste, Limassol, Rhodes, Le Caire, Alexandrie, Gizeh, Port-Saïd, Suez, Ismaïlia, Tanta, Damiette

Canal de Suez

1:2,5M

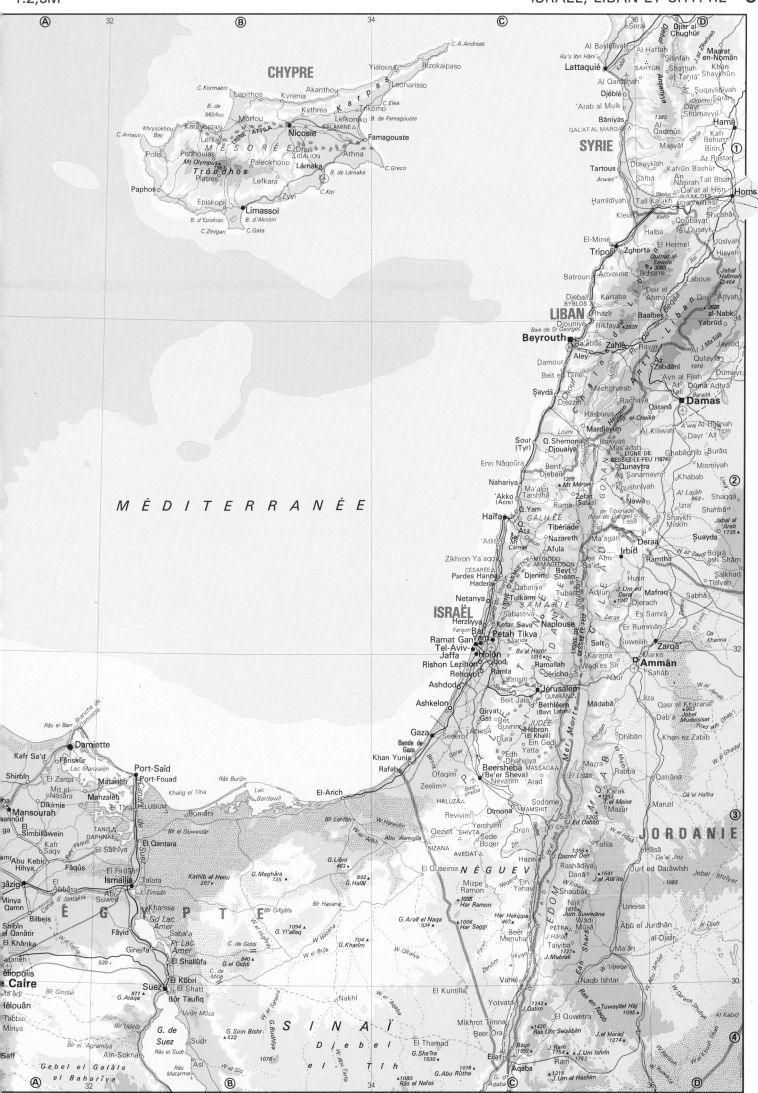

CHYPRE

C.A. Andreas
Yialousa
Rizokaipaso
Leonarisso
C.Kormakiti
Lapithos
Akanthou
Kyrenia
Kythrea
Lefkoniko
Trikomo
C.Elea
B. de Famagouste
B. de
Mórfou
Mórfou
SALAMINE
Karavostasi
Lefka
Nicosie
Famagouste
Khrysokhou
Bay
Pedhoulas
MÉSORÉE
Dhali
IDALION
Athna
C.Arnauti
Polis
Mt Olympus
Tróodhos
Lárnaka
C.Greco
Paphos
Platres
Lefkara
Zyyi
B. de Lárnaka
Episkopi
C.Kiti
Limassol
B. d'Episkopi
B. d'Akrotiri
C.Zevgari
C.Gata

MÉDITERRANÉE

SYRIE

Djisr al-
Chughûr
Serai
Al Baylûliyah
Al Haffah
Maarat
en-Nomân
Lattaquié
Al Qardahah
Ra's Ibn Hâni'
SAHYÛN
Şilnfah
Shathah
at Tahtâ'
Khân
Shaykhûn
Djéblé
'Arab al Mulk
Suqayliniyah
(Orontè)
Şûrân
Dayr
Shumayyil
Bâniyâs
1385
Hamā
QAL'AT AL MARQAB
Al Qadmūs
Kafr
Behum
Tartous
Maşyâf
Birîn
Arwad
Şâfîtâ
An
Naşirah Tall Bîsah
Ar Rastan
Duraykîsh
Kafrûn Bashûr
Yûsîyah
Hisyah
Homs
Qal'at al Hişn
(KRAK-DES
CHEVALIERS)
Ḥamîdîyah
Tall Kalakh
Shinshâr
Kleiat
Qoûbayât
Al 'Oussir
El-Minié
El Hermel
Halba

LIBAN

Tripoli
Zghorta
Qurnat al-
Sawdâ
3083
Jabal
Hallmah
2464
Batroun
Amioune
Bcharre
Laboue
Deir el
Ahmar
Djebaïl
BYBLOS
Kartaba
Rhazîr
2628
Baalbek
al-Nabk
Djouniyé
Bikfaya
2628
Yabrûd
Baie de St Georges
Beyrouth
Ba'abda
Zahlé
Rayak
J.Ma'lûla
Jayrûd
Aley
Az
Zabdânî
1910
Qutayfa
Damour
'Ayn al Fîjah
Beit ed Dîne
Machgharab
At
Tall
Dûma 'Adhra
Barada
Damas
Şaydâ
Rachaya
Djezzîn
Qatanâ
Hermon
Dj. el-Cheikh
Al Kiswah
Litani
Mardjayûn
Dayr 'Alî
Sour
(Tyr)
Q.Shemona
Baniyas
A'waj Al Hijânah
Djouaiya
LIGNE DE
CESSEZ-LE-FEU (1974)
Ghabâghib
Burâq
Enn Nâqoûra
Bent
Djebaïl
Qunaytra
Mismîyah
1208
Mt Méron
Nahariya
Khabab
Zefat
(Safad)
Nawa
Al Lajâh
863
Shaqqâ
'Akko
(Acre)
Q.Yam
Rama
Shaykh
Miskîn
Izra'
Shahbâ
Haïfa
GALILÉE
Tibériade
Fiq
Taşil
Jabal al
'Arab
1735
'Atlit
Mt
Carmel
Ata
Qishon
Nazareth
L. de Tibériade
(Mer de Galilée)
Şuayda
Afula
Ma'agan
Deraa
Ramtha
Zikhron Ya'aqov
LIGNE D'ARMISTICE
MEGIDDO
ARMAGEDDON
Deir Abu
Sa'id
Irbid
CÉSARÉE
Beyt
Shean
Husn
Ṭalkhad
Tîsîyah
Pardes Hanna
Hadera
Djenin
Qabatiya
Tubas
Adjlûn
Djerach
Mafraq
Sabhâ
Netanya
Tulkarm
SAMARIE
1247
Er Rummân
Es Samrâ
Sabastiya
W.Lihfi
Qa
Khanna
ISRAËL
Herzliyya
Kefar Sava
Naplouse
Zarqa
Salt
Suweilih
Ramat Gan
Petah Tikva
Ba'al Hazor
1016
Wadi es Sir
Zarqa'
Tel-Aviv
Jaffa
Holon
Lod
Ramallah
Jéricho
Karama
Ammân
Marka
Rishon Leziyon
Rehovot
Ramla
Lâtrun
Nâur
Sahâb
Ashdod
Jérusalem
QUMRÂN
Mâdabâ
Jiza
Beit Jala
Bethléem
(Bayt Lahm)
Ashkelon
Qiryat
Gat
Bét
Guvrin
JUDÉE
Hébron
(El Khalil)
Qasr el Kharana
Dab'a
Wad edh Dhab'a
Mudeisisat
Gaza
LACHISH
Sederot
Dura
Ein Gedi
Mer Morte
Dhîbân
Bande de
Gaza
Gerar
Yatta
Khan Yunis
Edh
Dhahiriya
MASSADA
Mazra
Rafah
Ofaqim
Beersheba
(Be'er Sheva)
Nevatim
El Lisân
Rabba
Qatrâna
Beer
sheba
Zeelim
Arad
Damiette
Fâriskûr
Kafr Sa'd
Port-Saïd
Port-Fouad
Lac
Manzaleh
Râs Burûn
HALUZA
Revivim
Dîmona
Sodome
MAMSHIT
Mazâr
Manzil
El-Arich
Safi
T.el Meise
Shirbîn
El Zarqa
Matarieh
Manzalèh
Khalig el Tîna
Lac
Bardawîl
Yeroham
Oron
El Ghor
Mansourah
Mit el
Nasâra
El Tîna
PELUSIUM
Români
Bîr Lahfân
W.Hareidin
Sede
Boqer
Zin
J.Ed Dabâb
JORDANIE
Hâsa
Ḍikirnis
TANIS
DAPHNAE
El Sâlhîya
Abu 'Aweigila
NIZANA
AVEDAT
Tafila
Qa'el Jinz
El Simbillâwein
El Qantara
Bîr el Duweidâr
Qeziot
SHIVTA
Hazeva
Rashâdîya
Danâ
1356
J.Qasred Deir
Kafr
Saqr
Fâqûs
El Firdân
Ismailia
Talata
Kathîb el Henu
G.Maghâra
735
Bîr Hasana
NÉGUEV
El Queseima
1641
J.el Atâ'ita
1082
Abu Kebir
Hihya
El Abbâsa
Abu
Suweir
W.Highâya
G.Libni
463
G.Halâl
Mizpe
Ramon
Ein
Yahav
W.Fidan
Jurf ed Darâwîsh
Jebel Ithrîvat
Fàqûs
Gd Lac
Amer
Saba-a
G.Yi'allaq
892
W.Hasâna
704
G.Kharîm
1035
Har Ramon
Negarot
Nijil
Jum Suwwâna
Wâdi
Mûsa
Âbû el Jurdhân
al-Djafr
Bilbeis
El Khânka
Fâyid
Gineifa
520
Pt Lac
Amer
C. de Giddi
1094
W.Qîra'ya
G.Araif el Naqa
934
Har Hakippa
467
Har Saggi
Beér
Menuha
PETRA
Taiyiba'
1727
Ma'ân
al-Djafr
Caire
Suez
El Kûbri
El Shallûfa
G.el Giddi
840
W.el Brûk
Vahel
Hiyon
J.Mubrak
El-Djafr
Ma'âdi
Bîr Gindali
871
G.Ataqa
El Shatt
Bûr Taufîq
C.de Mitla
Zenfion
1242
J.Qatim
El Kuntilla
Yotvata
1615
J.el Harad
1274
J.Bâgir
1592
J.Um Ishrin
al Kabid
Héliopolis
Minya
Qamn
Bîr 'Udeib
Bîr el 'Agramiya
SINAÏ
Nakhl
Mikhrot Timna
Beer Ora
1420
Ras Um Seisabân
1753
J.Ram
1754
J.Um el Hashim
Saff
Gebel el Galâla
el Baharîya
G. de
Suez
Sudr
Râs el Sudr
G.Sinn Bishr
622
Djebel
el Tîh
1076
El Thamad
W.Abu Tarfa
1030
G.Sha'îra
1018
G.Abu Rûtha
Eilat
Aqaba
G. d'
Aqaba
1216
J.el Hashim
Asl
Râs
Matarma
Uyûn Mûsa
W.el Sahêra
W.el Aqaba
1080
Râs el Nafas

1:40M

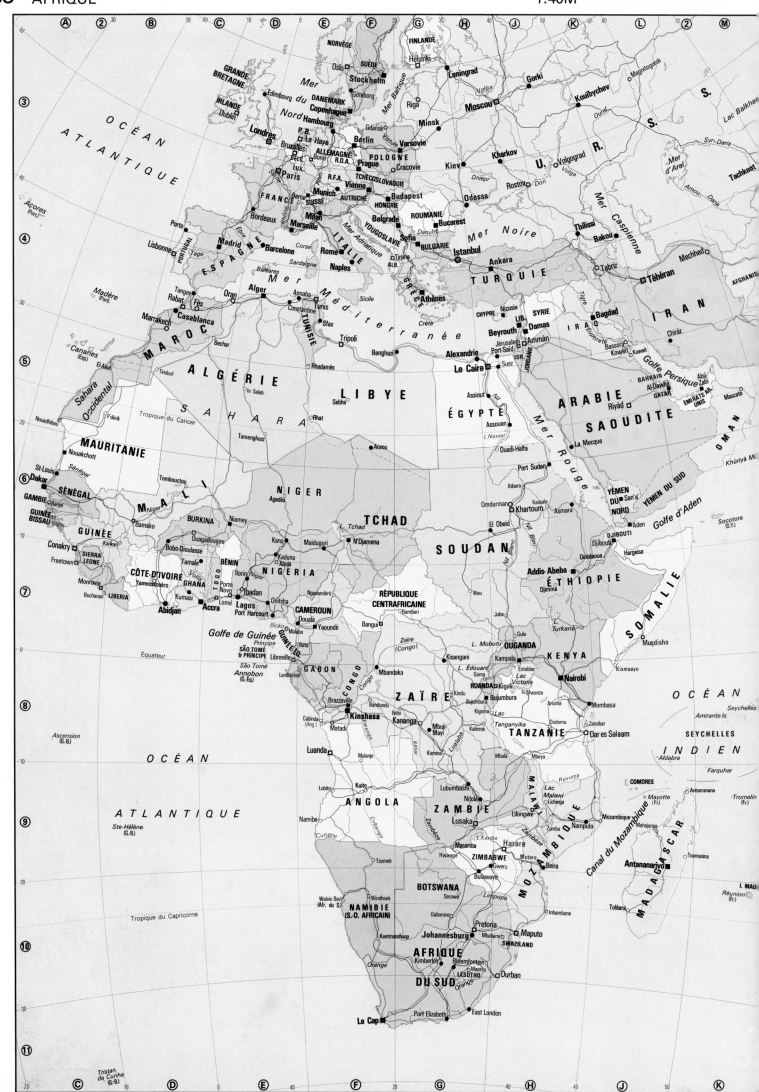

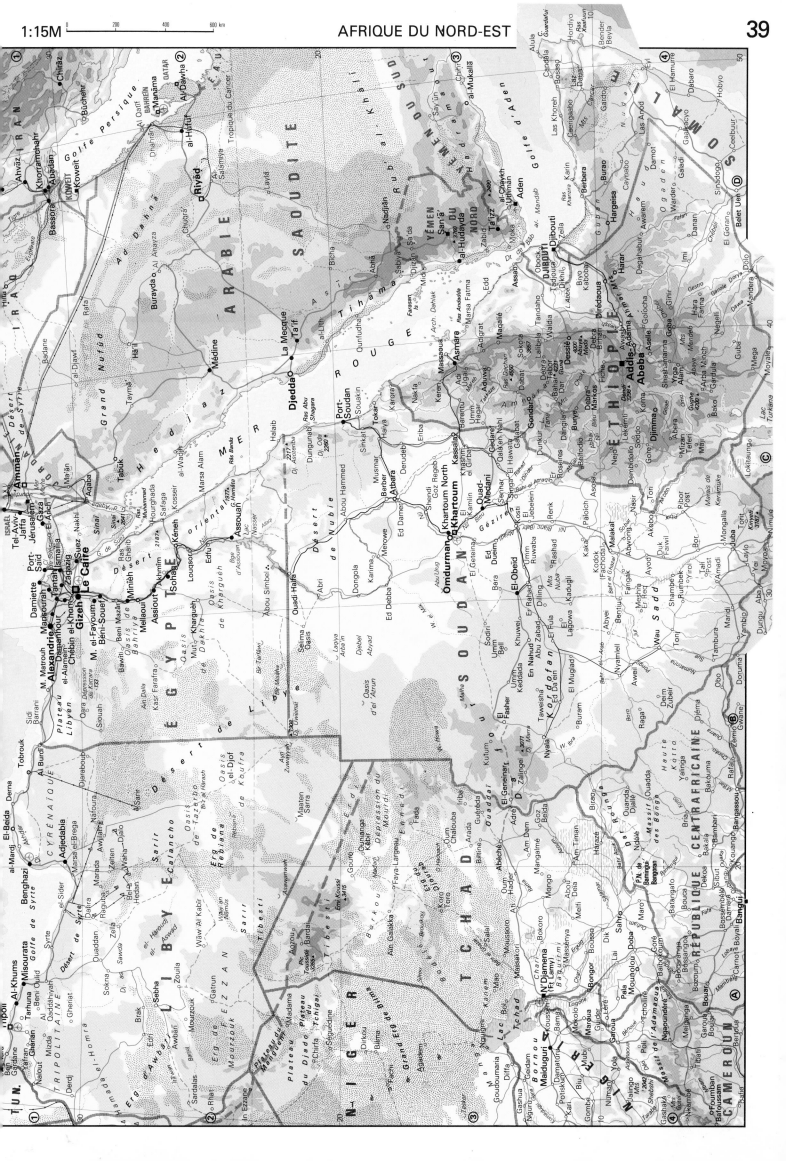

1:7,5M 0 100 200 300 km

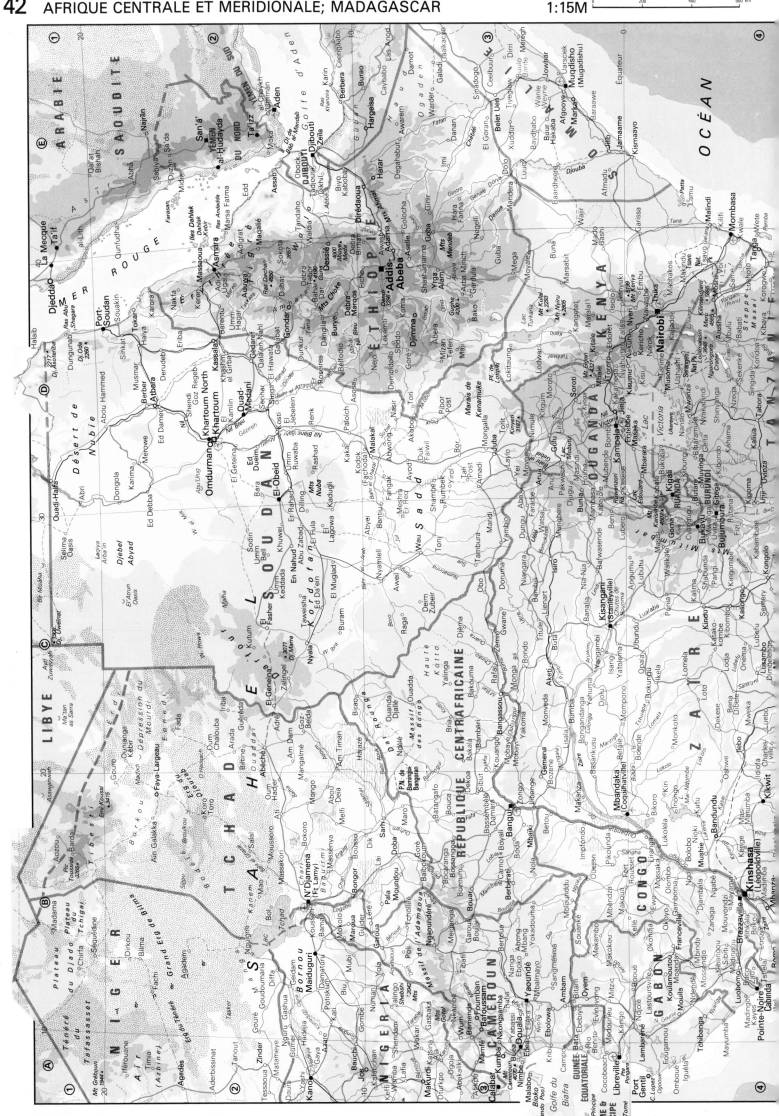

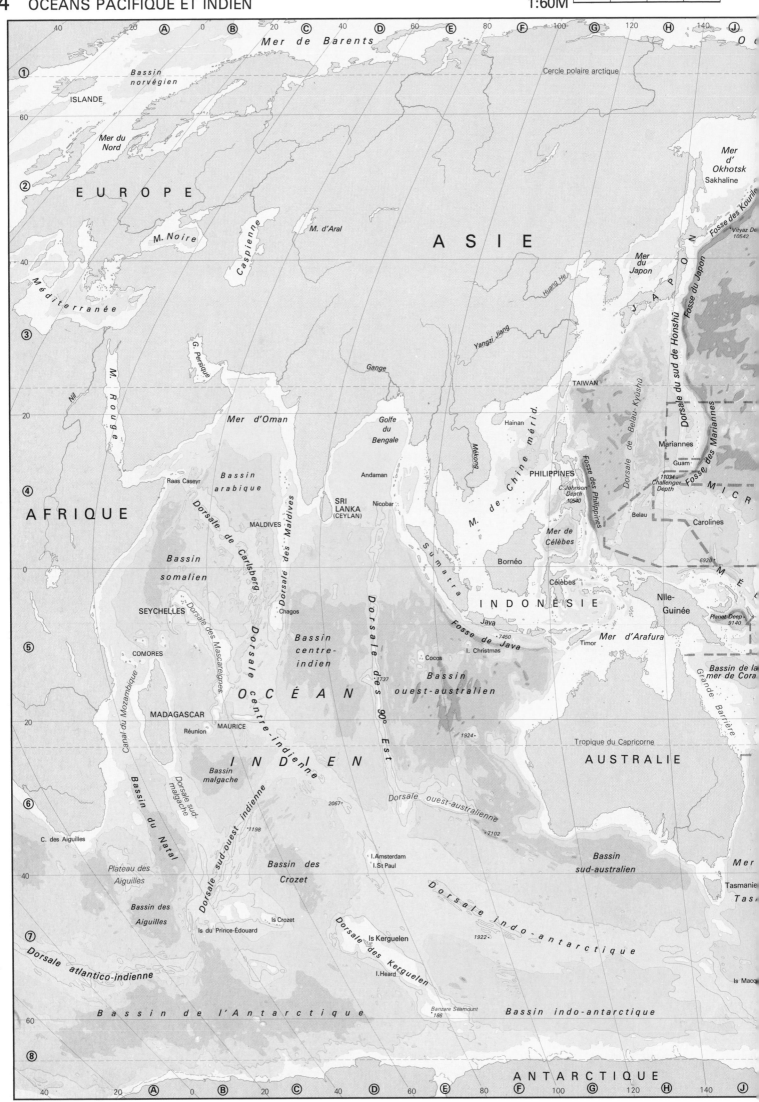

0   600   1200   1800   2400 km

Mer de Barents

Bassin
norvégien

Cercle polaire arctique

ISLANDE

Mer du
Nord

Mer
d' Okhotsk
Sakhaline

E U R O P E

Fosse des Kouriles

M. Noire

Caspienne

M. d'Aral

A S I E

•Vityaz
10542

Mer
du
Japon

J A P O N

Fosse du Japon

Méditerranée

Huang He

G. Persique

Yangzi Jiang

Nil

M. Rouge

Gange

Dorsale du sud de Honshū

Dorsale de Belau-Kyūshū

TAIWAN

Mer d'Oman

Golfe
du
Bengale

Hainan

Mariannes

Fosse des Mariannes

Guam

M I C R

Bassin
arabique

Andaman

M. de Chine mérid.

Mékong

PHILIPPINES

11034
Challenger
Depth

C. Johnson
Depth
10540

Raas Caseyr

Dorsale de Carlsberg

SRI
LANKA
(CEYLAN)

Nicobar

Belau

Carolines

A F R I Q U E

MALDIVES

Dorsale des Maldives

Mer de
Célèbes

Nlle-
Guinée

Bassin
somalien

Chagos

Bornéo

Célèbes

6920

M E

Planet Deep
9140

SEYCHELLES

Dorsale des Mascareignes

Sumatra

I N D O N É S I E

COMORES

Dorsale centre-indienne

Bassin
centre-
indien

Dorsale des 90° Est

Java

Fosse de Java

•7450

Mer d'Arafura

Bassin de la
mer de Cora.

Cocos

I. Christmas

Timor

Canal du Mozambique

•1737

Bassin
ouest-australien

Grande Barrière

MADAGASCAR

Dorsale sud
malgache

MAURICE

Réunion

Bassin
malgache

O C É A N   I N D I E N

•1924

Tropique du Capricorne

A U S T R A L I E

Bassin du Natal

Dorsale sud-ouest indienne

2067•

Dorsale ouest-australienne

•2102

Bassin
sud-australien

Mer

C. des Aiguilles

•1198

Bassin des
Crozet

I.Amsterdam
I.St Paul

Tasmanie

Plateau des
Aiguilles

Tas

Bassin des
Aiguilles

Is Crozet

Dorsale indo-antarctique

Dorsale atlantico-indienne

Is du Prince-Édouard

Dorsale des Kerguelen

Is Kerguelen

1922•

Is Macq

I.Heard

Banzare Seamount
•186

Bassin indo-antarctique

B a s s i n   d e   l ' A n t a r c t i q u e

A N T A R C T I Q U E

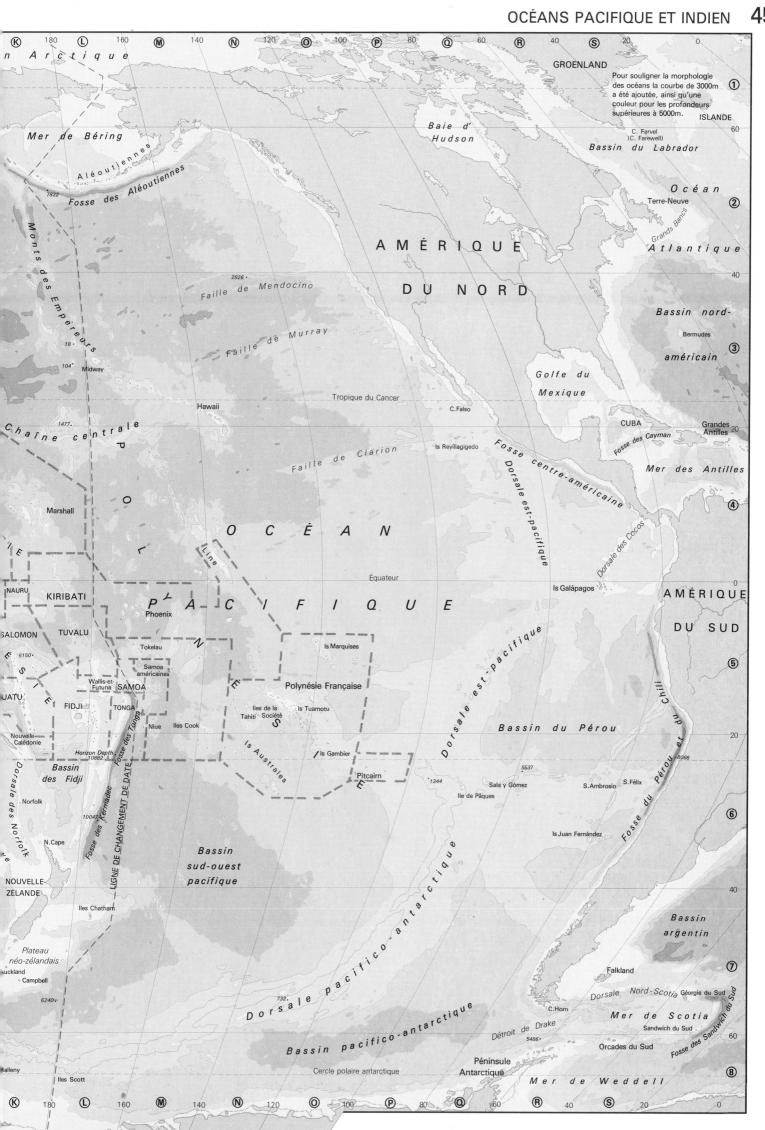

Pour souligner la morphologie des océans la courbe de 3000m a été ajoutée, ainsi qu'une couleur pour les profondeurs supérieures à 5000m.

GROENLAND

ISLANDE

① ② ③ ④ ⑤ ⑥ ⑦ ⑧

K 180 L 160 M 140 N 120 O 100 P 80 Q 60 R 40 S 20 0

n Arctique

Mer de Béring

Aléoutiennes

Fosse des Aléoutiennes

7822

Monts des Empereurs

18

104 Midway

Chaîne centrale

1477

Faille de Mendocino

2926

Faille de Murray

Faille de Clarion

Hawaii

Tropique du Cancer

C. Falso

Is Revillagigedo

AMÉRIQUE DU NORD

Baie d' Hudson

Golfe du Mexique

Fosse centre-américaine

Dorsale est-pacifique

Dorsale des Cocos

Bassin du Labrador

Océan

Terre-Neuve

Grands Bancs

Atlantique

Bassin nord- américain

Bermudes

CUBA

Fosse des Cayman

Grandes Antilles

Mer des Antilles

OCÉAN

Équateur

Is Galápagos

AMÉRIQUE DU SUD

Marshall

NAURU

KIRIBATI

SALOMON

TUVALU

Phoenix

PACIFIQUE

Tokelau

6150

Samoa américaines

Wallis-et- Futuna SAMOA

UATU

FIDJI

TONGA

Nouvelle- Calédonie

Niue

Iles Cook

Bassin des Fidji

Horizon Depth 10882

Fosse des Tonga

Is Marquises

Polynésie Française

Iles de la Société

Tahiti

Is Tuamotu

Is Australes

Is Gambier

Pitcairn

Dorsale est-pacifique

Bassin du Pérou

1344

5537

Sala y Gómez

Ile de Pâques

S. Ambrosio

S. Félix

Is Juan Fernández

8066

Fosse du Pérou et du Chili

Norfolk

N. Cape

LIGNE DE CHANGEMENT DE DATE

Fosse des Kermadec

10047

Line

Bassin sud-ouest pacifique

NOUVELLE- ZÉLANDE

Iles Chatham

Dorsale des Norfolk

Plateau néo-zélandais

uckland

Campbell

6240

Dorsale pacifico-antarctique

732

Bassin pacifico-antarctique

Dorsale pacifico-antarctique

Détroit de Drake

C. Horn

5486

Orcades du Sud

Bassin argentin

Falkland

Dorsale Nord-Scotia

Géorgie du Sud

Mer de Scotia

Sandwich du Sud

Fosse des Sandwich du Sud

alleny

Iles Scott

Cercle polaire antarctique

Péninsule Antarctique

Mer de Weddell

K 180 L 160 M 140 N 120 O 100 P 80 Q 60 R 40 S 20 0

1:20M

0   200   400   600   800 km

BORNÉO

Tajungselor
Kavalluk
Tanjungredeb
Kelolokan
Samarinda
Balikpapan
Tanjung
Banjarmasin
Kintap
Tg Selatan
Donggala
Palu
Poso
Toboli
Tomini
Golfe de Tomini
Kep. Togian
CÉLÈBES (SULAWESI)
Palopo
Majene
Parepare
Watampone
Teluk Bone
Bonthain
Kabaena
Baubau
Butung
Kendari
Ujung Pandang (Macassar)
Kabia
Kep. Tukangbesi

Manado
Tolitoli
Gorontalo
Belang
Ternate
Weda
Halmahera
Morotai
Tubelo
Kep. Asia
Kep. Ayu
P.P. Mapia
Waigeo
Selat Dampier
Salawatti
Sorong
Misool
Fakfak
M. de Céram
Piru
Bula
Céram
Namlea
Buru
Ambon (Amboine)
Iles Banda
M. des MOLUQUES
Péninsule Minahasa
Peleng
Taliabu
Banggai
Iles Sula
Obi
Adi
Teluk Berau
Babo
Kaimana
Kokonau
Tanahmerah

MOLUQUES

Manokwari
Biak
Numfoor
Yapen
Sarmi
Jayapura
Aitape
Wewak
Schouten
Manam
Madang
Goroka
Mt Hagen
Mendi
Bulolo
Lae
Morobe
Cendrawasih
Teluk Cendrawasih
Mamberamo
IRIAN JAYA
Pegunungan Maoke
Pk Jaya 5029
NLLE-GUINÉE
Mt Wilhelm 4508
Sepik
Ch. central
Fly
Digul
Kikori
Dolak
Merauke
Tg Vals
Saibaï I.
Daru
Dt de Torres
C. York
Somerset
I. du Pr.-de-Galles
Kupiano
Port Moresby
Owen Stanley Ra.
Popondetta
Kokoda
Samarai

Ninigo
Hermit
Is de l'Amirauté
Manus
Mussau
Iles St-Matthias
New Hanover
Kavieng
Archipel Bismarck
Mer Bismarck
PAPOUASIE NLLE-GUINÉE
Talasea
Umboi
Long
Fosse de
NLLE-Bre
Trobrian

OCÉAN INDIEN

Bali
Mataram
Lombok
Denpasar
Sumbawa
Memberoo
Sumba
Raba
Ruteng
Flores
Ende
Waingapu
Savu
Roti
Kupang
Oekusi
Timor
Alor
Wetar
Romang
Iles Babar
Iles Sermata
Iles Leti
Iles Barat Daya
Damar
Iles Tanimbar
Iles Kai
Iles Aru
Dobo
Lomblen
P.P. Kangean
P.P. Macan
Fosse de Java

Mer de Flores
Mer de Banda
Mer d'Arafura

Mer de Timor

I. Melville
I. Bathurst
Pén. Cobourg
Croker
G. Van Diemen
C. Londonderry
Darwin
Rum Jungle
Terre d'Arnham
C. Arnhem
Nhulunbuy
Groote Eylandt
Golfe de Carpentarie
Wessel
Weipa
Pén. du Cap York
C. Grenville
Iron Range
B. de la Princesse Charlotte
Iles Willis
Coringa
Cartier
Dt de Clarence
Adelaide River
Burrundie
Pine Creek
Katherine
Daly
Roper
Limmen Bight
Archipel. Sir Édouard Pellew
Mornington
Wellesley
Mitchell River
Laura
Cooktown
Coen
Mitchell
Scott Reef
Golfe Joseph-Bonaparte
Pago Mission
Wyndham
L. Argyle
Mt Ord
Victoria River Downs
Daly Waters
Borroloola
Newcastle Waters
Burketown
Normanton
Croydon
Forsayth
Ravenshoe
Innisfail
Cairns
Mt Bartle Frere 1612
Ingham
Palm
King B. Collier
C. Lévêque
Plateau de Kimberley
King Leopold Ra.
Hall's Creek
Wave Hill
Powell Creek
Camooweal
Cloncurry
Hughenden
Richmond
Townsville
Charters Towers
Ayr
Bowen
Proserpine
Collinsville
Mackay
Derby
Fitzroy Crossing
Sturt Ck
Tennant Creek
Mount Isa
Selwyn
Dajarra
Winton
Clermont
Sarina
Northumb
Marlbor
Broome
Lagrange
Eighty Mile Beach
Barrow Creek
TERRITOIRE DU NORD
Longreach
Barcaldine
Mount Morgan
Rockhampton
Glads
Port Hedland
De Grey
Roebourne
Nullagine
Marble Bar
Shay Gap
Great Sandy Desert
I. Mackay
Macdonnell Ranges
Mt Ziel 1510
Alice Springs
QUEENSLAND
Blackall
Emerald
Theo
Taroom
Monte Bello
Barrow
C. Nord-Ouest
Dampier
Onslow
Fortescue
Hamersley Ra.
Mt Bruce 1226
Paraburdoo
Newman
Désert de Gibson
L. Disappointment
L. Mackay
AUSTRALIE OCCIDENTALE
Diamantina
Windorah
Thomson
Barcoo
Charleville
Roma
Miles
Toowoo
Ashburton
Mt Augustus 1106
Wittenoom
L. Carnegie
L. Wells
Petermann Ra.
Ayers Rock
Mt Woodroffe 1440
Musgrave Ra.
Mt Tomkinson
Mt Aloysius 981
Oodnadatta
Birdsville
Cooper Ck
Bassin du Lac Eyre
Monts Grey
Quilpie
Warrego
St George
Cunnamulla
Goondi
Stanth
B. Shark
Dirk Hartog
Carnarvon
Gascoyne
Lyons
Barlee Ra.
L. McLeod
Wiluna
Meekatharra
Grand Désert Victoria
Coober Pedy
L. Eyre
Marree
Leigh Ck
Milparinka
Bourke
Walgett
Narrabri
Armid
Tamworth
Murchison
Cue
Sandstone
Mt Magnet
Leonora
AUSTRALIE MÉRIDIONALE
L. Everard
Tarcoola
L. Torrens
Woomera
St Mary Pk 1189
L. Frome
Wilcannia
Darling
Cobar
Moree
Gler
Glyvli
Geraldton
Dongara
Houtman Abrolhos
Northampton
Mullewa
Mt Barlee
L. Barlee
L. Moore
Kalgoorlie
Coolgardie
Oodea
Rawlinna
Forrest
Plaine de Nullarbor
Ceduna
Penong
Iron Knob
Gawler Ranges
Kingoonya
Port Augusta
Peterborough
Quorn
Broken Hill
Menindee
Ivanhoe
Dubbo
Orange
Bathurst
Condobolin
Griffith
Narr
Maitla
Cessnock
Newca
Litho
NLLE-GALLES DU SUD
Perth
Fremantle
Pinjarra
Bunbury
Moora
Bullfinch
Southern Cross
Merredin
Northam
Corrigin
Norseman
Esperance
C. Pasley
Archipel de la Recherche
Grande Baie Australienne
Flinders
Eyre
Port Lincoln
Pén. d'Eyre
Whyalla
Wallaroo
Port Pirie
Elizabeth
Adelaide
Murray Bridge
Renmark
Mildura
Balranald
Hay
Lachlan
Deniliquin
Wagga Wagga
Junee
Cootamundra
Albury
Shepparton
Wollongong
Sydney
Goulb
Canberra
A.C.T.
Mt Kosciusko 2230
Bombala
Goomalling
Bencubbin
Narrogin
Collie
Wagin
Katanning
Bluff Knoll 1110
Manjimup
Albany
Busselton
Augusta
C. du Naturaliste
C. Leeuwin
Kangaroo
Victor Harbour
Golfe St-Vincent
Golfe Spencer
Kingston
Naracoorte
Hamilton
Ararat
Ballarat
Bendigo
VICTORIA
Alpes Australiennes
Orbost
C. How
Bairnsdale
Sale
Morwell
Melbourne
Geelong
Colac
Wonthaggi
Horsham
Mount Gambier
Portland
Port Fairy
Warrnambool
Wilson's Prom.
King
Dt de Bass
Iles Furneaux
Flinders
C. Barren
C. Grim
Smithton
Burnie
Devonport
Launceston
St Mary's
Queenstown
Mt Ossa 1617
TASMANIE
Hobart
Geeveston
C. Sud-Ouest
C. Sud-Est

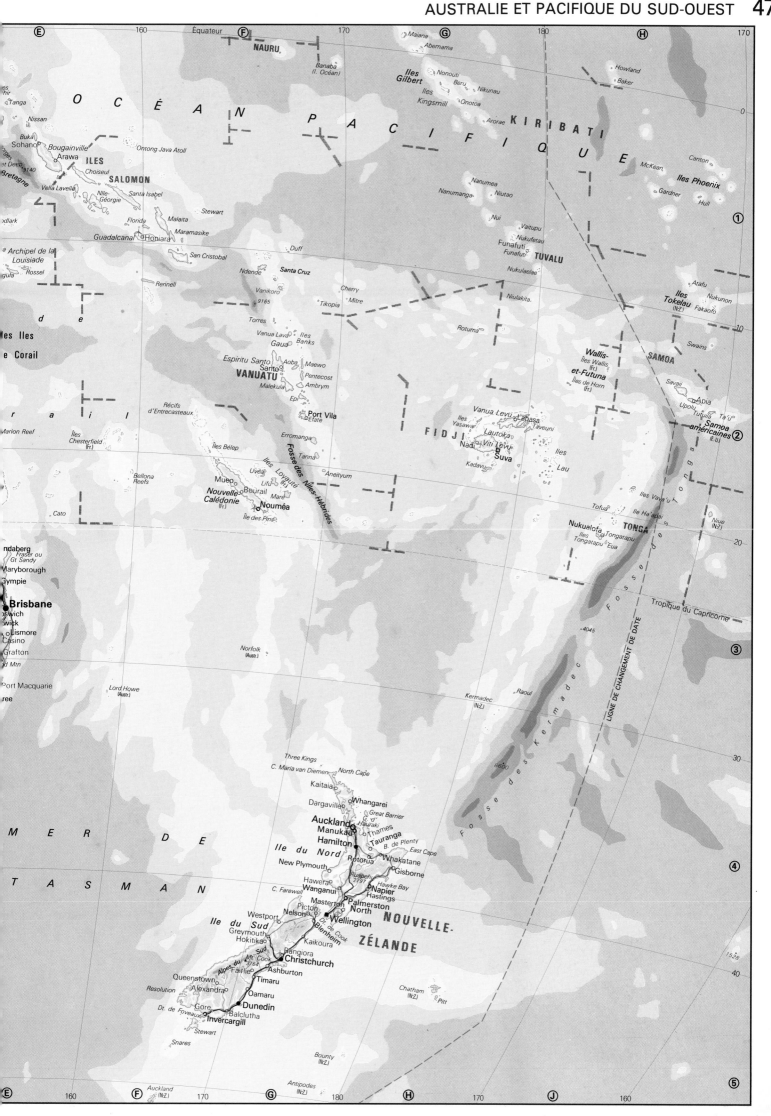

1:60M

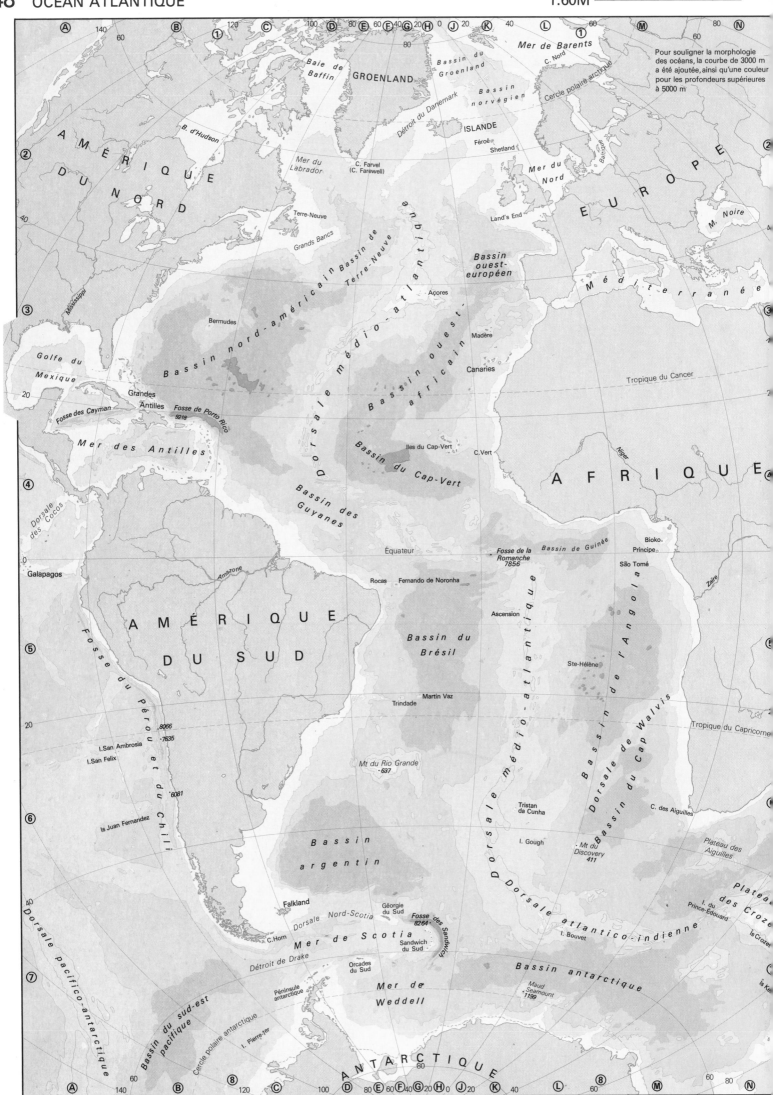

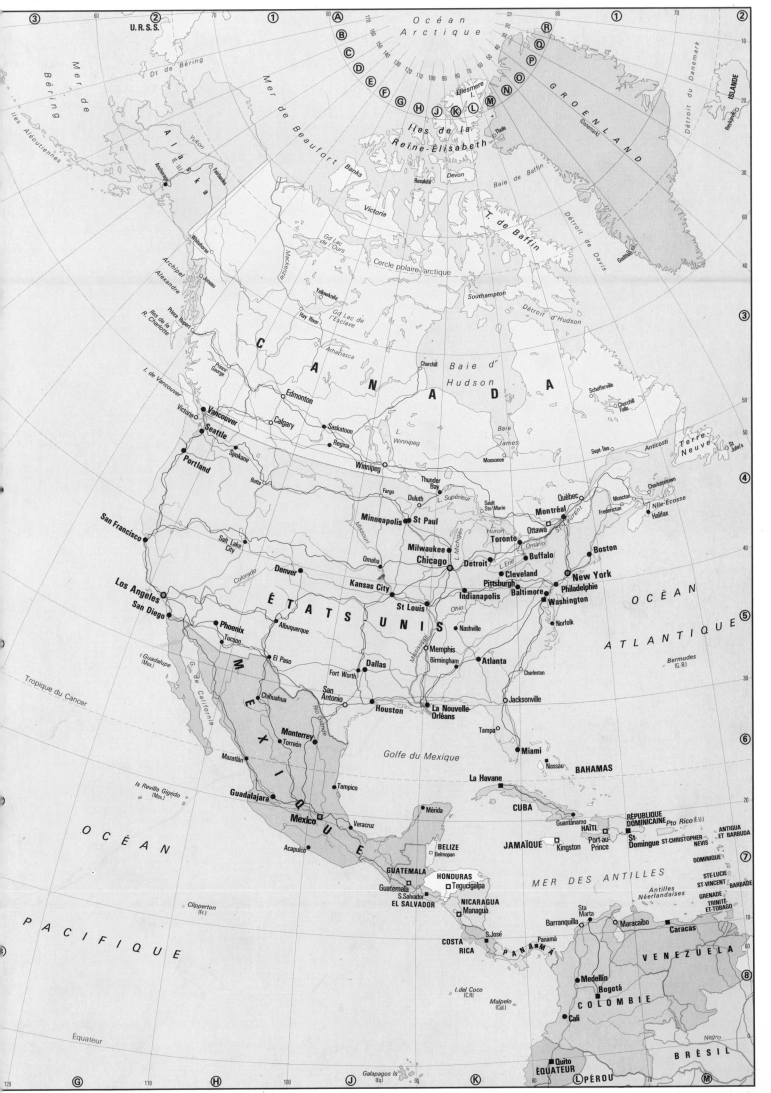

1:35M

0 250 500 750 1000 1250 km

0   200   400   600 km

OCÉAN ARCTIQUE

MER DE BEAUFORT

MER DE BÉRING

GOLFE D'ALASKA

OCÉAN PACIFIQUE

ALASKA (É.-U.)

U.R.S.S.

YUKON

TERRITOIRES DU NORD-OUEST

COLOMBIE BRITANNIQUE

ALBERTA

SASKATCHEWAN

MANITOBA

WASHINGTON

OREGON

IDAHO

MONTANA

WYOMING

DAKOTA DU NORD

DAKOTA DU SUD

Chaîne de Brooks

Mts Mackenzie

Montagnes Rocheuses

Île Victoria

Île Kodiak

Île Prince-de-Galles

Îles de la Reine-Charlotte

I. Moresby

I. Graham

Île Vancouver

Anchorage

Fairbanks

Whitehorse

Inuvik

Yellowknife

Edmonton

Calgary

Saskatoon

Regina

Winnipeg

Vancouver

Victoria

Seattle

Tacoma

Olympia

Portland

Salem

Eugene

Boise

Helena

Billings

Bismarck

Vancouver

Prince Rupert

Prince George

Jasper

Fort Smith

Fort Simpson

Peace River

Grand Prairie

Lac Athabasca

Great Slave Lake

Wood Buffalo Parc N.

Montagnes du Caribou Parc N.

Nom souligné: capitale de province ou d'État

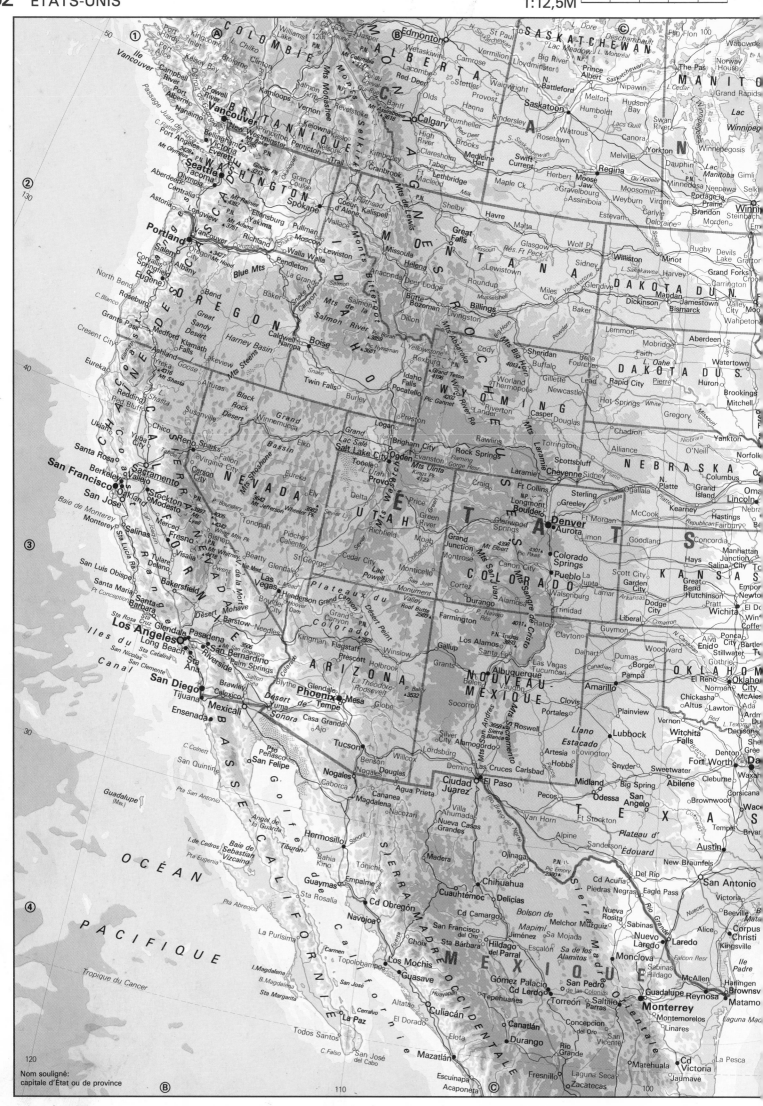

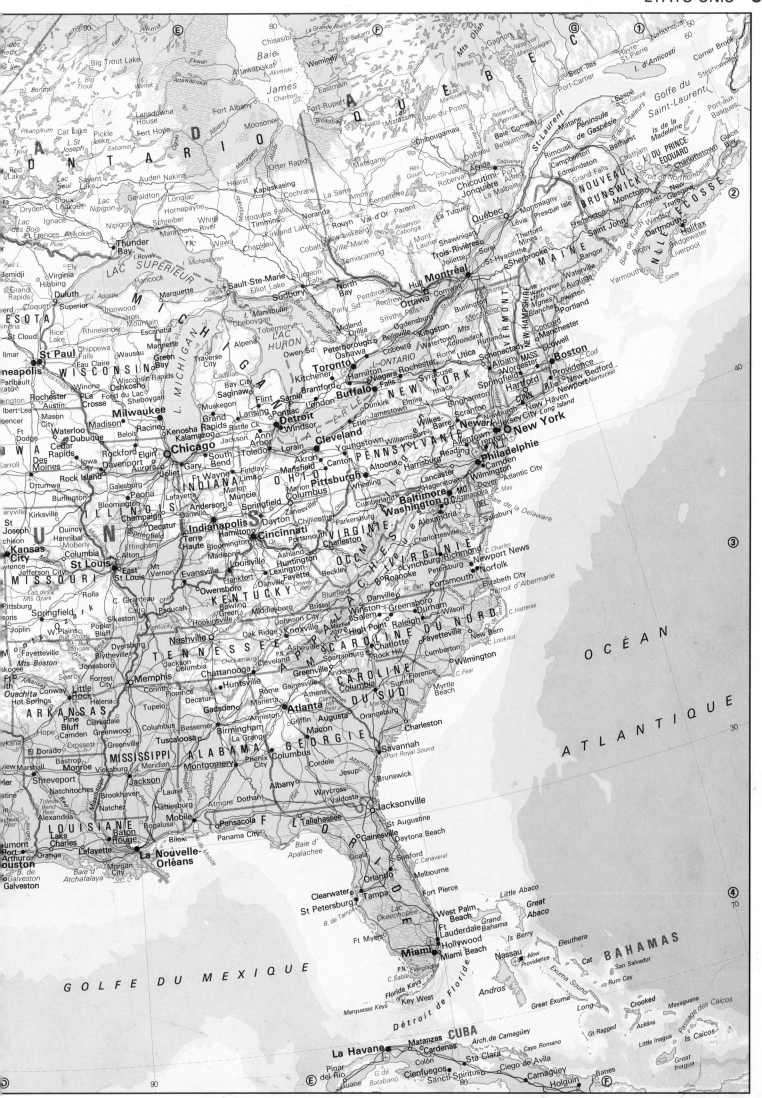

0 50 100 150 200 km

LAC SUPÉRIEUR

LAC MICHIGAN

LAC HURON

LAC ÉRIÉ

ONTARIO

MINNESOTA

WISCONSIN

MICHIGAN

IOWA

ILLINOIS

INDIANA

OHIO

MISSOURI

KENTUCKY

TENNESSEE

ARKANSAS

VIRGINIE OCCIDENTALE

PLATEAU DU CUMBERLAND

MONTS OZARK

Thunder Bay, Duluth, Superior, St Paul, Milwaukee, Madison, Chicago, Detroit, Cleveland, Columbus, Indianapolis, Cincinnati, St Louis, Louisville, Nashville

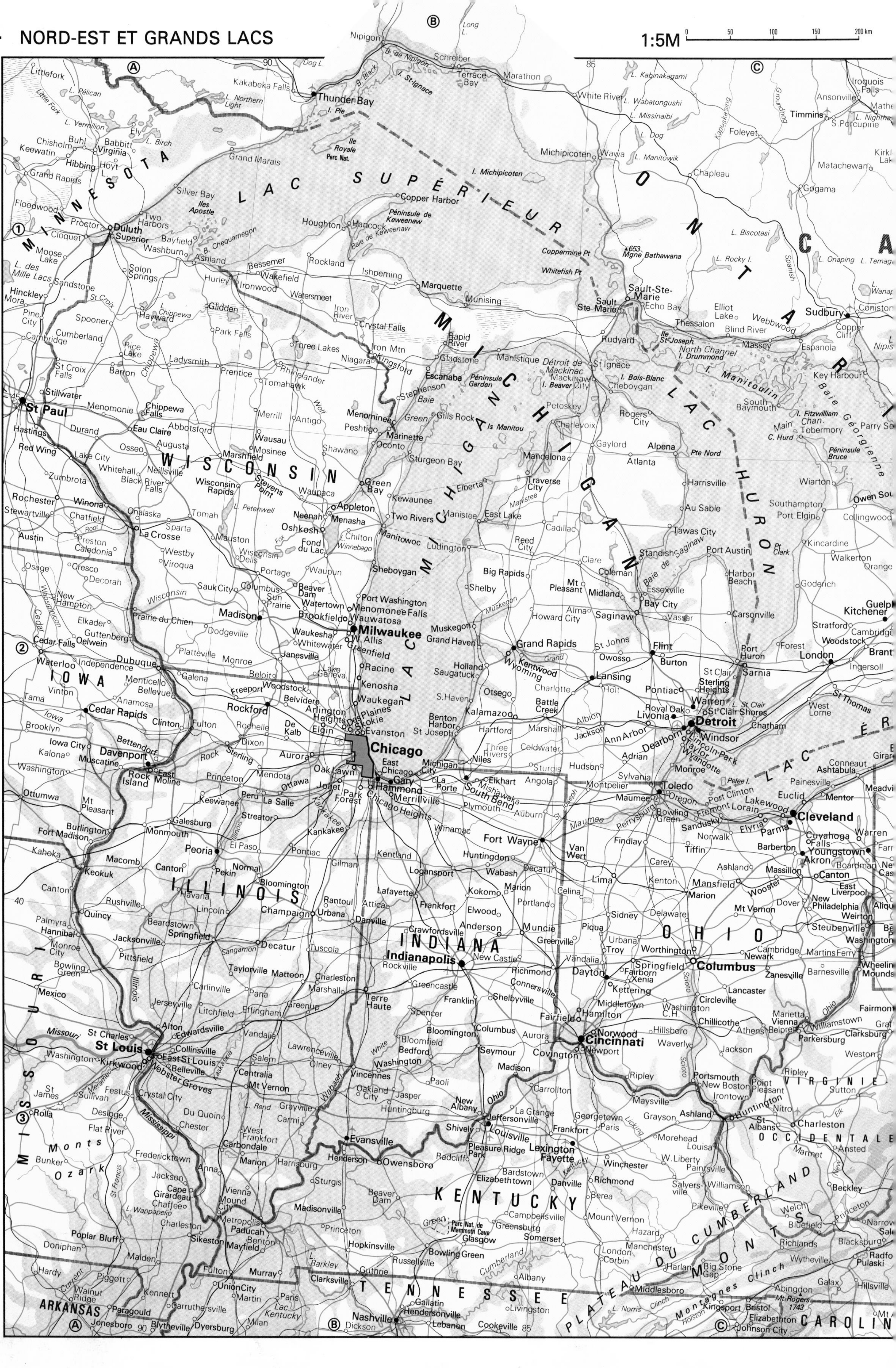

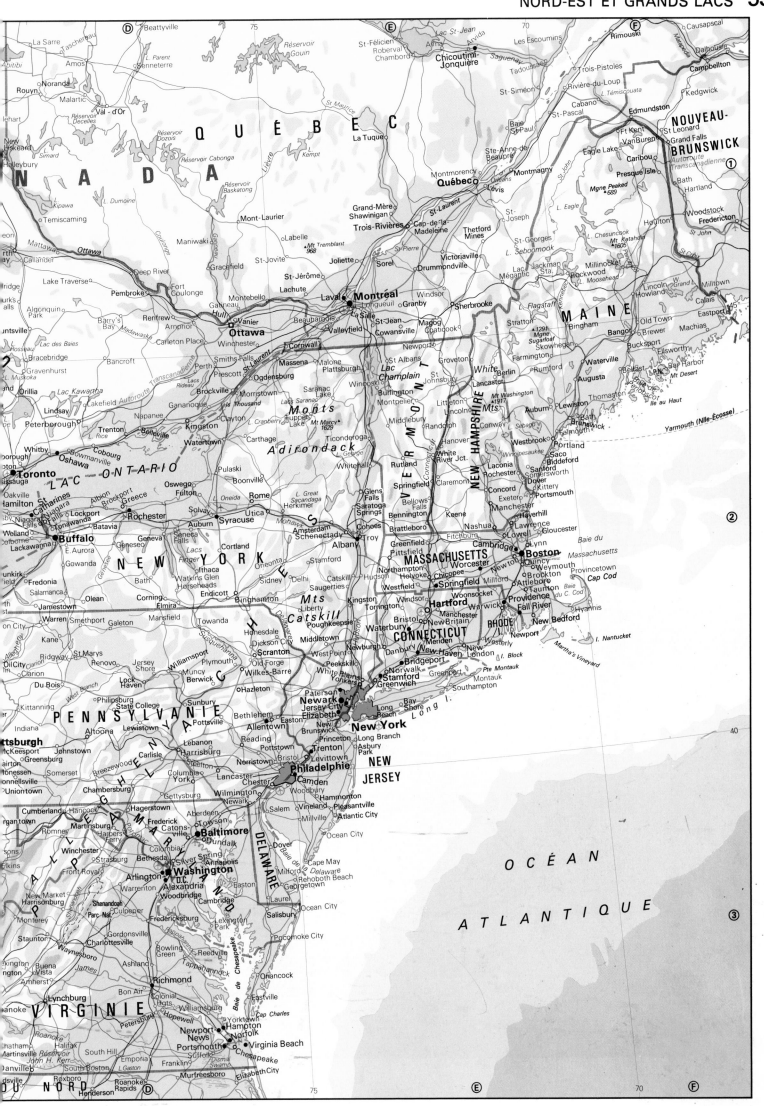

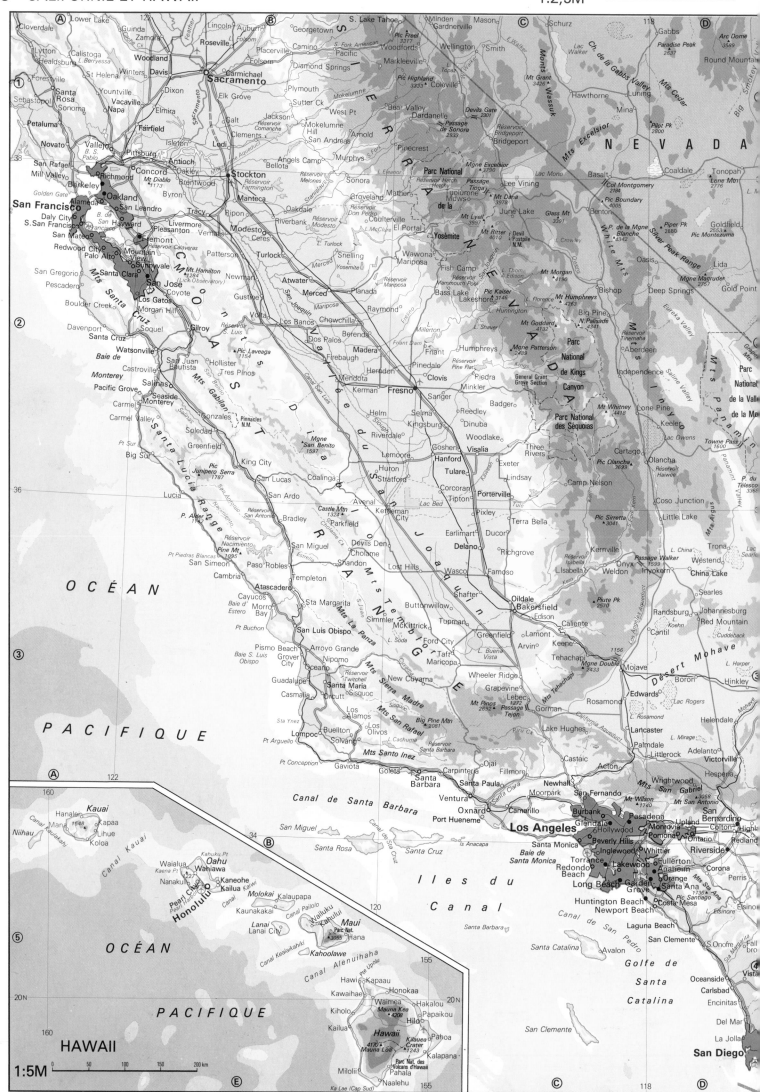

HAWAII

1:5M

0 50 100 150 200 km

1:15M

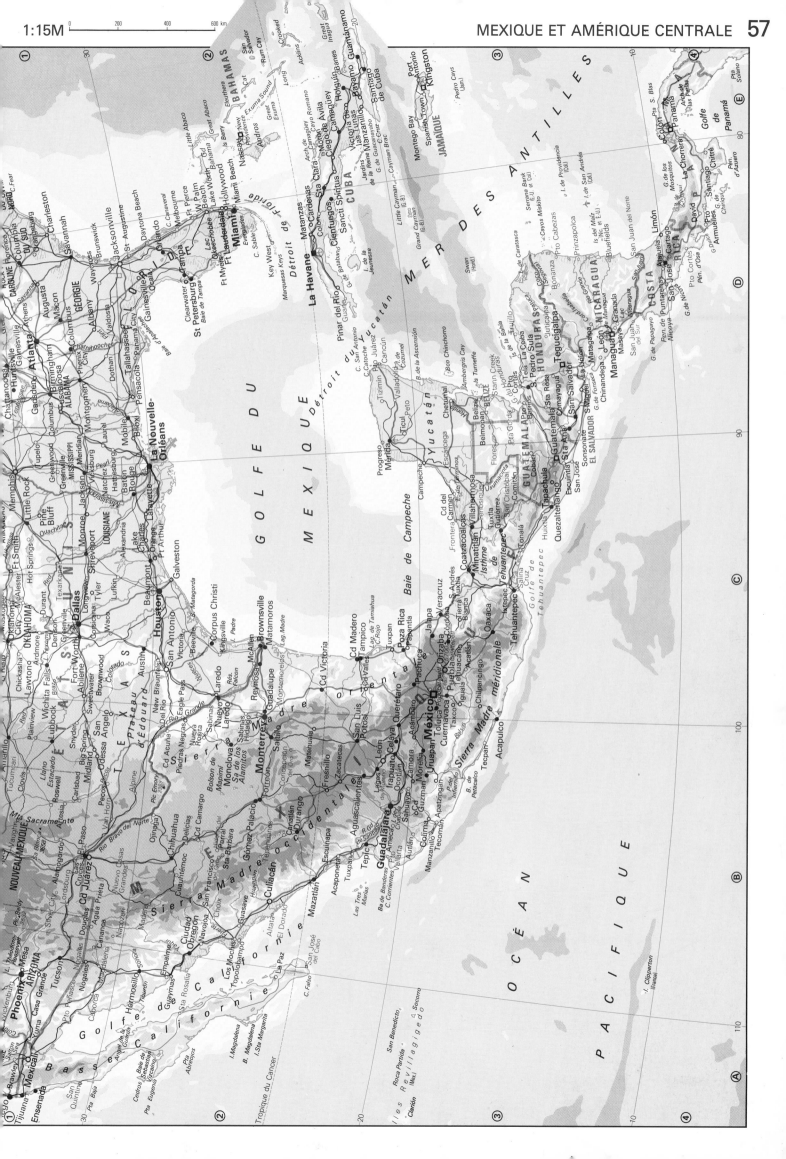

1:35M

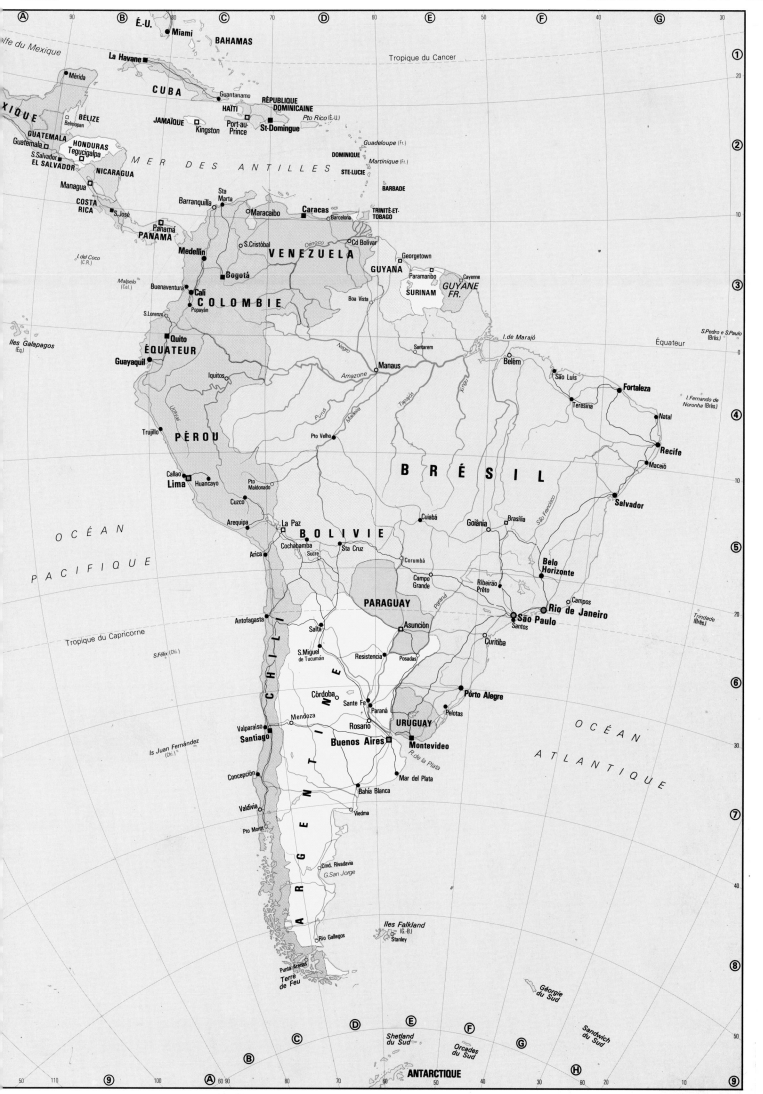

0 200 400 600 km

Roseau
Ⓕ Fort-de-France
Martinique (Fr.)
STE-LUCIE
Castries
ST VINCENT
Kingstown
Grenadines
GRENADE
St Ge

Siguatepeque
Comayagua
Tegucigalpa
San Miguel
La Unión
Choluteca
Somoto
Estelí
Matagalpa
Chinandega
León
NICARAGUA
Managua
Masaya
Granada
S. Carlos
L. de Nicaragua
Rivas
S. Juan
G. del Papagaya
Alajuela Heredia Limón
Puntarenas
San José Cartago
Pén. de Nicoya
COSTA RICA
B. de Coronado
Pto Cabezas
I. de Providencia (Col.)
I. de San Andrés (Col.)
Arch. de las Perlas
Colón **Panamá**
La Chorrera
PANAMÁ
La Palma
Chitré G. de Panamá
I. del Coco (C.R.)

Antilles Néerlandaises
Aruba Curaçao (P.-B.) Bonaire
Is Los Roques (Ven.)
La Tortuga
I. de Margarita
La Asunción
Pén. de Paria Güiria
GRENADE

Pta Gallinas
Pén. de la Guajira Pto Fijo
G. de Venezuela
Sta Marta Ríohacha
Ciénaga Maicao
Barranquilla
Cartagena Valledupar
S. Jacinto
Sincelejo El Banco
Magangué Ocaña
Montería
Quibdó Caucasia
Turbo
Barrancabermeja
Yarumal
Bello Pto Berrío
Itaguí Barbosa
Medellín
Manizales
Pereira Tolima
Cartago Armenia Chocontá
Tuluá Ibagué **Bogotá**
Buenaventura Buga Girardot Villavicencio
G. de Tortugas Palmira Granada
Cali
Santander Neiva
Popayán
Vol. Puracé 4700 Pto Rico
Florencia
Tumaco Pitalito
El Diviso Pasto Belén
S Lorenzo Ipiales Mocoa
Esmeraldas Ibarra Tulcán Pto Asis
Cojimíes Otavalo Leguízamo
Jama **Quito** Coca
Chone Cotopaxi 5896
Manta Portoviejo Ambato Tena
ÉQUATEUR
Jipijapa Guaranda Chimborazo 6272
Guayaquil Babahoyo Riobamba
La Libertad Milagro Macas
Playas I. Puná Azogues
Cuenca
G. de Guayaquil Machala Gualaceo
Tumbes Zaruma Loja
Talara Zamora
Negritos Sullana
Paita Chulucanas Huancabamba
Piura Catacaos Jaén
Pta Aguja Moyobamba
Ferreñafe Chachapoyas Tarapoto
Lambayeque
Chiclayo
Chepén Cajamarca Cajabamba
Pacasmayo Huamachuco
Otusco Pucallpa
Trujillo Pomabamba
Huallanca Tingo María
Huaraz Huánuco
Chimbote Huascarán 6768 La Unión
Casma
Huarmey Oxapampa
Pativilca Cerro de Pasco La Merced
Barranca Tarma
Huacho La Oroya Jauja Acobamba
Ancón Callao **Lima** Huancayo
Huancavelica
Chincha Alta Ayacucho Quillabamba MACHU PICCHU
Pisco Andahuaylas Cuzco
Ica Abancay Sicuani
Nazca Ayaviri
Chala Juliaca
Coropuna 6425 Puno
Camaná Arequipa Misti 5922 L. Titicaca
Matarani Moquegua
Mollendo
Ilo
Tacna
Arica

VENEZUELA
Maracaibo Cabimas
Cd Ojeda Valencia Maracay Barcelona Maturín
Coro Pto Cabello **Caracas** Cumaná
Riecito Pto la Cruz Caripito
Maiquetía Carúpano
Barquisimeto S. Juan Zárara Anaco
Acarigua Tucupit
V. de la Pascua El Tigre Barranca
Mérida Trujillo Valera Cd Guayana
Guanare Barinas Upata
San Cristóbal Cd Bolívar
Pamplona Bucaramanga Apure S. Fernando El Dorado
Cúcuta Arauca Cd Piar Rés. de Guri
San Cristóbal Pto Carreño Salto del Angel
Málaga Meta Pto Ayacucho La Paragua
Sogamoso Orocué La Gran Sabana
Tunja Vichada Sta Elena
L L A N O S
Inírida Sa Pacaraima
Guaviare Pto Rico
Calamar **COLOMBIE**
Guania R O R A I
Mitú
Vaupés Apaporis Içana Boa V
Tapurucuara
Caquetá Negro
A M A Z O N
Putumayo Tefé
Iquitos Leticia
Tabatinga Caxias
Yavarí **S E L V A S**
Elvira
Yurimaguas Coari
Lábrea
Ucayali Juruá Humaitá
Cruzeiro do Sul Purus
Feijó Bôca do Acre
A C R E Sena Madureira Abunã Pôrto Velho
Rio Branco **R O N D Ô N I**
Brasiléia Serra
Cobija Porvenir
P É R O U Pto Maldonado Guajará-Mirim
P. National de Manú Madre de Dios Guaporé
Pto Heath L. Rogaguado
Beni Riberalta
Rurrenabaque Trinidad
Huanay Sta Ana
Ancohuma 6388 Coroico
Chulumani **B O L I V I**
Pto Villarroel
Guaqui **La Paz** Montero
Quillacollo Cochabamba Santa Cruz
Oruro Cliza Llanos de C
Sajama 6542 Aiquile
Poopó Huanuni Valle Grande
L L. Poopó Sucre
Sabaya Tarabuco Monteagudo
de Colpasa Potosí Camiri Ma Lag
Uyuni Camargo Grl E.A
Salar de Uyuni Cotagaita Garay
Vol. Ollagüe 5870 Tupiza Tarija
Villa Montes
Yacuiba
Quiaca Bermejo Orán
Dr P.P.P
Embarcación
Salar de Atacama
Calama **Jujuy**
Tilcara S. Pedro
S. Salvador de Jujuy
ARGENTINE
Salta

O C É A N
P A C I F I Q U E
Malpelo (Col.)

Tropique du Capricorne
Iquique
Ujina
Tocopilla Chuquicamata
Pedro de Valdivia
Mejillones **CHILI**
Antofagasta Llullaillaco 6723

C O R D I L L E R E D E S A N D E S

à la même échelle
ÎLES GALAPAGOS
(ARCHIPIÉLAGO DO COLÓN) (Éq.)
Culpepper Pinta Marchena Genovesa
Wenman
Fernandina Santa Cruz San Salvador
Isabela Baquerizo Moreno San Cristóbal
Sta María Santa María Española

à la même échelle
Îles Juan Fernández (Chili)
Alejandro Selkirk Robinson Crusoe Sta Clara

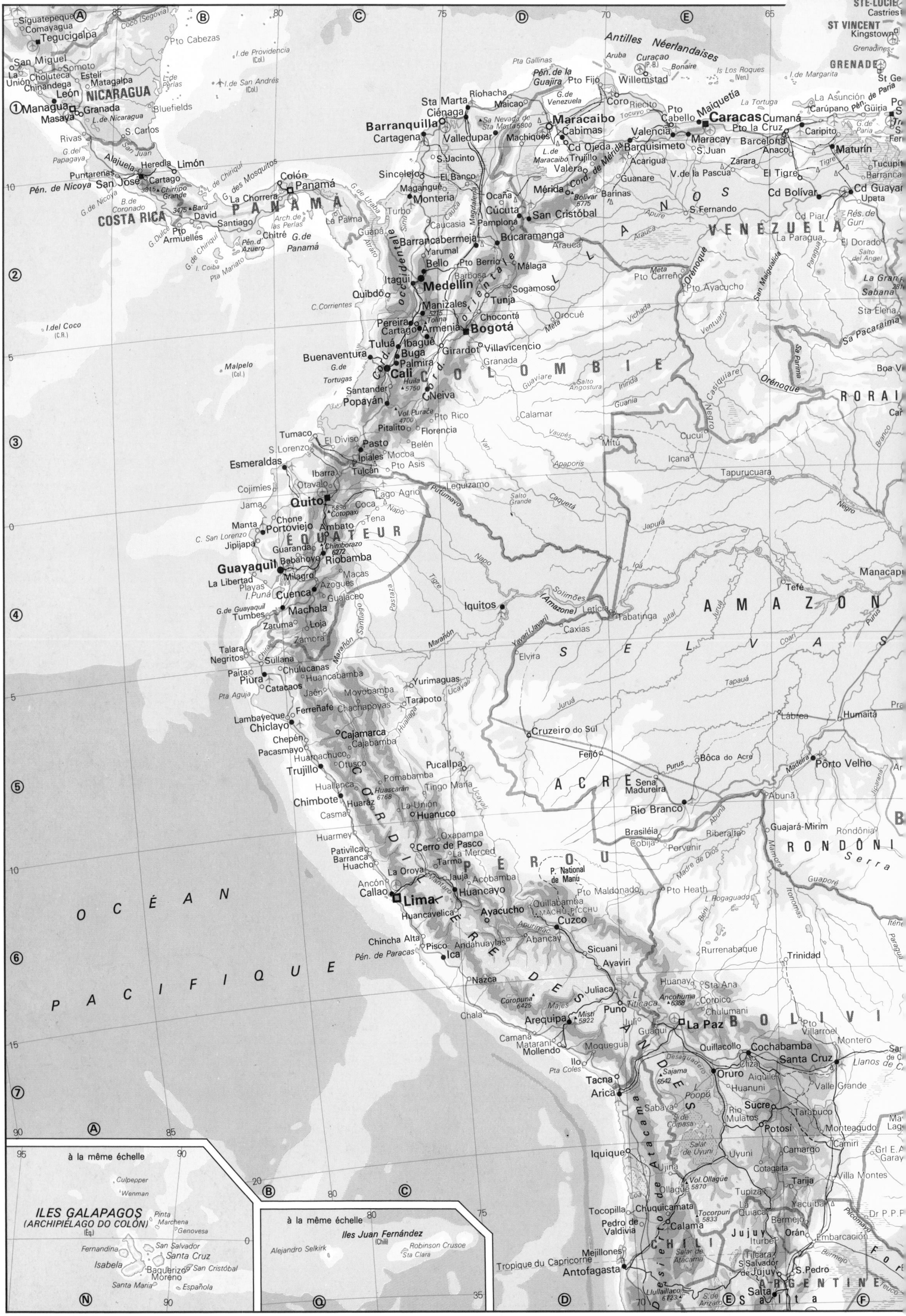

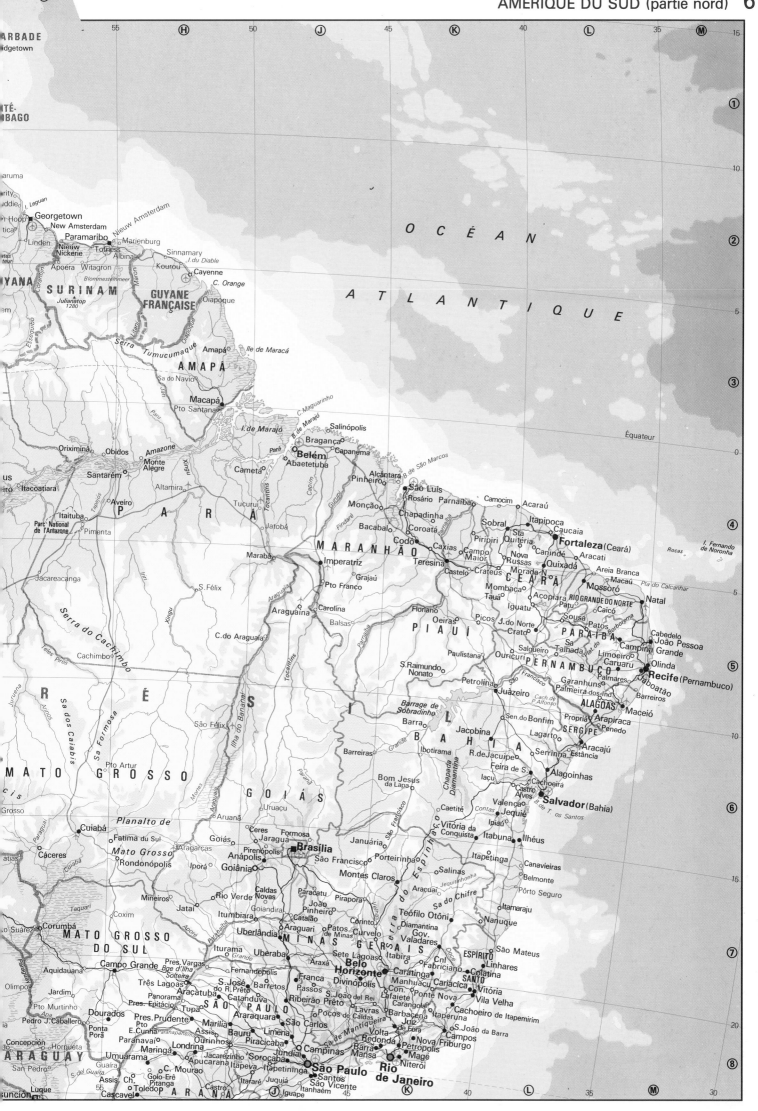

O C É A N

A T L A N T I Q U E

Équateur

SURINAM
Julianatop 1280

GUYANE FRANÇAISE

Georgetown
New Amsterdam
Paramaribo
Nieuw
Nickerie
Marienburg
Totness
Albina
Linden
Apoera
Witagron
Kourou
Cayenne
Sinnamary
I. du Diable
C. Orange
Oiapoque

AMAPÁ
Serra Tumucumaque
Amapá
Ile de Maracá
Sa do Navio
Macapá
Pto Santana

P A R Á
Oriximiná
Óbidos
Monte Alegre
Santarém
Itacoatiara
Amazone
Xingu
Aveiro
Altamira
Itaituba
Parc National de l'Amazone
Pimenta
Jacareacanga
S. Félix
Tapajós

I. de Marajó
B. de Marajó
Salinópolis
Bragança
Pará
Belém
Capanema
Abaetetuba
Cametá
Capim
Alcântara
Pinheiro
B. de São Marcos

São Luís
Rosário
Monção
Chapadinha
Bacabal
Coroatá
Parnaíbão
Camocim
Acaraú
Itapipoca
Sobral
Caucaia
Fortaleza (Ceará)
Aracati

MARANHÃO
Imperatriz
Grajaú
Pto Franco
Carolina
Balsas
Codó
Caxias
Teresina
Castelo
Crateús
Piripiri
Sta Quitéria
Canindé
Campo Maior
Nova Russas
Morada N.
Quixadá
Mombaça
Tauá
Iguatu
Acopiara
Patu
Mossoró
Areia Branca
Macaú
Pta do Calcanhar
Natal

I. Fernando de Noronha
Rocas

C E A R Á
RIO GRANDE DO NORTE

Marabá
Araguaína

Serra do Cachimbo
Cachimbo
Teles Pires

Floriano
Oeiras
Picos
J. do Norte
Crato
Sousa
Patos
Caicó
P A R A Í B A
Cabedelo
João Pessoa
Campina Grande
Olinda
Recife (Pernambuco)

PIAUÍ
S. Raimundo Nonato
Paulistana
Salgueiro
Ouricuri
Petrolina
PERNAMBUCO
Caruaru
Gravatá
Limoeiro
Garanhuns
Palmares
Palmeira dos Ind.
Barreiros

B A H I A
Barrage de Sobradinho
Barra
Juàzeiro
Cach. de P. Afonso
ALAGOAS
Propriá
Arapiraca
Penedo
Maceió

Sen. do Bonfim
Jacobina
Lagarto
SERGIPE
Aracaju
Estância

Barreiras
Ibotirama
Iaçu
R. de Jacuipe
Feira de S.
Serrinha
Alagoinhas
Cachoeira
Castro Alves
Salvador (Bahia)
B. de T. os Santos

Bom Jesus da Lapa
Caetité
Valença
Jequié
Ipiaú

Chapada Diamantina

Vitória da Conquista
Itabuna
Ilhéus

Itapetinga
Canavieiras
Belmonte
Pôrto Seguro

G O I Á S
Ceres
Uruaçu
Goiás
Jaraguá
Brasília
Formosa
Anápolis
Pirenópolis
Iporá
Goiânia
São Francisco
Porteirinha
Januária
Salinas
Itamaraju
Nanuque

Sa do Chifre
Aracuaí
Jequitinhonha
Pedro Seguro

Cuiabá
Fátima du Sul
Mato Grosso
Pto Artur
Rondonópolis
Planalto de Mato Grosso

M A T O   G R O S S O
Cáceres

RÊ
S
E
Sa dos Caiabis
Sa Formosa
São Félix
Ilha do Bananal

Montes Claros
Teófilo Otôni
Diamantina
Gov. Valadares
Corinto
Curvelo
Itabira
Cnl Fabriciano
Linhares
ESPIRITO SANTO
São Mateus

M A T O   G R O S S O   D O   S U L
Corumbá
Coxim
Mineiros
Jataí
Rio Verde
Caldas Novas
Itumbiara
Goiandira
Paracatu
Piracicaba
João Pinheiro
Patos de Minas
Catalão
Araguari
Uberlândia
Iturama

Sete Lagoas
Belo Horizonte
MINAS GERAIS
Caratinga
Manhuaçu
Ponte Nova
Carangola
Cachoeiro de Itapemirim
Colatina
Cariacica
Vitória
Vila Velha

Aquidauana
Jardim
Pto Murtinho
Pedro J. Caballero
Dourados
Ponta Porã
PARAGUAY
Concepción
Horqueta
San Pedro
Luque
Asunción

Campo Grande
Três Lagoas
Pres. Vargas
Bge d'Ilha Solteira
Aparecida
Fernandópolis
Barretos
Franca
Uberaba
Araxá
Divinópolis
Con. Lafaiete
Barbacena
Juiz de Fora
Campos
São João da Barra

S. José do R. Prêto
Catanduva
Ribeirão Prêto
S. João del Rei
Lavras
Poços de Caldas
Nova Friburgo
Petrópolis
Magé

S Ã O   P A U L O
Araçatuba
Tupã
Araraquara
São Carlos
Sa de Mantiqueira
Volta Redonda
Barra Mansa
Niterói
Rio de Janeiro

Pres. Epitácio
Pres. Prudente
Panorama
Marília
Bauru
Limeira
Campinas
Jundiaí
Sorocaba
São Paulo
Santos
São Vicente

Pres. Pto E. Cunha
Paranavaí
Jacarèzinho
Itapeva
Itapetininga
Itanhaém

Umuarama
Maringá
Londrina
Apucarana
Itararé
Juquiá
Iguape

P A R A N Á
Guaíra
Assis Ch.
Goio-Erê
Pitanga
Castro
Toledo
Cascavel
C. Mourão

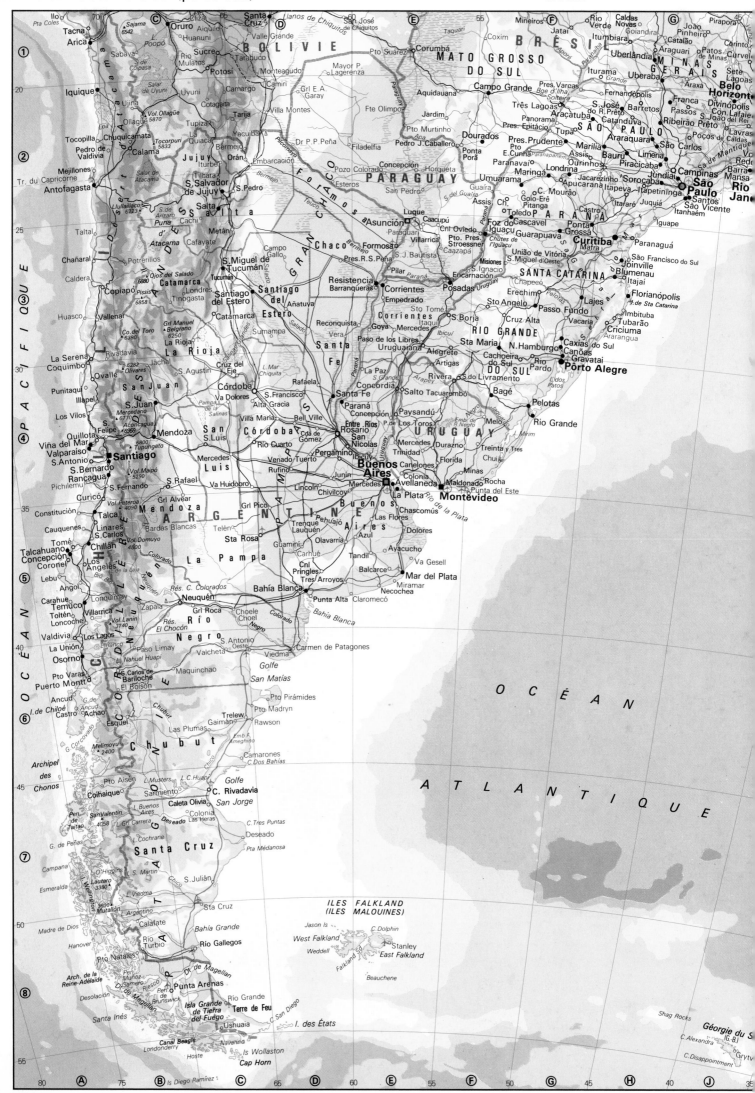

1:7,5M

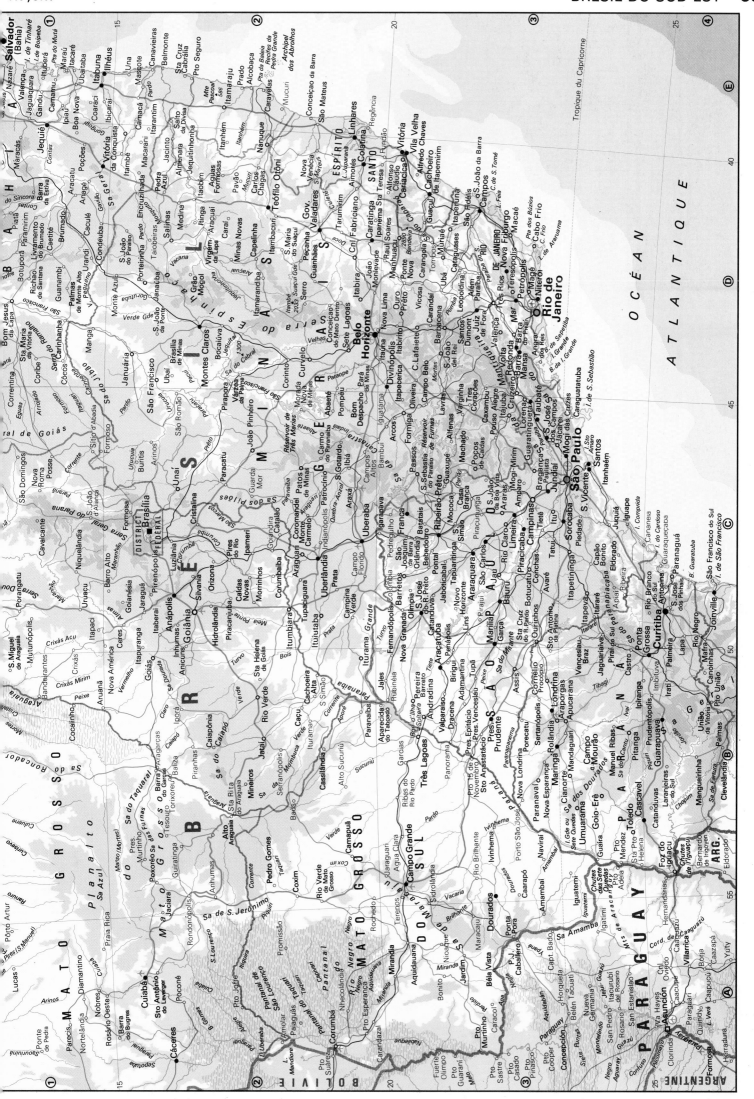

0 400 800 1200 1600 km

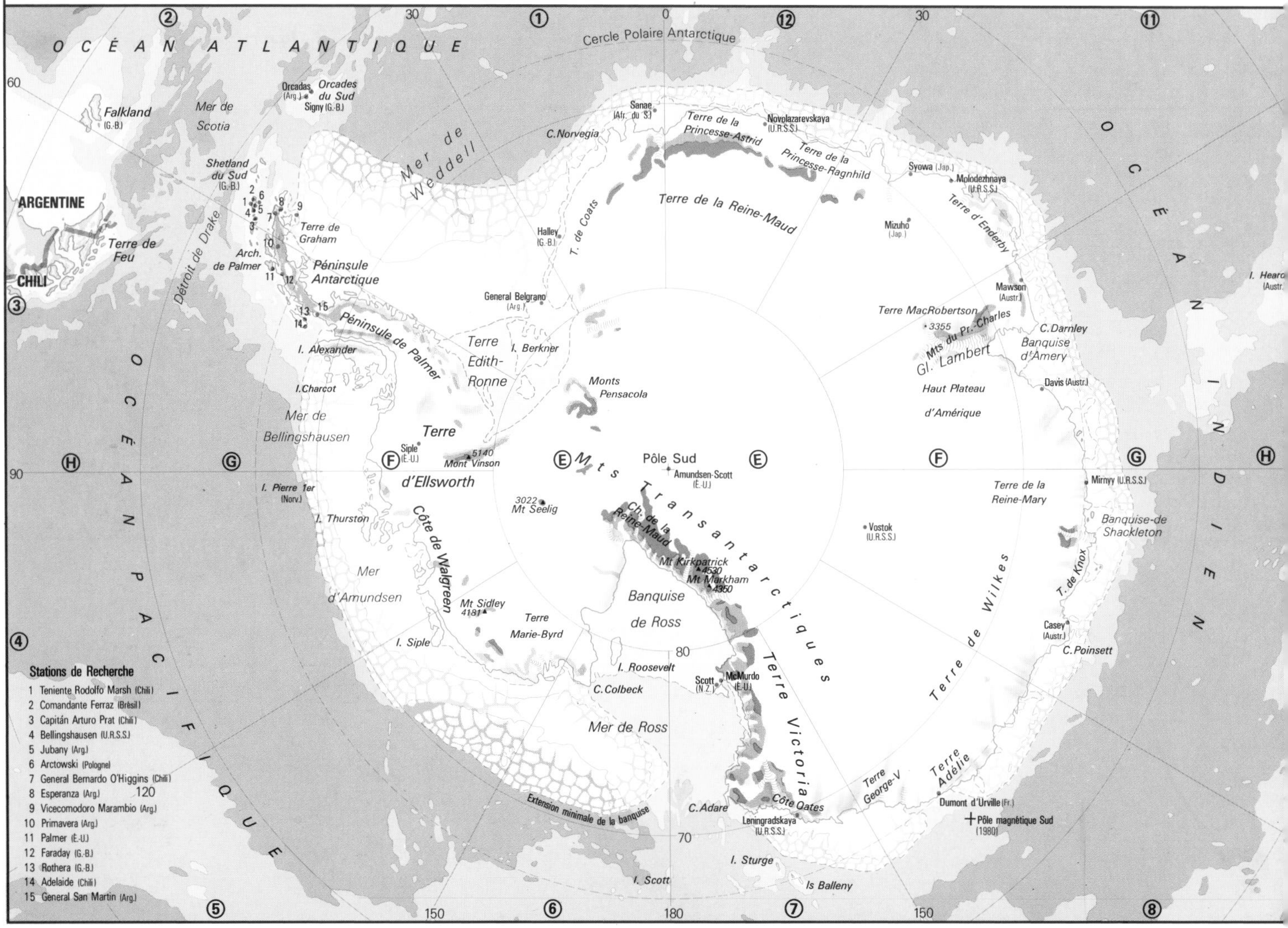

Arctique

Portland
Seattle
Vancouver
I. Vancouver
Prince Rupert
Juneau
Anchorage
Vaduz
Teller
Dt. de Béring
Vankarem
Ayan
Blagoveshchensk
CHINE
É.-U.
ROCHEUSES
Calgary
Edmonton
Fairbanks
Dawson
Alaska (É.-U.)
Mt McKinley 6194
Yukon
Mer des Tchouktches
I. Vrangel
Pevek
Ambarchik
Ust'Nera
Tchoulman
Tchita
Amour
Saskatoon
L. Athabasca
Gd Lac de l'Esclave
Yellowknife
Coppermine
Norman Wells
Tuktoyaktuk
Inuvik
Mackenzie
Prudhoe Bay
I. Barrow
Mer de Beaufort
M. de Sibérie orientale
Kolyma
Indiguirka
Polyarnyy
Kazach'ye
Verkhoyansk
Zhigansk
Iakoutsk
Aldan
Iŕko
Lac Baïk
Flin Flon
L. Winnipeg
Churchill
I. de Banks
I. Victoria
Dt MacClure
Îles de la Reine-Élisabeth
Resolute
Pôle Magnétique Nord (1980)
Pôle Nord
Terre du Nord
Extension minimale de la banquise
Tiksi
Lena
Nordvik
Khatanga
Dikson
Doudinka
Norilsk
Turukhansk
Ienisseï
Krasnoïarsk
Novossibirsk
CANADA
Baie d'Hudson
I. Southampton
Bassin de Foxe
T. de Baffin
B. James
Chisasibi
Dt d'Hudson
G. de Boothia
Dt de Nares
Eureka
Alert
I. Ellesmere
Mer de Lincoln
Nord
Svalbard (Spitzberg) (Norv.)
Archipel François-Joseph
Archipel de la Nlle-Sibérie
Mer des Laptev
Limite de l'arbre
Limite de l'arbre
Mer de Kara
Nlle Zemble
Salekhard
Berezovo
Vorkouta
Nadym
Oms
Tobolsk
Scheffferville
Hebron
Nain
Pond Inlet
Thule
Baie de Baffin
Upernavik
Dt de Davis
Godhavn
Søndre Strømfjord
Nuuk (Godthåb)
G r o e n l a n d (Dan.)
Watkins Bjerge 3700
Scoresbysund
Mer du Gröenland
Bjørnøya (I. Bear) (Norv.)
Jan Mayen (Norv.)
C. Nord
Mezen
Arkhangelsk
Mourmansk
Tromsø
Narvik
Kotlas
Syktyvkar
Sverdlovsk
Perm
Oufa
Magnitogorsk
Orsk
Monts Oural
Golfe du Saint-Laurent
Terre-Neuve
Gander
Julianehåb
Angmagssalik
C. Farvel (C. Farewell)
Dt du Danemark
ISLANDE
Reykjavík
Mer de Norvège
Cercle Polaire Arctique
NORVÈGE
SUÈDE
FINLANDE
Oulu
Umeå
Leningrad
Iaroslavl
Gorki
Kazan
Kouïbychev
Kirov
Dvina Sept.
OCÉAN ATLANTIQUE

Antarctique

OCÉAN ATLANTIQUE
Cercle Polaire Antarctique
Falkland (G.-B.)
Mer de Scotia
Orcadas (Arg.) Orcades du Sud
Signy (G.-B.)
Sanae (Afr. du S.)
C. Norvegia
Terre de la Princesse-Astrid
Novolazarevskaya (U.R.S.S.)
Terre de la Princesse-Ragnhild
Syowa (Jap.)
Molodezhnaya (U.R.S.S.)
ARGENTINE
Terre de Feu
CHILI
Shetland du Sud (G.-B.)
Détroit de Drake
Terre de Graham
Arch. de Palmer
Péninsule Antarctique
Péninsule de Palmer
Mer de Weddell
Halley (G.-B.)
T. de Coats
Terre de la Reine-Maud
Mizuho (Jap.)
Terre d'Enderby
Mawson (Austr.)
Terre MacRobertson
I. Heard (Austr.)
I. Alexander
I. Charcot
Mer de Bellingshausen
Terre Edith-Ronne
I. Berkner
Monts Pensacola
General Belgrano (Arg.)
Mts du Pr.-Charles 3355
Gl. Lambert
C. Darnley
Banquise d'Amery
Davis (Austr.)
Haut Plateau d'Amérique
OCÉAN INDIEN
I. Pierre 1er (Norv.)
I. Thurston
Siple (É.-U.)
Mont Vinson 5140
Terre d'Ellsworth
Mt Seelig 3022
Mts Transantarctiques
Ch. de la Reine-Maud
Pôle Sud
Amundsen-Scott (É.-U.)
Vostok (U.R.S.S.)
Terre de la Reine-Mary
Mirny (U.R.S.S.)
Banquise-de Shackleton
Côte de Walgreen
Mer d'Amundsen
Mt Sidley 4181
Terre Marie-Byrd
I. Siple
Mt Kirkpatrick 4520
Mt Markham 4350
Banquise de Ross
I. Roosevelt
Scott (N.Z.)
McMurdo (É.-U.)
Terre Victoria
Mer de Ross
C. Colbeck
C. Adare
Côte Oates
Terre George V
Terre Adélie
Dumont d'Urville (Fr.)
Pôle magnétique Sud (1980)
Leningradskaya (U.R.S.S.)
I. Sturge
I. Scott
Is Balleny
Casey (Austr.)
C. Poinsett
T. de Knox
Terre de Wilkes
Extension minimale de la banquise
OCÉAN PACIFIQUE

Stations de Recherche
1 Teniente Rodolfo Marsh (Chili)
2 Comandante Ferraz (Brésil)
3 Capitán Arturo Prat (Chili)
4 Bellingshausen (U.R.S.S.)
5 Jubany (Arg.)
6 Arctowski (Pologne)
7 General Bernardo O'Higgins (Chili)
8 Esperanza (Arg.)
9 Vicecomodoro Marambio (Arg.)
10 Primavera (Arg.)
11 Palmer (É.-U.)
12 Faraday (G.-B.)
13 Rothera (G.-B.)
14 Adelaide (Chili)
15 General San Martin (Arg.)

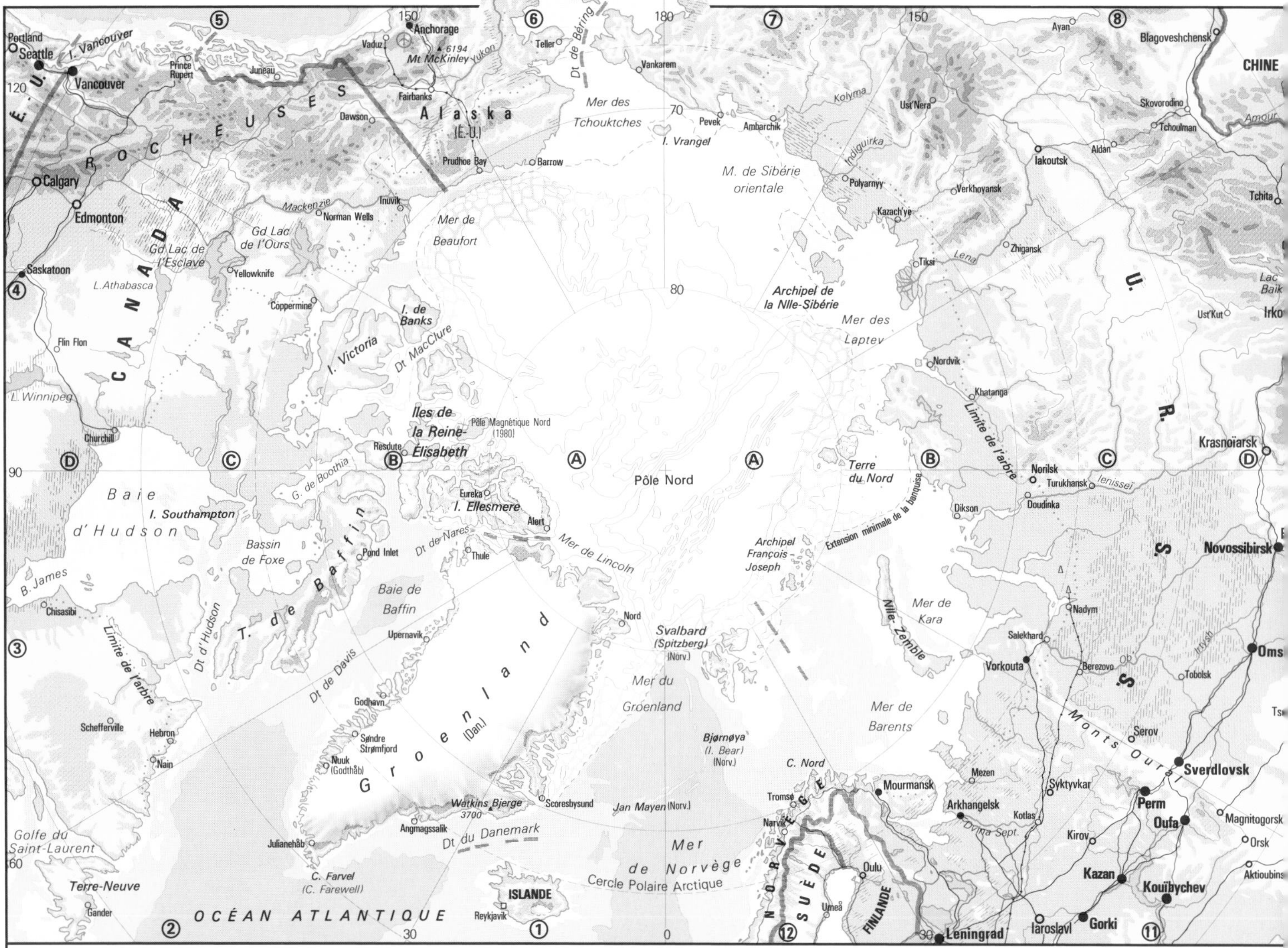

Abréviations ou Expressions

utilisées sur les cartes

Arch.	Archipel	L.	Lac
Aut.	Autonome	M.	Mer
B.	Baie	Mér.	Méridional
Ba	Baia ou Bahía (Baie)	Mgne	Montagne
Bge	Barrage	Mgnes	Montagnes
Bir	Puits (arabe)	Mt	Mont
Bol'sh/aya, -oy -oye	Grand (russe)	Mte	Monte
Büyük	Grand (Turquie)	Mts	Monts
C.	Cap ou Col	Mys	Cap (russe)
Cd	Ciudad	N.	Nord
Ch.	Chaîne	Nada	Mer (Japon)
Chan	Montagne (russe)	Nlle	Nouvelle
Chan.	Channel (canal)	O.	Ouest ou Oued
Cl	Canal	Occ.	Occidental
Coll.	Collines	Or.	Oriental
Cord.	Cordillère	Ostrova	Ile (russe)
D., Dağ, Dăgh, Daği ou Dağlari	Montagne (Turquie)	Ozero	Lac (russe)
Dép.	Département	P.	Pic
Dés.	Désert	P.N. ou Parc Nat.	Parc National ou Naturel
Do	Ile (Corée)	P.R.	Parc Régional
Dj.	Djebel	Pass	Col (anglais)
Dt	Détroit	Pass.	Passage
E.	Est	Pén.	Péninsule
F.	Firth	Pl.	Plaine
Fj.	Fjord	Plat.	Plateau
Fl.	Fleuve	Prov.	Province
G.	Golfe ou Gebel (Djebel) ou Golü (Lac [Turquie])	Pt	Petit ou (angl.) Pointe, Cap
Gd	Grand	Pte	Petite ou Pointe, Cap
Gl.	Glacier	R.	Rivière, Río, River, Ria
Gora ou Gory	Montagne (russe)	Range	Montagnes ou Chaîne
Gunung	Montagne (Insulinde)	Rég.	Région
Hawr	Lac (arabe)	Rép. aut.	République autonome
Hd ou Head	Cap ou Promontoire	Rés.	Réservoir
He	Rivière (Chine)	S.	Sud
Hu	Lac (Chine)	Sa	Sierra ou Serra
I.	Ile	Sd ou Sound	Baie ou Bras de mer
Inlet	Crique	Sept.	Septentrional
Is	Iles	Shan	Montagne (Chine)
J. ou Jabal	Jebel (Djebel)	Shima	Ile (Japon)
Jiang ou Kiang	Rivière (Chine)	Shui	Rivière (Chine)
Jima	Ile (Japon)	St, Ste	Saint, Sainte
K. ou Kolpos	Golfe (Grèce)	Suido	Détroit (Japon)
Kep	Iles ou Archipel (Indonésie)	T.	Tunnel ou Terre
Khwar	Rivière (arabe)	Terr.	Territoire
Khr. ou Khrebet	Montagne (russe)	V.	Vallée ou Volcan
Kiang	voir Jiang	W.	Wadi (oued)
Koh ou Kuh	Montagne (perse)	Wan	Baie (Chine et Japon)
Kuala	Baie (malais)	Zemlya	Terre (russe)

Index

Dans l'index le premier chiffre indique la page, la lettre et le dernier chiffre précisent la section de la carte où le nom peut être trouvé. Par exemple, Dakar 40A3 signifie que Dakar peut être trouvé page 40 à l'intersection de la colonne A et de la bande 3.

Abréviations utilisées dans l'index

Afgh.	Afghanistan	Esp.	Espagne	Nig.	Nigeria	Ven.	Venezuela
Afr.	Afrique	É.-U.	États-Unis	Norv.	Norvège	Yémen N.	Yémen du Nord
Afr. du S.	Afrique du Sud	Éth.	Éthiopie	N.-C.	Nouvelle-Calédonie	Yémen S.	Yémen du Sud
Al.	Alaska	Eur.	Europe	N.-Z.	Nouvelle-Zélande	Youg.	Yougoslavie
Alb.	Albanie	Finl.	Finlande	Oc.	Océanie	Z.	Zaïre
Alg.	Algérie	Fr.	France	Oug.	Ouganda	Zimb.	Zimbabwe
Am.	Amérique	Gh.	Ghana	Pak.	Pakistan		
Am. centr.	Amérique centrale	G.-B.	Grande-Bretagne	Pan.	Panamá		
And.	Andorre	Gr.	Grèce	P.-N.-G.	Papouasie-Nouvelle-	Arch.	Archipel
Ang.	Angola	Groenl.	Groenland		Guinée	B.	Baie
Antarct.	Antarctique	Guad.	Guadeloupe	Par.	Paraguay	C.	Cap ou Col
Ar.S.	Arabie Saoudite	Guat.	Guatemala	P.-B.	Pays-Bas	Cl	Canal
Arct.	Arctique	Guinée-B.	Guinée-Bissau	Pér.	Pérou	Dép.	Département
Arg.	Argentine	Guinée-Éq.	Guinée-Équatoriale	Phil.	Philippines	Dj.	Djebel
Austr.	Australie	Guy.	Guyana	Pol.	Pologne	Dt	Détroit
Autr.	Autriche	Guy. Fr.	Guyane française	Polyn. Fr.	Polynésie française	G.	Golfe
Bangl.	Bangladesh	Hond.	Honduras	Port.	Portugal	I(s)	Ile(s)
Belg.	Belgique	H.	Hongrie	R.D.A.	Allemagne démocratique	L.	Lac
Birm.	Birmanie	Indon.	Indonésie	Réun.	Réunion	Lag.	Lagune
Bol.	Bolivie	Irl.	Irlande	R.F.A.	Allemagne fédérale	Mgne(s)	Montagne(s)
Boph.	Bophuthatswana	Irl. du N.	Irlande du Nord	Roum.	Roumanie	Mt(s)	Mont(s)
Br.	Brésil	Isl.	Islande	Sah. occ.	Sahara occidental	O.	Océan
Bulg.	Bulgarie	Isr.	Israël	Sén.	Sénégal	Parc nat.	Parc national ou naturel
Burk.	Burkina	It.	Italie	S.L.	Sierra Leone	Parc rég.	Parc régional
Camb.	Cambodge	J.	Japon	Som.	Somalie	Pén.	Péninsule
Can.	Canada	Jam.	Jamaïque	Soud.	Soudan	Pl.	Plaine
Centr.	Centrafricaine (rép.)	Jord.	Jordanie	Sri L.	Sri Lanka	Plat.	Plateau
Ch.	Chine	K.	Kenya	S.	Suisse	Prov.	Province
Col.	Colombie	Les.	Lesotho	Sur.	Surinam	Pte	Pointe
Corée N.	Corée du Nord	Lib.	Liberia	Swaz.	Swaziland	R.	Rivière ou Río ou Ria
Corée S.	Corée du Sud	Lux.	Luxembourg	Tanz.	Tanzanie	Rég.	Région
C.R.	Costa Rica	Mad.	Madagascar	Tch.	Tchécoslovaquie	Rég. aut.	Région autonome
C.-d'Iv.	Côte-d'Ivoire	Mal.	Malaysia	Th.	Thaïlande	Rég. ou site	Région ou site
Dan.	Danemark	Mart.	Martinique	Tr.-et-T.	Trinité-et-Tobago	hist.	historique
Djib.	Djibouti	Maurit.	Mauritanie	Tun.	Tunisie	Rép. aut.	République autonome
Dom.(Rép.)	Dominicaine (rép.)	Mex.	Mexique	Turq.	Turquie	Rés.	Réservoir ou Retenue
É.A.U.	Émirats Arabes Unis	Mong.	Mongolie	U.R.S.S.	Union des Républiques	T.	Tunnel
Ég.	Égypte	Moz.	Mozambique		socialistes soviétiques	Terr.	Territoire
El Salv.	El Salvador	Nam.	Namibie	Ur.	Uruguay	V.	Vallée ou Volcan
Éq.	Équateur	Nic.	Nicaragua	V.	Viêt-nam		

Adrar Amritsar

Adrar Maurit. 40A2
Adrar des Iforas Alg. et Mali 40C2
Adrar Soutouf Maroc 40A2
Adré Tchad 42C2
Adria It. 12E2
Adrian É.-U. 54C2
Adriatique (Mer) It. et Youg. 14C2
Aduwa Éth. 42D2
Adycha (R.) U.R.S.S. 19P3
Adzopé C.-d'Iv. 41F4
Adz'va (R.) U.R.S.S. 20K2
Adz'vavom U.R.S.S. 20K2
Afghanistan Asie 30E2
Afgooye Som. 42E3
Afikpo Nig. 41H4
Åfjord Norv. 4G6
Aflou Alg. 41C2
Afmadu Som. 42E3
Afollé Maurit. 40A3
Afrique du Sud Afr. 43C7
Afula Isr. 37C2
Afyon Turq. 21E8
Aga Ég. 37A3
Agadem Niger 42B2
Agadès Niger 40C3
Agadir Maroc 40B1
Agar Inde 32D4
Agartala Inde 33D3
Agbor Nig. 41H4
Agboville C.-d'Iv. 41F4
Agdam U.R.S.S. 36E1
Agde Fr. 5C3
Agematsu J. 28C3
Agen Fr. 5C3
Agha Jāri Iran 35B2
Aghios Nikólaos Gr. 15F3
Ağri Turq. 21G8
Agno (R.) It. 12D2
Agordo It. 12E1
Agou (Mt) Togo 41G4
Agout (R.) Fr. 5C3
Agra Inde 32D3
Ağri Turq. 36D2
Agri (R.) It. 14D2
Agrigente It. 14C3
Agrínion Gr. 15E3
Agropoli It. 14C2
Agryz U.R.S.S. 20J4
Agto Groenl. 51N3
Agua Clara Br. 63B3
Aguadilla Porto Rico 58D3
Agua Prieta Mex. 57B1
Aguaray Guazu Par. 63A3
Aguascalientes Mex. 57B2
Aguas Formosas Br. 63D2
Agueda Port. 13A1
Aguelhok Mali 40C3
Agüenit (Puits) Maroc 40A2
Aguilas Esp. 13B2
Ahaggar = Hoggar
Ahar Iran 21H8
Ahmadābād Inde 32C4
Ahmadi Koweït 36E4
Ahmadnagar Inde 34A1
Ahmar (Mts) Éth. 42E3
Åhus Suède 4G7
Ahuvān Iran 35C1
Ahvāz Iran 35B2
Aiajuela C.R. 58A4
Aigle S. 12B1
Aigoual (Mont) Fr. 5C3
Aigrettes (Pte des) Réunion 8
Aiguilles (Bassin des) O. Indien 44C7
Aiguilles (Cap des) Afr. du S. 43C7
Aiguilles (Plateau des) O. Indien 44C6
Aihui Ch. 27B1
Aikawa J. 28C3
Ailao Shan (Hauteurs) Ch. 26A5
Aimorés Br. 63D2
Ain (Dép.) Fr. 7D2
Ain (R.) Fr. 12A1
Ain Beni Mathar Maroc 41B2
Ain Dalla (Puits) Ég. 39B2
Aïn El-Beïda Alg. 41D1
Aïn el Hadjel Alg. 13C2
Aïn Galakka Tchad 42B2
Aïn Oussera Alg. 41C1
Aïn Sefra Alg. 41B2
Aïn Sokhna Ég. 36B4
Ain Temouchent Alg. 41B1
Aioi J. 28B4
Aioun Abd el Malek (Puits) Maurit. 40B2
Aïoun El Atrouss Maurit. 40B3
Aiquile Bol. 60E7
Aïr Niger 40C3
Aire (R.) G.-B. 11E5
Airforce (I.) Can. 51L3
Airolo S. 12C1
Aishihik Can. 50E3
Aisne (Dép.) Fr. 7C2
Aisne (R.) Fr. 5C2
Aitape P.-N.-G. 46D1
Aitutaki (Ile) Polyn. Fr. 8
Aiun (El-) Afr. 40A2
Aiviekste (R.) U.R.S.S. 17F1
Aixa Zuogi Ch. 26B2
Aix-en-Provence Fr. 5D3
Aix-la-Chapelle R.F.A. 16B2
Aix-les-Bains Fr. 12A2
Aiyar (Réservoir) Inde 33C3
Aíyion Gr. 15E3
Aíyna (Ile) Gr. 15E3
Aizawl Inde 33D3
Aizeb (R.) Nam. 43B6
Aizu-Wakamatsu J. 27E4
Ajaccio Fr. 14B2
Ajaccio (Golfe d') Fr. 14B2
Ajdovščina Youg. 12E2
Ajigasawa J. 27E3
Ajjer (Tassili des) Alg. 40C2
Ajmer Inde 32C3
Ajo É.-U. 52B3
Ajo (C. de) Esp. 13B1
Ajtos Bulg. 15F2
Ak (R.) Turq. 15F3
Akabira J. 28D2
Akademii (Baie) U.R.S.S. 19P4
Akaishi (Monts) J. 28C3
Akalkot Inde 34B1
Akanthou Chypre 37B1
Akashi J. 28B4
Akbou Alg. 41C1
Akbulak U.R.S.S. 21K5
Akçakale Turq. 36C2
Akchar (Oued) Maurit. 40A2
Ak Dağ (Mgne) Turq. 15F3
Aketi Zaïre 42C3
Akhalkalaki U.R.S.S. 36D1
Akhalsikhe U.R.S.S. 36D1
Akharnái Gr. 15E3
Akhdar (Dj.) Libye 39B1
Akhisar Turq. 36A2
Akhiste U.R.S.S. 17F1
Akhmîm Ég. 39C2
Akhtubinsk U.R.S.S. 21H6
Akhtyrka U.R.S.S. 21E6
Aki J. 28B4
Akimiski (I.) Can. 51K4
Akita J. 27E4
Akjoujt Maurit. 40A3
'Akko Isr. 37C2
Akkyr (Mont) U.R.S.S. 21J7
Aklavik Can. 50E3
Aklé Aquana Maurit. 40B3
Akobo Soud. 42D3
Akobo (R.) Soud. 42D3
Akoha Afgh. 32B1
Akola Inde 32D4
Akosombo (Bge d') Gh. 41G4
Akot Inde 32D4
Akpatok (I.) Can. 51M3
Akranes Isl. 4A2
Akron É.-U. 53E2
Akrotiri (B. d') Chypre 37B1
Aksai Chin (Mgnes) Ch. 32D1
Aksaray Turq. 21E8
Aksay U.R.S.S. 21J5
Aksayquin Hu (Lac) Ch. 32D1
Akşehir Turq. 36B2
Akseki Turq. 36B2
Aksenovo Zilovskoye U.R.S.S. 19N4
Aksha U.R.S.S. 24E1
Aksu Ch. 18J5
Aksu U.R.S.S. 18J5
Aktogay U.R.S.S. 18J5
Aktumsyk U.R.S.S. 21K6
Aktyubinsk U.R.S.S. 18G4
Akure Nig. 41H4
Akureyri Isl. 4B1
Akyab Birm. 33D3
Akzhal U.R.S.S. 18K5
Alabama (État) É.-U. 53E3
Alabama (R.) É.-U. 57D1
Ala Dağlari (Mgnes) Turq. 36C2
Alagir U.R.S.S. 21G7
Alagna It. 12B2
Alagoas (État) Br. 61L5
Alagoinhas Br. 61L6
Alagón Esp. 13B1
Alaï U.R.S.S. 31F2
Alajuela C.R. 57D3
Alakanuk É.-U. 50B3
Alakol (Lac) U.R.S.S. 18K5
Alakurtti U.R.S.S. 4L5
Alamein (El-) Ég. 36A3
Alamitos (Sierra de los) Mex. 57B2
Alamogordo É.-U. 52C3
Alamosa É.-U. 52C3
Åland (Ile) Finl. 4H6
Alanya Turq. 21E8
Alapayevsk U.R.S.S. 18H4
Alarcón (Embalse de) [Rés.] Esp. 13B2
Alas (R.) Indon. 29B5
Alaşehir Turq. 36A2
Ala Shan (Mgnes) Ch. 24D3
Alaska (État) É.-U. 50C3
Alaska (Chaîne de l') É.-U. 50C3
Alaska (Golfe d') É.-U. 50D4
Alassio It. 14B2
Alássio Rég. It. 12C3
Alatyr U.R.S.S. 20H5
Alazeya (R.) U.R.S.S. 19R3
Al'Aziziyah Libye 41E2
Alba It. 12C2
Albacete Esp. 13B2
Alba de Tormes Esp. 13A1
Alba Iulia Roum. 15E1
Albanie Europe 15D2
Albany Austr. 46A4
Albany É.-U. 55E2
Albany É.-U. 52A2
Albany É.-U. 53E3
Albany (R.) Can. 51K4
Albarracin (Sierra de) Esp. 13B1
Albatros (Baie de l') Austr. 25H8
Albenga Rég. It. 12C2
Alberche (R.) Esp. 13B1
Alberta (Prov.) Can. 50G4
Albert Edward (Mgne) P.-N.-G. 25H7
Albert Lea É.-U. 53D2
Albertville Fr. 5D2
Albi Fr. 5C3
Albina Sur. 61H2
Albion É.-U. 54C2
Albion É.-U. 55D2
Alborán (Ile) Esp. 13B2
Ålborg Dan. 4G7
Albuquerque É.-U. 52C3
Albury Austr. 46D4
Albuskjell M. du Nord 10G3
Alcalá de Henares Esp. 13B1
Alcamo It. 14C3
Alcaniz Esp. 13B1
Alcântara Br. 61K4
Alcántara (Embalse de) [Rés.] Esp. 13A2
Alcaraz Esp. 13B2
Alcaraz (Sierra de) Esp. 13B2
Alcázar de San Juan Esp. 13B2
Alcira Esp. 13B2
Alcobaça Br. 63E2
Alcolea de Pinar Esp. 13B1
Alcoy Esp. 13B2
Alcudia Esp. 13C2
Aldabra (Iles) Seychelles 38J8
Aldan U.R.S.S. 19O4
Aldan (R.) U.R.S.S. 19P4
Aldan (Hauteurs de l') U.R.S.S. 19O4
Aldeburgh G.-B. 11F5
Alderney (Ile) G.-B. 5B2
Alder (Pic) É.-U. 56B3
Aldershot G.-B. 11E6
Aleg Maurit. 40A3
Alegre (R.) Br. 63A2
Alegrete Br. 62E3
Aleksandrovsk-Sakhalinskiy U.R.S.S. 19Q4
Aleksandry (Zemlya) U.R.S.S. 18F1
Alekseyevka U.R.S.S. 18J4
Aleksin U.R.S.S. 20F5
Älem Suède 16D1
Além Paraíba Br. 63D3
Alençon Fr. 5C2
Alentejo Port. 13A2
Alenuihaha (Canal) Hawaii 56E5
Aléoutiennes (Ch.) É.-U. 50C4
Aléoutiennes (Fosse des) O. Pacifique 45L2
Aléoutiennes (Iles) É.-U. 49B3
Alep Syrie 21F8
Aléria Fr. 7D3
Alert Can. 51M1
Alès Fr. 5C3
Alessandria It. 14B2
Ålesund Norv. 18B3
Alexander Bay Afr. du S. 43B6
Alexander (Ile) Antarct. 64G3
Alexandra N.-Z. 47F5
Alexandra (Cap) Géorgie du Sud 62J8
Alexandra Fjord Can. 51L2
Alexandre (Archipel) É.-U. 50E4
Alexandria É.-U. 53D3
Alexandria É.-U. 53D2
Alexandria É.-U. 53F3
Alexandrie Ég. 39B1
Alexandroúpolis Gr. 15F2
Aley Liban 37C2
Aleysk U.R.S.S. 18K4
Alfaro Esp. 13B1
Alfatar Bulg. 15F2
Alfensas Br. 63C3
Alfiós (R.) Gr. 15E3
Alfonsine It. 12D2
Alfonzo Cláudio Br. 63D3
Alfortville Fr. 6F4
Alfredo Chaves Br. 63D3
Alga U.R.S.S. 21K6
Algarve Port. 13A2
Alger Alg. 41C1
Algérie Afr. 40B2
Algésiras Esp. 13A2
Alghero It. 14B2
Algonquin Park Can. 55D1
Aliābad Iran 35B1
Aliabad Iran 35D3
Aliákmon (R.) Gr. 15E2
Ali al Gharbi Iraq 36E3
Alībāg Inde 34A1
Alibori (R.) Bénin 41B3
Alicante Esp. 13B2
Alice É.-U. 52D4
Alice (Punta) It. 14D3
Alice Springs Austr. 46C3
Alicudi (Ile) It. 14C3
Aligarh Inde 32D3
Aligūdarz Iran 35B2
Ali-Khel Afgh. 32B2
Alimniá (Ile) Gr. 15F3
Alipur Duār Inde 33C2
Aliquippa É.-U. 54C2
Aliwal North Afr. du S. 43C7
Aljezur Port. 13A2
Alkmaar P.-B. 16A2
Allahābād Inde 33B2
Allakét É.-U. 50C3
Allanmyo Birm. 29B2
Allaqi (R.) Ég. 39C2
Allegheny (R.) É.-U. 55D2
Allegheny (Mts) É.-U. 53F3
Allen (Lac) Irl. 11B4
Allentown É.-U. 55D2
Alleppey Inde 34B3
Allgäu (Mgnes) R.F.A. 12D1
Alliance É.-U. 52C2
Allier (Dép.) Fr. 7C2
Allier (R.) Fr. 5C2
Allos Fr. 12B2
Alma Can. 55E1
Alma É.-U. 54C2
Alma-Ata U.R.S.S. 18J5
Almada Port. 13A2
Almagan (Ile) O. Pacifique 25H5
Almansa Esp. 13B2
Almazán Esp. 13B1
Almenara Br. 63D2
Almendra (Embalse de) [Rés.] Esp. 13A1
Almería Esp. 13B2
Almería (Golfe d') Esp. 13B2
Almes (R.) Br. 63C2
Almetievsk U.R.S.S. 20J5
Älmhult Suède 16C1
Almirós Gr. 15E3
Almodôvar Port. 13A2
Almora Inde 32D3
Alness G.-B. 10C3
Alnwick G.-B. 10E4
Alor (Ile) Indon. 46B1
Alor Setar Mal. 29C4
Alost = Aalst
Alotau P.-N.-G. 46E2
Aloysius (Mt) Austr. 46B3
Alpena É.-U. 54C1
Alpes Europe 14B1
Alpes-de-Haute-Provence (Dép.) Fr. 7D3
Alpes du Sud N.-Z. 47F5
Alpes (Hautes-) (Dép.) Fr. 7D3
Alpes-Maritimes (Dép.) Fr. 7D3
Alpine É.-U. 52C3
Als (Ile) Dan. 16B1
Alsace (Rég.) Fr. 7D2
Alsfeld R.F.A. 16B2
Alston G.-B. 10D4
Alta Norv. 4J5
Alta Gracia Arg. 62D4
Altagracia de Orituco Ven. 58D5
Altaï Mong. 24B2
Altaï U.R.S.S. 18K5
Altamaha (R.) É.-U. 53E3
Altamira Br. 61H4
Altamura It. 14D2
Altanbulag Mong. 24D1
Altape P.-N.-G. 25H7
Altata Mex. 57B2
Altay Ch. 18K5
Altay Mong. 19L5
Altdorf S. 12C1
Altkirch Fr. 12B1
Alto Araguaia Br. 63B2
Alto Molócue Moz. 43D5
Alton É.-U. 54A3
Altoona É.-U. 55D2
Alto Sucuriú Br. 63B2
Altun Shan Ch. 24C3
Alturas É.-U. 52A2
Altus É.-U. 52D3
Alula Som. 39E3
Alva É.-U. 52D3
Älvdalen Suède 4G6
Alvsbyn Suède 4J5
Alwar Inde 32D3
Alxa Yougi Ch. 26A2
Alyat U.R.S.S. 36E2
Alytus U.R.S.S. 4J8
Alytus U.R.S.S. 20C5
Amadi Soud. 42D3
Amādiyah Iraq 36D2
Amadjuak (Lac) Can. 51L3
Amakusa (Iles) J. 27B5
Åmål Suède 4G7
Amalat (R.) U.R.S.S. 19N4
Amaliás Gr. 15E3
Amalner Inde 32C4
Amambai Br. 63A3
Amambai (R.) Br. 63B3
Amamba (Serra) Par. 63A3
Amami (Ile) J. 24F4
Amami gunto J. 24F4
Amanzimtoti Afr. du S. 43D7
Amapá Br. 61H3
Amapá (État) Br. 61H3
'Amāra Iraq 36E3
Amarapura Birm. 33E3
Amarillo É.-U. 52C3
Amasya Turq. 21F7
Amazonas (État) Br. 60E4
Amazone (Parc nat.) Br. 61G4
Amazone (R.) Br. 61H4
Ambāla Inde 32D2
Ambalangoda Sri L. 34C3
Ambalavao Mad. 43E6
Ambam Cameroun 42B3
Ambanja Mad. 43E5
Ambarchik U.R.S.S. 19S3
Ambato Éq. 60C4
Ambato-Boeny Mad. 43E5
Ambatolampy Mad. 43E5
Ambatondrazaka Mad. 43E5
Amberg R.F.A. 16C3
Ambergris Cay (Ile) Belize 57D3
Ambérieu-en-Bugey Fr. 12A2
Ambert Fr. 7C2
Ambikāpur Inde 33B3
Ambilobe Mad. 43E5
Amboasary Mad. 43E6
Ambodifototra Mad. 43E5
Ambohimahasoa Mad. 43E6
Ambon Indon. 46B1
Ambositra Mad. 43E6
Ambovombe Mad. 43E6
Amboyna Cay (Ile) Asie 25E6
Ambre (Cap d') Mad. 43E5
Ambre (Montagne d') Mad. 43E5
Ambriz Ang. 43B4
Ambrym (Ile) Vanuatu 47F2
Am Dam Tchad 42C2
Amderma U.R.S.S. 18H3
Ameca Mex. 57B2
Ameland (Ile) P.-B. 16B2
Amer (Grand Lac) Ég. 37B3
Amérique (Haut Plateau d') Antarct. 64F10
Amer (Petit Lac) Ég. 37B3
Amers (Lacs) Ég. 36B3
Amery (Banquise d') Antarct. 64G10
Amfilokhía Gr. 15E3
Amfissa Gr. 15E3
Amga U.R.S.S. 19P3
Amgal (R.) U.R.S.S. 19P3
Amgu U.R.S.S. 27D2
Amgun' (R.) U.R.S.S. 27D1
Amhara Éth. 42D2
Amherst Can. 51M5
Amherst É.-U. 55D3
Amhūr Inde 34B2
Amiata (Monte) It. 14C2
Amiens Fr. 5C2
Amino J. 28C3
Amioune Liban 37C1
Amirante (Iles) O. Indien 38K8
Amirauté (Iles de l') P.-N.-G. 46D1
Amlekhgan Népal 33C2
'Ammān Jord. 36C3
Ämmänsaario Finl. 4K6
Ammersfoort P.-B. 16B2
Amnyong-dan (Cap) Corée du N. 28A3
Amol Iran 35C1
Amos Can. 51L5
Amou-Daria (R.) U.R.S.S. 18H5
Amour (R.) Ch. et U.R.S.S. 19O4
Amour (Dj.) Alg. 41C2
Amoy = Xiamen
Ampanihy Mad. 43E6
Amparo Br. 63C3
Amposta Esp. 13C1
Amrāvati Inde 32D4
Amreli Inde 32C4
Amritsar Inde 32C2

Amsterdam Asahi

Amsterdam *É.-U.* 55E2
Amsterdam *P.-B.* 16A2
Amsterdam (Ile) *Fr.* 44E6
Am Timan *Tchad* 42C2
Amund Ringes (Ile) *Can.* 51J2
Amundsen (Golfe d') *Can.* 50F2
Amundsen (Mer d') *Antarct.* 64F4
Amundsen-Scott (Station) *Antarct.* 64E
Amuntai *Indon.* 25E7
Amursk *U.R.S.S.* 27D1
Amurzet *U.R.S.S.* 27C2
Anaa (Ile) *Polyn. Fr.* 8
Anabar (R.) *U.R.S.S.* 19N2
Anacapa (Iles) *É.-U.* 56C4
Anaco *Ven.* 60F2
Anaconda *É.-U.* 52B2
Anadyr' *U.R.S.S.* 19T3
Anadyr' (R.) *U.R.S.S.* 19T3
Anadyr (Golfe d') *U.R.S.S.* 19U3
Anadyr (Plateau de l') *U.R.S.S.* 19T3
Anáfi (Ile) *Gr.* 15F3
Anagé *Br.* 63D1
'Anah *Iraq* 36D3
Anaimalai (Collines d') *Inde* 34B2
Anakāpalle *Inde* 34C1
Analalava *Mad.* 43E5
Anambas (Iles) *Indon.* 29D5
Anambra (État) *Nig.* 41H4
Anambra (R.) *Nig.* 41H4
Anamosa *É.-U.* 54A2
Anamur *Turq.* 21E8
Anan *J.* 28B4
Anantapur *Inde* 34B2
Anantnag *Inde* 32D2
Anápolis *Br.* 61J7
Anār *Iran* 35D2
Anārak *Iran* 35C2
Anardara *Afgh.* 35E2
Anatahan (Ile) *O. Pacifique* 25H5
Anatolie *Turq.* 36B2
Añatuya *Arg.* 62D3
Anayza (al-) *Ar. S.* 39D2
Anbyon *Corée du N.* 27B4
Ancenis *Fr.* 5B2
Anchorage *É.-U.* 50D3
Anchohuma (Mgne) *Bol.* 60E7
Ancón *Pér.* 60C6
Ancône *It.* 14C2
Ancud *Chili* 62B6
Ancud (G. de) *Chili* 62B6
Anda *Ch.* 27B2
Andabuaylas *Pér.* 60D6
Andadda (Ras) [Cap] *Éth.* 39D3
Andalousie *Esp.* 13A2
Andalsnes *Norv.* 4F6
Andaman Centrale *Inde* 34E2
Andaman du Nord *Inde* 34E2
Andaman du Sud *Inde* 34E2
Andaman (Iles) *Inde* 34E2
Andaman (Mer d') *O. Indien* 31H4
Andaman (Petite) *Inde* 34E2
Andaraí *Br.* 63D1
Andee *Irl.* 11B5
Andelys (Les) *Fr.* 5C2
Andenes *Norv.* 4H5
Andermatt *S.* 12C1
Andernach *R.F.A.* 16B2
Anderson *É.-U.* 54B2
Anderson (R.) *Can.* 50F3
Andes (Cordillère des) *Am.* 60C5
Andhra Pradesh (État) *Inde* 34B1
Andijan *U.R.S.S.* 18J5
Andkhui *Afgh.* 18H6
Andong *Corée du S.* 27B4
Andorre *Europe* 13C1
Andorre-la-Vieille *Andorre* 13C1
Andover *G.-B.* 11E6
Andradina *Br.* 63B3
Andreapol' *U.R.S.S.* 17G1
Andreas (Cap) *Chypre* 36B2
Andria *It.* 14D2
Andros (Ile) *Bahamas* 53F4
Ándros (Ile) *Gr.* 15E3
Androth (Ile) *Inde* 34A2
Andújar *Esp.* 13B2
Andulo *Ang.* 43B5
Anéfis *Mali* 40C3
Aného *Togo* 41G4
Aneityum (Ile) *Vanuatu* 47F3
Aneto (Pic d') *Esp.* 13C1
Angarsk *U.R.S.S.* 19M4
Ånge *Suède* 20A3
Angel de la Guarda (Ile) *Mex.* 57A2
Angeles *Phil.* 25F5
Angelholm *Suède* 4G7
Angel (Salto del) [Chutes] *Ven.* 60F2
Angels Camp *É.-U.* 56B1
Angemuk (Mgne) *Indon.* 25G7
Angers *Fr.* 5B2
Angkor *Camb.* 29C3
Anglesey (Ile) *G.-B.* 9C3
Angleterre *G.-B.* 9C3
Anglo-Normandes (Iles) *G.-B.* 5B2
Angmagssalik *Groenl.* 51P3
Angoche *Moz.* 43E5
Angol *Chili* 62B5
Angola *Afr.* 43B5
Angola *É.-U.* 54C2
Angola (Bassin de l') *Atlantique* 48J5
Angoulême *Fr.* 5C2
Angra do Heroismo *Açores* 40A1
Angra dos Reis *Br.* 63D3
Anguilla (Ile) *M. des Antilles* 58E3
Anguilla Cays (Iles) *M. des Antilles* 58B2
Angul *Inde* 33C3
Angumu *Zaïre* 42C4
Anholt (Ile) *Dan.* 16C1
Anhua *Ch.* 26C4
Anhui (Prov.) *Ch.* 26D3
Anhumas *Br.* 63B2
Aniak *É.-U.* 50C3
Anicuns *Br.* 63C2
Anié *Togo* 41G4
Anie (Pic d') *Fr.* 6B3
Aniva (Baie d') *U.R.S.S.* 27E2
Anjero-Soudjensk *U.R.S.S.* 18K4
Anjou *Fr.* 5B2
Anjouan (Ile) *Comores* 43E5
Anjozorobe *Mad.* 43E5
Anju *Corée du N.* 27B4
Anju *Corée du S.* 28A3
Ankang *Ch.* 26B3
Ankara *Turq.* 21E8
Ankaratra (Mgne) *Mad.* 43E5
Ankazoabo *Mad.* 43E6
Ankazobe *Mad.* 43E5
Anklam *R.D.A.* 16C2
Ankwe (R.) *Nig.* 41H4
An Loc *V.* 29D3
Anlong *Ch.* 26B4
Anlu *Ch.* 26C3
Anna *É.-U.* 54B3
Annaba *Alg.* 41D1
Annan *G.-B.* 10D4
Annapolis *É.-U.* 55D3
Annapurna (Mgne) *Népal* 33B2
Ann Arbor *É.-U.* 54C2
Annecy *Fr.* 12B2
Annecy (Lac d') *Fr.* 12B2
Annemasse *Fr.* 12B1
An Nhon *V.* 29D3
Anning *Ch.* 26A5
Anniston *É.-U.* 53E3
Annobon (Ile) *Guinée-Éq.* 40C4
Annonay *Fr.* 5C2
Annot *Fr.* 12B3
Annotto Bay (Baie) *Jam.* 58J1
Anqing *Ch.* 26D3
Ansai *Ch.* 26B2
Anşariyya (Dj.) *Syrie* 37D1
Ansbach *R.F.A.* 16C3
Anse-Bertrand *Guadeloupe* 8
Anse d'Hainault *Haïti* 58C3
Anses-d'Arlets (Les) *Mart.* 8
Anshan *Ch.* 26E1
Anshun *Ch.* 26B4
Anson (Baie d') *Austr.* 25F8
Ansongo *Mali* 40C3
Ansonville *Can.* 54C1
Ansted *É.-U.* 54C3
Antakya *Turq.* 21F8
Antalaha *Mad.* 43F5
Antalya *Turq.* 21E8
Antalya (Golfe d') *Turq.* 21E8
Antananarivo *Mad.* 43E5
Antarctique 64
Antarctique (Bassin) *Atlantique* 48H8
Antarctique (Pén.) *Antarct.* 64G3
Antequera *Esp.* 13B2
Anti-Atlas *Maroc* 40B1
Antibes *Fr.* 12B3
Antibes (Cap d') *Fr.* 12B3
Anticosti (I. d') *Can.* 51M5
Anticythère (Ile) *Gr.* 15E3
Antifer (Cap d') *Fr.* 5C2
Antigo *É.-U.* 54B1
Antigua (Ile) *M. des Antilles* 58E3
Anti-Liban *Liban et Syrie* 36C3
Antilles (Grandes) *M. des Antilles* 58B2
Antilles (Mer des) *Am. centr.* 58A3
Antilles Néelandaises *M. des Antilles* 60E1
Antilles (Petites) *M. des Antilles* 58D4
Antipodes (Iles) *N.-Z.* 47G5
Antofagasta *Chili* 62B2
Antongil (Baie d') *Mad.* 43F5
Antonina *Br.* 63C4
Antony *Fr.* 6F4
Antrim (Comté) *Irl. du N.* 10B4
Antrim *Irl. du N.* 10B4
Antrim Hills *Irl. du N.* 10B4
Antseranana *Mad.* 43E5
Antsirabe *Mad.* 43E5
Antsohiny *Mad.* 43E5
An Tuc *V.* 29D3
Antwerpen = Anvers
An Uaimh *Irl.* 11B5
Anui *Corée du S.* 28A3
Anupgarh *Inde* 32C3
Anuradhapura *Sri L.* 34C3
Anvers *Belg.* 16A2
Anvik *É.-U.* 50B3
Anxi *Ch.* 19L5
Anyang *Ch.* 26C2
A'nyêmaqên Shan (Hauteurs) *Ch.* 26A3
Anyuysk *U.R.S.S.* 19S3
Anza (R.) *It.* 12C2
Anzio *It.* 14C2
Aoba (Ile) *Vanuatu* 47F2
Aomori *J.* 27E3
Aoste *It.* 14B1
Aoste (Val d') *It.* 12B2
Aoukar *Maurit.* 40B3
Aoulef *Alg.* 40C2
Aozou *Tchad* 42B1
Apa (R.) *Br. et Par.* 62E2
Apalachee (Baie d') *É.-U.* 53E4
Apaporis (R.) *Col.* 60D3
Aparecida do Taboado *Br.* 63B3
Aparri *Phil.* 25F5
Apatin *Youg.* 15D1
Apatity *U.R.S.S.* 20E2
Apatzingan *Mex.* 57B3
Apchéron (Presqu'île d') *U.R.S.S.* 21J7
Apeldoorn *P.-B.* 16B2
Apennin *It.* 14C2
Apia *Samoa* 47H2
Apiai *Br.* 63C3
Apoera *Sur.* 61G2
Aporé (R.) *Br.* 61H7
Apostle (Iles) *É.-U.* 54A1
Appalaches *É.-U.* 53E3
Appenzell *S.* 12C1
Appleby *G.-B.* 11D4
Appleton *É.-U.* 54B2
Approuague (R.) *Guy. Fr.* 8
Apt *Fr.* 12A3
Apucarana *Br.* 62F2
Apure (R.) *Ven.* 60E2
Apurimac (R.) *Pér.* 60D6
Apuseni (Mts) *Roum.* 15E1
'Aqaba *Jord.* 36C4
Aqaba (Golfe d') (O. Indien) *Ar. S. et Ég.* 36B4
'Aqaba (Wadi el) *Ég.* 37C4
'Aqdā *Iran* 35C2
Aqidauana *Br.* 61G8
Aquidabán (R.) *Par.* 63A3
Aquidauana *Br.* 62E2
Aquidauana (R.) *Br.* 63A2
Aquila (L') *It.* 14C2
Aquitaine (Rég.) *Fr.* 6B3
Ara *Inde* 33B2
'Arab al Mulk *Syrie* 37C1
'Araba (Wadi) *Isr. et Jord.* 37C3
Arabie Saoudite *Arabie* 30C3
Arabique (Bassin) *O. Indien* 44E4
Aracajú *Br.* 61L6
Aracanguy (Mts de) *Par.* 63A3
Aracati *Br.* 61L4
Aracatu *Br.* 63D1
Araçatuba *Br.* 61H8
Aracena *Esp.* 13A2
Araçuai *Br.* 61K7
Arad *Isr.* 37C3
Arad *Roum.* 21C6
Arada *Tchad* 42C2
Arafura (Mer d') *Austr. et Indon.* 46C1
Aragarças *Br.* 61H7
Aragats (Mgne) *U.R.S.S.* 21G7
Aragón *Rég. Esp.* 13B1
Aragon (R.) *Esp.* 13B1
Araguaçu *Br.* 63C1
Araguaia (R.) *Br.* 61H6
Araguaína *Br.* 61J5
Araguari *Br.* 61J7
Araguari (R.) *Br.* 63C2
Arai *J.* 28C3
Araif el Naqa (Gebel) *Ég.* 37C3
Arak *Alg.* 40C2
Arāk *Iran* 35B2
Arakan (Chaîne de l') *Birm.* 29A2
Arakkonam *Inde* 34B2
Aral (Mer d') *U.R.S.S.* 18G5
Aral'sk *U.R.S.S.* 18H4
Aral'sk *U.R.S.S.* 18H5
Aran (Ile) *Irl.* 9B2
Aranda de Duero *Esp.* 13B1
Aran (Is d') *Irl.* 9B3
Aranjuez *Esp.* 13B1
Arao *J.* 28B4
Araouane *Mali* 40B3
Arapey (R.) *Ur.* 62E4
Arapiraca *Br.* 61L6
Araporgas *Br.* 63B3
Ararangua *Br.* 62G3
Araraquara *Br.* 61J8
Araras *Br.* 63C3
Ararat *Austr.* 46D4
Ararat *U.R.S.S.* 36D2
Ararat (Mont) *Turq.* 21G8
Araruama (Lac de) *Br.* 63D3
Ar'ar (Wadi) *Ar. S.* 36D3
Arato *J.* 28D3
Arauca (R.) *Ven.* 60E2
Arauea *Col.* 60D2
Arāvalli (Monts) *Inde* 32C3
Arawa *P.-N.-G.* 47E1
Araxá *Br.* 61J7
Araxe (R.) *Iran et U.R.S.S.* 21H8
Arba Minch *Éth.* 42D3
Arbatax *It.* 14B3
Arbil *Iraq* 21G8
Arbois *Fr.* 12A1
Arbrå *Suède* 4H6
Arbroath *G.-B.* 10D3
Arc (R.) *Fr.* 12A3
Arc (R.) *Fr.* 12B2
Arcachon *Fr.* 5B3
Arc Dome (Mgne) *É.-U.* 56D1
Arc-et-Senans *Fr.* 12A1
Arcos *Br.* 63C3
Arcos de la Frontera *Esp.* 13A2
Arcs (Les) *Fr.* 12B3
Arctic Bay *Can.* 51K2
Arctic Red (R.) *Can.* 50E3
Arctic Village *É.-U.* 50D3
Arctique (Oc.) 64
Arctowski (Station) *Antarct.* 64G2
Arcueil *Fr.* 6F4
Arda (R.) *Bulg.* 15F2
Ardabil *Iran* 21H8
Ardahan *Turq.* 21G7
Ardèche (Dép.) *Fr.* 7C3
Ardekān *Iran* 35C2
Ardel *Norv.* 4F6
Ardennes (Dép.) *Fr.* 7C2
Ardennes (Rég.) *Belg. et Fr.* 16B2
Ardestan *Iran* 35C2
Ardh es Suwwan *Jord.* 36C3
Ardila (R.) *Port.* 13A2
Ardmore *É.-U.* 52D3
Ardnamurchan (Pointe) *G.-B.* 10B3
Ardres *Fr.* 11F6
Ardrishaig *G.-B.* 10C3
Ardrossan *G.-B.* 10C4
Arecibo *Porto Rico* 58D3
Areia Branca *Br.* 61L4
Arendal *Norv.* 4F7
Arequipa *Pér.* 60D7
Arezzo *It.* 14C2
Arfak (Peg.) [Mgne] *Indon.* 25G7
Argelès-Gazost *Fr.* 5B3
Argens (R.) *Fr.* 12B3
Argenta *It.* 14C2
Argentan *Fr.* 5C2
Argentera (Pic de l') *It.* 12B2
Argenteuil *Fr.* 6F4
Argentière-la-Bessée (L') *Fr.* 12B2
Argentin (Bassin) *Atlantique* 48F7
Argentine *Am. du S.* 59D7
Argentino (Lac) *Arg.* 62B8
Argenton-sur-Creuse *Fr.* 5C2
Argeşul (R.) *Roum.* 15F2
Arghardab (R.) *Afgh.* 32B2
Argolide (Golfe d') *Gr.* 15E3
Árgos *Gr.* 15E3
Argostólion *Gr.* 15E3
Arguello (Pointe) *É.-U.* 56B3
Argungu *Nig.* 41G3
Argus (Mts) *É.-U.* 56D3
Argyle (Lac) *Austr.* 46B2
Argyll *M. du Nord* 10G3
Århus *Dan.* 16C1
Ariamsvlei *Nam.* 43C6
Aribinda *Burk.* 40B3
Arica *Chili* 62B1
Aricha (El) *Alg.* 41B2
Arich (El-) *Ég.* 36B3
Ariège (Dép.) *Fr.* 7C3
Ariège (R.) *Fr.* 7C3
Arifwala *Pak.* 32C2
Arima *Trinité* 58L1
Arinos *Br.* 63C2
Arinos (R.) *Br.* 61G6
Aripo (Mt.) *Trinité* 58L1
Aripuana *Br.* 60F5
Aripuaná (R.) *Br.* 60F5
Arisaig *G.-B.* 10C3
'Arish (Wadi el) *Ég.* 37B3
Ariskere *Inde* 34B2
Arizona (État) *É.-U.* 52B3
Årjäng *Suède* 4G7
Arka *U.R.S.S.* 19Q3
Arkadak *U.R.S.S.* 21G5
Arkalya *U.R.S.S.* 18H4
Arkansas (État) *É.-U.* 53D3
Arkansas (R.) *É.-U.* 53D3
Arkhangelsk *U.R.S.S.* 20G3
Arkhara *U.R.S.S.* 27C2
Arklow *Irl.* 9B3
Arlanzón (R.) *Esp.* 13B1
Arlberg (Col de l') *Autr.* 12D1
Arles *Fr.* 5C3
Arlington *É.-U.* 55D3
Arlington Heights *É.-U.* 54B2
Arlon *Belg.* 16B3
Armageddon = Megiddo
Armagh (Comté) *Irl. du N.* 11B4
Armagh *Irl. du N.* 11B4
Armagós (Ile) *Gr.* 15F3
Armavir *U.R.S.S.* 21G7
Armenia *Col.* 60C3
Arménie (Rép.) *U.R.S.S.* 18F5
Arménie (Rég.) *Iran, Turq. et U.R.S.S.* 35D2
Armentières *Fr.* 5C1
Armidale *Austr.* 46E4
Armu (R.) *U.R.S.S.* 27D2
Arnaud (R.) *Can.* 51L3
Arnauti (Cap) *Chypre* 36B2
Arnhem *P.-B.* 16B2
Arnhem (Cap) *Austr.* 46C2
Arnhem (Terre d') *Austr.* 46C2
Arno (R.) *It.* 12D3
Arnold *É.-U.* 56B1
Arnoldstein *Autr.* 12E1
Arnprior *Can.* 55D1
Aroab *Nam.* 43B6
Arona *It.* 12C2
Arorae (Ile) *Kiribati* 47G1
Arosa *S.* 14B1
Arosa (Ria de) *Esp.* 13A1
Arpajon *Fr.* 6F4
Arraias *Br.* 63C1
Arrajas (Serra de) *Br.* 63C1
Arran (Ile d') *G.-B.* 10C4
Arras *Fr.* 5C1
Arrecife *Canaries* 40A2
Arrochar *G.-B.* 10C3
Arrojado (R.) *Br.* 63C1
Arroyo Grande *É.-U.* 56B3
Arsen'yev *U.R.S.S.* 27C3
Arsiero *It.* 12D2
Arsk *U.R.S.S.* 20H4
Árta *Gr.* 15E3
Artem *U.R.S.S.* 27C3
Artemovsk *U.R.S.S.* 19L4
Artemovskiy *U.R.S.S.* 19N4
Artesia *É.-U.* 52C3
Artesia *É.-U.* 57B1
Årthus *Dan.* 4G7
Artigas *Ur.* 62E4
Artillery (Lac) *Can.* 50H3
Artois *Fr.* 5C1
Artsiz *U.R.S.S.* 17F3
Arturo Prat (Station) *Antarct.* 64G2
Artvin *Turq.* 21G7
Aru *Zaïre* 42D3
Aruanã *Br.* 61H6
Aruba (Ile) *M. des Antilles* 58C4
Aru (Iles) *Indon.* 25G7
Arun (R.) *Népal* 33C2
Arunachal Pradesh (État) *Inde* 33D2
Arun He (R.) *Ch.* 27A2
Arun Qi *Ch.* 27A2
Aruppukkottai *Inde* 34B3
Arusha *Tanz.* 42D4
Aruwimi (R.) *Zaïre* 42C3
Arvayheer *Mong.* 24D2
Arve (R.) *Fr.* 12B2
Arves (Aiguilles d') *Fr.* 12B2
Arvida *Can.* 51L5
Arvidsjaur *Suède* 4H5
Arvika *Suède* 4G7
Arwad (Ile) *Syrie* 37C1
Arzamas *U.R.S.S.* 20G4
Arziw *Alg.* 41B1
Asadabad *Afgh.* 32C2
Asad (Lac) *Syrie* 36C2
Asahi (R.) *J.* 28B4

Asahi dake

Bamberg

Asahi dake (Mgne) J. 27E3
Asahikawa J. 27E3
Asamankese Gh. 41F4
Asansol Inde 33C3
Asawanwah (Puits) Libye 39A2
Asbest U.R.S.S. 20L4
Asbury Park É.-U. 55E2
Ascensíon (B. de la) Mex. 57D3
Ascension (Ile de l') [Ile] Atlantique 48H5
Aschaffenburg R.F.A. 16B3
Aschersleben R.D.A. 16C2
Ascoli Piceno It. 14C2
Ascona S. 12C1
Asedjirad Alg. 40C2
Åsele Suède 4H6
Aselle Éth. 42D3
Asenovgrad Bulg. 15E2
Asha U.R.S.S. 20K4
Ashburton N.-Z. 47G5
Ashburton (R.) Austr. 46A3
Ashdod Isr. 36B3
Asheville É.-U. 53E3
Ashford G.-B. 11F6
Ashibetsu J. 28D2
Ashikaga J. 27D4
Ashizuri (Cap d') J. 28B4
Ashland É.-U. 53E3
Ashland É.-U. 54C2
Ashland É.-U. 52A2
Ashland É.-U. 54A1
Ashland É.-U. 55D3
Ash Shabakh Iraq 36D3
Ash Sharqāt Iraq 36D2
Ashtabula É.-U. 54C2
Aşi (R.) Syrie 21F8
Asiago It. 12D2
Asilah Maroc 41A1
Asinara (Ile) It. 14B2
Asino U.R.S.S. 18K4
Asir Rég. Ar. S. 39D2
Aska Inde 33B4
Aşkale Turq. 36D2
Askersund Suède 4G7
Askhelon Isr. 37C3
Askuanipi (Lac) Can. 51M4
Asl Ég. 37B4
Asmar Afgh. 32C1
Asmara Éth. 42D2
Asnières-sur-Seine Fr. 6F4
Aso J. 28B4
Asosa Éth. 42D2
Asoteriba (Dj.) Soud. 42D1
Aspres-sur-Buëch Fr. 12A2
Assab Éth. 42E2
As Sabkhah Syrie 36C2
Assam (État) Inde 33D2
Asse (R.) Fr. 12B3
Assen P.-B. 16B2
Assens Dan. 16C1
Assiniboia Can. 50H5
Assiniboine (Mt) Can. 50G4
Assiout Ég. 39C2
Assis Br. 61H8
Assise It. 12E3
Assomption (Ile) Seychelles 43E4
Assouan Ég. 39C2
Assouan (Bge d') Ég. 39C2
Astara U.R.S.S. 36E2
Asti It. 14B2
Astipálaia (Ile) Gr. 15F3
Astorga Esp. 13A1
Astoria É.-U. 52A2
Astrakhan' U.R.S.S. 21H6
Astrolabe (Récifs de l') N.-C. 8
Asturies Esp. 13A1
Asunción Par. 62E3
Asunción (La) Ven. 60F1
Aswa (R.) Oug. 42D3
Atacama (Désert d') Chili 62C2
Atacama (Puna d') Arg. 62C3
Atafu (Ile) I. Tokelau 47H1
Ata'ita (Jebel el) Jord. 37C3
Atakora (Massif de l') Bénin 41G3
Atakpamé Togo 41G4
Atambua Indon. 25F7
Atangmik Groenl. 51N3
Ataqa (Gebel) Ég. 37B4
Atar Maurit. 40A2
Atascadero É.-U. 56B3
Atasu U.R.S.S. 18J5
Atbara Soud. 42D2
Atbasar U.R.S.S. 18H4
Atchafalaya (Baie d') É.-U. 53D4
Atchison É.-U. 53D3
Atebubu Gh. 41F4
Atessa It. 14C2
Athabasca Can. 50G4
Athabasca (R.) Can. 50G4
Athabasca (Lac) Can. 50H4
Athènes Gr. 15E3
Athens É.-U. 53E3
Athens É.-U. 54C3
Athiémé Bénin 41G4
Athis-Mons Fr. 6F4
Athlone Irl. 9B3
Athna Chypre 37B1
Áthos (Mt) Gr. 15E2
Athy Irl. 11B5
Ati Tchad 42B2
Atikoken Can. 51J5
Atka U.R.S.S. 19R3
Atkarsk U.R.S.S. 21G5
Atlanta É.-U. 53E3
Atlanta É.-U. 54C2
Atlantic City É.-U. 53F3
Atlantico-Indienne (Dorsale) Atlantique 48H7
Atlantique (Océan) 48
Atlas (Haut) Maroc 41A2
Atlas (Moyen) Maroc 41A2
Atlas Saharien Alg. 40C1
Atlin Can. 50E4
Atlin (Lac) Can. 50E4
'Atlit Isr. 37C2
Atmore É.-U. 53E3
Atofinandrahana Mad. 43E6
Atrato (R.) Col. 60C2
Atrun (El') [Oasis] Soud. 42C2
Attar (el) [R.] Alg. 41C2
Attauapiskat Can. 51K4
Attauapiskat (R.) Can. 51K4
At Taysīyah Ar. S. 36D4
Attica É.-U. 54B2
Attila (Ligne) Chypre 37B1
Attleboro É.-U. 55E2
Attopeu Laos 29D3
Atvidaberg Suède 4H7
Atwater É.-U. 56B2
Aubagne Fr. 12C2
Aube (Dép.) Fr. 7C2
Aubenas Fr. 5C3
Aubervilliers Fr. 6F4
Aubrac Fr. 7C3
Auburn É.-U. 54B2
Auburn É.-U. 55E2
Auburn É.-U. 55D2
Aubusson Fr. 7C2
Auch Fr. 5C3
Auchi Nig. 41H4
Auckland N.-Z. 47G4
Auckland (Iles) N.-Z. 45K7
Aude (Dép.) Fr. 7C3
Aude (R.) Fr. 5C3
Auden Can. 51K4
Audincourt Fr. 12B1
Augsburg R.F.A. 16C3
Augusta Austr. 46A4
Augusta É.-U. 53E3
Augusta É.-U. 53G2
Augusta É.-U. 54A2
Augustow Pol. 17E2
Augustus (Mt) Austr. 46A3
Auk M. du Nord 10G3
Aulla It. 12C2
Aulnay-sous-Bois Fr. 6F4
Auob (R.) Nam. 43B6
Aups Fr. 12B3
Auraiya Inde 32D3
Aurangābād Inde 32D5
Auray Fr. 6B2
Aurès Alg. 41D1
Aurillac Fr. 5C3
Aurora É.-U. 52C3
Aurora É.-U. 54B2
Aurora É.-U. 54C3
Aus Nam. 43B6
Au Sable É.-U. 54C2
Ausert (Puits) Maroc 40A2
Austin É.-U. 53D2
Austin É.-U. 52D3
Australes (Îles) Poly. Fr. 8
Australie 46B3
Australie-Méridionale Austr. 46C3
Australienne (Grande Baie) Austr. 46B4
Australiennes (Alpes) Austr. 46D4
Australie-Occidentale Austr. 46B3
Autlán Mex. 57B3
Autriche Europe 2G4
Autun Fr. 5C2
Auvergne (Rég.) Fr. 7C2
Auvers-sur-Oise Fr. 6F4
Auxerre Fr. 5C2
Auxonne Fr. 12A1
Avallon Fr. 5C2
Avalon É.-U. 56C4
Avalon (Pénin. d') Can. 51N5
Avaré Br. 63C3
Avaz Iran 35E2
Avedat (Site hist.) Isr. 37C3
Aveíro Br. 61G4
Aveiro Port. 13A1
Avellaneda Arg. 62E4
Avellino It. 14C2
Avenal É.-U. 56B3
Avesta Suède 4H6
Aveyron (Dép.) Fr. 7C3
Avezzano It. 14C2
Aviemore G.-B. 10D3
Avigliana It. 12B2
Avignon Fr. 5C3
Avila Esp. 13B1
Avilès Esp. 13A1
Avirons (Les) Réunion 8
Avisio (R.) It. 12D1
Avon (Comté) G.-B. 11D6
Avon (R.) G.-B. 11E6
Avon (R.) G.-B. 11E5
Avonmouth G.-B. 11D6
Avranches Fr. 5B2
Avtovac Youg. 15D2
A'waj (R.) Syrie 37D2
Awaji (Ile) J. 27D5
Awarem Éth. 42E3
Awash Éth. 42E3
Awash (R.) Éth. 42E3
Awa-shima (Ile) J. 28C3
Awbāri Libye 39A2
Awbāri (Erg de) Libye 39A2
Aweil Soud. 42C3
Awe (L.) G.-B. 10C3
Awjilan Libye 39B2
Awka Nig. 41H4
Awled Djellal Alg. 41D2
Axel-Heiberg (Ile) Can. 51J1
Axminster G.-B. 11D6
Ayabe J. 28C3
Ayachi (Dj.) Maroc 41B2
Ayacucho Arg. 62E5
Ayacucho Col. 58C5
Ayacucho Pér. 60D6
Ayaguz U.R.S.S. 18K5
Ayakkum Hu (Lac) Ch. 31G2
Ayama (Bge d') C.-d'Iv. 41F4
Ayamonte Esp. 13A2
Ayan U.R.S.S. 19P4
Ayauiri Pér. 60D6
Aydin Turq. 21D8
Ayers Rock Austr. 46C3
Áyios Evstrátios (Ile) Gr. 15F3
Aykhal U.R.S.S. 19N3
Aylesbury G.-B. 11E5
'Ayn al Fijah Syrie 37D2
Ayn Zālah Iraq 36D2
Ayn Zuwayyah (Puits) Libye 39B2
Ayod Soud. 42D3
Ayon (Ile) U.R.S.S. 19S2
Ayr Austr. 46D2
Ayr G.-B. 10C4
Ayr (R.) G.-B. 10C4
Ayre (Pt of) G.-B. 11C4
Ayuthia Th. 29C3
Ayvacik Turq. 15F3
Ayvalik Turq. 15F3
Azamgarh Inde 33B2
Azaouad Mali 40B3
Azaouak (Vallée de l') Niger 40C3
Azare Nig. 41J3
Azay-le-Rideau Fr. 6C2
A'Zāz Syrie 36C2
Azbine = Aïr
Azeffal (Oued) Maurit. 40A2
Azemmour Maroc 41A2
Azerbaïdjan (Rép.) U.R.S.S. 18F5
Azogues Éq. 60C4
Azopol'ye U.R.S.S. 20H2
Azoum (R.) Tchad 42C2
Azov (Mer d') U.R.S.S. 21F6
Azraq (El) Jord. 36C3
Azrou Maroc 41A2
Azuero (Pén. de) Pan. 60B2
Azúl Arg. 62E5
Azul (Serra) Br. 63B1
Azzaba Alg. 41D1

B

Ba'abda Liban 37C2
Baalbek Liban 36C3
Ba'al Hazor (Mgne) Jord. 37C3
Baardheere Som. 42E3
Babadag Roum. 15F2
Babaeski Turq. 36A1
Bāb (Al) Syrie 36C2
Bāb al Mandab (Dt de) Djib.et Yémen du S. 39D3
Babanoyo Éq. 60C4
Babar (Iles) Indon. 46B1
Babati Tanz. 42D4
Babayevo U.R.S.S. 20F4
Babbitt É.-U. 54A1
Baberton É.-U. 54C2
Babine (Lac) Can. 50F4
Babo Indon. 46C1
Bābol Iran 35C1
Babuyan (Iles) Phil. 25F5
Bacabal Br. 61J4
Bacan (Ile) Indon. 25F7
Bacău Roum. 21D6
Bac Can V. 29D1
Bachkerd (Monts) Iran 35D3
Bachkirie (Rép. aut. de) U.R.S.S. 20J5
Bachu Ch. 18J6
Back (R.) Can. 50H3
Bac Ninh V. 29D1
Bacolod Phil. 25F5
Badagara Inde 34B2
Badain Jaran Shamo (Désert) Ch. 26A1
Badajoz Esp. 13A2
Badalona Esp. 13C1
Badana Ar. S. 36D3
Badas (Iles) Indon. 29D5
Bad Aussee Autr. 12E1
Baden S. 12C1
Baden-Baden R.F.A. 16B3
Bade-Wurtemberg R.F.A. 16B3
Badgastein Autr. 16C3
Badger É.-U. 56C2
Bad-Godesberg R.F.A. 16B2
Bad Hersfeld R.F.A. 16B2
Badi (Al) Iraq 36D2
Badin Pak. 32B4
Bad Ischl Autr. 14C1
Badiyat ash Sham Iraq et Jord. 36C3
Bad-Kreuznach R.F.A. 16B3
Badou Togo 41G4
Bad Ragaz S. 12C1
Bad Tolz R.F.A. 16C3
Badulla Sri L. 34C3
Badzhal'skiy (Monts) U.R.S.S. 27C1
Baena Esp. 13B2
Bafang Cameroun 41J4
Bafatá Guinée-B. 40A3
Baffin (Baie de) Can. et Groenl. 51L2
Baffin (Terre de ou Ile) Can. 51L2
Bafia Cameroun 42B3
Bafing (R.) Mali 40A3
Bafoulabé Mali 40A3
Bafoussam Cameroun 42B3
Bāfq Iran 35D2
Bafra (Cap) Turq. 21F7
Bāft Iran 35D3
Bafwasende Zaïre 42C3
Baga Nig. 41J3
Bagaha Inde 33B2
Bāgalkot Inde 34B1
Bagamoyo Tanz. 43D4
Bagdad Iraq 36D3
Bagé Br. 62F4
Bagherhat Bangl. 33C3
Bāghin Iran 35D2
Baghlan Afgh. 32B1
Bagnères-de-Bigorre Fr. 5C3
Bagneux Fr. 6F4
Bagnolet Fr. 6F4
Bagnols-sur-Cèze Fr. 5C3
Bagoé (R.) Mali 40B3
Baguio Phil. 25F5
Bāhādurābād Inde 33C2
Bahamas M. des Antilles 53F4
Baharampur Inde 33C3
Bahar Dar Éth. 42D2
Bahariya (Oasis de) Ég. 36A4
Bahawalpur Pak. 32C3
Bahawalpur (Prov.) Pak. 32C3
Bahawathagar Pak. 32C3
Bahia = Salvador
Bahia (État) Br. 61K6
Bahía Blanca Arg. 62D5
Bahía Blanca (Baie) Arg. 62D5
Bahia (Is de la) Hond. 57D3
Bahia Kino Mex. 52B4
Bahias (C. Dos) Arg. 62C6
Bahraich Inde 33B2
Bahr al Milh (Lac) Iraq 36D3
Bahr Aouk (R.) Centr. et Tchad 42C3
Bahreïn Arabie 30D3
Bahr el Abiad = Nil Blanc
Bahr el Arab Soud. 42C3
Bahr el Azraq = Nil Bleu
Bahr el-Gebel (R.) Oug. 42D3
Bahr el Ghazal (Oued) Tchad 42B2
Bahr el Ghazal (R.) Soud. 42D3
Bāhū-Kalāt Iran 35E3
Baia dos Tigres Ang. 43B5
Baiá Guaratuba Br. 63C4
Baia Mare Roum. 21C6
Baïbokoum Tchad 42B3
Baicheng Ch. 27A2
Baie-Comeau Can. 51M5
Baie-du-Poste Can. 51L4
Baie-Mahault Guadeloupe 8
Baie St Paul Can. 55E1
Baies (Lac des) Can. 55D1
Baie Verte Can. 51N5
Baihe Ch. 26B3
Bai He (R.) Ch. 26C3
Ba'iji Iraq 36D3
Baïkal (Lac) U.R.S.S. 19M4
Baïkal (Mts du) U.R.S.S. 24D1
Baikunthpur Inde 33B3
Baile Atha Cliath = Dublin
Băilesti Roum. 15E2
Baima Ch. 26A3
Baiquan Ch. 27B2
Baird (Mts) É.-U. 50B3
Bairin Youqi Ch. 26D1
Bairin Zuoqi Ch. 26D1
Bairnsdale Austr. 46D4
Baissa Nig. 41J4
Baitadi Népal 33B2
Baja H. 15D1
Baja (Pointe) Mex. 57A2
Bakal U.R.S.S. 20K4
Bakala Centr. 42C3
Bakel Sén. 40A3
Baker É.-U. 52C2
Baker É.-U. 52B2
Baker É.-U. 50G5
Baker (Ile) O. Pacifique 47H1
Baker Foreland (Pointe) Can. 51J3
Baker (Lac) Can. 50J3
Baker Lake Can. 50J3
Baker (Mt) É.-U. 52A2
Bakersfield É.-U. 52B3
Bakharden U.R.S.S. 35D1
Bakhardok U.R.S.S. 35D1
Bakhmach U.R.S.S. 21E5
Bākhtarān Iran 35B2
Bakhtegan (Lac) Iran 35C3
Bakkaflói (Baie) Isl. 4C1
Bako Éth. 42D3
Bakou U.R.S.S. 21H7
Bakouma Centr. 42C3
Bakungan Indon. 29B4
Balâ Turq. 36B2
Balabac (Ile) Phil. 25E6
Balabac (Détroit de) Mal. et Phil. 25E6
Bālāghāt Inde 33B3
Balagne Fr. 7D3
Balaikarangan Indon. 29E5
Balakovo U.R.S.S. 21H5
Bala Murghab Afgh. 35E1
Balāngir Inde 33B3
Balashov U.R.S.S. 21G5
Balasore Inde 33C3
Balaton (Lac) H. 15D1
Balbriggan Irl. 11B5
Balcarce Arg. 62E5
Balchik Bulg. 15F2
Balclutha N.-Z. 47F5
Baldo (Monte) It. 12D2
Baldy (Pic) É.-U. 52C3
Bâle S. 14B1
Baléares (Iles) Esp. 13C2
Baleia (Ponta da) Br. 63E2
Baleine (Rivière de la) Can. 51M4
Baler Phil. 25F5
Balezino U.R.S.S. 20J4
Bali (Ile) Indon. 46A1
Balıkesir Turq. 36A2
Balikh (R.) Syrie 36C2
Balikpapan Indon. 46A1
Baliza Br. 63B2
Balkh Afgh. 32B1
Balkhach U.R.S.S. 18J5
Balkhach (Lac) U.R.S.S. 18J5
Ballachulish G.-B. 10C3
Ballancourt-sur-Essonne Fr. 6F4
Ballantine (Détroit de) Can. 50G2
Ballantrae G.-B. 10C4
Ballapur Inde 34B2
Ballarat Austr. 46D4
Ballater G.-B. 10D3
Balleny (Is) Antarct. 64F7
Ballia Inde 33B2
Ballina Irl. 9B3
Ballycastle Irl. du N. 10B4
Ballymena Irl. du N. 10B4
Ballymoney Irl. du N. 10B4
Ballyshannon Irl. 11A4
Balmoral G.-B. 10D3
Balombo Ang. 43B5
Balotra Inde 32C3
Baloutchistan Asie 32B3
Balrāmpur Inde 33B2
Balranald Austr. 46D4
Balsas Br. 61J5
Balsas (R.) Mex. 57B3
Balta U.R.S.S. 21D6
Baltîm Ég. 36B3
Baltimore É.-U. 53F3
Baltique (Mer) Europe 4H7
Baltistan Rég. Pak. 32D1
Bālurghāt Inde 33C2
Balyana (El) Ég. 39C2
Balykshi U.R.S.S. 21J6
Balyy (Ile) U.R.S.S. 18J2
Bam Iran 35D3
Bama Nig. 42B2
Bamako Mali 40B3
Bambari Centr. 42C3
Bamberg R.F.A. 16C3

Bambili **Bello**

Bambili *Zaïre* 42C3
Bambui *Br.* 63C3
Bamenda *Cameroun* 42B3
Bamingui *Centr.* 42B3
Bamingui-Bangoran (Parc nat. de) *Centr.* 42B3
Bamiyan *Afgh.* 32B2
Bampur *Iran* 35E3
Bampur (R.) *Iran* 35E3
Banalia *Zaïre* 42C3
Banamba *Mali* 40B3
Bananal (Ilha do) *Rég. Br.* 61H6
Bananga *Inde* 34E3
Ban Aranyaprathet *Th.* 29C3
Banâs (Râs) [Cap] *Ég.* 39C2
Ban Ban *Laos* 29C2
Ban Betong *Th.* 29C4
Banbridge *Irl. du N.* 11B4
Banbury *G.-B.* 11E5
Banchory *G.-B.* 10D3
Banco Chinchorro (Iles) *Mex.* 57D3
Bancroft *Can.* 55D1
Bânda *Inde* 33B2
Banda Aceh *Indon.* 29B4
Banda (Iles) *Indon.* 25G7
Bandama (R.) *C.-d'Iv.* 40B4
Banda (Mer de) *Indon.* 25F7
Bandar Abbâs *Iran* 35D3
Bandar Anzali *Iran* 21H8
Bandar-e Daylam *Iran* 35C3
Bandar-e Lengheh *Iran* 35C3
Bandar-e Mâqâm *Iran* 35C3
Bandar-e Rig *Iran* 35C3
Bandar Khomeyni *Iran* 35B2
Bandar Seri Begawan *Brunei* 25E6
Bandar Torkman *Iran* 21J8
Band Boni *Iran* 35D3
Bandeira (Mgne) *Br.* 63D3
Banderantes *Br.* 63B1
Banderas (B. de) *Mex.* 57B2
Band-e Turkestân *Afgh.* 35E1
Bandiagara *Mali* 40B3
Band-i-Baba (Hauteurs) *Afgh.* 35E2
Bandirma *Turq.* 21D7
Bandol *Fr.* 12A3
Bandundu *Zaïre* 42B4
Bandung *Indon.* 25D7
Baneh *Iran* 21H8
Banes *Cuba* 57E2
Banff *G.-B.* 10D3
Banff (R.) *Can.* 50G4
Banfora *Burk.* 41F3
Banfora (Falaise de) *Burk.* 41F3
Bangalore *Inde* 34B2
Bangangté *Cameroun* 41J4
Bangassou *Centr.* 42C3
Banggai (Iles) *Indon.* 46B1
Banggi (Ile) *Mal.* 25E6
Bang Hieng (R.) *Laos* 29D2
Bangka (Ile) *Indon.* 25D7
Bangkinang *Indon.* 29C5
Bangkok *Th.* 29C3
Bangkok (Baie de) *Th.* 29C3
Bangladesh *Asie* 33C3
Bangong Co (Lac) *Ch.* 32D2
Bangor *É.-U.* 53G2
Bangor *G.-B.* 11C5
Bangor *Irl. du N.* 10B4
Bang Saphan Yai *Th.* 29B3
Bangui *Centr.* 42B3
Bangweulu (Lac) *Zambie* 43D5
Ban Hat Yai *Th.* 29C4
Ban Hin Heup *Laos* 29C2
Ban Houei Sai *Laos* 29C1
Ban Hua Hin *Th.* 29B3
Bani (R.) *Mali* 40B3
Bani Bangou *Niger* 40C3
Bâniyâs *Syrie* 36C2
Bâniyâs *Syrie* 37C2
Banja Luka *Youg.* 14D2
Banjarmasin *Indon.* 46A1
Banjul *Gambie* 40A3
Ban Kantang *Th.* 29B4
Ban Khemmarat *Laos* 29D2
Ban Khok Kloi *Th.* 29B4
Banks (I.) *Austr.* 25H8
Banks (I.) (Colombie Britannique) *Can.* 50E4
Banks (Ile de) *Can.* 50F2
Banks (Iles) *Vanuatu* 47F2
Bankura *Inde* 33C3
Ban Mae Sariang *Th.* 29B2
Ban Mae Sot *Th.* 29B2
Banmauk *Birm.* 33E3
Ban Me Thuot *V.* 29D3
Bann (R.) *Irl. du N.* 10B4
Ban Na San *Th.* 29B4
Bannu *Pak.* 32C2
Ban Pak Neun *Laos* 29C2
Ban Pak Phanang *Th.* 29C4
Ban Ru Kroy *Camb.* 29D3
Ban Sai Yok *Th.* 29B3
Ban Sattahip *Th.* 29C3
Banská Bystrica *Tch.* 17D3
Bânswâra *Inde* 32C4
Ban Tha Kham *Th.* 29B4
Ban Thateng *Laos* 29D2
Ban Tha Tum *Th.* 29C2
Bantry *Irl.* 9B3
Bantry (Baie) *Irl.* 9A3
Banyak (Iles) *Indon.* 29B5
Ban Ya Soup *V.* 29D3
Banyo *Cameroun* 41J4
Banyuwangi *Indon.* 25E7
Banzare Seamount *O. Indien* 44E7
Baofeng *Ch.* 26C3
Bao Ha *V.* 29C1
Baoji *Ch.* 26B3
Bao Loc *V.* 29D3
Baoqing *Ch.* 27C2
Baoshan *Ch.* 24C4
Baotou *Ch.* 26C1
Bâpatla *Inde* 34C1
Bâqir (Jebel) *Jord.* 37C4
Ba'qûba *Iraq* 36D3
Bar *Youg.* 15D2
Bara *Soud.* 42D2
Baraawe *Som.* 42E3
Bâra Banki *Inde* 33B2
Barabinsk *U.R.S.S.* 18J4
Barabinskaya Step *U.R.S.S.* 18J4
Baracaldo *Esp.* 13B1
Baracoa *Cuba* 58C2
Baradá (R.) *Syrie* 37D2
Bârâmati *Inde* 34A1
Baramula *Pak.* 32C2
Bârân *Inde* 32D3
Baranof (I.) *É.-U.* 50E4
Baranovichi *U.R.S.S.* 20D5
Barat Daya (Iles) *Indon.* 46B1
Barauni *Inde* 33C2
Barbacena *Br.* 63D3
Barbade *Antilles* 58F4
Barbastro *Esp.* 13C1
Barbezieux-St-H. *Fr.* 6B2
Barbôsa *Col.* 60D2
Barbuda (Ile) *M. des Antilles* 58E3
Barcaldine *Austr.* 46D3
Barce = Mardj (al-)
Barcellona *It.* 14D3
Barcelona *Ven.* 60F1
Barcelone *Esp.* 13C1
Barcelonnette *Fr.* 12B2
Barcoo (R.) *Austr.* 46D3
Bardai *Tchad* 42B1
Bardas Blancas *Arg.* 62C5
Bardawîl (Lac) *Ég.* 37B3
Barddhamân *Inde* 33C3
Bardejov *Tch.* 17E3
Bardi *It.* 12C2
Bardonecchia *It.* 12B2
Bardsey (Ile) *G.-B.* 11C5
Bardstown *É.-U.* 54B3
Bareilly *Inde* 32D3
Barents (Mer de) *O. Arctique* 18E2
Barentsøya (Ile) *O. Arctique* 18D2
Barentu *Éth.* 42D2
Barfleur (Pointe de) *Fr.* 5B2
Bargarh *Inde* 33B3
Barge *It.* 12B2
Barguzin *U.R.S.S.* 19N4
Barguzin (R.) *U.R.S.S.* 19N4
Bar Harbour *É.-U.* 55F2
Barhi *Inde* 33C3
Bari *It.* 14D2
Barika *Alg.* 13D2
Barinas *Ven.* 60D2
Baripâda *Inde* 33C3
Bari Sâdri *Inde* 32C4
Barisal *Bangl.* 33D3
Barisan (Peg.) [Monts] *Indon.* 25D7
Barito (R.) *Indon.* 25E7
Barjols *Fr.* 12B3
Barjuj (Oued) *Libye* 39A2
Barkam *Ch.* 26A3
Barkley (Lac) *É.-U.* 54B3
Barkly East *Afr. du S.* 43C7
Barkly (Plateau) *Austr.* 46C2
Bar-le-Duc *Fr.* 7D2
Barlee (Lac) *Austr.* 46A3
Barlee Range (Mgnes) *Austr.* 46A3
Barletta *It.* 14D2
Barmer *Inde* 32C3
Barmouth *G.-B.* 11C5
Barnard Castle *G.-B.* 11E4
Barnaul *U.R.S.S.* 18K4
Barnes Icecap *Can.* 51L2
Barnesville *É.-U.* 54C3
Barnsley *G.-B.* 11E5
Barnstaple *G.-B.* 11C6
Baro *Nig.* 41H4
Barpeta *Inde* 33D2
Barquisimeto *Ven.* 60E1
Barra *Br.* 61K6
Barra (Ile) *G.-B.* 10B3
Barra da Estiva *Br.* 63D1
Barra de Piraí *Br.* 63D3
Barra do Bugres *Br.* 63A2
Barra do Garças *Br.* 63B2
Barra Falsa (Punta de) *Moz.* 43D6
Barra Head (Pointe) *G.-B.* 10B3
Barra Mansa *Br.* 61K8
Barranca *Pér.* 60C6
Barrancabermeja *Col.* 60D2
Barrancas *Ven.* 60F2
Barranqueras *Arg.* 62E3
Barranquilla *Col.* 60D1
Barra (Sound of) [Détroit] *G.-B.* 10B3
Barreiras *Br.* 61K6
Barreiro *Port.* 13A2
Barreiros *Br.* 61L5
Barren (C.) *Austr.* 46D5
Barretos *Br.* 61J8
Barrie *Can.* 55D2
Barrington (Mt) *Austr.* 46E4
Barro Alto *Br.* 63C2
Barroloola *Austr.* 25G8
Barron *É.-U.* 54A1
Barrouaillie *St-Vincent* 58N2
Barrow *É.-U.* 50C2
Barrow (Ile) *Austr.* 46A3
Barrow (R.) *Irl.* 11B5
Barrow Creek *Austr.* 46C3
Barrow (Détroit de) *Can.* 51J2
Barrow-in-Furness *G.-B.* 11D4
Barrow (Pte) *É.-U.* 50C2
Barr (Râs el) *Ég.* 37A3
Barry's Bay *Can.* 55D1
Barsi *Inde* 34B1
Barstow *É.-U.* 52B3
Bar-sur-Aube *Fr.* 5C2
Bartica *Guy.* 61G2
Bartın *Turq.* 36B1
Bartle Frere (Mt) *Austr.* 46D2
Bartlesville *É.-U.* 52D3
Bartolomeu Dias *Moz.* 43D6
Bartoszyce *Pol.* 17E2
Barú *Pan.* 60B2
Barus *Indon.* 29B5
Baru (Volcan) *Pan.* 58A5
Barwâh *Inde* 32D4
Barwâni *Inde* 32C4
Barysh *U.R.S.S.* 20H5
Basalt *É.-U.* 56C1
Basankusu *Zaïre* 42B3
Basento (R.) *It.* 14D2
Bashi Canal *Phil.* 24F4
Basilan *Phil.* 25F6
Basilan (Ile) *Phil.* 25F6
Basildon *G.-B.* 11F6
Basilicate *It.* 14D2
Basingstoke *G.-B.* 11E6
Baskatong (Rés.) *Can.* 55D1
Basque (Pays) *Esp.* 13B1
Basque (Pays) *Fr.* 6B3
Bass (Détroit de) *Austr.* 46D5
Bassac (R.) *Camb.* 29D3
Bassano *It.* 14C1
Bassano del Grappa *It.* 12D2
Bassari *Togo* 41G4
Bassas da India (Ile) *Fr.* 43D6
Bassein *Birm.* 29A2
Basse-Pointe *Mart.* 8
Basse-Terre *Guadeloupe* 8
Basse-Terre (Ile) *Guadeloupe* 8
Bassila *Bénin* 41G4
Bass (Ilots de) *Poly. Fr.* 8
Bassin Rouge *Rég. Ch.* 24D3
Bass Lake *É.-U.* 56C2
Bassora *Iraq* 36E3
Båstad *Suède* 4G7
Bastak *Iran* 35C3
Bastelica *Fr.* 7D3
Basti *Inde* 33B2
Bastia *Fr.* 14B2
Bastogne *Belg.* 16B3
Bastrop *É.-U.* 53D3
Bata *Guinée-Éq.* 42A3
Bataan (Pén. de) *Phil.* 25F5
Batabano (G. de) *Cuba* 57D2
Batakan *Indon.* 25E7
Batala *Inde* 32D2
Batang *Ch.* 24C3
Batangafo *Centr.* 42B3
Batangas *Phil.* 25F5
Batan (Is) *Phil.* 24F4
Batano (G. de) *Cuba* 58A2
Batatais *Br.* 63C3
Batavia *É.-U.* 55D2
Bath *Can.* 55F1
Bath *É.-U.* 55F2
Bath *É.-U.* 55D2
Bath *G.-B.* 11D6
Batha (R.) *Tchad* 42B2
Bathawana (Mgne) *Can.* 54C1
Bathurst *Austr.* 46D4
Bathurst *Can.* 51M5
Bathurst (Cap) *Can.* 50F2
Bathurst (I.) *Austr.* 46C2
Bathurst (I.) *Can.* 50H2
Bathurst Inlet *Can.* 50H3
Batié *Burk.* 41F4
Bâtin (Wadi al) *Iraq* 36E4
Bâtlâq-e-Gavkhûni *Iran* 35C2
Batman *Turq.* 36D2
Batna *Alg.* 41D1
Baton Rouge *É.-U.* 53D3
Batoumi *U.R.S.S.* 21G7
Batroun *Liban* 37C1
Battambang *Camb.* 29C3
Batticaloa *Sri L.* 34C3
Batti Malv (Ile) *O. Indien* 34E3
Battle Creek *É.-U.* 53E2
Battle Harbour *Can.* 51N4
Battu (Iles) *Indon.* 29B6
Batu Pahat *Mal.* 29C5
Batu Putch (Gunung) [Mgne] *Mal.* 29C5
Bat Yam *Isr.* 37C2
Baubau *Indon.* 46B1
Bauchi (État) *Nig.* 41H3
Bauchi *Nig.* 41H3
Bauges (Mgnes) *Fr.* 12B2
Bauld (C.) *Can.* 51N4
Baule (La) *Fr.* 6B2
Baumes-les-Dames *Fr.* 12B1
Baunt *U.R.S.S.* 19N4
Bauru *Br.* 61J8
Baus *Br.* 63B2
Bautzen *R.D.A.* 16C2
Bavaroises (Alpes) *R.F.A.* 12D1
Bavière *R.F.A.* 16C3
Bawean (Ile) *Indon.* 25E7
Bawîti *Ég.* 39B2
Bawku *Gh.* 41F3
Bawlake *Birm.* 29B2
Baxoi *Ch.* 33E1
Bayamo *Cuba* 57E2
Bayan *Ch.* 27B2
Bayandalay *Mong.* 26A1
Bayandzürh *Mong.* 24D2
Bayan Har Shan (Mgnes) *Ch.* 24C3
Bayan Mod *Ch.* 26A1
Bayan Obo *Ch.* 26B1
Bayard (Col) *Fr.* 12B2
Bayburt *Turq.* 36D1
Bay City *É.-U.* 53E2
Bay Dağlari *Turq.* 36B2
Baydarat (G. de) *U.R.S.S.* 18H3
Baydhabo *Som.* 42E3
Bayeux *Fr.* 5B2
Bayfield *É.-U.* 54A1
Bâyir *Jord.* 36C3
Baykit *U.R.S.S.* 19L3
Baylik Shan (Mgnes) *Ch. et Mong.* 19L5
Baylûliyah (Al) *Syrie* 37C1
Baymak *U.R.S.S.* 20K5
Bayonne *Fr.* 5B3
Bayram Ali *U.R.S.S.* 35E1
Bayreuth *R.F.A.* 16C3
Bay Shore *É.-U.* 55E2
Baytik Shan (Mgnes) *Ch.* 24B2
Bayt Lahm = Bethléem
Baza *Esp.* 13B2
Bazaliya *U.R.S.S.* 17F3
Bazar-Dyuzi *U.R.S.S.* 21H7
Bazaruto (Ile) *Moz.* 43D6
Bazas *Fr.* 5B3
Bazhong *Ch.* 26B3
Bazmân *Iran* 35E3
Bcharre *Liban* 37D1
Beachy Head *G.-B.* 11F6
Beagle (Canal) *Chili* 62B9
Bealanana *Mad.* 43E5
Beardstown *É.-U.* 54A2
Bear (I) = Bjørnøya
Béarn *Fr.* 6B3
Bear Valley *É.-U.* 56B1
Beata (Ile) *Dom. (Rép.)* 58C3
Beatrice *É.-U.* 52D2
Beatrice *M. du Nord* 10D2
Beatton River *Can.* 50F4
Beatty *É.-U.* 52B3
Beattyville *Can.* 55D1
Beauce *Fr.* 7C2
Beauchamp *Fr.* 6F4
Beauchene (Is) *Falkland* 62E8
Beaufort (Massif de) *Fr.* 7D2
Beaufort (Mer de) *Can.* 64B5
Beaufort West *Afr. du S.* 43C7
Beauharnois *Can.* 55E1
Beaujolais *Fr.* 7C2
Beauly *G.-B.* 10C3
Beaumont *É.-U.* 53D3
Beaune *Fr.* 5C2
Beauvais *Fr.* 5C2
Beaver *Can.* 50D3
Beaver (R.) *Can.* 50G4
Beaver Creek *É.-U.* 50D3
Beaver Dam *É.-U.* 54B3
Beaver Dam *É.-U.* 54B2
Beaver (I.) *É.-U.* 54B1
Beawar *Inde* 32C3
Bebedouro *Br.* 63C3
Beccles *G.-B.* 11F5
Bečej *Youg.* 15E1
Bechar *Alg.* 40B1
Beckley *É.-U.* 53E3
Bedford (Comté) *G.-B.* 11E5
Bedford *É.-U.* 54B3
Bedford *G.-B.* 11E5
Bedford (Pointe) *Grenade* 58M2
Bed (Lac) *É.-U.* 56C2
Beechey (Pointe) *É.-U.* 50D2
Beer Menuha *Isr.* 37C3
Beer Ora *Isr.* 37C4
Beersheba *Isr.* 36B3
Beer-sheba (R.) *Isr.* 37C3
Beèr Sheva = Beersheba
Beeville *É.-U.* 52D4
Befale *Zaïre* 42C3
Befandriana *Mad.* 43E5
Begicheva (Ile) *U.R.S.S.* 19N2
Behbehân *Iran* 35C2
Behshahr *Iran* 35C1
Behsud *Afgh.* 32B2
Bei'an *Ch.* 27B2
Beida (El-) *Libye* 39B1
Beihai *Ch.* 26B5
Beijing = Pékin
Beiliu *Ch.* 29E1
Beipan Jiang (R.) *Ch.* 26B4
Beipiao *Ch.* 26E1
Beira *Moz.* 43D5
Bei Shan (Mgnes) *Ch.* 24C2
Beitbridge *Zimb.* 43C6
Beit ed Dine *Liban* 37C2
Beit Jala *Isr.* 37C3
Beja *Port.* 13A2
Beja *Tun.* 41D1
Bejaia *Alg.* 41D1
Béjar *Esp.* 13A1
Bejestân *Iran* 35D2
Békéscsaba *H.* 17E3
Bekily *Mad.* 43E6
Bela *Inde* 33B2
Bela *Pak.* 32B3
Belamoalli *Inde* 34B1
Belang *Indon.* 25F6
Belangpidie *Indon.* 29B4
Belau-Kyûshû (Dorsale de) *O. Pacifique* 44H4
Belau (Rép. de) *O. Pacifique* 25G6
Béla Vista *Br. et Par.* 63A3
Bela Vista *Moz.* 43D6
Belawan *Indon.* 29B5
Belaya (R.) *U.R.S.S.* 20K4
Belaya Tserkov *U.R.S.S.* 17G3
Belcher Chan *Can.* 51J2
Belcher (Is) *Can.* 51L4
Belchiragh *Afgh.* 32B1
Belebey *U.R.S.S.* 20J5
Belém *Br.* 61J4
Belén *Col.* 60C3
Belen *É.-U.* 52C3
Belén *Par.* 63A3
Bélep (Iles) *N.-C.* 47F2
Belet Uen *Som.* 42E3
Belfast *Irl. du N.* 10B4
Belfast Lough (Estuaire) *Irl. du N.* 10B4
Belfodio *Éth.* 42D2
Belford *G.-B.* 10E4
Belfort *Fr.* 5D2
Belfort (Territoire de) *Fr.* 7D2
Belgaum *Inde* 34A1
Belgique *Europe* 16A2
Belgorod *U.R.S.S.* 21F5
Belgorod Dnestrovskiy *U.R.S.S.* 21E6
Belgrade *Youg.* 15E2
Bel Hedan *Libye* 39A2
Belinyu *Indon.* 29D6
Belitung (Ile) *Indon.* 25D7
Belize *Belize* 57D3
Belize (Rép.) *Am. centr.* 57D3
Bel'kovskiy (Ile) *U.R.S.S.* 19P2
Bellac *Fr.* 5C2
Bella Coola *Can.* 50F4
Bellagio *It.* 12C2
Bellano *It.* 12C1
Bellary *Inde* 34B1
Belledonne (Ch. de) *Fr.* 12B2
Belle Fourche *É.-U.* 52C2
Bellegarde-sur-Valserine *Fr.* 12A1
Belle-Ile (Ile) *Fr.* 5B2
Belle-Isle *Can.* 51N4
Belle-Isle (Détroit de) *Can.* 51N4
Belleville *Can.* 51L5
Belleville *É.-U.* 54B3
Bellevue *É.-U.* 54A2
Belley *Fr.* 12A2
Bellingham *É.-U.* 52A2
Bellingshausen (Station) *Antarct.* 64G2
Bellingshausen (Mer de) *Antarct.* 64G3
Bellinzona *S.* 14B1
Bello *Col.* 60C2

Bellona Reefs **Bogotá**

Bellona Reefs *N.-C.* **47E3**
Bellota *É.-U.* **56B1**
Bellows Falls *É.-U.* **55E2**
Bell (Pénin.) *Can.* **51K3**
Belluno *It.* **14C1**
Bell Ville *Arg.* **62D4**
Belmonte *Br.* **61L7**
Belmopan *Belize* **57D3**
Belogorsk *U.R.S.S.* **27B1**
Beloha *Mad.* **43E6**
Belo Horizonte *Br.* **61K7**
Beloit *É.-U.* **53E2**
Belomorsk *U.R.S.S.* **18E3**
Beloretsk *U.R.S.S.* **20K5**
Belo-Tsiribihina *Mad.* **43E5**
Beloye (Lac) *U.R.S.S.* **20F3**
Belozersk *U.R.S.S.* **20F3**
Belpre *É.-U.* **54C3**
Beltsy *U.R.S.S.* **17F3**
Belukha (Mgne) *U.R.S.S.* **18K5**
Belush'ye *U.R.S.S.* **20H2**
Belvidere *É.-U.* **54B2**
Bembe *Ang.* **43B4**
Bembéréke *Bénin* **41G3**
Bemidji *É.-U.* **53D2**
Bena *Norv.* **4G6**
Bena Dibele *Zaïre* **42C4**
Bénarès *Inde* **33B2**
Bénat (Cap) *Fr.* **12B3**
Ben Attow (Mgne) *G.-B.* **10C2**
Benavente *Esp.* **13A1**
Benbecula (Ile) *G.-B.* **10B3**
Bencubbin *Austr.* **46A4**
Bend *É.-U.* **52A2**
Ben Dearg (Mgne) *G.-B.* **10C3**
Bendel (État) *Nig.* **41H4**
Bender Beyla *Som.* **39E3**
Bendery *U.R.S.S.* **21D6**
Bendigo *Austr.* **46D4**
Bénéna *Mali* **41F3**
Benešov *Tch.* **16C3**
Benevento *It.* **14C2**
Bengale (Golfe du) *Asie* **31G4**
Bengale-Occidental (État) *Inde* **33C3**
Ben Gardane *Libye* **39A1**
Ben Gardane *Tun.* **41E2**
Bengbu *Ch.* **26D3**
Benghazi *Libye* **39B1**
Bengkalis *Indon.* **29C5**
Bengkulu *Indon.* **25D7**
Benguela *Ang.* **43B5**
Ben Guerir *Maroc* **41A2**
Benha *Ég.* **36B3**
Ben Hope (Mgne) *G.-B.* **10C2**
Beni *Zaïre* **42C3**
Béni (R.) *Bol.* **60E6**
Beni Abbes *Alg.* **40B1**
Benicarló *Esp.* **13C1**
Benidji *É.-U.* **51J5**
Benidorm *Esp.* **13B2**
Beni Mansour *Alg.* **13C2**
Beni Mazar *Ég.* **39C2**
Beni Mellal *Maroc* **41A2**
Bénin (Rép.) *Afr.* **40C4**
Bénin (Baie du) *Afr.* **40C4**
Benin City *Nig.* **41H4**
Beni Oulid *Libye* **39A1**
Beni-Saf *Alg.* **41B1**
Béni-Souef *Ég.* **39C2**
Ben Kilbreck (Mgne) *G.-B.* **10C2**
Ben Lawers (Mgne) *G.-B.* **9C2**
Ben Macdui (Mgne) *G.-B.* **10D3**
Ben More Assynt (Mgne) *G.-B.* **10C2**
Bennetta (Ile) *U.R.S.S.* **19R2**
Ben Nevis (Mgne) *G.-B.* **10C3**
Bennington *É.-U.* **55E2**
Bénoué (État) *Nig.* **41H4**
Bénoué (R.) *Cameroun* **42B3**
Bénoué (Parc nat. de la) *Cameroun* **41J4**
Benson *É.-U.* **52B3**
Bent Djebail *Liban* **37C2**
Bentiu *Soud.* **42C3**
Bento Gomes (R.) *Br.* **63A2**
Benton *É.-U.* **56C2**
Benton *É.-U.* **54B3**
Benton Harbor *É.-U.* **54B2**
Ben Wyvis (Mgne) *G.-B.* **10C3**
Benxi *Ch.* **26E1**
Beohāri *Inde* **33B3**
Beppu *J.* **27C5**
Beqaa (Plaine de la) *Liban* **37D1**
Berat *Alb.* **15D2**
Berau (Teluk) [Baie] *Indon.* **25G7**
Berber *Soud.* **42D2**
Berbera *Som.* **42E2**
Berbérati *Centr.* **42B3**
Berck *Fr.* **7C1**
Berdichev *U.R.S.S.* **17F3**
Berdyansk *U.R.S.S.* **21F6**
Berea *É.-U.* **54C3**
Berekum *Gh.* **41F4**
Berenda *É.-U.* **56B2**
Berens (R.) *Can.* **50J4**
Berens River *Can.* **50J4**
Berettyoújfalu *H.* **17E3**
Bereza *U.R.S.S.* **17F2**
Berezhany *U.R.S.S.* **17E3**
Berezina (R.) *U.R.S.S.* **17F2**
Bereznik *U.R.S.S.* **20G3**
Berezniki *U.R.S.S.* **18G4**
Berezovka *U.R.S.S.* **21E6**
Berezovo *U.R.S.S.* **18H3**
Berezovyy *U.R.S.S.* **27D1**
Bergama *Turq.* **36A2**
Bergamasques (Alpes) *It.* **12C1**
Bergame *It.* **14B1**
Bergen *Norv.* **4F6**
Bergerac *Fr.* **5C3**
Berhala (Détroit de) *Indon.* **29C6**
Berhampur *Inde* **34C1**
Beringa (Ile) *U.R.S.S.* **19S4**
Béring (Détroit de) *É.-U. et U.R.S.S.* **64C6**
Béring (Mer de) *É.-U. et U.R.S.S.* **45K2**
Beringovskiy *U.R.S.S.* **19U3**
Berizak *Iran* **35D3**
Berja *Esp.* **13B2**
Berkane *Maroc* **41B2**
Berkeley *É.-U.* **52A3**
Berkner (I.) *Antarct.* **64F2**
Berkovitsa *Bulg.* **15E2**
Berkshire (Comté) *G.-B.* **11E6**
Berlin *É.-U.* **55E2**
Berlin *R.D.A. et R.F.A.* **16C2**
Bermejo *Bol.* **60F8**
Bermejo (R.) *Arg.* **62E3**
Bermudes *G.-B.* **49M5**
Bernardo de Irigoyen *Arg.* **63B4**
Bernay *Fr.* **7C2**
Bernburg *R.D.A.* **16C2**
Berne *S.* **14B1**
Bernier (Baie) *Can.* **51K2**
Bernina *S.* **12C1**
Berounka (R.) *Tch.* **16C3**
Berrechid *Maroc* **41A2**
Berriyyane *Alg.* **41C2**
Berry *Fr.* **5C2**
Berryessa (L.) *É.-U.* **56A1**
Berry (Is) *Bahamas* **53F4**
Bertoua *Cameroun* **42B3**
Beru (Ile) *Kiribati* **47G1**
Berwick *É.-U.* **55D2**
Berwick-upon-Tweed *G.-B.* **10D4**
Berwyn (Mgnes) *G.-B.* **11D5**
Besalampy *Mad.* **43E5**
Besançon *Fr.* **5D2**
Beskides Occidentales *Pol.* **17E3**
Beskra *Alg.* **41D2**
Besni *Turq.* **36C2**
Besor (R.) *Isr.* **37C3**
Bessemer *É.-U.* **54B1**
Bessemer *É.-U.* **53E3**
Betafo *Mad.* **43E5**
Betanzos *Esp.* **13A1**
Betanzos (Ria de) *Esp.* **13A1**
Betaré Oya *Cameroun* **41J4**
Bet Guvrin *Isr.* **37C3**
Bethal *Afr. du S.* **43C6**
Bethanie *Nam.* **43B6**
Bethel *É.-U.* **50B3**
Bethel Park *É.-U.* **54C2**
Bethesda *É.-U.* **55D3**
Bethléem *Jord.* **37C3**
Bethlehem *Afr. du S.* **43C6**
Bethlehem *É.-U.* **55D2**
Béthune *Fr.* **5C1**
Betioky *Mad.* **43E6**
Betou *Congo* **42B3**
Betpak Dala (Steppe) *U.R.S.S.* **18H5**
Betroka *Mad.* **43E6**
Betsiamites *Can.* **51M5**
Bettendorf *É.-U.* **54A2**
Bettiah *Inde* **33B2**
Bèttola *It.* **12C2**
Betul *Inde* **32D4**
Betwa (R.) *Inde* **32D3**
Beverly Hills *É.-U.* **56C3**
Beyla *Guinée* **40B4**
Beypore *Inde* **34B2**
Beyrouth *Liban* **36C3**
Beyşehir *Turq.* **36B2**
Beysehir Gölü (Lac) *Turq.* **21E8**
Beyt Shean *Isr.* **37C2**
Beyyadh (El-) *Alg.* **41C2**
Bezan *Autr.* **12C1**
Bezhetsk *U.R.S.S.* **20F4**
Béziers *Fr.* **5C3**
Bezmein *U.R.S.S.* **35D1**
Beznosova *U.R.S.S.* **24D1**
Bezons *Fr.* **6F4**
Bhadgaon *Népal* **33C2**
Bhadrāchalam *Inde* **34C1**
Bhadrakh *Inde* **33C3**
Bhadra (Rés. de) *Inde* **34B2**
Bhadrāvati *Inde* **34B2**
Bhag *Pak.* **32B3**
Bhāgalpur *Inde* **33C2**
Bhakkar *Pak.* **32C2**
Bhamo *Birm.* **33E3**
Bhandāra *Inde* **32D4**
Bharatpur *Inde* **32D3**
Bharūch *Inde* **32C4**
Bhātiāpāra Ghat *Bangl.* **33C3**
Bhatinda *Inde* **32C2**
Bhatkal *Inde* **34A2**
Bhātpāra *Inde* **33C3**
Bhāvnagar *Inde* **32C4**
Bhawānipatna *Inde* **33B4**
Bhera *Pak.* **32C2**
Bheri (R.) *Népal* **33B2**
Bhilai *Inde* **33B3**
Bhīlwāra *Inde* **32C3**
Bhīmavaram *Inde* **34C1**
Bhind *Inde* **32D3**
Bhiwāni *Inde* **32D3**
Bhongir *Inde* **34B1**
Bhopāl *Inde* **32D4**
Bhoutan *Asie* **33C2**
Bhubaneshwar *Inde* **33C3**
Bhuj *Inde* **32B4**
Bhusāwal *Inde* **32D4**
Bia (R.) *Gh.* **41F4**
Biafra (Golfe du) *Afr.* **42A3**
Biak (Ile) *Indon.* **25G7**
Biala Podlaska *Pol.* **17E2**
Bialograd *Pol.* **16D2**
Bialystok *Pol.* **17E2**
Biargtangar (Cap) *Isl.* **4A1**
Biarjmand *Iran* **35D1**
Biarritz *Fr.* **5B3**
Biasca *S.* **12C1**
Biba *Ég.* **36B4**
Bibai *J.* **27E3**
Bibala *Ang.* **43B5**
Bibbiena *It.* **12D3**
Biberach *R.F.A.* **16B3**
Bibiani *Gh.* **41F4**
Bicaz *Roum.* **15F1**
Bicha *Ar. S.* **39D2**
Biche (Lac la) *Can.* **50G4**
Bichi (R.) *U.R.S.S.* **27D1**
Bida *Nig.* **41H4**
Bīdar *Inde* **34B1**
Biddeford *É.-U.* **55E2**
Bideford *G.-B.* **11C6**
Bideford Bay (Baie) *G.-B.* **11C6**
Bidon 5 *Alg.* **40C2**
Biebrza *Pol.* **17E2**
Bielawa *Pol.* **16D2**
Bielefeld *R.F.A.* **16B2**
Biella *It.* **14B1**
Biélorussie (Rép.) *U.R.S.S.* **20D5**
Bielsk Podlaski *Pol.* **17E2**
Bien Hoa *V.* **29D3**
Bienne *S.* **14B1**
Bienville (Lac) *Can.* **51L4**
Bièvre (R.) *Fr.* **6F4**
Biferno (R.) *It.* **14C2**
Biga *Turq.* **36A1**
Bigadiç *Turq.* **15F3**
Big Delta *É.-U.* **50D3**
Biggar Kindersley *Can.* **50H4**
Big Horn (R.) *É.-U.* **52C2**
Big Horn (Mts) *É.-U.* **52C2**
Big (I.) *Can.* **51L3**
Bignasco *S.* **12C1**
Bignona *Sén.* **40A3**
Bigorre *Fr.* **6C3**
Big Pine (Mt) *É.-U.* **56C3**
Big Rapids *É.-U.* **54B2**
Big River *Can.* **50H4**
Big Smokey Valley *É.-U.* **56D1**
Big Spring *É.-U.* **52C3**
Big Stone Gap *É.-U.* **54C3**
Big Sur *É.-U.* **56B2**
Big Trout (Lac) *Can.* **51J4**
Big Trout Lake *Can.* **51K4**
Bihać *Youg.* **14D2**
Bihar (État) *Inde* **33C3**
Bihār *Inde* **33C2**
Biharamulo *Tanz.* **42D4**
Bihor (Mt) *Roum.* **21C6**
Bijāpur *Inde* **34B1**
Bijāpur *Inde* **34C1**
Bijār *Iran* **35B1**
Bijauri *Népal* **33B2**
Bijeljina *Youg.* **15D2**
Bijie *Ch.* **26B4**
Bijnor *Inde* **32D3**
Bijnot *Pak.* **32C3**
Bikāner *Inde* **32C3**
Bikfaya *Liban* **37C2**
Bikin *U.R.S.S.* **27C2**
Bikin (R.) *U.R.S.S.* **27D2**
Bikoro *Zaïre* **42B4**
Bila He (R.) *Ch.* **27A2**
Bilara *Inde* **32C3**
Bilāspur *Inde* **32D2**
Bilāspur *Inde* **33B3**
Bilauktaung Range *Th.* **29B3**
Bilbao *Esp.* **13B1**
Bilbeis *Ég.* **37A3**
Bileća *Youg.* **15D2**
Bilecik *Turq.* **36B1**
Bili *Zaïre* **42C3**
Bilibino *U.R.S.S.* **19S3**
Billings *É.-U.* **52C2**
Bilma *Niger* **42B2**
Bilma (Grand Erg de) *Niger* **42B2**
Biloxi *É.-U.* **53E3**
Biltine *Tchad* **42C2**
Bimbita *Gh.* **41F4**
Bina-Etawa *Inde* **32D4**
Bindura *Zimb.* **43D5**
Binga *Zimb.* **43C5**
Binga (Mgne) *Zimb.* **43D5**
Bingen *R.F.A.* **16B3**
Bingham *É.-U.* **55F1**
Binghamton *É.-U.* **53F2**
Bingöl *Turq.* **36D2**
Binhai *Ch.* **26D3**
Binibeca (C.) *Esp.* **13C2**
Binja *Indon.* **29B5**
Binjai *Indon.* **29D5**
Bintan (Ile) *Indon.* **29C5**
Bintulu *Mal.* **25E6**
Bió Bió (R.) *Chili* **62B5**
Bioko (Ile) *Guin.-Éq.* **48J4**
Bir *Inde* **34B1**
Bira *U.R.S.S.* **27C2**
Bi'r (Al) *Ar. S.* **36C4**
Birao *Centr.* **42C2**
Biratnagar *Népal* **33C2**
Birch (Lac) *É.-U.* **54A1**
Birch (Mts) *Can.* **50G4**
Bird *Can.* **51J4**
Birdsville *Austr.* **46C3**
Birdum *Austr.* **46C2**
Bîr el 'Agramîya (Puits) *Ég.* **37A4**
Bir el Duweidâr (Puits) *Ég.* **37B3**
Birganj *Népal* **33B2**
Bîr Gifgâfa (Puits) *Ég.* **37B3**
Bîr Gindali (Puits) *Ég.* **37A4**
Bîr Hasana (Puits) *Ég.* **37B3**
Birigui *Br.* **63B3**
Birin *Syrie* **37D1**
Birjand *Iran* **35D2**
Birkat Qarun (Lac) *Ég.* **36B4**
Birkenhead *G.-B.* **11D5**
Bîrlad *Roum.* **21D6**
Bir Lahfân (Puits) *Ég.* **37B3**
Birmanie *Asie* **31H3**
Birmingham *É.-U.* **53E3**
Birmingham *G.-B.* **11D5**
Bir Moghrein *Maurit.* **40A2**
Birnin Gwari *Nig.* **41H3**
Birnin Kebbi *Nig.* **41G3**
Birni N'Konni *Nig.* **41H3**
Birobidzhan *U.R.S.S.* **27C2**
Birr *Irl.* **11B5**
Bir Rabalou *Alg.* **13C2**
Birsay *G.-B.* **10D2**
Birsk *U.R.S.S.* **20K4**
Bîr Udelb (Puits) *Ég.* **37B4**
Biryusa *U.R.S.S.* **19L4**
Birzai *U.R.S.S.* **4J7**
Bischofshofen *Autr.* **12E1**
Biscotasi (Lac) *Can.* **54C1**
Bishan *Ch.* **26B4**
Bishop *É.-U.* **52B3**
Bishop Auckland *G.-B.* **11E4**
Bishop's Stortford *G.-B.* **11F6**
Bishrāmpur *Inde* **33B3**
Bishui *Ch.* **27A1**
Bismarck *É.-U.* **52C2**
Bismarck (Arch.) *P.-N.-G.* **46D1**
Bismarck (Mer) *P.-N.-G.* **46D1**
Bismarck Range (Mgnes) *P.-N.-G.* **46D1**
Bisotūn *Iran* **35B2**
Bissagos (Iles) *Guinée-B.* **40A3**
Bissau *Guinée-B.* **40A3**
Bissett *Can.* **50J4**
Bistcho (L.) *Can.* **50G4**
Bistrita (R.) *Roum.* **15F1**
Bitam *Gabon* **42B3**
Bitburg *R.F.A.* **16B3**
Bitlis *Turq.* **36D2**
Bitola *Youg.* **15E2**
Bitterfeld *R.D.A.* **16C2**
Bitterfontein *Afr. du S.* **43B7**
Bitteroot (Monts) *É.-U.* **52B2**
Biu *Nig.* **41J3**
Biwa (Lac) *J.* **27D4**
Biyo Kaboba *Éth.* **42E2**
Biysk *U.R.S.S.* **18K4**
Bizerte *Tun.* **41D1**
Bjelovar *Youg.* **14D1**
Bj Flye Ste Marie *Alg.* **40B2**
Bjørnøya (Ile) *O. Arctique* **18C2**
Black (R.) *É.-U.* **53D3**
Blackall *Austr.* **46D3**
Black (Baie) *Can.* **54B1**
Blackburn *G.-B.* **11D5**
Blackburn (Mt) *É.-U.* **50D3**
Black Hills *É.-U.* **50H5**
Black Isle (Pén.) *G.-B.* **10C3**
Blackman's *Barbade* **58Q2**
Black Mts *G.-B.* **11D6**
Blackpool *G.-B.* **11D5**
Black River *Jam.* **58H1**
Black River Falls *É.-U.* **54A2**
Black Rock Desert *É.-U.* **52B2**
Blacksburg *É.-U.* **54C3**
Blackwater (R.) *Irl.* **9B3**
Blagoevgrad *Bulg.* **15E2**
Blagoveshchensk *U.R.S.S.* **19O4**
Blair Atholl *G.-B.* **10D3**
Blairgowrie *G.-B.* **10D3**
Blanc (Cap) *Tun.* **41D1**
Blanche (Mer) *U.R.S.S.* **18E3**
Blanche (Pic de la Mgne) *É.-U.* **56C2**
Blanc (Le) *Fr.* **5C2**
Blanc-Mesnil (Le) *Fr.* **6F4**
Blanc (Mont) *Fr. et It.* **14B1**
Blanco (Cap) *É.-U.* **52A2**
Blanc Sablon *Can.* **51N4**
Blandford Forum *G.-B.* **11D6**
Blanquilla (Ile) *Ven.* **58E4**
Blantyre *Malawi* **43D5**
Blaye *Fr.* **5B2**
Blenheim *N.-Z.* **47G5**
Bléone (R.) *Fr.* **12B2**
Bleues (Montagnes) *É.-U.* **53E3**
Blind River *Can.* **54C1**
Blitta *Togo* **41G4**
Block (Ile) *É.-U.* **55E2**
Bloemfontein *Afr. du S.* **43C6**
Bloemhof (Bge de) *Afr. du S.* **43C6**
Blois *Fr.* **6C2**
Blommesteinmeer (Lac) *Sur.* **61G3**
Blonduós *Isl.* **4A1**
Bloomfield *É.-U.* **54B3**
Bloomington *É.-U.* **54B2**
Bloomington *É.-U.* **54B3**
Blosseville Kyst (Mgnes) *Groenl.* **51Q3**
Bludenz *Autr.* **16B3**
Bluefield *É.-U.* **53E3**
Bluefields *Nic.* **60B1**
Blue Mountain Peak (Mgne) *Jam.* **58B3**
Blue Mts *É.-U.* **52A2**
Blue Mts *Jam.* **58J1**
Bluenose L. *Can.* **50G3**
Blue Stack (Mgne) *Irl.* **10A4**
Bluff Knoll (Mgne) *Austr.* **46A4**
Blumenau *Br.* **62G3**
Blyth *G.-B.* **10E4**
Blythe *É.-U.* **52B3**
Blytheville *É.-U.* **53E3**
Bo *S. L.* **40A4**
Boac *Phil.* **25F5**
Boading *Ch.* **26D2**
Boa Nova *Br.* **63D1**
Boardman *É.-U.* **54C2**
Boa Vista *Br.* **60F3**
Boa Vista (Ile) *Cap-Vert* **40A4**
Bobai *Ch.* **29E1**
Bobbili *Inde* **34C1**
Bóbbio *It.* **12C2**
Bobigny *Fr.* **6F4**
Bobo-Dioulasso *Burk.* **41F3**
Bobrovica *U.R.S.S.* **17G2**
Bobruysk *U.R.S.S.* **20D5**
Bôca do Acre *Br.* **60E4**
Bocage *Fr.* **6B2**
Bocaiúva *Br.* **63D2**
Bocaranga *Centr.* **42B3**
Bochnia *Pol.* **17E3**
Bocholt *R.F.A.* **16B2**
Bocoio *Ang.* **43B5**
Boda *Centr.* **42B3**
Bodaybo *U.R.S.S.* **19N4**
Bodélé *Tchad* **42B2**
Boden *Suède* **4J5**
Boderg (Lac) *Irl.* **11B5**
Bodhan *Inde* **34B1**
Bodināyakkanūr *Inde* **34B2**
Bodjnurd *Iran* **35D1**
Bodmin *G.-B.* **11C6**
Bodmin Moor (Hauteurs) *G.-B.* **11C6**
Bodø *Norv.* **4G5**
Bodorodskoye *U.R.S.S.* **19Q4**
Bodrum *Turq.* **15F3**
Boende *Zaïre* **42C4**
Boffa *Guinée* **40A3**
Bogale *Birm.* **29B2**
Bogalusa *É.-U.* **53E3**
Bogandé *Burk.* **41F3**
Bogarnes *Isl.* **51Q3**
Boğazlıyan *Turq.* **36C2**
Bogdanovich *U.R.S.S.* **20L4**
Bogda Shan (Mgne) *Ch.* **24B2**
Bogenfels *Nam.* **43B6**
Bogor *Indon.* **25D7**
Bogorodskoye *U.R.S.S.* **20J4**
Bogotá *Col.* **60D3**

Bogotol **Buntok**

Bogotol *U.R.S.S.* 19K4
Bogra *Bangl.* 33C3
Bohai (Baie de) *Ch.* 26D2
Bohai (Golfe de) *Ch.* 26D2
Bohême *Tch.* 16C3
Bohême-Moravie *Tch.* 16C3
Bohicon *Bénin* 41G4
Bohmerwald (Hauteurs) *R.F.A.* 16C3
Bohol (Ile) *Phil.* 25F6
Bohol (Mer de) *Phil.* 25F6
Boipeba (Ile) *Br.* 63E1
Bois (R.) *Br.* 63B2
Bois Blanc (I.) *É.-U.* 54C1
Boise *É.-U.* 52B2
Bois (Lac des) *Can.* 50F3
Bois (Lac des) *Can.* 51J5
Bois-le-Duc *P.-B.* 16B2
Boissy-St-Léger *Fr.* 6F4
Bojador (Cap) *Maroc* 40A2
Bojeador (Cap) *Phil.* 25F5
Boké *Guinée* 40A3
Boknafjord (Baie) *Norv.* 4F7
Boko *Congo* 42B4
Bokor *Camb.* 29C3
Bokoro *Tchad* 42B2
Bokungu *Zaïre* 42C4
Bol *Tchad* 42B2
Bolama *Guinée-B.* 40A3
Bolbec *Fr.* 5C2
Bole *Gh.* 41F4
Bolen *U.R.S.S.* 27D1
Boleslawiec *Pol.* 16D2
Bolgatanga *Gh.* 41F3
Bolgrad *U.R.S.S.* 21D6
Boli *Ch.* 27C2
Bolivar (Pic) [Mgne] *Ven.* 58C5
Bolivie *Am. du S.* 60E7
Bol Kizi (Lac) *U.R.S.S.* 27E1
Bollnas *Suède* 4H6
Bollvar (Mgne) *Ven.* 60D2
Bolobo *Zaïre* 42B4
Bologne *It.* 14C2
Bologoye *U.R.S.S.* 20E4
Bolon *U.R.S.S.* 27D2
Bolon (Lac) *U.R.S.S.* 27D2
Bolsena (Lac de) *It.* 14C2
Bolshevik (Ile) *U.R.S.S.* 19M2
Bol'shoy Anyuy (R.) *U.R.S.S.* 19S3
Bol'shoy Irgiz (R.) *U.R.S.S.* 21H5
Bol'shoy Kamen *U.R.S.S.* 27C3
Bolshoykavka (Mgnes) *U.R.S.S.* 21G7
Bol'shoy Lyakhovskiy (Ile) *U.R.S.S.* 19Q2
Bol'shoy Uzen (R.) *U.R.S.S.* 21H6
Bolson de Mapimi (Désert) *Mex.* 52C4
Bolson (El) *Arg.* 62B6
Bolton *G.-B.* 11D5
Bolu *Turq.* 36B1
Bolugarvik *Isl.* 4A1
Bolvadin *Turq.* 36B2
Bolzano *It.* 14C1
Boma *Zaïre* 42B4
Bombala *Austr.* 46D4
Bombay *Inde* 34A1
Bombetoka (Baie de) *Mad.* 43E5
Bombo *Oug.* 42D3
Bomdila *Inde* 33D2
Bomi *Ch.* 33E2
Bomi Hills *Liberia* 40A4
Bom Jesus da Lapa *Br.* 61K6
Bomnak *U.R.S.S.* 19O4
Bomokandi (R.) *Zaïre* 42C3
Bomu (R.) *Centr. et Zaïre* 42C3
Bon Air *É.-U.* 55D3
Bonaire (Ile) *M. des Antilles* 58D4
Bonanza *Nic.* 57D3
Bonavista *Can.* 51N5
Bon (Cap) *Tun.* 41E1
Bon Despacho *Br.* 63C2
Bondo *Zaïre* 42C3
Bondoufle *Fr.* 6F4
Bondoukou *C.-d'Iv.* 41F4
Bondy *Fr.* 6F4
Bone (Golfe de) *Indon.* 46B1
Bonfim *Guy.* 61G3
Bongandanga *Zaïre* 42C3
Bongo (Massif des) *Centr.* 42C3
Bongor *Tchad* 42B2
Bongouanou *C.-d'Iv.* 41F4
Bonifacio *Fr.* 14B2
Bonifacio (Bouches de) *Méditerranée* 14B2
Bonin (Iles) = Ogasawara Gunto
Bonito *Br.* 63A3
Bonn *R.F.A.* 16B2
Bonne-Espérance (Cap de) *Afr. du S.* 43B7
Bonny (Baie de) *Atlantique* 40C4
Bonthain *Indon.* 46A1
Bonthe *S. L.* 40A4
Boonville *É.-U.* 55D2
Boothia (Golfe de) *Can.* 51J2
Boothia (Péninsule de) *Can.* 51J2
Booué *Gabon* 42B4
Bophuthatswana *Afr. du S.* 43C6
Bor *Soud.* 42D3
Bor *Turq.* 36B2
Bor *Youg.* 15E2
Bora-Bora (Ile) *Polyn. Fr.* 8
Borah (Pic) *É.-U.* 52B2
Borås *Suède* 4G7
Borazdjän *Iran* 35C3
Borborema (Planalto do) *Br.* 61L5
Bordeaux *Fr.* 5B3
Borden (I.) *Can.* 50G2
Borden (Péninsule) *Can.* 51K2
Borders Rég. *G.-B.* 10D4
Bordighera *It.* 12B3
Bordi Omar Dris *Alg.* 40C2
Bordj bou Arreridj *Alg.* 41C1
Borens River *Can.* 52D1
Borgå *Finl.* 4K6
Borgarnes *Isl.* 4A2
Borger *É.-U.* 52C3
Borgholm *Suède* 4H7
Borgo San Lorenzo *It.* 12D3
Borgosia *It.* 12C2
Borgo Val di Taro *It.* 12C2
Borgo Valsugana *It.* 12D1
Borislav *U.R.S.S.* 17E3
Borisoglebsk *U.R.S.S.* 21G5
Borisov *U.R.S.S.* 20D5
Borisovka *U.R.S.S.* 21F5
Borja *Par.* 63A4
Borkou *Tchad* 42B2
Borlänge *Suède* 4H6
Bormida *It.* 12C2
Bormio *It.* 12D1
Bornéo *Asie* 25E6
Bornes (Massif) *Fr.* 7D2
Bornholm (Ile) *Dan.* 4H7
Bornou (État) *Nig.* 41J3
Bornova *Turq.* 15F3
Boro (R.) *Soud.* 42C3
Borogontsy *U.R.S.S.* 19P3
Boromo *Burk.* 41F3
Boron *É.-U.* 56D3
Borovichi *U.R.S.S.* 20E4
Borroloola *Austr.* 46C2
Borsa *Roum.* 15E1
Borudjerd *Iran* 35B2
Borüjen *Iran* 35C2
Borzna *U.R.S.S.* 17G2
Borzya *U.R.S.S.* 19N4
Bosaso *Som.* 39D3
Bose *Ch.* 26B5
Boshnyakovo *U.R.S.S.* 27E2
Bosna (R.) *Youg.* 15D2
Bōsō (Pén. de) *J.* 28D3
Bosphore *Turq.* 21D7
Bosquet *Alg.* 13C2
Bossangoa *Centr.* 42B3
Bossèmbélé *Centr.* 42B3
Bosten Hu (Lac) *Ch.* 18K5
Boston *É.-U.* 53F2
Boston *G.-B.* 11E5
Boston (Mts) *É.-U.* 53D3
Bosumtwi (Lac) *Gh.* 41F4
Botād *Inde* 32C4
Botevgrad *Bulg.* 15E2
Botletli (R.) *Botswana* 43C6
Botnie (Golfe de) *Finl. et Suède* 20B3
Botosani *Roum.* 21D6
Botswana *Afr.* 43C6
Botte Donato (Mgne) *It.* 14D3
Botucatu *Br.* 63C3
Botupora *Br.* 63D1
Botwood *Can.* 51N5
Bouaflé *C.-d'Iv.* 40B4
Bouaké *C.-d'Iv.* 40B4
Bouar *Centr.* 42B3
Bou Arfa *Maroc* 41B2
Bouba-Ndija (Parc nat. du) *Cameroun* 41J4
Bouca *Centr.* 42B3
Bouches-du-Rhône (Dép.) *Fr.* 7D3
Bou-Craa *Sahara occ.* 40A2
Boudenib *Maroc* 41B2
Boufarik *Alg.* 13C2
Bougainville (Ile) *P.-N.-G.* 47E1
Bougaroun (Cap) *Alg.* 41D1
Bougouni *Mali* 40B3
Bougouriba (R.) *Burk.* 41F3
Bouhalla (Djebel) *Maroc* 13A2
Bouillante *Guadeloupe* 8
Bouira *Alg.* 41C1
Bou Izakarn *Maroc* 40B2
Boukhara *U.R.S.S.* 18H6
Boulaïda (El-) *Alg.* 41C1
Boulder *É.-U.* 52C2
Boulder City *É.-U.* 52B3
Boulder Creek *É.-U.* 56A2
Boulogne-Billancourt *Fr.* 6F4
Boulogne (Bois de) *Fr.* 6F4
Boulogne-sur-Mer *Fr.* 5C1
Bouloupari *N.-C.* 8
Boumba (R.) *Centr.* 42B3
Bouna *C.-d'Iv.* 41F4
Bouna (Lac) *Irl.* 11B5
Boundary (Pic) *É.-U.* 52B3
Boundiali *C.-d'Iv.* 40B4
Bounty *N.-Z.* 47G5
Bourail *N.-C.* 47F3
Bourbonnais *Fr.* 7C2
Bourem *Mali* 40B3
Bourg-de-Péage *Fr.* 5D2
Bourg-d'Oisans (Le) *Fr.* 12B2
Bourg-en-Bresse *Fr.* 12A1
Bourges *Fr.* 5C2
Bourget (Lac du) *Fr.* 12A2
Bourg-Madame *Fr.* 5C3
Bourgneuf (Baie de) *Fr.* 5B2
Bourgogne (Rég.) *Fr.* 7C2
Bourgoin-Jallieu *Fr.* 12A2
Bourg-St-Maurice *Fr.* 12B2
Bourgueil *Fr.* 5C2
Bouriates (Rép. aut. des) *U.R.S.S.* 19N4
Bourke *Austr.* 46D4
Bournemouth *G.-B.* 11E6
Boussaâda *Alg.* 41C1
Bousso *Tchad* 42B2
Boutilmit *Maurit.* 40A3
Boutourou (Mt) *C.-d'Iv.* 41F4
Bouvet (I.) *Atlantique* 48J7
Bowen *Austr.* 46D2
Bowling Green *É.-U.* 53E3
Bowling Green *É.-U.* 54C2
Bowling Green *É.-U.* 54A3
Bowling Green *É.-U.* 55D3
Bowmanville *Can.* 55D2
Bo Xian *Ch.* 26D3
Boxing *Ch.* 26D2
Boyabat *Turq.* 36B1
Boyali *Centr.* 42B3
Boyarka *U.R.S.S.* 17G2
Boyd *Can.* 50J4
Boyle *Irl.* 9B3
Boyne (R.) *Irl.* 11B5
Boyoma (Chutes de) *Zaïre* 42C3
Bozcaada (Ile) *Turq.* 15F3
Boz Dağlari (Mgnes) *Turq.* 15F3
Bozeman *É.-U.* 52B2
Bozene *Zaïre* 42B3
Bozoum *Centr.* 42B3
Bra *It.* 12B2
Brač (Ile) *Youg.* 14D2
Bracadale (Loch) [Baie] *G.-B.* 10B3
Bracciano (Lac de) *It.* 14C2
Bracebridge *Can.* 55D1
Bräcke *Suède* 4H6
Bradford *G.-B.* 11E5
Bradley *É.-U.* 56B3
Brae *G.-B.* 10E1
Braemar *G.-B.* 10D3
Braga *Port.* 13A1
Bragana *Port.* 13A1
Bragança *Br.* 61J4
Bragança Paulista *Br.* 63C3
Brahman-Baria *Bangl.* 33D3
Brāhmani (R.) *Inde* 33C3
Brahmapoutre (R.) *Asie* 33D2
Brăila *Roum.* 21D6
Brainerd *É.-U.* 53D2
Brak *Libye* 39A2
Brakna *Maurit.* 40A3
Bralorne *Can.* 50F4
Brampton *Can.* 55D2
Branco (R.) *Br.* 60F3
Brandberg (Mgne) *Nam.* 43B6
Brandenburg *R.D.A.* 16C2
Brandon *Can.* 52D2
Brandvlei *Afr. du S.* 43C7
Brandys nad Lebem *Tch.* 16C2
Braniewo *Pol.* 17D2
Brantford *Can.* 53E2
Bras de la Plaine (R.) *Réunion* 8
Bras d'or (Lacs) *Can.* 51M5
Brasíla de Minas *Br.* 63D2
Brasiléia *Br.* 60E6
Brasilia *Br.* 61J7
Brasov *Roum.* 15F1
Bras-Panon *Réunion* 8
Brassus (Le) *S.* 12B1
Bratislava *Tch.* 16D3
Bratsk *U.R.S.S.* 19M4
Bratslav *U.R.S.S.* 17F3
Brattleboro *É.-U.* 55E2
Brava (Ile) *Cap-Vert* 40A4
Bravo del Norte (Rio) *É.-U. et Mex.* 57B1
Brawley *É.-U.* 52B3
Bray *Irl.* 11B5
Bray (I.) *Can.* 51L3
Brayqah (Al) *Libye* 39A1
Brazos (R.) *É.-U.* 52D3
Brazzaville *Congo* 42B4
Brdy (Hauteurs) *Tch.* 16C3
Brechin *G.-B.* 10D3
Břeclav *Tch.* 16D3
Brecon *G.-B.* 11D6
Brecon Beacons (Mgnes) *G.-B.* 11D6
Brecon Beacons (Parc nat.) *G.-B.* 11D5
Breda *P.-B.* 16A2
Bredasdorp *Afr. du S.* 43C7
Bredby *Suède* 4H6
Bredbyn *Suède* 20B3
Bredy *U.R.S.S.* 20K5
Breezewood *É.-U.* 55D2
Bregenz *Autr.* 12C1
Bregenzer Ache (R.) *Autr.* 12C1
Breiðafjörður (Baie) *Isl.* 4A1
Brembo *It.* 12C2
Brembo (R.) *It.* 12C2
Brême *R.F.A.* 16B2
Bremerhaven *R.F.A.* 16B2
Brenner *Autr. et It.* 16C3
Breno *It.* 12D2
Brenta (R.) *It.* 12D2
Brentwood *É.-U.* 56B2
Brescia *It.* 14C1
Brésil *Am. du S.* 59E5
Brésil (Bassin du) *Atlantique* 48G5
Breslau = Wrocław
Bressanone *It.* 12D1
Bressay (Ile) *G.-B.* 10E1
Bresse *Fr.* 7C2
Bressuire *Fr.* 5B2
Brest *Fr.* 5B2
Brest *U.R.S.S.* 17E2
Bretagne (Rég.) *Fr.* 6B2
Bretagne (Pte de) *Réunion* 8
Brétigny-sur-Orge *Fr.* 6F4
Breuillet *Fr.* 6F4
Brewer *É.-U.* 55F2
Brežice *Youg.* 14D1
Bria *Centr.* 42C3
Briançon *Fr.* 5D3
Briansk *U.R.S.S.* 20E5
Briare *Fr.* 5C2
Bridgeport *É.-U.* 55E2
Bridgeport (Rés.) *É.-U.* 56C1
Bridgetown *Barbade* 58F4
Bridgewater *Can.* 51M5
Bridgwater *G.-B.* 11D6
Bridgwater Bay (Baie) *G.-B.* 11D6
Bridlington *G.-B.* 11E4
Brie *Fr.* 7C2
Brie-Comte-Robert *Fr.* 6F4
Brienz (Lac de) *S.* 12B1
Brigham City *É.-U.* 52B2
Brighton *G.-B.* 11E6
Brignoles *Fr.* 12B3
Brigue *S.* 14B1
Brilhante (R.) *Br.* 63A3
Brindisi *It.* 15D2
Brioude *Fr.* 7C2
Brisbane *Austr.* 47E3
Bristol *É.-U.* 55E2
Bristol *É.-U.* 53E3
Bristol *G.-B.* 11D6
Bristol (Canal de) *G.-B.* 11C6
British Mts *Can.* 50D3
Britstown *Afr. du S.* 43C7
Brive-la-Gaillarde *Fr.* 5C2
Brno *Tch.* 16D3
Broadback (R.) *Can.* 51L4
Broad Bay (Baie) *G.-B.* 10B2
Broadford *G.-B.* 10C3
Brochet *Can.* 50H4
Brock (I.) *Can.* 50G2
Brockport *É.-U.* 55D2
Brockville *Can.* 55D2
Brodeur (Péninsule) *Can.* 51K2
Brodick *G.-B.* 10C4
Brodnica *Pol.* 17D2
Brody *U.R.S.S.* 21D5
Broken Hill *Austr.* 46D4
Broni *It.* 12C2
Brønnøysund *Norv.* 4G5
Brooke's Pt *Phil.* 25E6
Brookfield *É.-U.* 54B2
Brookhaven *É.-U.* 53D3
Brookings *É.-U.* 52D2
Brooklyn *É.-U.* 54A2
Brooks *Can.* 50G4
Brooks (Chaîne de) *É.-U.* 50C3
Brookton *É.-U.* 55E2
Broome *Austr.* 46B2
Broom (Loch) *G.-B.* 10C3
Brora *G.-B.* 10D2
Broulkou (Puits) *Tchad* 42B2
Brousse = Bursa
Brovary *U.R.S.S.* 17G2
Brownsville *É.-U.* 52D4
Brownwood *É.-U.* 52D3
Browse (I.) *Austr.* 25F8
Bruce (Mt) *Austr.* 46A3
Bruce (Pén.) *Can.* 54C1
Bruck *Autr.* 12E1
Bruck an der Mur *Autr.* 16D3
Bruges *Belg.* 16A2
Brûk (Wadi el) *Ég.* 37B3
Brumado *Br.* 63D1
Brunico *It.* 14C1
Brunoy *Fr.* 6F4
Brunswick *É.-U.* 53E3
Brunswick *É.-U.* 55F2
Brunswick *R.F.A.* 16C2
Brunswick (Pén. de) *Chili* 62B8
Brusenets *U.R.S.S.* 20G3
Brus Laguna *Hond.* 58A3
Bruxelles *Belg.* 16A2
Bruyères-le Châtel *Fr.* 6F4
Bryan *É.-U.* 52D3
Bry-sur-Marne *Fr.* 6F4
Brzeg *Pol.* 16D2
Bübiyan (Ile) *Iraq et Koweït* 36E4
Bubu (R.) *Tanz.* 42D4
Buc *Fr.* 6F4
Bucaramanga *Col.* 60D2
Bucarest *Roum.* 15F2
Buchan *M. du Nord* 10E3
Buchanan *Liberia* 40A4
Buchan Deep *M. du Nord* 10E3
Buchan (Golfe) *Can.* 51L2
Buchan Ness (Pén.) *G.-B.* 9C2
Buchans *Can.* 51N5
Büchehr *Iran* 35C3
Buchon (Pte) *É.-U.* 56B3
Buchs *S.* 12C1
Buckingham *G.-B.* 11E5
Bucksport *É.-U.* 55F2
Buco Zau *Congo* 42B4
Budapest *H.* 17D3
Budaun *Inde* 32D3
Bude *G.-B.* 11C6
Budennovsk *U.R.S.S.* 21G7
Budhiya (Gebel) *Ég.* 37B4
Budva *Youg.* 15D2
Buéa *Cameroun* 42A3
Buëch (R.) *Fr.* 12A2
Buellton *É.-U.* 56B3
Buenaventura *Col.* 60C3
Buena Vista *É.-U.* 55D3
Buena Vista (Lac) *É.-U.* 56C3
Buenos Aires *Arg.* 62E4
Buenos Aires (État) *Arg.* 62E5
Buenos Aires (Lac) *Arg.* 62B7
Buet (Le) *Fr.* 12B1
Buffalo *É.-U.* 53F2
Buffalo *É.-U.* 52C2
Buffalo (Lac) *Can.* 50G3
Buffalo Narrows *Can.* 50H4
Buftea *Roum.* 15F2
Bug (R.) *Pol. et U.R.S.S.* 17E2
Buga *Col.* 60C3
Bugdayli *U.R.S.S.* 35C1
Bugey *Fr.* 7D2
Bugt *Ch.* 27A2
Bugulma *U.R.S.S.* 20J5
Buguruslan *U.R.S.S.* 20J5
Buhl *É.-U.* 54A1
Builth Wells *G.-B.* 9C3
Bui (Parc nat. de) *Gh.* 41F4
Buis-les-Baronnies *Fr.* 12A2
Buith Wells *G.-B.* 11D5
Buje *Youg.* 12E2
Bujumbura *Burundi* 42C4
Buka (Ile) *P.-N.-G.* 47E1
Bukama *Zaïre* 43C4
Bukavu *Zaïre* 42C4
Bukittinggi *Indon.* 29C6
Bukoba *Tanz.* 42D4
Bula *Indon.* 25G7
Bulan *Phil.* 25F5
Bulandshahr *Inde* 32D3
Bulawayo *Zimb.* 43C6
Buldan *Turq.* 15F3
Buldāna *Inde* 32D4
Bulgan *Mong.* 24D2
Bulgarie *Europe* 15E2
Bulle *S.* 12B1
Bullfinch *Austr.* 46A4
Bulls Shoals (Lac) *É.-U.* 53D3
Bulolo *P.-N.-G.* 46D1
Bulu (Gunung) *Indon.* 25E6
Bumba *Zaïre* 42C3
Bumphal Dam *Th.* 29B2
Buna *K.* 42D3
Bunbury *Austr.* 46A4
Buncrana *Irl.* 10B4
Bundaberg *Austr.* 47E3
Bündi *Inde* 32D3
Bungo *Ang.* 43B4
Bungo (Dt de) *J.* 28B4
Bunguran (Ile) *Indon.* 29D5
Bunguran (Arch.) *Indon.* 29D5
Bunia *Zaïre* 42D3
Bunker *É.-U.* 54A3
Bunsuru (R.) *Nig.* 41H3
Buntok *Indon.* 25E7

Buol Carsonville

Buol *Indon.* 25F6
Buorkhaya (G.) *U.R.S.S.* 19P2
Burāg *Syrie* 37D2
Buram *Soud.* 42C2
Burang *Ch.* 33B1
Burao *Som.* 42E3
Burayda *Ar. S.* 39D2
Burdalyk *U.R.S.S.* 35E1
Burdi (Al) *Libye* 39B1
Burdur *Turq.* 21E8
Bureinskiy Khrebet *U.R.S.S.* 27C1
Bureya (R.) *U.R.S.S.* 27C1
Burg *R.D.A.* 16C2
Burgas *Bulg.* 15F2
Burgdorf *S.* 12B1
Burgersdorp *Afr. du S.* 43C7
Burgin *U.R.S.S.* 18K5
Burgos *Esp.* 13B1
Burgrino *U.R.S.S.* 20H2
Burgsvik *Suède* 17D1
Burgut *U.R.S.S.* 18J3
Burhaniye *Turq.* 15F3
Burhānpur *Inde* 32D4
Buriram *Th.* 29C2
Buritis *Br.* 63C2
Burketown *Austr.* 46C2
Burks Falls *Can.* 55D1
Burley *É.-U.* 52B2
Burlington *É.-U.* 53D2
Burlington *É.-U.* 53F2
Burnie *Austr.* 46D5
Burnley *G.-B.* 11D5
Burns Lake *Can.* 50F4
Burqin *Ch.* 31G1
Burray (Ile) *G.-B.* 10D2
Burrundie *Austr.* 25G8
Bursa *Turq.* 21D7
Bûr Taufiq *Ég.* 37B4
Burton *É.-U.* 54C2
Burton upon Trent *G.-B.* 11E5
Burtrask *Suède* 4J6
Buru (Ile) *Indon.* 46B1
Burundi *Afr.* 42C4
Burung *Indon.* 29C5
Burûn (Râs) *Ég.* 37B3
Burye *Éth.* 42D2
Burynshik *U.R.S.S.* 21J6
Bury St Edmunds *G.-B.* 11F5
Buşayyah (Al) *Iraq* 36E3
Busira (R.) *Zaïre* 42B4
Buskozdroj *Pol.* 17E2
Busrá ash Shām *Syrie* 37D2
Busselton *Austr.* 46A4
Busto Arsizio *It.* 14B1
Bustol *É.-U.* 54C3
Buta *Zaïre* 42C3
Butare *Ruanda* 42C4
Bute (Ile) *G.-B.* 10C4
Butha Qi *Ch.* 27A2
Butler *É.-U.* 55D2
Butte *É.-U.* 52B2
Butterworth *Mal.* 29C4
Butt of Lewis (Cap) *G.-B.* 9B2
Button (Is) *Can.* 51M3
Buttonwillow *É.-U.* 56C3
Butuan *Phil.* 25F6
Butung (Ile) *Indon.* 46B1
Buturlinovka *U.R.S.S.* 21G5
Butwal *Népal* 33B2
Buulo Barde *Som.* 42E3
Buur Hakaba *Som.* 42E3
Buy *U.R.S.S.* 20G4
Buyant Ovvo *Mong.* 26B1
Buynaksk *U.R.S.S.* 21H7
Buyr Nuur (Lac) *Mong.* 19N5
Büyük Ağri Daği = Ararat (Mont)
Buyukly *U.R.S.S.* 27E2
Büyük Menderes (R.) *Turq.* 36A2
Buzău *Roum.* 15F1
Buzau (R.) *Roum.* 15F1
Búzios (Ponta dos) *Br.* 63D3
Buzuluk *U.R.S.S.* 20J5
Byala *Bulg.* 15F2
Byala Slatina *Bulg.* 15E2
Byam Martin (Détroit) *Can.* 50H2
Byam Martin (I.) *Can.* 50H2
Byblos *Liban* 37C1
Bydgoszcz *Pol.* 17D2
Bygland *Norv.* 4F7
Bykov *U.R.S.S.* 27E2
Bylot (I.) *Can.* 51L2
Byrhov *U.R.S.S.* 17G2
Byron *É.-U.* 56B2
Byrranga (Mts) *U.R.S.S.* 19L2
Bytantay (R.) *U.R.S.S.* 19P3
Bytom *Pol.* 17D2

C

Caacupé *Par.* 62E3
Caaguazú *Par.* 63A4
Caaguazú (Cordillera de) *Par.* 63A4
Caála *Ang.* 43B5
Caapucú *Par.* 63A4
Caarapó *Br.* 63B3
Caazapá *Par.* 62E3
Caballeria (C. de) *Esp.* 13C1
Cabanatuan *Phil.* 25F5
Cabano *Can.* 55F1
Cabedelo *Br.* 61M5
Cabeza del Buey *Esp.* 13A2
Cabimas *Ven.* 60D1
Cabinda *Ang.* 42B4
Cabinda (Prov.) *Ang.* 42B4
Cabo Beata *Dom. (Rép.)* 58C3
Cabo Gracias à Dios *Hond.* 58A4
Cabonga (Rés.) *Can.* 51L5
Cabonga (Réservoir) *Can.* 55D1
Cabora Bassa (Bge de) *Moz.* 43D5
Caborca *Mex.* 57A1
Cabot (Détroit de) *Can.* 51M5
Cabra *Esp.* 13B2
Cabral (Serra do) *Br.* 63D2
Cabreira (Mgne) *Port.* 13A1
Cabrera (Ile) *Esp.* 13C2
Cabriel (R.) *Esp.* 13B2
Čačak *Youg.* 15E2
Cáceres *Br.* 61G7
Caceres *Esp.* 13A2
Cachan *Fr.* 6F4
Cache Creek (R.) *É.-U.* 56A1
Cachemire *Inde et Pak.* 32C4
Cachi *Arg.* 62C3
Cachimbo *Br.* 61G5
Cachimbo (Serra do) *Br.* 61G5
Cachoeira *Br.* 61L6
Cachoeira Alta *Br.* 63B2
Cachoeira do Sul *Br.* 62F4
Cachoeiro de Itapemirim *Br.* 61K8
Cachuma (L.) *É.-U.* 56C3
Cacolo *Ang.* 43B5
Caconda *Ang.* 43B5
Caçu *Br.* 63B2
Caculé *Br.* 63D1
Caculuvar (R.) *Ang.* 43B5
Čadca *Tch.* 17D3
Cader Idris (Mgnes) *G.-B.* 11D5
Cadillac *É.-U.* 53E2
Cadix *Esp.* 13A2
Cadix (Golfe de) *Esp.* 13A2
Caeité *Br.* 61K6
Caen *Fr.* 5B2
Caernarfon *G.-B.* 11C5
Caernarfon Bay (Baie) *G.-B.* 11C5
Caetité *Br.* 63D1
Cafayate *Arg.* 62C3
Cafres (Plaine des) *Réunion* 8
Caga Tepe *Turq.* 36B2
Cagayan de Oro *Phil.* 25F6
Cagayan Sulu (Ile) *Phil.* 25E6
Cagli *It.* 12E3
Cagliari *It.* 14B3
Cagliari (G. de) *It.* 14B3
Caguas *Porto Rico* 58D3
Cahir *Irl.* 11B5
Cahore Pt *Irl.* 11B5
Cahors *Fr.* 5C3
Caia *Moz.* 43D5
Caiabis (Serra dos) *Br.* 61G6
Caianda *Ang.* 43C5
Caiapó (R.) *Br.* 63B2
Caiapônia *Br.* 63B2
Caiapó (Serra do) *Br.* 63B2
Caicó *Br.* 61L5
Caicos (Iles) *M. des Antilles* 58C2
Caicos (Passage des) *O. Atlantique* 53F4
Caire (Le) *Ég.* 36B3
Cairngorms (Mgnes) *G.-B.* 10D3
Cairns *Austr.* 46D2
Cairo *É.-U.* 53E3
Cajabamba *Pér.* 60C5
Cajamarca *Pér.* 60C5
Calabozo *Ven.* 58D5
Calabre (Rég.) *It.* 14D3
Calafat *Roum.* 15E2
Calafate *Arg.* 62B8
Calahorra *Esp.* 13B1
Calais *É.-U.* 55F1
Calais *Fr.* 5C1
Calama *Chili* 62C2
Calamar *Col.* 60D3
Calamian (Iles) *Phil.* 25E5
Calang *Indon.* 29B4
Calapan *Phil.* 25F5
Calarasi *Roum.* 15F2
Calatayud *Esp.* 13B1
Calaveras (Rés.) *É.-U.* 56B2
Calcanhar (Pointe) *Br.* 61L5
Calcutta *Inde* 33C3
Caldas da Rainha *Port.* 13A2
Caldas Novas *Br.* 61J7
Caldera *Chili* 62B3
Caldwell *É.-U.* 52B2
Caledon (R.) *Afr. du S.* 43C6
Caledonia *É.-U.* 54A2
Caleta Olivia *Arg.* 62C7
Calexico *É.-U.* 52B3
Calgary *Can.* 50G4
Cali *Col.* 60C3
Calicut *Inde* 34B2
Caliente *É.-U.* 56C3
Caliente *É.-U.* 52B3
California Aqueduct *É.-U.* 56C3
Californie *É.-U.* 52A3
Californie (Basse-) [Pén.] *Mex.* 57A1
Californie (G. de) *Mex.* 57A1
Căliman (Mts) *Roum.* 15E1
Calimera (Pte) *Inde* 34B2
Callander *Can.* 55D1
Callander *G.-B.* 10C3
Callao *Pér.* 60C6
Caltanissetta *It.* 14C3
Caluango *Ang.* 43B4
Calulo *Ang.* 43B5
Caluquembe *Ang.* 43B5
Calvados (Dép.) *Fr.* 6B2
Calvi *Fr.* 14B2
Calvinia *Afr. du S.* 43B7
Cam (Cap) *Turq.* 21F7
Camacari *Br.* 63E1
Camagüey *Cuba* 57E2
Camagüey (Arch. de) *Cuba* 58B2
Camamu *Br.* 63E1
Camaná *Pér.* 60D7
Camapuã *Br.* 63B2
Camarat (Cap) *Fr.* 12B3
Camargo *Bol.* 60E8
Camargue *Fr.* 5C3
Camarillo *É.-U.* 56C3
Camarones *Arg.* 62C6
Ca Mau (Cap) *Camb.* 29C4
Camaxilo *Ang.* 43B4
Cambatela *Ang.* 43B4
Cambay (Golfe de) *Inde* 32C4
Cambodge *Asie* 29C3
Camborne *G.-B.* 11C6
Cambrai *Fr.* 5C1
Cambria *É.-U.* 56B3
Cambrian Mts *G.-B.* 11D5
Cambridge *Can.* 54C2
Cambridge (Comté) *G.-B.* 11E5
Cambridge *É.-U.* 55D3
Cambridge *É.-U.* 54C2
Cambridge *É.-U.* 54A1
Cambridge *É.-U.* 55E2
Cambridge *G.-B.* 11F5
Cambridge *Jam.* 58H1
Cambridge Bay *Can.* 50H3
Cambridge (Golfe de) *Austr.* 25F8
Camden *É.-U.* 53D3
Camden *É.-U.* 55E3
Camerino *It.* 12E3
Cameron (I.) *Can.* 50H2
Cameroun *Afr.* 42B3
Cameroun (Mt) *Cameroun* 42A3
Cametá *Br.* 61J4
Camino *É.-U.* 56B1
Camiri *Bol.* 60F8
Camocim *Br.* 61K4
Camooweal *Austr.* 46C2
Camopi *Guy. Fr.* 8
Camorta (Ile) *O. Indien* 34E3
Campana (Ile) *Chili* 62A7
Campanie *It.* 14C2
Campbell (Ile) *N.-Z.* 45K7
Campbell (Mt) *Can.* 50E3
Campbellpore *Pak.* 32C2
Campbell River *Can.* 50F5
Campbellsville *É.-U.* 54B3
Campbellton *Can.* 51M5
Campbeltown *G.-B.* 10C4
Campeche *Mex.* 57C3
Campeche (Baie de) *Mex.* 57C2
Campina Grande *Br.* 61L5
Campinas *Br.* 61J8
Campina Verde *Br.* 63C2
Camp Nelson *É.-U.* 56C2
Campo *Cameroun* 42A3
Campobasso *It.* 14C2
Campo Belo *Br.* 63C3
Campo Florido *Br.* 63C2
Campo Gallo *Arg.* 62D3
Campo Grande *Br.* 62F2
Campo Maior *Br.* 61K4
Campo Mourão *Br.* 62F2
Campos *Br.* 63D3
Campos Altos *Br.* 63C2
Campo Tures *It.* 12D1
Cam Ranh *V.* 29D3
Camrose *Can.* 50G4
Camucuio *Ang.* 43B5
Canaan *Tobago* 58K1
Canacupa *Ang.* 43B5
Canada *Am.* 49F3
Cañada de Gomez *Arg.* 62D4
Canadian (R.) *É.-U.* 52C3
Canakkale *Turq.* 21D7
Canala *N.-C.* 8
Canal (Iles du) *É.-U.* 56C4
Cananea *Mex.* 57A1
Cananeia *Br.* 63C4
Canarie (Grande) [Ile] *Canaries* 40A2
Canaries (Iles) *Esp.* 40A2
Canastra (Serra da) *Br.* 63C3
Canatlán *Mex.* 57B2
Canaveral (C.) *É.-U.* 53E4
Canavieiras *Br.* 61L7
Canberra *Austr.* 46D4
Candala *Som.* 39E3
Çandarli (Baie de) *Turq.* 15F3
Canelones *Ur.* 62E4
Cangamba *Ang.* 43C5
Cangombe *Ang.* 43C5
Cangzhou *Ch.* 26D2
Caniapiscau (R.) *Can.* 51M4
Caniapiscau (L.) *Can.* 51M4
Canicatti *It.* 14C3
Canindé *Br.* 61L4
Çankırı *Turq.* 36B1
Canna (Ile) *G.-B.* 10B3
Cannanore *Inde* 34B2
Cannes *Fr.* 5D3
Canõas *Br.* 62F3
Canoinhas *Br.* 63B4
Canon City *É.-U.* 52C3
Canora *Can.* 50H4
Cansore Pt *Irl.* 11B5
Cantabrique (Cordillère) *Esp.* 13A1
Cantal (Dép.) *Fr.* 7C2
Canterbury *G.-B.* 11F6
Can Tho *V.* 29D4
Cantil *É.-U.* 56D3
Cantin (Cap) *Maroc* 41A2
Canton *Ch.* 26C5
Canton *É.-U.* 54A2
Canton *É.-U.* 53E2
Canton (Ile) *Is Phoenix* 47H1
Cantu (Serra do) *Br.* 63B3
Canzar *Ang.* 43C4
Cao Bang *V.* 29D1
Cap (Le) *Afr. du S.* 43B7
Cap (Province du) *Afr. du S.* 43C7
Capanema *Br.* 61J4
Capão Bonito *Br.* 63C3
Caparaó (Serra do) *Br.* 63D3
Cap (Bassin du) *Atlantique* 48J6
Capbreton *Fr.* 5B3
Cap-Breton (I. du) *Can.* 51N5
Cap-de-la-Madeleine *Can.* 55E1
Capdepera *Esp.* 13C2
Cape Coast *Gh.* 41F4
Cape Dorset *Can.* 51L3
Cape Girardeau *É.-U.* 54B3
Cape Henrietta Maria *Can.* 51K3
Capelinha *Br.* 63D2
Cape Lisburne *É.-U.* 50B3
Capelongo *Ang.* 43B5
Cape May *É.-U.* 55E3
Cape Mendocino *É.-U.* 50F5
Capenda Camulemba *Ang.* 43B4
Cape Parry *Can.* 50F2
Capesterre-Belle-Eau *Guadeloupe* 8
Cape Tatnam *Can.* 51J4
Cap-Haitien *Haïti* 58C3
Capim (R.) *Br.* 61J4
Capitán Bado *Par.* 63A3
Capivari (R.) *Br.* 63A2
Cappadoce (Rég.) *Turq.* 35B2
Cap Pt (Pointe) *Ste-Lucie* 58P2
Capraia (Ile) *It.* 12C3
Capri (Ile) *It.* 14C2
Caprivi (Pointe de) *Nam.* 43C5
Cap-Vert (Bassin du) *Atlantique* 48G4
Cap-Vert (Iles du) *Atlantique* 48G4
Cap York (Pén. du) *Austr.* 46D2
Caquetá (R.) *Col.* 60D4
Caracal *Roum.* 15E2
Caracaraí *Br.* 60F3
Caracas *Ven.* 60E1
Caracol *Br.* 63A3
Caraguatatuba *Br.* 63C3
Carahue *Chili* 62B5
Caraí *Br.* 63D2
Caraïbes (Mer des) = Antilles (Mer des)
Carandaí *Br.* 63D3
Carandazal *Br.* 63A2
Carangola *Br.* 61K8
Caransebeş *Roum.* 15E1
Caratasca *Hond.* 58A3
Caratasca (Lagune de) *Hond.* 57D3
Caratinga *Br.* 63D2
Caravaca *Esp.* 13B2
Caravelas *Br.* 63E2
Caravelle (Presqu'île de la) *Mart.* 8
Carbet (Pitons du) *Mart.* 8
Carbonara (C.) *It.* 14B3
Carbondale *É.-U.* 54B3
Carbonia *It.* 14B3
Carborear *Can.* 51N5
Carcaion *Can.* 50G4
Carcar (Mts) *Som.* 39D3
Carcassonne *Fr.* 5C3
Carcross *Can.* 50E3
Cardamomes (Ch. des) *Camb.* 29C3
Cardenas *Cuba* 57D2
Cardiff *G.-B.* 11D6
Cardigan *G.-B.* 11C5
Cardigan (Baie de) *G.-B.* 11C5
Cardoso (Ile) *Br.* 63C4
Carei *Roum.* 15E1
Careiro *Br.* 61G4
Carélie *U.R.S.S.* 20E3
Carey *É.-U.* 54C2
Carhaix-Plouguer *Fr.* 5B2
Carhué *Arg.* 62D5
Cariacica *Br.* 61K8
Caribou *Can.* 50J4
Caribou *É.-U.* 55F1
Caribou (Montagnes du) (Alberta) *Can.* 50G4
Caribou (Montagnes du) (Colombie Britannique) *Can.* 50F4
Carinhanha *Br.* 63D1
Carinhanha (R.) *Br.* 63D1
Carinthie *Autr.* 12E1
Caripito *Ven.* 60F1
Carleton Place *Can.* 55D1
Carlingford (Lac) *Irl. du N.* 11B4
Carlinville *É.-U.* 54B3
Carlisle *É.-U.* 55D2
Carlisle *G.-B.* 10D4
Carlos Chagas *Br.* 63D2
Carlow (Comté) *Irl.* 11B5
Carlow *Irl.* 11B5
Carlsbad *É.-U.* 52C3
Carlsberg (Dorsale de) *O. Indien* 44E4
Carlyle *Can.* 50H5
Carmacks *É.-U.* 50E3
Carmagnola *It.* 12B2
Carmarthen *G.-B.* 11C6
Carmarthen Bay (Baie) *G.-B.* 11C6
Carmaux *Fr.* 7C3
Carmel *É.-U.* 56B2
Carmel (Mt) *Isr.* 37C2
Carmel Valley *É.-U.* 56B2
Carmen (Ile) *Mex.* 52B4
Carmen de Patagones *Arg.* 62D6
Carmi *É.-U.* 54B3
Carmo do Paranaiba *Br.* 63C2
Carmona *Esp.* 13A2
Carnarvon *Afr. du S.* 43C7
Carnarvon *Austr.* 46A3
Carncacá *Br.* 63E2
Carndonagh *Irl.* 10B4
Carnegie (Lac) *Austr.* 46B3
Car Nicobar (Ile) *O. Indien* 34E3
Carniques (Alpes) *It.* 12E1
Carnot *Centr.* 42B3
Carolina *Br.* 61J5
Caroline du Nord (État) *É.-U.* 53E3
Caroline du Sud (État) *É.-U.* 53E3
Caroline (Île) *Polyn. Fr.* 8
Carolines *O. Pacifique* 44J4
Carpates *Europe* 21C6
Carpates Blanches *Tch.* 16D3
Carpates méridionales *Roum.* 15E1
Carpates orientales *Roum.* 17F3
Carpates (Petites) *Tch.* 16D3
Carpentarie (Golfe de) *Austr.* 46C2
Carpentras *Fr.* 5D3
Carpi *It.* 14C2
Carpinteria *É.-U.* 56C3
Carrantuohill (Mgne) *Irl.* 9B3
Carrare *It.* 14C2
Carrickmacross *Irl.* 11B5
Carrick-on-Suir *Irl.* 11B5
Carrington *É.-U.* 50J5
Carrington *É.-U.* 52D2
Carrión (R.) *Esp.* 13B1
Carroll *É.-U.* 53D2
Carrollton *É.-U.* 54B3
Carruthersville *É.-U.* 54B3
Carsamba *Turq.* 21F7
Carsamba (R.) *Turq.* 21E8
Carson City *É.-U.* 52B3
Carsonville *É.-U.* 54C2

Cartagena Chilko (Lac)

Cartagena *Col.* 58B4
Cartago *Col.* 60C3
Cartago *C.R.* 57D4
Cartago *É.-U.* 56C2
Cartegena *Col.* 60D1
Carthage *É.-U.* 55D2
Carthage *Tun.* 41E1
Carthagène *Esp.* 13B2
Cartier (Ile) *Indon.* 46B2
Cartwright *Can.* 51N4
Caruaru *Br.* 61L5
Carúpano *Ven.* 60F1
Carvoeiro (C.) *Port.* 13A2
Casablanca *Maroc* 41A2
Casa Branca *Br.* 63C3
Casa Grande *É.-U.* 52B3
Casale Monferrato *It.* 14B1
Casalmaggiore *It.* 12D2
Cascades (Chaîne des) *É.-U.* 50F5
Cascades (Pte des) *Réunion* 8
Cascavel *Br.* 62F2
Casciana *It.* 12D3
Cascina *It.* 12D3
Case-Pilote *Mart.* 8
Caserta *It.* 14C2
Casey (Station) *Antarct.* 64G9
Cashel *Irl.* 11B5
Casino *Austr.* 47E3
Casma *Pér.* 60C5
Casmalia *É.-U.* 56B3
Caspe *Esp.* 13C1
Casper *É.-U.* 52C2
Caspienne (Mer) *Iran et U.R.S.S.* 18G5
Cass *É.-U.* 55D3
Cassamba *Ang.* 43C5
Cassiar (Montagnes) *Can.* 50E3
Cassilândia *Br.* 63B2
Cassino *It.* 14C2
Castagniccia *Fr.* 7D3
Castaic *É.-U.* 56C3
Castelfranco *It.* 12D2
Castellane *Fr.* 5D3
Castellón de la Plana *Esp.* 13C1
Castelnovo ne'Monti *It.* 12D2
Castelnuovo di Garfagnana *It.* 12D2
Castelo *Br.* 61K5
Castelo Branco *Port.* 13A2
Castelo do Bode (do) [Rés.] *Port.* 13A2
Castelsarrasin *Fr.* 5C3
Castelvetrano *It.* 14C3
Castiglion Fiorentino *It.* 12D3
Castille (Nouvelle-) *Esp.* 13B2
Castille (Vieille-) *Esp.* 13B1
Castlebar *Irl.* 9B3
Castlebay *G.-B.* 10B3
Castle Douglas *G.-B.* 10D4
Castle (Mt) *É.-U.* 56B3
Castres *Fr.* 5C3
Castries *Ste-Lucie* 58E4
Castro *Arg.* 62B6
Castro *Br.* 62F2
Castro Alves *Br.* 61L6
Castrovillari *It.* 14D3
Castroville *É.-U.* 56B2
Cat (Ile) *Bahamas* 57E2
Catacaos *Pér.* 60B5
Cataguases *Br.* 63D3
Catalão *Br.* 63C2
Catalogne *Esp.* 13C1
Catamarca *Arg.* 62C3
Catamarca (État) *Arg.* 62C3
Catandica *Moz.* 43D5
Catanduanes (Ile) *Phil.* 25F5
Catanduva *Br.* 62G2
Catanduvas *Br.* 63B4
Catane *It.* 14D3
Catanzaro *It.* 14D3
Catarman *Phil.* 25F5
Catatumbo (R.) *Ven.* 58C5
Catbalogan *Phil.* 25F5
Catete *Ang.* 43B4
Catio *Guinée-B.* 40A3
Cat Lake *Can.* 51J4
Cato (Ile) *Austr.* 47E3
Catoche (Cap) *Mex.* 57D2
Catonsville *É.-U.* 55D3
Catria (Monte) *It.* 12E3
Catskill *É.-U.* 55E2
Catskill (Mts) *É.-U.* 55E2
Cattégat (Détroit) *Dan. et Suède* 4G7
Cauca (R.) *Col.* 60D2
Caucaia *Br.* 61L4
Caucase (Grand) *U.R.S.S.* 18F5
Caucase (Petit) *U.R.S.S.* 18F5
Caucasia *Col.* 60C2
Caungula *Ang.* 43B4
Cauquenes *Chili* 62B5
Causapscal *Can.* 55F1
Causses *Fr.* 7C3
Caux (Pays de) *Fr.* 7C2
Cavaillon *Fr.* 5D3
Cavalcanta *Br.* 63C1
Cavalese *It.* 12D1
Cavally (R.) *Liberia* 40B4
Cavan (Comté) *Irl.* 11B5
Cavan *Irl.* 11B5
Caxias *Br.* 60D4
Caxias *Br.* 61K4
Caxias do Sul *Br.* 62F3
Caxito *Ang.* 43B4
Çayeli *Turq.* 36D1
Cayenne *Guy. Fr.* 8
Cayes (Les) *Haïti* 58C3
Cayeux-sur-Mer *Fr.* 11F6
Cayman Brac (Ile) *G.-B.* 57E3
Cayman (Fosse des) *M. des Antilles* 58A3
Cayman Is *G.-B.* 58A3
Caynabo *Som.* 42E3
Cayncos *É.-U.* 56B3
Cayo Romana (Ile) *Cuba* 57E2
Cayos Miskito (Iles) *Nic.* 57D3
Cay Sal (Ile) *M. des Antilles* 58A2
Cazombo *Ang.* 43C5
Ceará = Fortaleza
Ceara (État) *Br.* 61K5
Cebu *Phil.* 25F5
Cebu (Ile) *Phil.* 25F6
Cecina *It.* 14C2
Cecina (R.) *It.* 12D3
Cedar (R.) *É.-U.* 54A2
Cedar City *É.-U.* 52B3
Cedar Falls *É.-U.* 54A2
Cedar (Lac) *Can.* 50J4
Cedar (Mts) *É.-U.* 56D1
Cedar Rapids *É.-U.* 53D2
Cedros (Ile) *Mex.* 57A2
Ceduna *Austr.* 46C4
Ceelbuur *Som.* 42E3
Ceerigaabo *Som.* 39D3
Cefalù *It.* 14C3
Cegléd *H.* 17D3
Cela *Ang.* 43B5
Celaya *Mex.* 57B2
Célèbes (Ile) *Indon.* 46B1
Célèbes (Mer de) *Asie* 25F6
Celina *É.-U.* 54C2
Celje *Youg.* 14D1
Celle *R.F.A.* 16C2
Celle-St-Cloud (La) *Fr.* 6F4
Cendrawasih (Baie de) *Indon.* 25G7
Cendrawasih (Pén. de) *Indon.* 25G7
Ceno (R.) *It.* 12C2
Cento *It.* 12D2
Centrafricaine (République) *Afr.* 42B3
Central Rég. *G.-B.* 10C3
Central (Cordillera) *Dom. (Rép.)* 58C3
Centrale (Chaîne) *O. Pacifique* 45K4
Centrale (Chaîne) *P.-N.-G.* 25H7
Centralia *É.-U.* 54B3
Centralia *É.-U.* 52A2
Centre (Rég.) *Fr.* 7C2
Centre-Américaine (Fosse) *O. Pacifique* 45O4
Centre-Indien (Bassin) *O. Indien* 44E5
Centre-Indienne (Dorsale) *O. Indien* 44E5
Céphalonie (Ile) *Gr.* 15E3
Céram (Ile) *Indon.* 46B1
Céram (Mer de) *Indon.* 25F7
Ceres *Afr. du S.* 43B7
Ceres *Br.* 61J7
Ceres *É.-U.* 56B2
Céret *Fr.* 5C3
Cergy *Fr.* 6F4
Cergy-Pontoise (Ville nouvelle) *Fr.* 6F4
Cerignola *It.* 14D2
Cernavodă *Roum.* 21D7
Cerralvo (Ile) *Mex.* 52C4
Cerro de Pasco *Pér.* 60C6
Cerron (Mgne) *Ven.* 58C4
Cerros Colorados (Réservoir) *Arg.* 62C5
Cervia *It.* 12E2
Cervin *It. et S.* 12B2
Cervo (R.) *It.* 12C2
Césarée *Isr.* 37C2
Cesena *It.* 14C2
Cēsis *U.R.S.S.* 20C4
České Budějovice *Tch.* 16C3
Çeşme *Turq.* 15F3
Cessnock *Austr.* 46E4
Cesson *Fr.* 6F4
Cetina (R.) *Youg.* 14D2
Ceuta *Afr.* 41A1
Cévennes *Fr.* 7C3
Ceyhan *Turq.* 36C2
Ceyhan (R.) *Turq.* 36C2
Ceylan = Sri Lanka
Ceylanpınar *Turq.* 36C2
Chaa-Khol *U.R.S.S.* 19L4
Cha'am *É.A.U.* 35D3
Chablais *Fr.* 12B1
Chachapoyas *Pér.* 60C5
Chachran *Pak.* 32C3
Chaco (Prov.) *Arg.* 62D3
Chadron *É.-U.* 52C2
Chaffee *É.-U.* 54B3
Chagai *Pak.* 32A3
Chagai (Mts) *Pak.* 35E3
Chagda *U.R.S.S.* 19P4
Chagos (Iles) *G.-B.* 44E5
Chaguanas *Trinité* 58L1
Chahah Burjak *Afgh.* 35E2
Chāh Bahār *Iran* 35E3
Chaho *Corée du N.* 28A2
Chahr Kord *Iran* 35C2
Chai Badan *Th.* 29C2
Chaiyaphum *Th.* 29C2
Chakcharan *Afgh.* 31F2
Chakhansur *Afgh.* 35E2
Chakhty *U.R.S.S.* 21G6
Chakwal *Pak.* 32C2
Chala *Pér.* 60D7
Chalabesa *Zambie* 43D5
Chalap Dalam (Mgnes) *Afgh.* 32A2
Chalcidique *Gr.* 15E2
Chaleurs (Baie des) *Can.* 53G2
Chaling *Ch.* 26C4
Chālisgaon *Inde* 32D4
Châlons-sur-Marne *Fr.* 5C2
Chalon-sur-Saône *Fr.* 5C2
Cham *R.F.A.* 16C3
Chaman *Pak.* 32B2
Chamarande *Fr.* 6F4
Chamba *Inde* 32D2
Chambal (R.) *Inde* 32D3
Chambersburg *É.-U.* 55D3
Chambéry *Fr.* 5D2
Chambi (Dj.) *Tun.* 41D1
Chambord *Can.* 55E1
Chambord *Fr.* 7C2
Chambor Kalat *Pak.* 32A3
Chambourcy *Fr.* 6F4
Chamgordan *Iran* 35C2
Chamiyé (Plateau de la) *Ar. S. et Syrie* 36C3
Chamonix *Fr.* 12B2
Champa *Inde* 33B3
Champagne Rég. *Fr.* 5C2
Champagne-Ardenne (Rég.) *Fr.* 7C2
Champagnole *Fr.* 12A1
Champaign *É.-U.* 53E2
Champassak *Laos* 29D3
Champigny-sur-Marne *Fr.* 6F4
Champlain (Lac) *É.-U.* 53F2
Champlitte *Fr.* 12A1
Champsaur *Fr.* 12B2
Chāmrājnagar *Inde* 34B2
Chañaral *Chili* 62B3
Chandalar *É.-U.* 50D3
Chandalar (R.) *É.-U.* 50D3
Chandigarh *Inde* 32D2
Chandpur *Bangl.* 33D3
Chandrapur *Inde* 32D5
Chānf *Iran* 35E3
Changara *Moz.* 43D5
Changbai *Ch.* 27B3
Changchun *Ch.* 27B3
Changde *Ch.* 26C4
Changdo *Corée du N.* 28A3
Changhang *Corée du S.* 28A3
Changhowan *Corée du S.* 28A3
Changhung *Corée du S.* 28A4
Changjiang *Ch.* 29D2
Changjin *Corée du N.* 27B3
Changjin (R.) *Corée du N.* 28A2
Changjin (Rés.) *Corée du N.* 28A2
Chang (Ko) [Ile] *Th.* 29C3
Changling *Ch.* 27A3
Changsha *Ch.* 26C4
Changshu *Ch.* 26E3
Changtu *Ch.* 27A3
Changwu *Ch.* 26B2
Changyon *Corée du N.* 27B4
Changzhi *Ch.* 26C2
Changzhou *Ch.* 26E3
Chanteloup-les-Vignes *Fr.* 6F4
Chanthaburi *Th.* 29C3
Chao (Lac) *Ch.* 26D3
Chaoàn *Ch.* 26D5
Chao'an *Ch.* 26D5
Chao Phraya (R.) *Th.* 29C3
Chaor He (R.) *Ch.* 27A2
Chaoyang *Ch.* 26E1
Chaozhong *Ch.* 27A1
Chapada Diamantina (Mgnes) *Br.* 61K6
Chapadinha *Br.* 61K4
Chapala (Lac de) *Mex.* 57B2
Chapayevo *U.R.S.S.* 21J5
Chapecó *Br.* 62F3
Chapeltown *Jam.* 58H1
Chapleau *Can.* 51K5
Chaplino (Cap) *U.R.S.S.* 19U3
Chaplygin *U.R.S.S.* 20G5
Charcot (Ile) *Antarct.* 64G3
Chārdja *É.A.U.* 35D3
Charef *Maroc* 41B2
Charente (Dép.) *Fr.* 6B2
Charente (R.) *Fr.* 5C2
Charente-Maritime (Dép.) *Fr.* 6B2
Charenton-le-Pont *Fr.* 6F4
Chari (R.) *Tchad* 42B2
Chari Baguirmi Rég. *Tchad* 42B2
Charikar *Afgh.* 32B1
Charity *Guy.* 61G2
Charkhāri *Inde* 32D3
Charleroi *Belg.* 16A2
Charles (Cap) *É.-U.* 53F3
Charleston *É.-U.* 54B3
Charleston *É.-U.* 53F3
Charleston *É.-U.* 53E3
Charlesville *Zaïre* 42C4
Charleville *Austr.* 46D3
Charleville-Mézières *Fr.* 5C2
Charlevoix *É.-U.* 54B1
Charlotte *É.-U.* 54C2
Charlotte *É.-U.* 53E3
Charlottesville *É.-U.* 53F3
Charlottetown *Can.* 51M5
Charlotteville *Tobago* 58K1
Charlton (Ile) *Can.* 51L4
Charsadda *Pak.* 32C2
Charters Towers *Austr.* 46D3
Chartres *Fr.* 5C2
Chartreuse (Massif de la) *Fr.* 7D2
Chascomús *Arg.* 62E5
Chasong *Corée du N.* 28A2
Château-Arnoux *Fr.* 12A2
Châteaubriant *Fr.* 5B2
Château-Chinon *Fr.* 5C2
Châteaudun *Fr.* 5C2
Château-Gontier *Fr.* 5B2
Châteaulin *Fr.* 5B2
Châteauroux *Fr.* 5C2
Château-Thierry *Fr.* 5C2
Châtellerault *Fr.* 5C2
Châtenay-Malabry *Fr.* 6F4
Chatfield *É.-U.* 54A2
Chatham *Can.* 51M5
Chatham *Can.* 54C2
Chatham *É.-U.* 55D3
Chatham *G.-B.* 11F6
Chatham (Iles) *N.-Z.* 47H5
Chatham Str. (Détroit) *É.-U.* 50E4
Châtillon *Fr.* 6F4
Châtillon-sur-Seine *Fr.* 5C2
Chatou *Fr.* 6F4
Chaṭra *Iraq* 36E3
Chatrapur *Inde* 33B4
Châtre (La) *Fr.* 5C2
Chaṭṭ al-'Arab *Iran et Iraq* 35B2
Chattanooga *É.-U.* 53E3
Châtillon *It.* 12B2
Chauk *Birm.* 29A1
Chaumont *Fr.* 5D2
Chau Phu *V.* 29D3
Chaura (Ile) *O. Indien* 34E3
Chaussin *Fr.* 12A1
Chaux-de-Fonds (La) *S.* 12B1
Chaves *Port.* 13A1
Chaville *Fr.* 6F4
Chayk (Dj. el-) *Syrie* 37C2
Chaykh 'Uthmān (al-) *Yémen du S.* 39D3
Chcontá *Col.* 60D2
Cheb *Tch.* 16C2
Chébéli (R.) *Éth. et Som.* 42E3
Chébin el-Kom *Ég.* 39C1
Cheboygan *É.-U.* 53E2
Chechaouen *Maroc* 41A1
Chech (Erg) *Alg.* 40B2
Chechersk *U.R.S.S.* 17G2
Chechon *Corée du S.* 27B4
Chechro *Pak.* 32C3
Cheduba (Ile) *Birm.* 29A2
Chegdomyn *U.R.S.S.* 27C1
Chegga *Maurit.* 40B2
Chegutu *Zimb.* 43D5
Cheiron (Cime du) *Fr.* 12B3
Cheju *Corée du S.* 27B5
Cheju (Ile) *Corée du S.* 27B5
Cheju (Dt de) *Corée du S.* 27B5
Chekhov *U.R.S.S.* 27E2
Chekunda *U.R.S.S.* 19P4
Chélia (Dj.) *Alg.* 41D1
Cheliff (Ech-) *Alg.* 41C1
Cheliff (Oued) *Alg.* 41C1
Chelkar *U.R.S.S.* 18G5
Chelles *Fr.* 6F4
Chelm *Pol.* 17E2
Chelmno *Pol.* 17D2
Chelmsford *G.-B.* 11F6
Cheltenham *G.-B.* 11D6
Chemba *Moz.* 43D5
Chenab (R.) *Inde et Pak.* 32D2
Chenachen *Alg.* 40B2
Chengda *Ch.* 26D1
Chengdu *Ch.* 26A3
Chengshan Jiao (Pointe) *Ch.* 26E2
Chennevières-sur-Marne *Fr.* 6F4
Chenonceaux *Fr.* 7C2
Chenxi *Ch.* 26C4
Chen Xian *Ch.* 26C4
Cheo Xian *Ch.* 26D3
Chepén *Pér.* 60C5
Chequamegon (Baie) *É.-U.* 54A1
Cher (Dép.) *Fr.* 7C2
Cher (R.) *Fr.* 5C2
Cherbourg *Fr.* 5B2
Cherchell *Alg.* 41C1
Cherdyn *U.R.S.S.* 20K3
Chergui (Chott ech) *Alg.* 41B2
Cherkassy *U.R.S.S.* 21E6
Cherkessk *U.R.S.S.* 21G7
Chernushka *U.R.S.S.* 20K4
Chernyakhovsk *U.R.S.S.* 20C5
Cherrapunji *Inde* 33D2
Cherry (Ile) *I. Salomon* 47F2
Cherskiy *U.R.S.S.* 19S3
Cherven' *U.R.S.S.* 20D5
Chervonograd *U.R.S.S.* 17E2
Chesapeake *É.-U.* 55D3
Chesapeake (Baie de) *É.-U.* 55D3
Cheshire (Comté) *G.-B.* 11D5
Chesnay (Le) *Fr.* 6F4
Chester *É.-U.* 54B3
Chester *É.-U.* 55D3
Chester *G.-B.* 11D5
Chesterfield *G.-B.* 11E5
Chesterfield (Iles) *N.-C.* 47E2
Chesterfield Inlet *Can.* 51J3
Chesuncook (Lac) *É.-U.* 55F1
Chetumal *Mex.* 57D3
Cheval-qui-Rue (Col du) *Can.* 50G4
Cheviots (Collines) *G.-B.* 9C2
Chevreuse *Fr.* 6F4
Chevreuse (Vallée de) *Fr.* 6F4
Chevtchenko *U.R.S.S.* 21J7
Cheyenne *É.-U.* 52C2
Chhapra *Inde* 33B2
Chhātak *Bangl.* 33D2
Chhatarpur *Inde* 32D4
Chhindwāra *Inde* 32D4
Chhuka *Bhoutan* 33C2
Chiange *Ang.* 43B5
Chiang Kham *Th.* 29C2
Chiangmai *Th.* 29B2
Chiavari *It.* 12C2
Chiavenna *It.* 12C1
Chiba *J.* 27E4
Chibāsa *Inde* 33C3
Chibia *Ang.* 43B5
Chibougamou *Can.* 51L4
Chiburi-jima (Ile) *J.* 28B3
Chibuto *Moz.* 43D6
Chicago *É.-U.* 53E2
Chicago Heights *É.-U.* 54B2
Chichagof (Ile) *É.-U.* 50E4
Chichester *G.-B.* 11E6
Chichibu *J.* 28C3
Chichi-jima (Ile) *J.* 24H4
Chickamauga (Lac) *É.-U.* 53E3
Chickasha *É.-U.* 52D3
Chicken *É.-U.* 50D3
Chiclayo *Pér.* 60B5
Chico *É.-U.* 52A3
Chico (R.) *Arg.* 62C6
Chicoa *Moz.* 43D5
Chicopee *É.-U.* 55E2
Chicoutimi-Jonquière *Can.* 51L5
Chicualacuala *Moz.* 43D6
Chidambaram *Inde* 34B2
Chidley (Cap) *Can.* 51M3
Chiehn *Liberia* 40B4
Chiengi *Zambie* 43C4
Chienti (R.) *It.* 12E3
Chieri *It.* 12B2
Chiesa *It.* 12C1
Chiese (R.) *It.* 12D2
Chieti *It.* 14C2
Chifeng *Ch.* 26D1
Chigmit (Mts) *É.-U.* 50C3
Chiḥr *Yémen du S.* 39D3
Chihuahua *Mex.* 57B2
Chik Ballāpur *Inde* 34B2
Chikmagalūr *Inde* 34B2
Chikwawa *Malawi* 43D5
Chi-kyaw *Birm.* 29A1
Chilakalūrupet *Inde* 34C1
Chilaw *Sri L.* 34B3
Chili 59C6
Chililabombwe *Zambie* 43C5
Chilka (Lac) *Inde* 33C3
Chilko (Lac) *Can.* 50F4

Chillicothe Coquimbo

Chillicothe É.-U. 54C3
Chilly-Mazarin Fr. 6F4
Chilmari Inde 33C2
Chiloé (Ile) Chili 62B6
Chilongozi Zambie 43D5
Chilpancingo Mex. 57C3
Chiltern Hills (Hauteurs) G.-B. 11E6
Chilton É.-U. 54B2
Chilumba Malawi 43D5
Chilwa (Lac) Malawi 43D5
Chimanimani Zimb. 43D5
Chimbay U.R.S.S. 18G5
Chimborazo (Mgne) Éq. 60C4
Chimbote Pér. 60C5
Chimoio Moz. 43D5
China (Lac) É.-U. 56D3
China Lake É.-U. 56D3
Chinandega Nic. 57D3
Chincha Alta Pér. 60C6
Chinde Moz. 43D5
Chindo Corée du S. 28A4
Chindwin (R.) Birm. 33D3
Chine Asie 22F4
Chine Méridionale (Mer de) Asie 25E5
Chine Orientale (Mer de) O. Pacifique 24F3
Chingola Zambie 43C5
Chinguar Ang. 43B5
Chinguetti Maurit. 40A2
Chinhae Corée du S. 27B4
Chinhoyi Zimb. 43D5
Chiniot Pak. 32C2
Chinju Corée du S. 27B4
Chinko (R.) Centr. 42C3
Chino J. 28C3
Chinon Fr. 5C2
Chinsali Zambie 43D5
Chio = Khíos
Chioggia It. 14C1
Chipata Zambie 43D5
Chipinge Zimb. 43D6
Chiplūn Inde 34A1
Chippenham G.-B. 11D6
Chippewa (R.) É.-U. 54A1
Chippewa Falls É.-U. 53D2
Chippewa (Lac) É.-U. 54A1
Chira (R.) Pér. 60B4
Chirala Inde 34C1
Chirāz Iran 35C3
Chiredzi Zimb. 43D6
Chirfa Niger 42B1
Chiriqui (G. de) Pan. 57D4
Chiriqui (Lac de) Pan. 57D4
Chirpan Bulg. 15F2
Chirrípo Grande (Mgne) C.R. 60B2
Chirstchurch N.-Z. 47G5
Chirundu Zimb. 43C5
Chisamba Zambie 43C5
Chisasibi Can. 51L4
Chisholm É.-U. 54A1
Chishui He (R.) Ch. 26B4
Chisone It. 12B2
Chitado Ang. 43B5
Chitembo Ang. 43B5
Chitose J. 28D2
Chitradurga Inde 34B2
Chitral Pak. 32C1
Chitré Pan. 60B2
Chittagong Bangl. 33D3
Chittaurgarh Inde 32C4
Chittoor Inde 34B2
Chiume Ang. 43C5
Chiusa It. 12D1
Chiusi It. 12D3
Chivasso It. 12B2
Chivilcoy Arg. 62D4
Chivu Zimb. 43D5
Chiya (Lac) U.R.S.S. 27E1
Chizu J. 28B3
Cho (Ile) Corée du S. 28A4
Chochiwon Corée du S. 28A3
Choele Choel Arg. 62C5
Choiseul (Ile) I. Salomon 47E1
Choisy-le-Roi Fr. 6F4
Choix Mex. 57B2
Chojnice Pol. 17D2
Chokai-san (Mgne) J. 28D3
Choke (Mts) Éth. 42D2
Chokurdakh U.R.S.S. 19Q2
Cholame É.-U. 56B3
Cholame Creek (R.) É.-U. 56B3
Cholet Fr. 5B2
Choluteca Hond. 60A1
Choma Zambie 43C5
Chomchon Corée du S. 28A3
Chomo Yummo (Mgne) Ch. et Inde 33C2
Chomutov Tch. 16C2
Chona (R.) U.R.S.S. 19M3
Chonan Corée du S. 27B4
Chon Buri Th. 29C3
Chonchon Corée du N. 28A2
Chone Éq. 60C4
Chongdo Corée du S. 28A3
Chongjin Corée du N. 27B3
Chongju Corée du N. 27B4
Chongju Corée du S. 27B4
Chongoroi Ang. 43B5
Chongpyong Corée du N. 28A3
Chongqing Ch. 26B4
Chongson Corée du S. 28A3
Chongup Corée du S. 27B4
Chonju Corée du S. 27B4
Chonos (Archipel des) Chili 62B6
Cho Oyu (Mgne) Ch. et Népal 33C2
Chopim (R.) Br. 63B4
Chortkov U.R.S.S. 17F3
Chorwon Corée du N. 27B4
Chorzow Pol. 17D2
Chosan Corée du N. 28A2
Choshi J. 27E4
Choszczno Pol. 16D2
Chota-Nāgpur (Plateau) Inde 33B3
Chouf (Rég.) Liban 37C2
Chowchilla É.-U. 56B2
Chranbrey Inlet (Baie) Can. 51J3
Christiana Afr. du S. 43C6
Christian (C.) Can. 51M2
Christianshab Groenl. 51N3
Christmas (Ile) Austr. 44G5
Christopol U.R.S.S. 20H4
Chu U.R.S.S. 18J5
Chu (R.) U.R.S.S. 18J5
Chubut (État) Arg. 62C6
Chubut (R.) Arg. 62C6
Chudovo U.R.S.S. 20E4
Chudskoye Ozer (Lac) U.R.S.S. 18D4
Chugach (Mts) É.-U. 50D3
Chūgoku (Monts) J. 28B3
Chuí Ur. 62F4
Chuillán Chili 62B5
Chukai Mal. 29C5
Chukchagirskoye (Lac) U.R.S.S. 27D1
Chukotskiy (Pén.) U.R.S.S. 19U3
Chukotskiy (Monts) U.R.S.S. 19T3
Chu Lai V. 29D2
Chulman U.R.S.S. 24F1
Chulucanas Pér. 60B5
Chulumani Bol. 60E7
Chulym U.R.S.S. 18K4
Chulym (R.) U.R.S.S. 19K4
Chuma (R.) U.R.S.S. 19L4
Chumar Inde 32D2
Chumikan U.R.S.S. 19P4
Chumphon Th. 29B3
Chunchon Corée du S. 27B4
Chunchura Inde 33C3
Chungju Corée du S. 27B4
Chungking = Chongqing
Chungmu Corée du S. 28A4
Chungwa Corée du N. 28A3
Chunya Tanz. 43D4
Chunya (R.) U.R.S.S. 19M3
Chunyang Corée du S. 28A3
Chupara (Pte) Trinité 58L1
Chuqrā' Ar. S. 35B3
Chuquicamata Chili 62C2
Chur = Coire
Churāchāndpur Inde 33D3
Churapcha U.R.S.S. 19P3
Churchill Can. 51J4
Churchill (R.) Can. 50H4
Churchill (R.) Can. 51M4
Churchill (R.) Can. 51J4
Churchill (C.) Can. 51J4
Churchill Falls Can. 51M4
Churchill (Lac) Can. 50H4
Chūru Inde 32C3
Chusovoy U.R.S.S. 20K4
Chuxiong Ch. 24C4
Chu Yang Sin (Mgne) V. 29D3
Chypre Méditerranée 36B3
Ciano d'Enza It. 12D2
Cianorte Br. 63B3
Ciechanow Pol. 17E2
Ciedad Ojeda Ven. 60D1
Ciego de Avila Cuba 57E2
Ciénaga Col. 60D1
Cienfuegos Cuba 57D2
Cieszyn Pol. 17D3
Cieza Esp. 13B2
Cihanbeyli Turq. 36B2
Cilacap Indon. 25D7
Cilaos Réunion 8
Cilaos (Cirque de) Réunion 8
Cimarron (R.) É.-U. 52C3
Cimone (Monte) It. 14C2
Cîmpina Roum. 15F1
Cinca (R.) Esp. 13C1
Činčer (Mgne) Youg. 14D2
Cincinnati É.-U. 53E3
Cindrelu (Mgne) Roum. 15E1
Cine (R.) Turq. 15F3
Cinto (Monte) Fr. 14B2
Ciotat (La) Fr. 12A3
Circle É.-U. 50D3
Circleville É.-U. 54C3
Cirebon Indon. 25D7
Cirencester G.-B. 11E6
Cisjordanie (Rég.) Asie 37C3
Ciskei Afr. du S. 43C7
Citadella It. 12D2
Citlaltepetl (Mgne) Mex. 57C3
Citrusdal Afr. du S. 43B7
Città di Castello It. 14C2
Ciudad Acuña Mex. 57B2
Ciudad Bolivar Ven. 60F2
Ciudad Camargo Mex. 57B2
Ciudad del Carmen Mex. 57C3
Ciudadela Esp. 13C2
Ciudad Guayana Ven. 60F2
Ciudad Guzman Mex. 57B3
Ciudad Juárez Mex. 57B1
Ciudad Lerdo Mex. 52C4
Ciudad Madero Mex. 57C2
Ciudad Obregon Mex. 57B2
Ciudad Ojeda Ven. 58C4
Ciudad Piar Ven. 60F2
Ciudad Real Esp. 13B2
Ciudad Rodrigo Esp. 13A1
Ciudad Valles Mex. 57C2
Ciudad Victoria Mex. 57C2
Cividale del Friuli It. 12E1
Civitanova Marche It. 12E3
Civitavecchia It. 14C2
Cizre Turq. 36D2
Clacton-on-Sea G.-B. 11F6
Claire (Lac) Can. 50G4
Clairton É.-U. 55D2
Clairvaux Fr. 12A1
Clamart Fr. 6F4
Clamecy Fr. 5C2
Clanwilliam Afr. du S. 43B7
Clara Irl. 11B5
Clare É.-U. 54C2
Claremont É.-U. 55E2
Clarence (Détroit de) Austr. 46C2
Clarenville Can. 51N5
Claresholm Can. 50G4
Clarion É.-U. 55D2
Clarión (Ile) Mex. 57A3
Clarion (R.) É.-U. 55D2
Clarion (Faille de) O. Pacifique 45M4
Clark Hill (Rés.) É.-U. 53E3
Clark (Pte) Can. 54C2
Clarksburg É.-U. 54C3
Clarksdale É.-U. 53D3
Clarksville É.-U. 54B3
Claro (R.) Br. 63B2
Claromecó Arg. 62E5
Claymore M. du Nord 10E2
Clayton É.-U. 52C3
Clayton É.-U. 55D2
Clear (Cap) Irl. 9B3
Clearwater É.-U. 53E4
Cleburne É.-U. 52D3
Clements É.-U. 56B1
Clermont Austr. 46D3
Clermont Fr. 5C2
Clermont-Ferrand Fr. 5C2
Cles It. 12D1
Cleveland (Comté) G.-B. 11E4
Cleveland É.-U. 53E2
Cleveland É.-U. 53E3
Clevelândia Br. 63B4
Clew (Baie) Irl. 9B3
Clichy Fr. 6F4
Clichy-sous-Bois Fr. 6F4
Clinch (R.) É.-U. 54C3
Clinch (Montagnes) É.-U. 54C3
Clinton Can. 50F4
Clinton É.-U. 54A2
Clinton-Colden (Lac) Can. 50H3
Clipperton (I.) Fr. 57B3
Cliza Bol. 60E7
Cloncurry Austr. 46D3
Clones Irl. 11B4
Clonmel Irl. 11B5
Cloquet É.-U. 53D2
Clorinda Arg. 63A4
Cloverdale É.-U. 56A1
Clovis É.-U. 56C2
Clovis É.-U. 52C3
Cluj-Napoca Roum. 15E1
Cluses Fr. 12B1
Clusone It. 12C2
Clwyd (Comté) G.-B. 11D5
Clyde Can. 51M2
Clyde (R.) G.-B. 10C4
Cnossos Gr. 15F3
Coaraci Br. 63E1
Coari (R.) Br. 60F5
Coast Ranges (Mgnes) É.-U. 52A2
Coatbridge G.-B. 10C4
Coaticook Can. 55E1
Coats (I.) Can. 51K3
Coats (Terre de) Antarct. 64F1
Coatzacoalcos Mex. 57C3
Cobalt Can. 51L5
Cobán Guat. 57C3
Cobar Austr. 46D4
Cobija Bol. 60E6
Coblence R.F.A. 16B2
Cobourg Can. 53F2
Cobourg (Péninsule) Austr. 46C2
Coburg R.F.A. 16C2
Coburg (I.) Can. 51L2
Coca Éq. 60C4
Cocalinho Br. 63B1
Cochabamba Bol. 60E7
Cochin Inde 34B3
Cochrane Can. 51K5
Cochrane (Lac) Arg. et Chili 62B7
Cockpit Country (The) Jam. 58H1
Coco (Ile) C.R. 49K8
Coco (R.) Hond. et Nic. 57D3
Cocobeach Gabon 42A3
Coco (Grande) Birm. 29A3
Côcos Br. 63D1
Cocos (Iles) Austr. 44F5
Cocos (B.) Trinité 58L1
Cocos (Dorsale des) O. Pacifique 45P4
Cocos (Dt des Iles) Inde 34E2
Cod (Pen) M. du Nord 10G3
Cod (Baie du Cap) É.-U. 55E2
Cod (Cap) É.-U. 53F2
Cod (I.) Can. 51M4
Codigoro It. 12E2
Codi (Sierra del) Esp. 13C1
Codó Br. 61K4
Codogno It. 12C2
Cody É.-U. 52C2
Coen Austr. 25H8
Coesfeld R.F.A. 16B2
Coeur d'Alene É.-U. 52B2
Coffeyville É.-U. 52D3
Cognac Fr. 5B2
Cohoes É.-U. 55E2
Coiba (Ile) Pan. 60B2
Coihaique Chili 62B7
Coimbatore Inde 34B2
Coimbra Port. 13A1
Coire S. 14B1
Cojimies Éq. 60B3
Colac Austr. 46D4
Colatina Br. 61K7
Colbeck (C.) Antarct. 64F6
Colchester G.-B. 11F6
Coldwater É.-U. 54C2
Coleman É.-U. 54C2
Coleraine Irl. du N. 10B4
Colesberg Afr. du S. 43C7
Coleville É.-U. 56C1
Colhué Huapi (Lac) Arg. 62C7
Colima Mex. 57B3
Coll (Ile) G.-B. 10B3
Colle di Val d'Elsa It. 12D3
Collie Austr. 46A4
Collier (Baie) Austr. 46B2
Collingwood Can. 54C2
Collinson (Pén.) Can. 50H2
Collinsville Austr. 46D3
Collinsville É.-U. 54B3
Colmar Fr. 5D2
Colnett (Cabo) [Cap] Mex. 52B3
Cologne R.F.A. 16B2
Colombes Fr. 6F4
Colômbia Br. 63C3
Colombia É.-U. 55D3
Colombie Am. du S. 60D3
Colombie Britannique (Prov.) Can. 50F4
Colombo Sri L. 34B3
Colón Arg. 62E4
Colon Cuba 57D2
Colón Pan. 60C2
Colonia Ur. 62E4
Colonia Las Heras Arg. 62C7
Colonial Heights É.-U. 55D3
Colonsay (Ile) G.-B. 10B3
Coloradito Ven. 58E5
Colorado (État) É.-U. 52C3
Colorado (R.) Arg. 62D5
Colorado (R.) É.-U. 52B3
Colorado (R.) É.-U. 52D3
Colorado (Plateaux du) É.-U. 52B3
Colorado Springs É.-U. 52C3
Columbia É.-U. 53D3
Columbia É.-U. 55D2
Columbia É.-U. 53E3
Columbia (R.) É.-U. 52A2
Columbia (Mt) Can. 50G4
Columbretes (Islas) Esp. 13C2
Columbus É.-U. 53E3
Columbus É.-U. 54B3
Columbus É.-U. 52D2
Columbus É.-U. 53E2
Columbus É.-U. 54B2
Colville (R.) É.-U. 50C3
Colville (Lac) Can. 50F3
Colwyn Bay G.-B. 11D5
Comacchio It. 12E2
Comacchio (Lagune de) It. 12E2
Comanche (Rés.) É.-U. 56B1
Comayagua Hond. 57D3
Comber Irl. du N. 11C4
Combermere (Baie de) Birm. 33D4
Combs-la-Ville Fr. 6F4
Côme It. 14B1
Comeglians It. 12E1
Côme (Lac de) It. 14B1
Comeragh (Mgnes) Irl. 11B5
Comilla Bangl. 33D3
Comitán Mex. 57C3
Commentry Fr. 5C2
Commercy Fr. 7D2
Committees (Baie) Can. 51K3
Communisme (Pic) U.R.S.S. 18J6
Comodoro Rivadavia Arg. 62C7
Comoé (R.) C.-d'Iv. 41F4
Comoé (Parc nat. de la) C.-d'Iv. 41F4
Comore (Grande) Comores 43E5
Comores O. Indien 43E5
Comorin (Cap) Inde 34B3
Compiègne Fr. 5C2
Comprida (Ile) Br. 63C3
Cona Ch. 33D2
Conakry Guinée 40A4
Concarneau Fr. 5B2
Conceiçao da Barra Br. 63E2
Conceição do Araguaia Br. 61J5
Conceiçao do Mato Dentro Br. 63D2
Concepción Br. et Par. 63A3
Concepción Chili 62B5
Concepción Par. 62E2
Concepción (R.) Arg. 62E4
Concepcion del Oro Mex. 57B2
Conception (Pointe) É.-U. 52A3
Conchas Br. 63C3
Conchos (R.) Mex. 52C4
Concord É.-U. 53F2
Concordia Arg. 62E4
Concordia É.-U. 52D3
Condeuba Br. 63D1
Condobolin Austr. 46D4
Condom Fr. 6C2
Condrina Br. 61H8
Conegliano It. 12E2
Conflans-Ste-Honorine Fr. 6F4
Confuso (R.) Par. 63A3
Congo (Rép.) Afr. 42B4
Congo (R.) Congo 42B4
Coniston Can. 54C1
Conn (Lac) Irl. 9B3
Connaught Irl. 9B3
Conneaut É.-U. 54C2
Connecticut (État) É.-U. 53F2
Connecticut (R.) É.-U. 55E2
Connellsville É.-U. 55D2
Connersville É.-U. 54B3
Conselheiro Lafaiete Br. 63D3
Con Son (Iles) V. 29D4
Constance R.F.A. 12C1
Constance (Lac de) R.F. A. et S. 12C1
Constanța Roum. 21D7
Constantine Alg. 41D1
Constitución Chili 62B5
Contarina It. 12E2
Contas (R.) Br. 61K6
Contwoyto (Lac) Can. 50H3
Conway É.-U. 53D3
Conway É.-U. 55E2
Conwy G.-B. 11D5
Coober Pedy Austr. 46C3
Cook (Détroit de) N.-Z. 47G5
Cookeville É.-U. 54B3
Cook (Iles) N.-Z. 45L5
Cook Inlet (Baie) É.-U. 50C3
Cook (Mt) N.-Z. 47G5
Cooktown Austr. 46D2
Coolgardie Austr. 46B4
Coondapoor Inde 34A2
Coonoor Inde 34B2
Cooper Creek Austr. 46C3
Cootamundra Austr. 4[illegible]
Cootehill Irl. 11B4
Copenhague Dan. 16C1
Copiapó Chili 62B3
Copparo It. 12D2
Copper Center É.-U. 50D3
Copper Cliff Can. 54C1
Copper Harbor É.-U. 54B1
Coppermine Can. 50G3
Coppermine (R.) Can. 50G3
Coppermine Pt Can. 54C1
Coquilhatville = Mbandaka
Coquimbo Chili 62B3

Corabia **Decazeville**

Corabia *Roum.* 15E2
Corail (Bassin de la mer de) *O. Pacifique* 44J5
Corail (Mer de) *Austr. et P.-N.-G.* 46E2
Coral Harbour *Can.* 51K3
Corantijn (R.) *Guy. et Sur.* 61G3
Corbeil-Essonnes *Fr.* 6F4
Corbin *É.-U.* 54C3
Corcoran *É.-U.* 56C2
Corcovado (G.) *Chili* 62B6
Corcubíon *Esp.* 13A1
Corcubion (Ria de) *Esp.* 13A1
Cordele *É.-U.* 53E3
Córdoba *Arg.* 62D4
Córdoba (État) *Arg.* 62D4
Córdoba *Mex.* 57C3
Cordoue *Esp.* 13B2
Cordova *É.-U.* 50D3
Corée (Dt de) *Corée du S. et J.* 27B5
Corée du Nord *Asie* 27B4
Corée du Sud *Asie* 27B4
Corée (Golfe de) *Ch. et Corée* 26E2
Corfou *Gr.* 15D3
Corfou (Ile) *Gr.* 15D3
Coribe *Br.* 63D1
Corigliano Calabro *It.* 14D3
Corinth *É.-U.* 53E3
Corinthe *Gr.* 15E3
Corinthe (Golfe de) *Gr.* 15E3
Corinto *Br.* 61K7
Cork *Irl.* 9B3
Çorlu *Turq.* 36A1
Cormeilles-en-Parisis *Fr.* 6F4
Cornel Fabriciano *Br.* 61K7
Cornelio Procópio *Br.* 63B3
Corner Brook *Can.* 51N5
Corning *É.-U.* 55D2
Cornwall *Can.* 51L5
Cornwall (Comté) *G.-B.* 11C6
Cornwall (C.) *G.-B.* 11C6
Cornwall (I.) *Can.* 50H2
Cornwallis (I.) *Can.* 51J2
Coro *Ven.* 60D1
Coroatá *Br.* 61K4
Corogne (La) *Esp.* 13A1
Coroico *Bol.* 60E7
Coromandel *Br.* 63C2
Coromandel (Côte de) *Inde* 34C2
Corona *É.-U.* 56D4
Coronando (B. de) *C.R.* 60B2
Coronel *Chili* 62B5
Coronel Fabriciano *Br.* 63D2
Coronel Oviedo *Par.* 62E3
Coronel Pringles *Arg.* 62D5
Coropuna (Mgne) *Pér.* 60D7
Corps *Fr.* 12A2
Corpus Christi *É.-U.* 52D4
Corregidor (Ile) *Phil.* 25F5
Corrente (R.) *Br.* 63D1
Corrente (R.) *Br.* 63C1
Corrente (R.) *Br.* 63B2
Correntina *Br.* 63D1
Corrèze (Dép.) *Fr.* 7C2
Corrib (Lac) *Irl.* 9B3
Corrientes *Arg.* 62E3
Corrientes (Prov.) *Arg.* 62E3
Corrientes (C.) *Col.* 60C2
Corrientes (C.) *Mex.* 57B2
Corrigin *Austr.* 46A4
Corringe (Iles) *Austr.* 46E2
Corse (Rég.) *Fr.* 14B2
Corse (Cap) *Fr.* 14B2
Corse-du-Sud (Dép.) *Fr.* 7D3
Corse (Haute-) Dép. *Fr.* 7D3
Corsewall (Pointe) *G.-B.* 10C4
Corsicana *É.-U.* 52D3
Cort Adelaer (Cap) *Groenl.* 51O3
Corte *Fr.* 14B2
Cortez *É.-U.* 52C3
Cortina d'Ampezzo *It.* 14C1
Cortland *É.-U.* 55D2
Cortona *It.* 12D3
Çoruh (R.) *Turq.* 21G7
Corum *Turq.* 21F7
Corumbá *Br.* 61G7
Corumba (R.) *Br.* 63C2
Corumbaiba *Br.* 63C2
Corvallis *É.-U.* 52A2
Corvo (Ile) *Açores* 40A1
Corwen *G.-B.* 11D5
Cosenza *It.* 14D3
Cosmoledo (Iles) *Seychelles* 43E5
Cosne *Fr.* 7C2
Coso Junction *É.-U.* 56D2
Costa Blanca *Esp.* 13B2
Costa Brava *Esp.* 13C1
Costa de la Luz *Esp.* 13B2
Costa del Sol *Esp.* 13B2
Costa Mesa *É.-U.* 56D4
Costa Rica (Rép.) *Am. centr.* 57D3
Cotabato *Phil.* 25F6
Cotagaita *Bol.* 60E8
Côte d'Azur *Fr.* 5D3
Côte-d'Ivoire *Afr.* 40B4
Côte-d'Or (Dép.) *Fr.* 7C2
Côte-du-Soleil *Bulg.* 15F2
Cotentin *Fr.* 6B2
Côte-St-André (La) *Fr.* 12A2
Côtes-du-Nord (Dép.) *Fr.* 6B2
Côtière (Chaîne) *Can.* 50E4
Cotonou *Bénin* 41G4
Cotopaxi (Mgne) *Éq.* 60C4
Cotswold Hills (Hauteurs) *G.-B.* 11D6
Cottbus *R.D.A.* 16C2
Coulonge (R.) *Can.* 55D1
Coulterville *É.-U.* 56B2
Council *É.-U.* 50B3
Council Bluffs *É.-U.* 52D2
Courbevoie *Fr.* 6F4
Courlande (G.de) *U.R.S.S.* 17E1
Courmayeur *It.* 12B2
Courneuve (La) *Fr.* 6F4
Couronnement (Golfe du) *Can.* 50G3
Courtrai *Belg.* 16A2
Coutances *Fr.* 5B2
Coventry *G.-B.* 11E5
Covilhã *Esp.* 13A1
Covington *É.-U.* 54C3
Covington *É.-U.* 55D3
Cowansville *Can.* 55E1
Coxim *Br.* 61H7
Coxim (R.) *Br.* 63B2
Cox's Bazar *Bangl.* 33D3
Cozumel (Ile) *Mex.* 57D2
Cracovie *Pol.* 17D2
Cradock *Afr. du S.* 43C7
Craig *É.-U.* 52C2
Crailsheim *R.F.A.* 16C3
Craiova *Roum.* 15E2
Cranberry (Lac) *É.-U.* 55E2
Cranbrook *Can.* 50G5
Crans *S.* 7D2
Crateus *Br.* 61K5
Crato *Br.* 61L5
Crawfordsville *É.-U.* 54B2
Crawley *G.-B.* 11E6
Cree (Lac) *Can.* 50H4
Creil *Fr.* 5C2
Crémieu *Fr.* 12A2
Crémone *It.* 14C1
Cres (Ile) *Youg.* 14C2
Crescent City *É.-U.* 52A2
Cresco *É.-U.* 54A2
Crète *Gr.* 15E3
Créteil *Fr.* 6F4
Crète (Mer de) *Gr.* 15E3
Creus (Cap) *Esp.* 13C1
Creuse (Dép.) *Fr.* 7C2
Creuse (R.) *Fr.* 5C2
Creusot (Le) *Fr.* 5C2
Crewe *G.-B.* 11D5
Crianlarich *G.-B.* 10C3
Criciuma *Br.* 62G3
Crieff *G.-B.* 10D3
Crimée *U.R.S.S.* 18E5
Cristalina *Br.* 63C2
Cristalina (R.) *Br.* 63B1
Crixás *Br.* 63C1
Crixás Acu (R.) *Br.* 63C1
Crixás Mirim (R.) *Br.* 63B1
Croatie (Rép.) *Youg.* 14D2
Croker (I.) *Austr.* 46C2
Cromarty *G.-B.* 10D3
Cromer *G.-B.* 11F5
Crooked (Ile) *Bahamas* 53F4
Crookston *É.-U.* 52D2
Cross (R.) *Nig.* 41H4
Crossett *É.-U.* 53D3
Cross River (État) *Nig.* 41H4
Cross Sound (Détroit) *É.-U.* 50E4
Crotone *It.* 14D3
Crowley (Lac) *É.-U.* 56C2
Crown (Pte) *Tobago* 58K1
Croydon *Austr.* 46D2
Croydon *G.-B.* 11E6
Crozet (Bassin des) *O. Indien* 44E6
Crozet (Iles) *Fr.* 44D7
Crozier Channel *Can.* 50F2
Cruz Alta *Br.* 62F3
Cruz (C.) *Cuba* 58B3
Cruz (C.) *Cuba* 57E3
Cruz del Eje *Arg.* 62D4
Cruzeiro *Br.* 63D3
Cruzeiro do Sul *Br.* 60D5
Crystal City *É.-U.* 54A3
Crystal Falls *É.-U.* 54B1
Cuamba *Moz.* 43D5
Cuando (R.) *Ang.* 43C5
Cuangar *Ang.* 43B5
Cuango (R.) = Kwango (R.)
Cuauhtémoc *Mex.* 57B2
Cuba (Rép.) *Antilles* 57D2
Cubango (R.) *Ang.* 43B5
Cuchi *Ang.* 43B5
Cuchi (R.) *Ang.* 43B5
Cucui *Br.* 60E3
Cúcuta *Col.* 60D2
Cuddalore *Inde* 34B2
Cuddapah *Inde* 34B2
Cuddeback (Lac) *É.-U.* 56D3
Cue *Austr.* 46A3
Cuenca *Éq.* 60C4
Cuenca *Esp.* 13B1
Cuenca (Serrana de) *Esp.* 13B1
Cuernavaca *Mex.* 57C3
Cuiabá *Br.* 61G7
Cuiabá (R.) *Br.* 63A1
Cuieté (R.) *Br.* 63D2
Cuillin Hills (Mgnes) *G.-B.* 10B3
Cuilo (R.) *Ang.* 43B4
Cuiseaux *Fr.* 12A1
Cuito (R.) *Ang.* 43B5
Cuito Cunavale *Ang.* 43B5
Cu Lao Hon (Ile) *V.* 29D3
Culiacán *Mex.* 57B2
Culoz *Fr.* 12A2
Culpeper *É.-U.* 55D3
Culuene (R.) *Br.* 63B1
Cumaná *Ven.* 60F1
Cumberland *É.-U.* 53F3
Cumberland *É.-U.* 54A1
Cumberland (R.) *É.-U.* 53E3
Cumberland (Péninsule de) *Can.* 51M3
Cumberland (Plateau du) *É.-U.* 54C3
Cumbernauld (Baie de) *Can.* 51M3
Cumbria *G.-B.* 11D4
Cumnock *G.-B.* 10C4
Cunene (R.) *Ang. et Nam.* 43B5
Cuneo *It.* 14B2
Cunnamulla *Austr.* 46D3
Cupar *G.-B.* 10D3
Ćuprija *Youg.* 15E2
Curaçao (Ile) *M. des Antilles* 58D4
Curicó *Chili* 62B4
Curisevo (R.) *Br.* 63B1
Curitiba *Br.* 62G3
Curoca (R.) *Ang.* 43B5
Current (R.) *É.-U.* 55A3
Curvelo *Br.* 61K7
Cuttack *Inde* 33C3
Cuvelai *Ang.* 43B5
Cuxhaven *R.F.A.* 16B2
Cuyahoga Falls *É.-U.* 54C2
Cuyama (R.) *É.-U.* 56C3
Cuzco *Pér.* 60D6
Cyangugu *Zaïre* 42C4
Cyclades *Gr.* 15E3
Cyrénaïque *Libye* 39B1
Cyrus Field (Baie) *Can.* 51M3
Cythère *Gr.* 15E3
Częstochowa *Pol.* 17D2

D

Da (R.) *V.* 29C1
Da'an *Ch.* 27A2
Dab'a *Jord.* 37D3
Dabā al Ḥiṣn *É.A.U.* 35D3
Dabab (Jebel Ed) *Jord.* 37C3
Dabajuro *Ven.* 58C4
Dabaro *Som.* 39D4
Daba Shan (Mgnes) *Ch.* 26B3
Dabat *Éth.* 42D2
Dabhoi *Inde* 32C4
Dabie Shan *Ch.* 26C3
Dabola *Guinée* 40A3
Dabou *C.-d'Iv.* 40B4
Daboya *Gh.* 41F4
Dabrowa Gorn. *Pol.* 17D2
Dacca *Bangl.* 33D3
Dachau *R.F.A.* 16C3
Dachstein (Mgne) *Autr.* 14C1
Dacht-e Kavir (Désert) *Iran* 35C2
Dacht-e Lut (Désert) *Iran* 35D2
Dacht-e Margo (Désert) *Afgh.* 35E2
Dacht-e Naomid (Désert) *Iran* 35E2
Dada He (R.) *Ch.* 26A3
Dadango (Plateau de) *Togo* 41G3
Dadhar *Pak.* 32B3
Dadu *Pak.* 32B3
Dadu He (R.) *Ch.* 24D3
Daet *Phil.* 25F5
Dafang *Ch.* 26B4
Daga (R.) *Birm.* 29B2
Dagana *Sén.* 40A3
Daguestan *U.R.S.S.* 18F5
Dagupan *Phil.* 25F5
Dagzê *Ch.* 33D2
Dahab *Ég.* 36B4
Dahlak (Arch.) *Éth.* 39D3
Dahlak Kebir (Ile) *Éth.* 39D3
Dahnā' (Ad) *Ar. S.* 35B3
Dāhod *Inde* 32C4
Dahra *Libye* 39A2
Dahra Rég. *Alg.* 13C2
Dailekh *Népal* 33B2
Dairen = Lüda
Daitō (Iles) *O. Pacifique* 24G4
Dajarra *Austr.* 46C3
Daka (R.) *Gh.* 41F4
Dakar *Sén.* 40A3
Dakhla *Maroc* 40A2
Dakhla (Oasis de) *Ég.* 39B2
Dakoro *Niger* 40C3
Dakota du Nord (État) *É.-U.* 52C2
Dakota du Sud (État) *É.-U.* 52C2
Dakovica *Youg.* 15E2
Dakovo *Youg.* 15D1
Dala *Ang.* 43C5
Dalaba *Guinée* 40A3
Dalai Nur (Lac) *Ch.* 26D1
Dalälven (R.) *Suède* 20B3
Dalandzadgad *Mong.* 24D2
Dalanjargalan *Mong.* 24D2
Dalat *V.* 29D3
Dalbandin *Pak.* 35E3
Dalby *Austr.* 46E3
Dalen *Norv.* 4F7
Dales (The) [Hauteurs] *G.-B.* 11D4
Dalhart *É.-U.* 52C3
Dalhousie *Can.* 55F1
Dalhousie (Cap) *Can.* 50E2
Dalion (Site hist.) *Chypre* 37B1
Dallas *É.-U.* 52D3
Dall (I.) *É.-U.* 50E4
Dalli Rajhara *Inde* 33B3
Dallol (R.) *Niger* 40C3
Dallol Bosso (R.) *Niger* 41G3
Dallol Maouri (R.) *Niger* 41G3
Dalmatie *Youg.* 14D2
Dal'negorsk *U.R.S.S.* 27D3
Dal'nerechensk *U.R.S.S.* 27C2
Daloa *C.-d'Iv.* 40B4
Dalou Shan (Mgnes) *Ch.* 26B4
Dāltenganj *Inde* 33B3
Dalton (Cap) *Groenl.* 51Q3
Daludalu *Indon.* 29C5
Daly (R.) *Austr.* 46C2
Daly Waters *Austr.* 46C2
Damān *Inde* 32C4
Damanhour *Ég.* 36B3
Damar (Ile) *Indon.* 46B1
Damara *Centr.* 42B3
Damas *Syrie* 36C3
Damaturu *Nig.* 41J3
Damba *Ang.* 43B4
Dambulla *Sri L.* 34C3
Damghan *Iran* 35C1
Damiette *Ég.* 39C1
Damiette (Branche de) *Ég.* 37A3
Dammam *Ar. S.* 35C3
Damoh *Inde* 32D4
Damongo *Gh.* 41F4
Damot *Éth.* 42E3
Damour *Liban* 37C2
Dampier *Austr.* 46A3
Dampier (Détroit de) *Indon.* 25G7
Dana *Jord.* 37C3
Dana (Mt.) *É.-U.* 56C2
Danané *Liberia* 40B4
Da Nang *V.* 29D2
Danau Towuti (Lac) *Indon.* 25F7
Danbu *Ch.* 26A3
Danbury *É.-U.* 55E2
Dandeldhura *Népal* 33B2
Dandeli *Inde* 34A1
Dandong *Ch.* 27A3
Danemark *Europe* 4F7
Danemark (Détroit du) *Groenl. et Isl.* 64C1
Danger (Pointe) *Afr. du S.* 43B7
Dangila *Éth.* 42D2
Dangrêk *Camb.* 29C3
Daniels Harbour *Can.* 51N4
Dannebrogs Øy (Ile) *Groenl.* 51P3
Dantewāra *Inde* 34C1
Dantzig = Gdańsk
Danube (R.) *Europe* 16C3
Danville *É.-U.* 53E2
Danville *É.-U.* 53E3
Danville *É.-U.* 53F3
Daoua (R.) *Éth.* 42E3
Dao Xian *Ch.* 26C4
Daozhen *Ch.* 26B4
Dapchi *Nig.* 41J3
Dapha Bum (Mgne) *Inde* 33E2
Daphnae (Site hist.) *Ég.* 37B3
Da Qaidam *Ch.* 24C3
Dārāb *Iran* 35C3
Dārān *Iran* 35C2
Darbhanga *Inde* 33C2
Dardanelle *É.-U.* 56C1
Dardanelles (Dt des) *Turq.* 15F2
Dar es-Salaam *Tanz.* 43D4
Darfour *Soud.* 42C2
Dargaville *N.-Z.* 47G4
Darien (G. de) *Col. et Pan.* 58B5
Darjeeling *Inde* 33C2
Darling (R.) *Austr.* 46D4
Darling (Péninsule) *Can.* 51L1
Darlington *G.-B.* 11E4
Darmstadt *R.F.A.* 16B3
Darna *Libye* 39B1
Darnley (Baie de) *Can.* 50F3
Darnley (Cap) *Antarct.* 64G10
Daroca *Esp.* 13B1
Dar Rounga *Centr.* 42C3
Dart (R.) *G.-B.* 11D6
Dartmoor (Landes) *G.-B.* 9C3
Dartmoor (Parc nat.) *G.-B.* 11D6
Dartmouth *Can.* 51M5
Dartmouth *G.-B.* 11D6
Daru *P.-N.-G.* 46D1
Daruvar *Youg.* 14D1
Darvel (Têlok) [Baie] *Mal.* 25E6
Darweshan *Afgh.* 35E2
Darwin *Austr.* 46C2
Dārzin *Iran* 35D3
Dashennonglia (Mgne) *Ch.* 26C3
Dasht *Iran* 35D1
Dasht (R.) *Pak.* 35E3
Date *J.* 28D2
Datia *Inde* 32D3
Datong *Ch.* 26A2
Datong *Ch.* 26C1
Datong He (R.) *Ch.* 26A2
Datu (Cap) *Indon.* 29D5
Daugava = Dvina
Daugava (R.) *U.R.S.S.* 4K7
Daugavpils *U.R.S.S.* 20D4

Dauguard Jensen (Terre) *Groenl.* 51M1
Daulatabad *Afgh.* 32A1
Daulpur *Inde* 32D3
Daund *Inde* 34A1
Dauphin *Can.* 50H4
Dauphiné *Fr.* 12A2
Daura *Nig.* 40C3
Dausa *Inde* 32D3
Dāvah Panāh *Iran* 35E3
Dāvangere *Inde* 34B2
Davao *Phil.* 25F6
Davao (Golfe de) *Phil.* 25F6
Davenport *É.-U.* 56A2
Davenport *É.-U.* 53D2
David *Pan.* 60B2
Davidson (Mts) *É.-U.* 50D3
Davis (Station) *Antarct.* 64G10
Davis (Détroit de) *Can. et Groenl.* 51N3
Davis Inlet *Can.* 51M4
Davlekanovo *U.R.S.S.* 20K5
Davos *S.* 12C1
Dawan *Ch.* 26A4
Dawat Yar *Afgh.* 32B2
Dawḥa (al-) *Qaṭar* 35C3
Dawna Range *Birm.* 29B2
Dawson *Can.* 50E3
Dawson (R.) *Austr.* 46D3
Dawson Creek *Can.* 50F4
Dawu *Ch.* 26A3
Dawu *Ch.* 26C3
Dax *Fr.* 5B3
Daxian *Ch.* 26B3
Daxin *Ch.* 26B5
Daxue Shan *Ch.* 26A3
Dayong *Ch.* 26C4
Dayr'Ali *Syrie* 37D2
Dayr'Atiyah *Syrie* 37D1
Dayr Shumayyil *Syrie* 37D1
Dayton *É.-U.* 53E3
Daytona Beach *É.-U.* 53E4
Dayu *Ch.* 26C4
Da Yunhe *Ch.* 26D2
Da Yunhe (R.) *Ch.* 26D2
Dazhu *Ch.* 26B3
De Aar *Afr. du S.* 43C7
Deadman's Cay *Bahamas* 58C2
Dearborn *É.-U.* 54C2
Dease Arm (Baie) *Can.* 50F3
Dease Lake *Can.* 50E4
Deauville *Fr.* 5C2
Debakala *C.-d'Iv.* 41F4
Débé *Trinité* 58L1
Debica *Pol.* 17E2
Deblin *Pol.* 17E2
Débo (Lac) *Mali* 40B3
Debra Birhan *Éth.* 42D3
Debra Margos *Éth.* 42D2
Debra Tabor *Éth.* 42D2
Debrecen *H.* 17E3
Decatur *É.-U.* 53E3
Decatur *É.-U.* 53E3
Decazeville *Fr.* 5C3

Decelles (Rés.) **Dubossary**

Decelles (Rés.) *Can.* 55D1
Dechang *Ch.* 26A4
Decorah *É.-U.* 54A2
Dedougou *Burk.* 41F3
Dedu *Ch.* 27B2
Dedza *Malawi* 43D5
Dee (R.) Dumfries et Galloway *G.-B.* 10C4
Dee (R.) *G.-B.* 11D5
Dee (R.) *G.-B.* 10D3
Deep River *Can.* 55D1
Deep Springs *É.-U.* 56D2
Deer Lake *Can.* 51N5
Deer Lodge *É.-U.* 52B2
Desaguadero (R.) *Bol.* 60E7
Défense (La) *Fr.* 6F4
Degahabur *Éth.* 42E3
Dêgê *Ch.* 24C3
De Grey (R.) *Austr.* 46A3
Deh Bīd *Iran* 35C2
Dehi *Afgh.* 32B1
Dehibat *Tun.* 40D1
Dehiwala-Mt Lavinia *Sri L.* 34B3
Dehlorān *Iran* 35B2
Dehra Dūn *Inde* 32D2
Dehri *Inde* 33B3
Dehui *Ch.* 27B3
Deim Zubeir *Soud.* 42C3
Deir Abu Sa'id *Jord.* 37C2
Deir el Ahmar *Liban* 37D1
Deir ez-Zor *Syrie* 36D2
Dej *Roum.* 21C6
De Kalb *É.-U.* 54B2
De Kastri *U.R.S.S.* 19Q4
Dekese *Zaïre* 42C4
Dekoa *Centr.* 42B3
Delano *É.-U.* 52B3
Delaware (État) *É.-U.* 53F3
Delaware *É.-U.* 54C2
Delaware (R.) *É.-U.* 55D2
Delaware (Baie de la) *É.-U.* 53F3
Delémont *S.* 12B1
Delgado (Cap) *Moz.* 43E5
Delhi *É.-U.* 55E2
Delhi *Inde* 32D3
Delice *Turq.* 36B1
Delicias *Mex.* 57B2
Delījān *Iran* 35C2
Delle *Fr.* 12B1
Delles *Alg.* 41C1
Del Mar *É.-U.* 56D4
Delmenhorst *R.F.A.* 4F8
De-Long (Ile) *U.R.S.S.* 19R2
De Long (Mts) *É.-U.* 50B3
Deloraine *Can.* 50H5
Delos (Ile) *Gr.* 15F3
Delphes *Gr.* 15E3
Del Rio *É.-U.* 52C4
Delta *É.-U.* 52B3
Demävend (Mgne) *Iran* 35C1
Dembidollo *Éth.* 42D3
Demidov *U.R.S.S.* 17G1
Deming *É.-U.* 52C3
Demirköy *Turq.* 15F2
Demnate *Maroc* 41A2
Demonte *It.* 12B2
Denain *Fr.* 5C1
Denau *U.R.S.S.* 18H6
Denbigh *G.-B.* 11D5
Dendi *Éth.* 42D3
Denezhkin Kamen' (Gora) *U.R.S.S.* 20K3
Dengkou *Ch.* 26B1
Deng Xian *Ch.* 26C3
Den Haag = Haye (La)
Denham (Mt) *Jam.* 58H1
Denia *Esp.* 13C2
Deniliquin *Austr.* 46D4
Denison *É.-U.* 52D3
Denizli *Turq.* 21D8
Dennery *Ste-Lucie* 58P2
Denpasar *Indon.* 46A1
Denton *É.-U.* 52D3
Denver *É.-U.* 52C3
Déo (R.) *Cameroun* 42B3
Deoghar *Inde* 33C3
Deolāli *Inde* 32C5
Deosai Plain *Inde* 32D1
Deputatskiy *U.R.S.S.* 19Q3
Dera *Pak.* 32C3
Deraa *Syrie* 37D2
Deraa Salkhad *Syrie* 36C3
Dera Bugti *Pak.* 32B3
Dera Ismail Khan *Pak.* 32B2
Derbent *U.R.S.S.* 21H7
Derby *Austr.* 46B2
Derby (Comté) *G.-B.* 11E5
Derby *G.-B.* 11E5
Derdj *Libye* 39A1
Derg (Lac) *Irl.* 9B3
Dergachi *U.R.S.S.* 21F5
Derna *Libye* 39B1
Derraveragh (Lac) *Irl.* 11B5
Derudeb *Soud.* 42D2
Deschambault (Lac) *Can.* 52C1
Deseado *Arg.* 62C7
Deseado (R.) *Arg.* 62C7
Desenzano *It.* 12D2
Deserta Grande (Ile) *Madère* 40A1
Désert oriental *Ég.* 39C2
Deshu *Afgh.* 35E2
Désirade (La) *Guadeloupe* 8
Desloge *É.-U.* 54A3
Des Moines *É.-U.* 53D2
Desna (R.) *U.R.S.S.* 21E5
Desolación (Ile) *Chili* 62B8
Des Plaines *É.-U.* 54B2
Dessau *R.D.A.* 16C2
Dessié *Éth.* 42D2
Destruction Bay *É.-U.* 50E3
Deta *Roum.* 15E1
Dete *Zimb.* 43C5
Detroit *É.-U.* 53E2
Det Udom *Th.* 29D3
Deva *Roum.* 15E1
Deventer *P.-B.* 16B2
Deveron (R.) *G.-B.* 10D3
Devikot *Inde* 32C3
Devil Postpile Nat. Monument *É.-U.* 56C2
Devils Den *É.-U.* 56C3
Devils Gate (Col) *É.-U.* 56C1
Devil's Hole (Rég.) *M. du Nord* 10F3
Devils Lake *É.-U.* 52D2
Devizes *G.-B.* 11E6
Devli *Inde* 32D3
Devoll (R.) *Alb.* 15E2
Dévoluy *Fr.* 12A2
Devon (Comté) *G.-B.* 11C6
Devon (Ile) *Can.* 51J2
Devonport *Austr.* 46D5
Dewangiri *Bhoutan* 33D2
Dewās *Inde* 32D4
Dewey Res *É.-U.* 53E3
Deyang *Ch.* 26A3
Deyhuk *Iran* 35D2
Dezfūl *Iran* 35B2
Dezhou *Ch.* 26D2
Dezh Shāhpūr *Iran* 35B1
Dhab'i (Wadi edh) *Jord.* 37D3
Dhahrān *Ar. S.* 35C3
Dhali *Chypre* 37B1
Dhamavaram *Inde* 34B2
Dhamtari *Inde* 33B3
Dhanbād *Inde* 33C3
Dhangarhi *Népal* 33B2
Dhankuta *Népal* 33C2
Dhār *Inde* 32D4
Dharmapuri *Inde* 34B2
Dharmsāla *Inde* 32D2
Dhar Oualata *Maurit.* 40B3
Dhaulagiri (Mgne) *Népal* 33B2
Dhenkānāi *Inde* 33C3
Dhibah *Jord.* 37C3
Dhíkti (Mt) *Gr.* 15F3
Dhomokós *Gr.* 15E3
Dhone *Inde* 34B1
Dhoraji *Inde* 32C4
Dhrāngadhra *Inde* 32C4
Dhuburi *Inde* 33C2
Dhule *Inde* 32C4
Diable (Ile du) *Guy. Fr.* 61H2
Diablo (Monts) *É.-U.* 56B2
Diablo (Mt) *É.-U.* 56B2
Diamantina *Br.* 61K7
Diamantina (R.) *Austr.* 46D3
Diamantino *Br.* 63A1
Diamant (Pointe du) *Mart.* 8
Diamond Harbours *Inde* 33C3
Diamond Springs *É.-U.* 56B1
Diapaga *Burk.* 41G3
Dibaya *Zaïre* 43C4
Dibdiba (al-) *Ar. S.* 35B3
Dibrugarh *Inde* 33D2
Dickinson *É.-U.* 52C2
Dickson *É.-U.* 54B3
Dickson City *É.-U.* 55D2
Dicle (R.) *Turq.* 21G8
Didwāna *Inde* 32C3
Die *Fr.* 12A2
Diebougou *Burk.* 41F3
Diego Ramírez (Is) *Chili* 62C9
Diéma *Mali* 40B3
Dien Bien Phu *V.* 29C1
Diepholz *R.F.A.* 16B2
Dieppe *Fr.* 5C2
Dier Songhua Jiang (R.) *Ch.* 27B3
Dieu (Lac de) *Can.* 51J4
Diffa *Niger* 41J3
Digboi *Inde* 33E2
Digby *Can.* 51M5
Digne *Fr.* 5D3
Digoin *Fr.* 5C2
Digos *Phil.* 25F6
Digul (R.) *Indon.* 46C1
Digya (Parc nat. de) *Gh.* 41F4
Dihang (R.) *Inde* 33D2
Dijon *Fr.* 12A1
Dik *Tchad* 42B3
Dikhil *Djib.* 42E2
Dîkirnis *Ég.* 37A3
Dikson *U.R.S.S.* 18K2
Dikwa *Nig.* 41J3
Dilaram *Afgh.* 35E2
Di Linh *V.* 29D3
Dilling *Soud.* 42C2
Dillingham *É.-U.* 50C4
Dillon *É.-U.* 52B2
Dilolo *Zaïre* 43C5
Dimbelenge *Zaïre* 42C4
Dimbokro *C.-d'Iv.* 41F4
Dimitrovgrad *Bulg.* 15F2
Dimitrovgrad *U.R.S.S.* 20H5
Dimona *Isr.* 37C3
Dimpāpur *Inde* 33D2
Dinaget (Ile) *Phil.* 25F5
Dinajpur *Inde* 33C2
Dinan *Fr.* 5B2
Dinar *Turq.* 36B2
Dinard *Fr.* 6B2
Dinder (R.) *Soud.* 42D2
Dindigul *Inde* 34B2
Dingbian *Ch.* 26B2
Dinggyê *Ch.* 33C2
Dingle *Irl.* 9A3
Dingle (Baie) *Irl.* 9A3
Dinguiraye *Guinée* 40A3
Dingwall *G.-B.* 10C3
Dingxi *Ch.* 26A2
Ding Xian *Ch.* 26D2
Dinh Lap *V.* 29D1
Dinuba *É.-U.* 56C2
Diouloulou *Sén.* 40A3
Diphu *Inde* 33D2
Dirédaoua *Éth.* 42E3
Dirk Hartog (Ile) *Austr.* 46A3
Dirkou *Niger* 42B2
Dirri *Som.* 42E3
Disappointment (Cap) *Géorgie du Sud* 62J8
Disappointment (Lac) *Austr.* 46B3
Discovery (Mts du) *Atlantique* 48J6
Discovery Reef (Ile) *Asie* 25E5
Disentis Muster *S.* 12C1
Disko *Groenl.* 51N3
Disko (Baie de) *Groenl.* 51N3
Diskorjord *Groenl.* 51N3
Dismal Swamp (Marais) *É.-U.* 55D3
Disna (R.) *U.R.S.S.* 17F1
Diu *Inde* 32C4
Divinópolis *Br.* 61K8
Divnoye *U.R.S.S.* 21G6
Divriği *Turq.* 36C2
Diwaniyya (al-) *Iraq* 36D3
Dixon *É.-U.* 56B1
Dixon *É.-U.* 54B2
Dixon (Détroit de) *Can. et É.-U.* 50E4
Diyālā (R.) *Iraq* 36E3
Diyarbakir *Turq.* 21G8
Diz *Pak.* 35E3
Diz (R.) *Iran* 35B2
Dja (R.) *Cameroun* 42B3
Djadi (R.) *Alg.* 41C2
Djado (Plateau du) *Niger* 42B1
Djafr (al-) *Jord.* 36C3
Djafr (al-) [Lac] *Jord.* 37D3
Djahrom *Iran* 35C3
Djalo *Libye* 39B2
Djalo (Oasis) *Libye* 39B2
Djamaa *Alg.* 41D2
Djambala *Congo* 42B4
Djamboul *U.R.S.S.* 18J5
Djanet *Alg.* 40C2
Djaraboub *Libye* 39B2
Djarabulus *Syrie* 36C2
Djawf (al-) *Ar. S.* 36C4
Djebail *Liban* 37C1
Djéblé *Syrie* 37C1
Djebobo *Gh.* 41G4
Djedda *Ar. S.* 39C2
Djelfa (El-) *Alg.* 41C2
Djéma *Centr.* 42C3
Djem (El-) *Tun.* 41E1
Djenin *Jord.* 37C2
Djenné *Mali* 40B3
Djerach *Jord.* 37C2
Djerba (Ile) *Tun.* 41E2
Djerem (R.) *Cameroun* 41J4
Djerid (Chott el-) *Tun.* 41D2
Djézireh *Iraq et Syrie* 36D2
Djezkazgan *U.R.S.S.* 18H5
Djibasso *Burk.* 41F3
Djibo *Burk.* 40B3
Djibouti *Djib.* 42E2
Djibouti (Rép.) *Afr.* 42E2
Djimma *Éth.* 42D3
Djisr al-Chughūr *Syrie* 36C2
Djizān *Ar. S.* 39D3
Djof (el-) *Libye* 39B2
Djolu *Zaïre* 42C3
Djouaiya *Liban* 37C2
Djouba (R.) *Som.* 42E3
Djouf (El) *Maurit.* 40B2
Djougdjour (Mts) *U.R.S.S.* 19P4
Djougou *Bénin* 41G4
Djounié *Liban* 37C2
Djourab (Erg du) *Tchad* 42B2
Djubayl *Ar. S.* 35B3
Djugu *Zaïre* 42D3
Djúpivogur *Isl.* 4C2
Djurdjura (Mgnes) *Alg.* 13C2
Dmitriya Lapteva (Détroit) *U.R.S.S.* 19P2
Dmitrov *U.R.S.S.* 20F4
Dniepr (R.) *U.R.S.S.* 21E6
Dnieprodzerjinsk *U.R.S.S.* 21E6
Dniepropetrovsk *U.R.S.S.* 21F6
Dniepr (Plaine du) *U.R.S.S.* 20D5
Dniepr (Plateau du) *U.R.S.S.* 17F3
Dniestr (R.) *U.R.S.S.* 21C6
Dno *U.R.S.S.* 20E4
Doba *Tchad* 42B3
Dobele *U.R.S.S.* 17E1
Dobo *Indon.* 46C1
Doboj *Youg.* 15D2
Dobroudja *Roum.* 15F2
Dobrush *U.R.S.S.* 21E5
Doce (R.) *Br.* 61K7
Doctor R P. Peña *Arg.* 62D2
Dod *Inde* 34B2
Doda Betta (Mgne) *Inde* 34B2
Dodécanèse *Gr.* 15F3
Dodge City *É.-U.* 52C3
Dodgeville *É.-U.* 54A2
Dodoma *Tanz.* 42D4
Dogger Bank *M. du Nord* 10G4
Dog Lac *Can.* 54B1
Dog (Lac) *Can.* 54C1
Dōgo (Ile) *J.* 28B3
Dogondoutchi *Niger* 40C3
Doğubayazit *Turq.* 36D2
Doilungdêqên *Ch.* 33D2
Doire Baltée (R.) *It.* 12B2
Dolak (Ile) *Indon.* 46C1
Dolbeau *Can.* 51L5
Dole *Fr.* 5D2
Dolgellau *G.-B.* 11D5
Dolgiy (Ile) *U.R.S.S.* 20K2
Dolinsk *U.R.S.S.* 27E2
Dolo *Éth.* 42E3
Dolomites *It.* 12D1
Dolores *Arg.* 62E5
Dolphin and Union Strait (Détroit) *Can.* 50G3
Dolphin (C.) *Falkland* 62E8
Dom (Mgne) *Indon.* 25G7
Dombarovskiy *U.R.S.S.* 18G4
Dombas *Norv.* 4F6
Dombes *Fr.* 7C2
Dombóvár *H.* 15D1
Dôme (Puy de) *Fr.* 7C2
Domfront *Fr.* 5B2
Dominicaine (République) *Antilles* 58C3
Dominion (C.) *Can.* 51L3
Dominique *Antilles* 58E3
Domino *Can.* 51N4
Domna *U.R.S.S.* 24E1
Domodossola *It.* 14B1
Domont *Fr.* 6F4
Domuyo (Mgne) *Arg.* 62B5
Dom-yanskoya *U.R.S.S.* 18H4
Don (R.) *G.-B.* 10D3
Don (R.) *U.R.S.S.* 21G6
Donaghadee *Irl. du N.* 10B4
Donauwörth *R.F.A.* 16C3
Don Benito *Esp.* 13A2
Doncaster *G.-B.* 11E5
Dondo *Ang.* 43B4
Dondo *Moz.* 43D5
Dondra Head (Cap) *Sri L.* 34C3
Donegal (Comté) *Irl.* 10B4
Donegal *Irl.* 9B3
Donegal (Baie) *Irl.* 9B3
Donegal (Mgnes) *Irl.* 10A4
Donetsk *U.R.S.S.* 21F6
Donga (R.) *Nig.* 41J4
Dong'an *Ch.* 26C4
Dongara *Austr.* 46A3
Dongchuan *Ch.* 26A4
Dongfang *Ch.* 29D2
Dongfeng *Ch.* 27B3
Donggala *Indon.* 46A1
Donggang *Taiwan* 24E4
Donggi Cona (Lac) *Ch.* 24C3
Donggou *Ch.* 27A4
Donghai Dao (Ile) *Ch.* 26C5
Dong He (R.) *Ch.* 26A1
Dong Hoi *V.* 29D2
Dong Jiang (R.) *Ch.* 26C5
Donglanghong *Ch.* 27C2
Dongning *Ch.* 27C3
Dongola *Soud.* 42D2
Dongshan *Ch.* 26D5
Dongsha Qundao (Ile) *Ch.* 24E4
Dongsheng *Ch.* 26C2
Dongtai *Ch.* 26E3
Dongting (Lac) *Ch.* 26C4
Dongxing *Ch.* 26B5
Dongzhi *Ch.* 26D3
Doniphan *É.-U.* 54A3
Donji Vakuf *Youg.* 14D2
Dönna (Ile) *Norv.* 4G5
Don Pedro (Rés.) *É.-U.* 56B2
Doon (Lac) *G.-B.* 10C4
Do Qu (R.) *Ch.* 26A3
Dorado (El) *Ven.* 60F2
Dorbod *Ch.* 27A2
Dorchester *G.-B.* 11D6
Dorchester (C.) *Can.* 51L3
Dordogne (Dép.) *Fr.* 6C2
Dordogne (R.) *Fr.* 5C2
Dordrecht *P.-B.* 16A2
Dore (Lac) *Can.* 52C1
Dori *Burk.* 40B3
Dornbirn *Autr.* 16B3
Dornoch *G.-B.* 10C3
Dornoch Firth (Estuaire) *G.-B.* 10C3
Dorotea *Suède* 4H6
Dorset (Comté) *G.-B.* 11D6
Dortmund *R.F.A.* 16B2
Doruma *Zaïre* 42C3
Dosatuy *U.R.S.S.* 19N4
Doshi *Afgh.* 32B1
Dos Palos *É.-U.* 56B2
Dosso *Niger* 41G3
Dossor *U.R.S.S.* 18G5
Dothan *É.-U.* 53E3
Douai *Fr.* 5C1
Douala *Cameroun* 42A3
Double (Mgne) *É.-U.* 56C3
Doubs (Dép.) *Fr.* 7D2
Doubs (R.) *Fr.* 5D2
Douchanbe *U.R.S.S.* 18H6
Douentza *Mali* 40B3
Douglas *É.-U.* 52C3
Douglas *É.-U.* 52C2
Douglas *G.-B.* 11C4
Doun (Comté) *Irl. du N.* 11B4
Dourada (Serra) *Br.* 63B2
Dourada (Serra) *Br.* 63C1
Dourados *Br.* 61H8
Dourados (R.) *Br.* 63B3
Dourados (Serra dos) *Br.* 63B3
Douro (R.) *Port.* 13A1
Douvres *G.-B.* 11F6
Dover *É.-U.* 55D3
Dover *É.-U.* 55E2
Dover *É.-U.* 54C2
Dover (R.) *G.-B.* 11E5
Dovsk *U.R.S.S.* 17G2
Downpatrick *Irl. du N.* 11C4
Dōzen (Ile) *J.* 28B3
Dozois (Rés.) *Can.* 55D1
Draa (Oued) *Maroc* 40A2
Draa (Hamada du) *Alg.* 40B2
Drac (R.) *Fr.* 12A2
Dracena *Br.* 63B3
Draguignan *Fr.* 5D3
Drake (Détroit de) *Atlantique et Pacifique* 48E7
Drakensberg (Massif du) *Afr. du S.* 43D6
Dráma *Gr.* 15E2
Drammen *Norv.* 4G6
Drancy *Fr.* 6F4
Drangajökull *Isl.* 4A1
Drave (R.) *Europe* 12E1
Draveil *Fr.* 6F4
Dresde *R.D.A.* 16C2
Dreux *Fr.* 5C2
Drin (R.) *Alb.* 15E2
Drina (R.) *Youg.* 15D2
Drissa (R.) *U.R.S.S.* 17F1
Drobeta-Turnu-Severin *Roum.* 15E2
Drogheda *Irl.* 11B5
Drogobych *U.R.S.S.* 17E3
Drôme (Dép.) *Fr.* 7D3
Drôme (R.) *Fr.* 12A2
Dronera *It.* 12B2
Dr P.P. Pená *Par.* 60F8
Drumheller *Can.* 50G4
Drummond (I.) *É.-U.* 54C1
Drummondville *Can.* 55E1
Druskininksi *U.R.S.S.* 17E2
Druze (Djebel) *Syrie* 36C3
Druzhina *U.R.S.S.* 19Q3
Dryden *Can.* 51J5
Dry Harbour (Mts) *Jam.* 58H1
Dschang *Cameroun* 41J4
Duang (Ile) *Birm.* 29B3
Duarte (Pico) *Dom. (Rép.)* 58C3
Dubawnt (R.) *Can.* 50H3
Dubawnt (Lac) *Can.* 50H3
Dubayy *É.A.U.* 35D3
Dubbo *Austr.* 46D4
Dublin (Comté) *Irl.* 11B5
Dublin *Irl.* 11B5
Dubna *U.R.S.S.* 20F4
Dubno *U.R.S.S.* 21D5
Du Bois *É.-U.* 55D2
Dubossary *U.R.S.S.* 17F3

Dubrovica Estrela (Serra da)

Dubrovica U.R.S.S. 17F2
Dubrovnik Youg. 15D2
Dubuque É.-U. 53D2
Ducor É.-U. 56C3
Ducos Mart. 8
Dudinka U.R.S.S. 18K3
Dudley G.-B. 11D5
Dudypta (R.) U.R.S.S. 19L2
Duekoué C.-d'Iv. 40B4
Duero (R.) Esp. 13B1
Duff (Iles) I. Salomon 47F1
Dufftown G.-B. 10D3
Dugi Otok (Ile) Youg. 14C2
Duhūh Iraq 21G8
Duisburg R.F.A. 16B2
Dūkan Iraq 36E3
Duk Faiwil Soud. 42D3
Dukhān Qatar 35C3
Dukou Ch. 26A4
Dulan Ch. 24C3
Dulce (G.) C.R. 57D4
Dullabchara Inde 33D3
Duluth É.-U. 53D2
Dūmā Syrie 37D2
Dumai Indon. 29C5
Dumas É.-U. 52C3
Dumayr Syrie 37D2
Dumbai Gh. 41G4
Dumbarton G.-B. 10C4
Dumbéa N.-C. 8
Dumfries G.-B. 10D4
Dumfries and Galloway (Comté) G.-B. 10C4
Dumka Inde 33C3
Dumoiene (Lac) Can. 55D1
Dumont d'Urville (Station) Antarct. 64G8
Dunary Head (Pointe) Irl. 11B5
Dunayevtsy U.R.S.S. 17F3
Duncan (Dt de) Inde 34E2
Duncansby Head (Pointe) G.-B. 10D2
Dundalk É.-U. 55D3
Dundalk Irl. 11B4
Dundalk Bay (Baie) Irl. 11B5
Dundas Groenl. 51M2
Dundas (Détroit de) Austr. 25G8
Dundas (Pén.) Can. 50G2
Dundee Afr. du S. 43D6
Dundee G.-B. 10D3
Dundrum (Baie) Irl. du N. 11C4
Dunedin N.-Z. 47G5
Dunfermline G.-B. 10D3
Dungarpur Inde 32C4
Dungarvan Irl. 11B5
Dungeness G.-B. 11F6
Dungu Zaïre 42C3
Dungunab Soud. 42D1
Dunhua Ch. 27B3
Dunhuang Ch. 24C2
Dunkerque Fr. 5C1
Dunkirk É.-U. 53F2
Dunkur Éth. 42D2
Dunkwa Gh. 41F4
Dun Laoghaire Irl. 9B3
Dunmore Town Bahamas 58B1
Dunnet Head (Pointe) G.-B. 10D2
Duns G.-B. 10D4
Duolun Ch. 26D1
Duque de Braganca Ang. 43B4
Du Quoin É.-U. 54B3
Dura Jord. 37C3
Durance (R.) Fr. 5D3
Durand É.-U. 54A2
Durango Esp. 13B1
Durango É.-U. 52C3
Durango Mex. 57B2
Durant É.-U. 52D3
Duraykish Syrie 37D1
Durazho Ur. 62E4
Durban Afr. du S. 43D6
Durg Inde 33B3
Durgapur Inde 33C3
Durham (Comté) G.-B. 10E4
Durham É.-U. 53F3
Durham G.-B. 10E4
Durmitor (Mgne) Youg. 15D2
Durness G.-B. 10C2
Durrës Alb. 15D2
Dursunbey Turq. 15F3
Dushak U.R.S.S. 35E1
Dushan Ch. 26B4
Düsseldorf R.F.A. 16B2
Duwayd (Ad) Ar. S. 36D3
Duyun Ch. 26B4
Düzce Turq. 36B1
Dvina (R.) U.R.S.S. 20D4
Dvina (Golfe de la) U.R.S.S. 20F2
Dvina occ. (R.) U.R.S.S. 17G1
Dvina Sept. (R.) U.R.S.S. 20G3
Dwārka Inde 32B4
Dyer (C.) Can. 51M3
Dyersburg É.-U. 53E3
Dyfed (Comté) G.-B. 11C5
Dykh Tau Dağlari (Mgne) U.R.S.S. 21G7
Dzag Mong. 24C2
Dzamïn Üüd Mong. 24D2
Dzamin Üüd U.R.S.S. 19M5
Dzaoudzi Mayotte 43E5
Dzavhan Gol (R.) Mong. 24C2
Dzerjinsk U.R.S.S. 20G4
Dzhagdy (Monts) U.R.S.S. 27B1
Dzhalinda U.R.S.S. 19O4
Dzhankoy U.R.S.S. 21E6
Dzhezkazgan U.R.S.S. 18H4
Dzhilikul' U.R.S.S. 32B1
Dzhungarskiy Alatau (Mgnes) U.R.S.S. 18J5
Dzierzoniow Pol. 16D2
Dzoungarie Ch. 24B2

E

Eabamet (L.) Can. 51K4
Eagle (Lac) É.-U. 55F1
Eagle Lake É.-U. 55F1
Eagle Pass É.-U. 52C4
Eagle Plain Can. 50E3
Earn (Lac) G.-B. 10C3
East Aurora É.-U. 55D2
Eastbourne G.-B. 11F6
East (C.) N.-Z. 47G4
East Chicago É.-U. 54B2
East Falkland (Ile) Falkland 62E8
East Lake É.-U. 54B2
East Liverpool É.-U. 54C2
East London Afr. du S. 43C7
Eastmain Can. 51L4
Eastmain (R.) Can. 51L4
East Moline É.-U. 54A2
Easton É.-U. 55D3
Easton É.-U. 55D2
Eastport É.-U. 55F2
East Retford G.-B. 11E5
East St Louis É.-U. 53D3
East Sussex (Comté) G.-B. 11F6
Eastville É.-U. 55D3
East Walker É.-U. 56C1
Eaubonne Fr. 6F4
Eau Claire É.-U. 51J5
Eau Claire (Lac l') Can. 51L4
Eauripik (Ile) O. Pacifique 25H6
Eauze Fr. 5C3
Ebebiyin Guinée-Éq. 42B3
Eberswalde R.D.A. 16C2
Ebetsu J. 28D2
Ebian Ch. 26A4
Ebinur (Lac) Ch. 18K5
Eboli It. 14D2
Ebolowa Cameroun 42B3
Èbre (R.) Esp. 13B1
Eceabat Turq. 36A1
Échelles (Les) Fr. 12A2
Eching Ch. 26D2
Echo Bay Can. 50G3
Ecija Esp. 13A2
Eclipse Sound Can. 51K2
Écosse G.-B. 10C3
Écouen Fr. 6F4
Écrins (Les) Fr. 12B2
Écrins (P.N. des) Fr. 7D3
Ecsoumins (Les) Can. 55F1
Eday (Ile) G.-B. 10D2
Edd Éth. 42E2
Edda M. du Nord 10G3
Ed Da'ein Soud. 42C2
Ed Damer Soud. 42D2
Ed Debba Soud. 42D2
Eddrachillis (Baie) G.-B. 10C2
Ed Dueim Soud. 42D2
Ede Nig. 41G4
Edea Cameroun 42A3
Eden (R.) G.-B. 10D4
Edenburg Afr. du S. 43C6
Edfou Ég. 39C2
Edfu Ég. 39C2
Edgell (I.) Can. 51M3
Edgeøya (Ile) O. Arctique 18D2
Edh Dhahiriya Jord. 37C3
Edhessa Gr. 15E2
Édimbourg G.-B. 10D3
Edirne Turq. 21D7
Edison É.-U. 56C3
Edison É.-U. 56C3
Edith-Ronne (Terre) Antarct. 64F2
Edmonton Can. 50G4
Edmundston Can. 51M5
Edolo It. 14C1
Edom Rég. Jord. 37C3
Édouard (Lac) Oug. et Z. 42C4
Edremit Turq. 21D8
Edremit (Golfe d') Turq. 15F3
Edrengiyn Nuruu (Mgnes) Mong. 24C2
Edri Libye 39A2
Edson Can. 50G4
Edwards É.-U. 56D3
Edwards (Plateau d') É.-U. 52C3
Edwardsville É.-U. 54B3
Efate (Ile) Vanuatu 47F2
Effingham É.-U. 53E3
Égates (Iles) It. 14C3
Egedesminde Groenl. 51N3
Égée (Mer) Europe 15E3
Egegik É.-U. 50C4
Eger H. 17E3
Egersund Norv. 4F7
Eglab (El) Alg. 40B2
Eglinton (I.) Can. 50G2
Eğridir Gölü (Lac) Turq. 36B2
Eguas (R.) Br. 63C1
Egvekinot U.R.S.S. 19T3
Égypte Afr. 39B2
Ehsenvaara Finl. 4K6
Eibar Esp. 13B1
Eigg (Ile) G.-B. 10B3
Eighty Mile Beach Austr. 46B2
Eilat Isr. 36B4
Eindhoven P.-B. 16B2
Einsiedeln S. 12C1
Ein Yahav Isr. 37C3
Eisenach R.D.A. 16C2
Eisenerz Autr. 16C3
Eisenhut (Mgne) Autr. 12E1
Ejin qi Ch. 26A1
Ejuanema (Mt) Gh. 41F4
Ejura Gh. 41F4
Ekibastuz U.R.S.S. 18J4
Ekimchan U.R.S.S. 19P4
Eksjo Suède 4H7
Ekwen (R.) Can. 53E1
Elazig Turq. 21F8
El'ban U.R.S.S. 27D1
El Banco Col. 60D2
Elbasan Alb. 15E2
El Baúl Ven. 58D5
Elbe (R.) R.D.A. et R.F.A. 16C2
Elbe (Ile d') It. 14C2
Elberta É.-U. 54B2
Elbert (Mt) É.-U. 52C3
Elbeuf Fr. 5C2
Elbistan Turq. 36C2
Elblag Pol. 17D2
Elbourz (Ch. de l') Iran 35C1
Elbrous U.R.S.S. 21G7
Elche Esp. 13B2
El Chocon (Réservoir) Arg. 62C5
Elda Esp. 13B2
El'dikan U.R.S.S. 19P3
El Diviso Col. 60C3
Eldorado Arg. 63B4
Eldorado Br. 63C3
El Dorado É.-U. 53D3
El Dorado É.-U. 52D3
El Dorado Mex. 57B2
Eldoret K. 42D3
Elea (Cap) Chypre 37C1
Eleanor (Lac) É.-U. 56C1
Eleşkirt Turq. 36D2
Eleuthera (Ile) Bahamas 53F4
El Firdân Ég. 37B3
Elgin É.-U. 53E2
Elgin G.-B. 10D3
Elgon (Mt) Kenya et Oug. 42D3
El Goran Éth. 42E3
El Harra Ég. 36A4
El Harrach Alg. 13C2
Elisabethville = Lubumbashi
Elista U.R.S.S. 21G6
Elizabeth Austr. 46C4
Elizabeth É.-U. 55E2
Elizabeth City É.-U. 53F3
Elizabethton É.-U. 54C3
Elizabethtown É.-U. 54B3
Elk Pol. 17E2
Elk (R.) É.-U. 54C3
Elkader É.-U. 54A2
Elk Grove É.-U. 56B1
Elkhart É.-U. 54B2
Elkhovo Bulg. 15F2
Elkins É.-U. 55D3
Elko É.-U. 52B2
El Kûbri Ég. 37B3
El Kuntilla Ég. 36B3
Ellensburg É.-U. 52A2
Ellesmere (Ile ou Terr d') Can. 51K2
Elliot Afr. du S. 43C7
Elliot Lake Can. 51K5
Ellsworth É.-U. 55F2
Ellsworth (Terre d') Antarct. 64F3
El Matarîya Ég. 37B3
El Merelé Maurit. 40B3
Elmira É.-U. 56B1
Elmira É.-U. 53F2
Elmira É.-U. 55D2
Elmsborn R.F.A. 16B2
Elota Mex. 52C4
El Paso É.-U. 52C3
El Portal É.-U. 56C2
El Qantara Ég. 37B3
El Reno É.-U. 52D3
Elsa Can. 50E3
Elsa (R.) It. 12D3
El Sâlhîya Ég. 37B3
El Salvador (Rép.) Am. centr. 57D3
El Shallûfa Ég. 37B3
Elsinore (Lac) É.-U. 56D4
Elsterwerde R.D.A. 16C2
El Tîna Ég. 37B3
El Tûr Ég. 36B4
Elūru Inde 34C1
Elvas Port. 13A2
Elvira Br. 60D5
Elvira (Cap) Can. 50H2
Elwood É.-U. 54B2
Ely É.-U. 53D2
Ely É.-U. 52B3
Ely G.-B. 11F5
Elyria É.-U. 54C2
Emāmrūd Iran 35D1
Emām Sāheb Afgh. 32B1
Eman (R.) Suède 16D1
Emba U.R.S.S. 21K6
Emba (R.) U.R.S.S. 21K6
Embarcación Arg. 62D2
Embarras Portage Can. 50G4
Embrun Fr. 12B2
Embu K. 42D4
Emden R.F.A. 16B2
Emei Ch. 26A4
Emerald Austr. 46D3
Emeri Can. 51M4
Emerson Can. 50J5
Emi Koussi Tchad 42B1
Émilie-Romagne It. 12D2
Emine (Cap) Bulg. 15F2
Émirats Arabes Unis Arabie 30D3
Emirdağ Turq. 36B2
Emmen P.-B. 16B2
Emory (Pic) É.-U. 52C4
Empalme Mex. 57A2
Empedrado Arg. 62E3
Empereurs (Monts des) O. Pacifique 45K2
Empire Britannique (Mts de l') Can. 51K1
Empoli It. 12D3
Emporia É.-U. 52D3
Emporia É.-U. 55D3
Ems (R.) R.F.A. 16B2
Enard (Baie) G.-B. 10C2
Encarnación Par. 62E3
Enchi Gh. 41F4
Encinitas É.-U. 56D4
Encruzilhada Br. 63D2
Ende Indon. 46B1
Enderby (Terre d') Antarct. 64G11
Endicott É.-U. 55D2
Endicott (Mts) É.-U. 50C3
Engadine S. 12D1
Engaño Phil. 25F5
Engaru J. 28D2
En Gedi Isr. 37C3
Engelberg S. 12C1
Engel's U.R.S.S. 21H5
Enggano (Ile) Indon. 25D7
Enghien-les-Bains Fr. 6F4
Englee Can. 51N4
Englehart Can. 55D1
Enid É.-U. 52D3
Eniwa J. 28D2
Enji (Puits) Maurit. 40B3
Enkoping Suède 4H7
Enna It. 14C3
En Nahud Soud. 42C2
Ennedi Tchad 42C2
Ennell (Lac) Irl. 11B5
Ennis Irl. 9B3
Enniscorthy Irl. 11B5
Enniskillen Irl. du N. 11B4
Enn Nâqoûra Liban 37C2
Enns (R.) Autr. 16C3
Enschede P.-B. 4F8
Ensenada Mex. 57A1
Enshi Ch. 26B3
Entebbe Oug. 42D4
Entrecasteaux (Iles d') P.-N.-G. 46E1
Entre-Deux Réunion 8
Entre Rios (Prov.) Arg. 62D4
Enugu Nig. 41H4
Enzan J. 28C3
Epe Nig. 41G4
Épernay Fr. 5C2
Éphèse Turq. 15F3
Epi (Ile) Vanuatu 47F2
Épidaure Gr. 15E3
Épinal Fr. 5D2
Épinay-sur-Seine Fr. 6F4
Episkopi Chypre 37B1
Episkopi (B. d') Chypre 37B1
Epukiro Nam. 43B6
Eqlid Iran 35C2
Équateur Am. du S. 60C4
Erba It. 12C2
Erciş Turq. 36D2
Erciyas Daglari (Mgne) Turq. 21F8
Erdaobaihe Ch. 27B3
Erdene Mong. 26C1
Erdenet Mong. 24D2
Erdi Tchad 42C2
Erechim Br. 62F3
Ereğli Turq. 36B1
Ereğli Turq. 36B2
Erenhot Ch. 24E2
Eresma (R.) Esp. 13B1
Erevan U.R.S.S. 21G7
Erfurt R.D.A. 16C2
Ergani Turq. 36C2
Ergene (R.) Turq. 36A1
Ergli U.R.S.S. 17F1
Erguig Tchad 42B2
Ergun' U.R.S.S. 19N4
Ergun (R.) U.R.S.S. 24E1
Ergun Zuoqi Ch. 19O4
Eriba Soud. 42D2
Eriboll (Loch) [Baie] G.-B. 10C2
Ericht (Lac) G.-B. 10C3
Erie É.-U. 53F2
Érié (Lac) Can. et É.-U. 53E2
Erimo (Cap) J. 28D2
Erin Port G.-B. 11C4
Eriskay (Ile) G.-B. 10B3
Erlangen R.F.A. 16C3
Ermelo Afr. du S. 43C6
Ermont Fr. 6F4
Ernākulam Inde 34B3
Erne (Lac) Irl. du N. 11B4
Erode Inde 34B2
Er Rachidia Maroc 41B2
Er Rahad Soud. 42D2
Errego Moz. 43D5
Errigal (Mgne) Irl. 9B2
Erris Head (Pointe) Irl. 9A3
Erromanga (Ile) Vanuatu 47F2
Er Rummān Jord. 37C2
Érythrée Éth. 42D2
Erzgebirge (Hauteurs) R.D.A. 16C2
Erzincan Turq. 21F8
Erzurum Turq. 21G8
Esan (Cap) J. 28D2
Esashi J. 28D2
Esbjerg Dan. 16B1
Escalón Mex. 52C4
Escanaba É.-U. 53E2
Escárcega Mex. 57C3
Escaut Europe 16A2
Esclave (Grand Lac de l') Can. 50G3
Escorial (El) Esp. 13B1
Escuinapa Mex. 57B2
Escuintla Guat. 57C3
Eséka Cameroun 42B3
Esera (R.) Esp. 13C1
Esh Sharā (Hauteurs) Jord. 37C3
Esino It. 12E3
Eskifjörður Isl. 4C1
Eskilstuna Suède 4H7
Eskimo (Lacs) Can. 50E3
Eskimo Point Can. 51J3
Eskişehir Turq. 21E8
Esla (R.) Esp. 13A1
Esmeraldas Éq. 60C3
Esmerelda Cuba 58B2
Esmerelda (Ile) Chili 62A7
Espagne Europe 13
Espalion Fr. 5C3
Espanola Can. 54C1
Esperance Austr. 46B4
Esperanza (Station) Antarct. 64G2
Espichel (Cap) Port. 13A2
Espinhaço (Serra do) Br. 63D2
Espírito Santo (État) Br. 63D2
Espiritu Santo (Ile) Vanuatu 47F2
Espungabera Moz. 43D6
Esquel Arg. 62B6
Es Samra Jord. 37D2
Essaouira Maroc 41A2
Es-Sekhira Tun. 41E2
Essen R.F.A. 16B2
Essequibo Guy. 61G3
Essex (Comté) G.-B. 11F6
Essexville É.-U. 54C2
Esslingen R.F.A. 16B3
Essonne (Dép.) Fr. 6F4
Essonne (R.) Fr. 6F4
Estância Br. 61L6
Estcourt Afr. du S. 43C6
Este It. 12D2
Esteli Nic. 60A1
Esterel (Massif de l') Fr. 7D3
Estero (Baie d') É.-U. 56B3
Esteros Par. 62D2
Estevan Can. 50H5
Estonie (Rép.) U.R.S.S. 20C4
Est-Pacifique (Dorsale) O. Pacifique 45O5
Estrela (Serra da) Port. 13A1

Estrella François-Joseph (Terre)

Estrella (R.) É.-U. 56B3
Estrémadure Esp. 13A2
Estremoz Port. 13A2
Esztergom H. 17D3
Étampes Fr. 5C2
Étang-Salé (L') Réunion 8
États (Ile des) Arg. 62D8
États-Unis 49H4
États-Unis (Mts des) Can. 51K1
Etāwah Inde 32D3
Éthiopie Afr. 42D3
Etive (Loch) [Baie] G.-B. 10C3
Etna (Volcan) It. 14C3
Eton Can. 51L2
Etosha (Marais) Nam. 43B5
Etosha (Parc nat.) Nam. 43B5
Eua (Ile) Tonga 47H3
Eubée (Ile) Gr. 15E3
Euclid É.-U. 54C2
Eugene É.-U. 52A2
Eugenia (Pointe) Mex. 57A2
Eulma (El) Alg. 41D1
Euphrate (R.) Asie 36D3
Eure (Dép.) Fr. 7C2
Eure (R.) Fr. 5C2
Eure-et-Loir (Dép.) Fr. 7C2
Eureka Can. 51K1
Eureka É.-U. 52B3
Eureka É.-U. 52A2
Eureka Sound (Détroit) Can. 51K2
Eureka Valley É.-U. 56D2
Europa (Ile) Fr. 43E6
Europa (Picos de) Esp. 13B1
Euskirchen R.F.A. 16B2
Evans (Cap) Can. 51K1
Evans (Détroit d') Can. 51K3
Evans (Lac) Can. 51L4
Evanston É.-U. 54B2
Evanston É.-U. 52B2
Evansville É.-U. 53E3
Évêchés (Les Trois) Fr. 12B2
Everard (L.) Austr. 46C4
Everest (Mt) Ch. et Népal 33C2
Everett É.-U. 52A2
Everglades É.-U. 53E4
Evesham G.-B. 11E5
Évian-les-Bains Fr. 12B1
Evinayong Guinée-Éq. 42B3
Evje Norv. 4F7
Evolène S. 12B1
Évora Port. 13A2
Évreux Fr. 5C2
Évry (Ville nouvelle) Fr. 6F4
Ewe (Loch) [Baie] G.-B. 10C3
Ewo Congo 42B4
Excelsior (Mt) É.-U. 56C1
Excelsior (Mts.) É.-U. 56C1
Exeter É.-U. 55E2
Exeter G.-B. 11D6
Exmoor (Parc nat.) G.-B. 11D6
Exmouth G.-B. 11D6
Exuma Sd Bahamas 57E2
Eyasi (Lac) Tanz. 42D4
Eyemouth G.-B. 10D4
Eyl Som. 39D4
Eyre Austr. 46B4
Eyre (Bassin du Lac) Austr. 46C3
Eyre Creek (R.) Austr. 46C3
Eyre (Lac) Austr. 46C3
Eyre (Pén. d') Austr. 46C4
Ézanville Fr. 6F4
Ezine Turq. 15F3

F

Faaa Polyn. Fr. 8
Faber (Lac) Can. 50G3
Fåborg Dan. 4F7
Fabriano It. 14C2
Fabrosa It. 12B2
Fachi Niger 42B2
Fachoda voir Kodok Soud. 42D3
Fada Tchad 42C2
Fada N'Gourma Burk. 41G3
Faddeya (Baie) U.R.S.S. 19M2
Faddeyevskiy (Ile) U.R.S.S. 19Q2
Faenza It. 14C2
Færingehavn Groenl. 51N3
Fafa (R.) Centr. 42B3
Fafan (R.) Éth. 42E3
Faga (R.) Burk. 41G3
Făgăras Roum. 15E1
Faguibine (Lac) Mali 40B3
Fahs (El) Tun. 41D1
Faial (Ile) Açores 40A1
Fairbanks É.-U. 50D3
Fairbault É.-U. 51J5
Fairborn É.-U. 54C3
Fairbury É.-U. 52D2
Fairfield É.-U. 54C3
Fair Head (Pointe) Irl. du N. 10B4
Fair Isle (Ile) G.-B. 9C2
Fairlie N.-Z. 47G5
Fairmont É.-U. 54C3
Fairweather (Mt) É.-U. 50E4
Fais (Ile) O. Pacifique 25H6
Faisalabad Pak. 32C2
Faith É.-U. 52C2
Faither (The) [Pén.] G.-B. 10E1
Fakahira (Ile) Polyn. Fr. 8
Fakaofo (Ile) Tokelau (Iles) 47H1
Fakarava (Ile) Poly. Fr. 8
Fakenham G.-B. 11F5
Fakfak Indon. 46C1
Faköping Suède 4G7
Falaise Fr. 5B2
Falam Birm. 33D3
Falcon (Rés.) É.-U. et Mex. 57C2
Falémé (R.) Mali et Sén. 40A3
Falkenberg Suède 4G7
Falkirk G.-B. 10D4
Falkland (Iles) Atlantique 62D8
Falkland Sound (Détroit) Falkland 62E8
Fallbrook É.-U. 56D4
Fallon É.-U. 52B3
Fall River É.-U. 55E2
Fallūjah (Al) Iraq 36D3
Falmouth É.-U. 55E2
Falmouth G.-B. 11C6
Falmouth Jam. 58H1
False (Baie) Afr. du S. 43B7
Falso (Cap) Mex. 57A2
Falster (Ile) Dan. 16C2
Fălticeni Roum. 15F1
Falun Suède 4H6
Famagouste Chypre 37B1
Famagouste (Baie de) Chypre 37B1
Famoso É.-U. 56C3
Fang Th. 29B2
Fangak Soud. 42D3
Fangataufa (Ile) Polyn. Fr. 8
Fang liao Taiwan 26E5
Fangzheng Ch. 27B2
Fano It. 14C2
Fâqûs Ég. 37A3
Fâqûs (Bahr) Ég. 37A3
Faraday (Station) Antarct. 64G3
Faradje Zaïre 42C3
Farafangana Mad. 43E6
Farafra (Oasis) Ég. 39B2
Farah Afgh. 35E2
Farah (R.) Afgh. 35E2
Farallon de Medinilla (Ile) O. Pacifique 25H5
Faranah Guinée 40A3
Farasan (Iles) Ar. S. 39D3
Faraulep (Ile) O. Pacifique 25H6
Fareham G.-B. 11E6
Farewell (C.) N.-Z. 47G5
Farewell (Cap) = Farvel (Cap)
Fargo É.-U. 52D2
Fari'a (R.) Isr. 37C2
Faribault É.-U. 53D2
Faridpur Bangl. 33C3
Farimān Iran 35D1
Fâriskûr Ég. 37A3
Farmington É.-U. 55E2
Farmington É.-U. 52C3
Farmington (Rés.) É.-U. 56B2
Faro Port. 13A2
Fåro (Ile) Suède 4H7
Faro (R.) Cameroun 41J4
Farquhar (Iles) O. Indien 38K8
Farrar (R.) G.-B. 10C3
Farrell É.-U. 54C2
Fársala Gr. 15E3
Farsi Afgh. 35E2
Farsia (El) Maroc 40B2
Fartak (Ra's) [Cap] Oman 30D4
Fartura (Serra de) Br. 63B4
Farvel (Cap) Groenl. 51O3
Fasā Iran 35C3
Fasher (El) Soud. 42C2
Fastov U.R.S.S. 21D5
Fatehpur Inde 33B2
Fatima du Sul Br. 61H7
Fatu-Hiva (Ile) Polyn. Fr. 8
Faucille (Col de la) Fr. 12B1
Faverges Fr. 12B2
Fawn (R.) Can. 51K4
Fax (R.) Suède 4H6
Faxaflóri (Baie) Isl. 4A2
Faya-Largeau Tchad 42B2
Fayaoué (Ouvéa) N.-C. 8
Fayetteville É.-U. 53D3
Fayetteville É.-U. 53F3
Fâyid Ég. 37B3
Faylaka (Ile) Koweït 36E4
Fāzilka Inde 32C2
Fdérik Maurit. 40A2
Fear (Cap) É.-U. 53F3
Feather Middle Fork (R.) É.-U. 56B1
Fécamp Fr. 5C2
Fechn Ég. 36B4
Fehmarn (Ile) R.F.A. 16C2
Feia (Lac) Br. 63D3
Feijó Br. 60D5
Feilai Xai Bei Jiang (R.) Ch. 26C5
Feira Zambie 43D5
Feira de Santana Br. 61L6
Feke Turq. 36C2
Feldkirch Autr. 16B3
Felixstowe G.-B. 9D3
Feltre It. 12D1
Femund (Lac) Norv. 4G6
Fengcheng Ch. 27A3
Fengdu Ch. 26B4
Fenging Ch. 26D1
Fengjie Ch. 26B3
Fengshui Shan Ch. 27A1
Feng Xian Ch. 26B3
Fengzhen Ch. 26C1
Fen He (R.) Ch. 26C2
Fenoarivo Atsinanana Mad. 43E5
Feodosiya U.R.S.S. 21F7
Ferdow Iran 35D2
Fergana U.R.S.S. 18J5
Fermanagh (Comté) Irl. du N. 11B4
Fermo It. 12E3
Fern (Mgne) Autr. 12D1
Fernando de Noronha (Ile) Br. 61M4
Fernandópolis Br. 63B3
Fernando Poo (Ile) Guinée-Éq. 40C4
Féroé (Iles) Dan. 4D3
Ferrare It. 14C2
Ferrat (Cap) Alg. 13B2
Ferrat (Cap) Fr. 12B3
Ferreñafe Pér. 60C5
Ferrol (El) Esp. 13A1
Ferté-Bernard (La) Fr. 5C2
Fès Maroc 41A2
Festus É.-U. 54A3
Feteşti Roum. 15F2
Fethiye Turq. 36A2
Fetisovo U.R.S.S. 21J7
Fetlar (Ile) G.-B. 10E1
Feuilles (Rivière aux) Can. 51L4
Fevral'skoye U.R.S.S. 27C1
Feyzabad Afgh. 18J6
Fezzan Libye 39A2
Fianarantsoa Mad. 43E6
Fiche Éth. 42D3
Ficksburg Afr. du S. 43C6
Fidan (Wadi) Jord. 37C3
Fidenza It. 12D2
Fidji (Iles) O. Pacifique 47G2
Fidji (Bassin des) O. Pacifique 45K6
Fier Alb. 15D2
Fiera di Primiero It. 12D1
Fife Rég. G.-B. 10D3
Fife Ness (Pén.) G.-B. 10D3
Figeac Fr. 5C3
Figueira da Foz Port. 13A1
Figueras Esp. 13C1
Figuig Maroc 41B2
Filadelpia Par. 61G8
Filiaşi Roum. 15E2
Filiatrá Gr. 15E3
Filicudi (Ile) It. 14C3
Finale Ligure It. 12C2
Findhorn (R.) G.-B. 10C3
Findlay É.-U. 53E2
Finger (Lacs) É.-U. 55D2
Fingoè Moz. 43D5
Finike Turq. 21E8
Finistère (Dép.) Fr. 6B2
Finisterre (Cap) Esp. 13A1
Finke (R.) Austr. 46C3
Finlande Europe 20C3
Finlande (Golfe de) Europe 4J7
Finlay (R.) Can. 50F4
Finlay Forks Can. 50F4
Finnsnes Norv. 4H5
Finschhafen P.-N.-G. 25H7
Finsteraarhorn (Mgne) S. 12C1
Finsterwalde R.D.A. 16C2
Fintona Irl. du N. 11B4
Fiq Syrie 37C2
Firat (R.) Turq. 21F8
Firebaugh É.-U. 56B2
Firenze = Florence
Firenzuola It. 12D2
Firozābād Inde 32D3
Firozpur Inde 32C2
Firspång Suède 4H7
Firth of Clyde (Estuaire) G.-B. 10C4
Firth of Forth (Estuaire) G.-B. 10D3
Firth of Lorn (Estuaire) G.-B. 10B3
Firth of Tay (Estuaire) G.-B. 9C2
Firūzābād Iran 35C3
Fish (R.) Nam. 43B6
Fish Camp É.-U. 56C2
Fisher (Détroit de) Can. 51K3
Fishguard G.-B. 11C6
Fiskenaesset Groenl. 51N3
Fitchburg É.-U. 55E2
Fitful Head (Pointe) G.-B. 10E2
Fitzroy (R.) Austr. 46B2
Fitzroy Crossing Austr. 46B2
Fitzwilliam (I.) Can. 54C1
Fiume = Rijeka
Fizi Zaïre 42C4
Flagstaff É.-U. 52B3
Flagstaff (Lac) É.-U. 55E1
Flamborough Head (Cap) G.-B. 11E4
Flaming Gorge (Rés.) É.-U. 52C2
Flamingo (Tělok) [Baie] Indon. 25G7
Flandre Belg. et Fr. 7C1
Flannan Isles G.-B. 10B2
Flathead (Lac) É.-U. 52B2
Flat River É.-U. 54A3
Flattery (C.) Austr. 25H8
Flattery (C.) É.-U. 52A2
Flèche (La) Fr. 5B2
Fleetwood G.-B. 11D5
Flekkefjord (Baie) Norv. 4F7
Fleming Deep O. Pacifique 24H4
Flensburg R.F.A. 16B2
Flers Fr. 5B2
Flessingue P.-B. 16A2
Fleurier S. 12B1
Fleury-Mérogis Fr. 6F4
Flinders (Ile) Austr. 46C4
Flinders (Ile) Austr. 46D5
Flinders (R.) Austr. 46D2
Flinders Range Austr. 46C4
Flin Flon Can. 50H4
Flint É.-U. 53E2
Flint G.-B. 11D5
Flint (R.) É.-U. 53E3
Flint (Île) Polyn. Fr. 8
Floodwood É.-U. 54A1
Florac Fr. 7C3
Florence É.-U. 53E3
Florence É.-U. 53F3
Florence It. 14C2
Florence (Lac) É.-U. 56C2
Florencia Col. 60C3
Florentine Ameghino (Lac) Arg. 62C6
Flores Guat. 57D3
Flores (Ile) Açores 40A1
Flores (Ile) Indon. 46B1
Flores (Las) Arg. 62E5
Flores (Mer de) Indon. 25E7
Floriano Br. 61K5
Florianópolis Br. 62G3
Florida Ur. 62E4
Florida (Iles) I. Salomon 47E1
Florida Keys É.-U. 53E4
Floride (Etat) É.-U. 57D2
Floride (Détroit de) É.-U. 53E4
Flórina Gr. 15E2
Florø Norv. 4F6
Fluchthorn (Mgne) Autr. 12D1
Fly (R.) P.-N.-G. 46D1
Foa (La) N.-C. 8
Focsani Roum. 15F1
Foggia It. 14D2
Foglia (R.) It. 12E3
Fogo (Ile) Cap-Vert 40A4
Foix Fr. 5C3
Foleyet Can. 54C1
Foley (Ile) Can. 51L3
Foligno It. 14C2
Folkestone G.-B. 11F6
Follonica It. 14C2
Folsom É.-U. 56B1
Folsom (L.) É.-U. 56B1
Fond-du-Lac Can. 50H4
Fond du Lac É.-U. 53E2
Fonseca (G. de) Hond. 57D3
Fontainebleau Fr. 5C2
Fontainebleau (Forêt de) Fr. 6F4
Fontenay-aux-Roses Fr. 6F4
Fontenay-le-Comte Fr. 5B2
Fontenay-sous-Bois Fr. 6F4
Fonyód H. 15D1
Foochow = Fuzhou
Foraker (Mt) É.-U. 50C3
Forbach Fr. 7D2
Forcados Nig. 41H4
Forcalquier Fr. 12A3
Ford City É.-U. 56C3
Forde Norv. 4F6
Forécariah Guinée 40A4
Forel (Mt) Groenl. 51P3
Forest Can. 54C2
Forestville É.-U. 56A1
Forêt-Noire R.F.A. 16B3
Forfar G.-B. 10D3
Forlì It. 14C2
Formentera (Ile) Esp. 13C2
Formentor (Cap) Esp. 13C1
Formia It. 14C2
Formigas (Ile) Açores 40A1
Formosa Arg. 62E3
Formosa Br. 61J7
Formosa (Prov.) Arg. 62D2
Formosa (Serra) Br. 61G6
Formose = Taiwan
Formose (Détroit de) Ch. et Taiwan 26D5
Formoso Br. 63C1
Formoso (R.) Br. 63C1
Fornovo di Taro It. 12D2
Forres G.-B. 10D3
Forrest Austr. 46B4
Forrest City É.-U. 53D3
Forsayth Austr. 46D2
Forssa Finl. 4J6
Fort Abbas Pak. 32C3
Fort Albany Can. 51K4
Fortaleza Br. 61L4
Fort Augustus G.-B. 10C3
Fort Beaufort Afr. du S. 43C7
Fort Chevtchenko U.R.S.S. 21J7
Fort Collins É.-U. 52C2
Fort Coulogne Can. 55D1
Fort-de-France Mart. 8
Fort-de-France (Baie de) Mart. 8
Fort Dodge É.-U. 53D2
Fortescue (R.) Austr. 46A3
Fort Frances Can. 51J5
Fort Franklin Can. 50F3
Fort Good Hope Can. 50F3
Forth (R.) G.-B. 10C3
Fort Hope Can. 51K4
Forties M. du Nord 10F3
Fort Kent É.-U. 55F1
Fort Lallemand Alg. 40C1
Fort-Lamy = N'Djamena
Fort Lauderdale É.-U. 53E4
Fort Liard Can. 50F3
Fort Mackay Can. 50G4
Fort Macleod Can. 50G5
Fort McMurray Can. 50G4
Fort McPherson Can. 50E3
Fort Madison É.-U. 54A2
Fort Morgan É.-U. 52C2
Fort Myers É.-U. 53E4
Fort Nelson Can. 50F4
Fort Norman Can. 50F3
Fort Peck (Rés.) É.-U. 52C2
Fort Pierce É.-U. 53E4
Fort Providence Can. 50G3
Fort Resolution Can. 50G3
Fort Rousset Congo 42B4
Fort-Rupert Can. 51L4
Fort St James Can. 50F4
Fort St-John Can. 50F4
Fort Selkirk Can. 50E3
Fort Severn Can. 51K4
Fort Simpson Can. 50F3
Fort Smith Can. 50G3
Fort Smith É.-U. 53D3
Fort Smith (Rég.) Can. 50F3
Fort Stockton É.-U. 52C3
Fort Vermillion Can. 50G4
Fort Wayne É.-U. 53E2
Fort William G.-B. 10C3
Fort Worth É.-U. 52D3
Fort Yukon É.-U. 50D3
Foshan Ch. 26C5
Fosheim (Péninsule) Can. 51K2
Fossano It. 12B2
Fossombrone It. 12E3
Fougamou Gabon 42B4
Fougères Fr. 5B2
Foula (Ile) G.-B. 10D1
Foulness (Ile) G.-B. 11F6
Foumban Cameroun 42B3
Fourmies Fr. 5C1
Fournaise (Piton de la) Réunion 8
Foúrnoi (Ile) Gr. 15F3
Fouta-Djalon Guinée 40A3
Foveaux (Détroit de) N.-Z. 47F5
Fowey G.-B. 11C6
Fox (R.) É.-U. 54B2
Foxe (Bassin de) Can. 51K3
Foxe (Canal de) Can. 51K3
Foxe (Pén. de) Can. 51L3
Foyle (Lough) [Estuaire] Irl. et Irl. du N. 9B2
Foz do Cuene Ang. 43B5
Foz do Iguaçu Br. 62F3
Franca Br. 61J8
France Europe 6C2
Franceville Gabon 42B4
Francfort R.F.A. 16B2
Francfort-sur-l'Oder R.D.A. 16C2
Franche-Comté (Rég.) Fr. 7D2
Francistown Botswana 43C6
François-Joseph (Terre) O. Arctique 18F2

François (Le) **Gladstone**

François (Le) *Mart.* 8
Franconville *Fr.* 6F4
Frankfort *É.-U.* 54B2
Frankfort *É.-U.* 53E3
Franklin *É.-U.* 54B3
Franklin *É.-U.* 55D2
Franklin *É.-U.* 55D3
Franklin (Baie de) *Can.* 50F2
Franklin (Détroit de) *Can.* 50J2
Franklin (Mts) *Can.* 50F3
Frankovsk *U.R.S.S.* 18D5
Fraser (Ile) *Austr.* 47E3
Fraser (R.) *Can.* 50F5
Fraserburgh *G.-B.* 10D3
Frasne *Fr.* 12B1
Frauenfield *S.* 12C1
Frazerburgh *G.-B.* 9C2
Fredericia *Dan.* 16B1
Frederick *É.-U.* 55D3
Fredericksburg *É.-U.* 55D3
Frederickstown *É.-U.* 54A3
Fredericton *Can.* 51M5
Frederikshap *Groenl.* 51N3
Frederikshavn *Dan.* 4G7
Fredonia *É.-U.* 55D2
Fredrikstad *Norv.* 4G7
Freel (Pic) *É.-U.* 56C1
Freeport *Bahamas* 58B1
Freeport *É.-U.* 54B2
Freetown *S. L.* 40A4
Freistadt *Autr.* 16C3
Fréjus *Fr.* 12B3
Fremantle *Austr.* 46A4
Fremont *É.-U.* 56B2
Fremont *É.-U.* 54C2
Frenda *Alg.* 41C1
Fresnillo *Mex.* 57B2
Fresno *É.-U.* 52B3
Fresno (R.) *É.-U.* 56C2
Fria *Guinée* 40A3
Friant *É.-U.* 56C2
Friant Dam *É.-U.* 56C2
Fribourg *R.F.A.* 16B3
Fribourg *S.* 14B1
Friedrichshafen *R.F.A.* 16B3
Frio (C.) *Br.* 63D3
Frioul-Vénétie-Julienne *It.* 12E1
Frise du Nord (Ile de la) *R.F.A.* 4F8
Frise occidentale (Iles de la) *P.-B.* 16A2
Frise orientale (Iles de la) *R.F.A.* 16B2
Frobisher (Baie de) *Can.* 51M3
Frobisher Bay *Can.* 51M3
Frobisher (Lac) *Can.* 50H4
Frolovo *U.R.S.S.* 21G6
Frome *G.-B.* 11D6
Frome (R.) *G.-B.* 11D6
Frome (L.) *Austr.* 46C4
Frontera *Mex.* 57C3
Frontière du Nord-Ouest (Prov.) *Pak.* 32C2
Frontignan *Fr.* 5C3
Front Royal *É.-U.* 55D3
Frosinone *It.* 14C2
Frounze *U.R.S.S.* 18J5
Fuchuan *Ch.* 26C5
Fuding *Ch.* 26E4
Fudjayra *É.A.U.* 35D3
Fuerte (R.) *Mex.* 57B2
Fuerte Olimpo *Br.* 63A3
Fuerte Olimpo *Par.* 62E2
Fuerteventura (Ile) *Canaries* 40A2
Fugu *Ch.* 26C2
Fuhai *Ch.* 24B2
Fuji *J.* 28C3
Fujian (Prov.) *Ch.* 26D4
Fujin *Ch.* 27C2
Fujinomiya *J.* 28C3
Fujisawa *J.* 28C3
Fuji-Yama *J.* 27D4
Fuji-Yoshida *J.* 28C3
Fukagawa *J.* 28D2
Fukang *Ch.* 18K5
Fukuchiyima *J.* 27C4
Fukue *J.* 28A4
Fukue (Ile) *J.* 28A4
Fukui *J.* 27D4
Fukuoka *J.* 27C5
Fukushima *J.* 27E4
Fukuyama *J.* 27C5
Fula (El) *Soud.* 42C2
Fulda *R.F.A.* 16B2
Fulda (R.) *R.F.A.* 16B2
Fuling *Ch.* 26B4
Fullarton *Trinité* 58L1
Fullerton *É.-U.* 56D4
Fulton *É.-U.* 54A2
Fulton *É.-U.* 54B3
Fulton *É.-U.* 55D2
Funabashi *J.* 28D3
Funafuti (Ile) *Tuvalu* 47G1
Funchal *Madère* 40A1
Fundão *Br.* 63D2
Fundy (Baie de) *Can.* 51M5
Funhalouro *Moz.* 43D6
Funing *Ch.* 26B5
Funing *Ch.* 26D3
Funtua *Nig.* 41H3
Fuqing *Ch.* 26D4
Furancungo *Moz.* 43D5
Furano *J.* 28D2
Fürg *Iran* 35D3
Furka (Col) *S.* 12C1
Furnas (Rés. de) *Br.* 63C3
Furnas (Serra das) *Br.* 63B2
Furneaux (Iles) *Austr.* 46D5
Fürstenwalde *R.D.A.* 16C2
Fürth *R.F.A.* 16C3
Furubira *J.* 28D2
Furukawa *J.* 27D4
Furūthi (Al) *Ar. S.* 35B3
Fury and Hecla Str. (Détroit) *Can.* 51K3
Fushun *Ch.* 27A3
Fushun *Ch.* 26A4
Fusong *Ch.* 27B3
Füssen *R.F.A.* 16C3
Fu Xian *Ch.* 26E2
Fuxin *Ch.* 26E1
Fuyang *Ch.* 26D3
Fuyu *Ch.* 27A2
Fuyuan *Ch.* 27C2
Fuyuan *Ch.* 26E1
Fuyuan *Ch.* 26A4
Fuyun *Ch.* 24B2
Fuzhou *Ch.* 26D4
Fyn (Ile) *Dan.* 16C1
Fyne (Loch) *G.-B.* 10C3

G

Gaalkacyo *Som.* 42E3
Gabbs Valley (Chaîne de la) *É.-U.* 56C1
Gabela *Ang.* 43B5
Gabès *Tun.* 41E2
Gabès (G. de) *Tun.* 41E2
Gabilan (Monts) *É.-U.* 56B2
Gabon *Afr.* 42B4
Gaborone *Botswana* 43C6
Gabriel y Galan (Embalse) [Rés.] *Esp.* 13A1
Gabrovo *Bulg.* 15F2
Gadsden *É.-U.* 53E3
Gaeta *It.* 14C2
Gafa (Wadi el) *Ég.* 37A3
Gaferut (Ile) *O. Pacifique* 25H6
Gafsa *Tun.* 41D2
Gagarin *U.R.S.S.* 20E4
Gagere (R.) *Nig.* 41H3
Gagnoa *C.-d'Iv.* 40B4
Gagnon *Can.* 51M4
Gagny *Fr.* 6F4
Gagra *U.R.S.S.* 21G7
Gaibanda *Inde* 33C2
Gaillac *Fr.* 7C3
Gailtaler Alpen *Autr.* 12E1
Gaimán *Arg.* 62C6
Gainesville *É.-U.* 53E3
Gainesville *É.-U.* 53E4
Gainsborough *G.-B.* 11E5
Gairdner (Lac) *Austr.* 46C4
Gairloch *G.-B.* 10C3
Gajendragarh *Inde* 34B1
Ga Jiang (R.) *Ch.* 26D4
Galadi *Éth.* 42E3
Galana *K.* 42D4
Galapagos (Iles) *Éq.* 60N
Galashiels *G.-B.* 10D4
Galaţi *Roum.* 15F1
Galax *É.-U.* 54C3
Galena *É.-U.* 50C3
Galena *É.-U.* 54A2
Galeota (Pte) *Trinité* 58L1
Galera (Pte) *Trinité* 58L1
Galesburg *É.-U.* 54A2
Galeton *É.-U.* 55D2
Galets (Pte des) *Réunion* 8
Galets (R. des) *Réunion* 8
Galice *Esp.* 13A1
Galich *U.R.S.S.* 20G4
Galilée (Rég.) *Isr.* 37C2
Galilée (Mer de) = Tibériade (Lac de)
Galina (Pte) *Jam.* 58J1
Galite (La) [Ile] *Tun.* 41D1
Gallabat *Soud.* 42D2
Gallarate *It.* 12C2
Gallatin *É.-U.* 54B3
Galle *Sri L.* 34C3
Gállego (R.) *Esp.* 13B1
Galles (Pays de) *G.-B.* 11D5
Gallipoli = Gelibolu
Gallipoli *It.* 15D2
Gällivare *Suède* 20C2
Galloway (Distr.) *G.-B.* 10C4
Galloway (Mull of) *G.-B.* 11C4
Gallup *É.-U.* 52C3
Galma (R.) *Nig.* 41H3
Galt *É.-U.* 56B1
Galveston *É.-U.* 57C2
Galveston (Baie de) *É.-U.* 53D4
Galway *Irl.* 9B3
Galway (Baie) *Irl.* 9B3
Gamba *Ch.* 33C2
Gambaga *Gh.* 41F3
Gambell *Can.* 50A3
Gambie (Rép.) *Afr.* 40A3
Gambie (R.) *Gambie et Sén.* 40A3
Gambier (Iles) *Polyn. Fr.* 8
Gamboma *Congo* 42B4
Gambos *Ang.* 43B5
Gampola *Sri L.* 34C3
Ganale Dorya (R.) *Éth.* 42E3
Gananoque *Can.* 55D2
Gand *Belg.* 16A2
Ganda *Ang.* 43B5
Gandajika *Zaïre* 43C4
Gandava *Pak.* 32B3
Gander *Can.* 51N5
Gāndhīdhām *Inde* 32B4
Gāndhīnagar *Inde* 32C4
Gāndhi Sāgar (Lac) *Inde* 32D4
Gandia *Esp.* 13B2
Gandu *Br.* 63E1
Ganganar *Inde* 32C3
Gangaw *Birm.* 33D3
Gangaw (Monts) *Birm.* 33E3
Gangca *Ch.* 26A2
Gangdise Shan *Ch.* 31G2
Gange (R.) *Inde* 33C3
Gange (Bouches du) *Bangl. et Inde* 33C3
Gangtok *Inde* 33C2
Gangu *Ch.* 26B3
Gan He (R.) *Ch.* 27A1
Gannan *Ch.* 27A2
Gannat *Fr.* 5C2
Gannet (Pic) *É.-U.* 52C2
Ganquan *Ch.* 26B2
Gantseviohi *U.R.S.S.* 4K8
Ganye *Nig.* 41J4
Ganzhou *Ch.* 26D4
Gao *Mali* 40C3
Gaolan *Ch.* 26A2
Gaoping *Ch.* 26C2
Gaoua *Burk.* 41F3
Gaoual *Guinée* 40A3
Gaoxiong *Taiwan* 26D5
Gaoyou Hu (Lac) *Ch.* 26D3
Gaozhou *Ch.* 26C5
Gap *Fr.* 5D3
Gar *Ch.* 32D2
Garanhuns *Br.* 61L5
Garça *Br.* 63C3
Garches *Fr.* 6F4
Garcia de Sola (Embalse de) [Rés.] *Esp.* 13A2
Garcias *Br.* 63B3
Gard (Dép.) *Fr.* 7C3
Gardanne *Fr.* 12A3
Garde *It.* 12D2
Garde (Lac de) *It.* 14C1
Garden City *É.-U.* 52C3
Garden (Pén.) *É.-U.* 54B1
Gardez *Afgh.* 32B2
Gardner (Ile) *Is Phoenix* 47H1
Gardnerville *É.-U.* 56C1
Gardo *Som.* 39D4
Gardone *It.* 12D2
Gardula *Éth.* 42D3
Garenne-Colombes (La) *Fr.* 6F4
Gargano *It.* 12D2
Gargano (Monte) *It.* 14D2
Garges-lès-Gonesse *Fr.* 6F4
Garhākota *Inde* 32D4
Gari *U.R.S.S.* 20L4
Garies *Afr. du S.* 43B7
Garissa *K.* 42D4
Garmisch-Partenkirchen *R.F.A.* 16C3
Garmsar *Iran* 35C1
Garnett Peak *É.-U.* 52B2
Garonne (R.) *Fr.* 5C3
Garonne (Haute-) Dép. *Fr.* 7C3
Garoua *Cameroun* 41J4
Garoua Boulai *Cameroun* 41J4
Garry (R.) *G.-B.* 10C3
Garry (Lac) *Can.* 50H3
Garwa *Inde* 33B3
Gary *É.-U.* 54B2
Garyarsa *Ch.* 31G2
Gasan Kuli *U.R.S.S.* 35C1
Gascogne (Rég.) *Fr.* 5B3
Gascogne (Golfe de) *Esp. et Fr.* 5A2
Gascoyne (R.) *Austr.* 46A3
Gashaka *Nig.* 42B3
Gasht *Iran* 35E3
Gashua *Nig.* 41J3
Gaspé *Can.* 53G2
Gaspé (C.) *Can.* 53G2
Gaspésie (Péninsule de) *Can.* 53G2
Gassi (El) *Alg.* 40C1
Gaston (L.) *É.-U.* 55D3
Gata (Cap) *Chypre* 37B1
Gatchina *U.R.S.S.* 20D4
Gatch Sārān *Iran* 35C2
Gateshead *G.-B.* 10D4
Gâtinais *Fr.* 7C2
Gatineau *Can.* 55D1
Gatineau (R.) *Can.* 55D1
Gatrun *Libye* 39A2
Gaua (Ile) *Vanuatu* 47F2
Gaud-i-Zirreh (Désert) *Afgh.* 35E2
Gauhāti *Inde* 33D2
Gauja (R.) *U.R.S.S.* 17E1
Gaurdak *U.R.S.S.* 35F1
Gauri Phanta *Inde* 33B2
Gavdhos (Ile) *Gr.* 15E4
Gavião (R.) *Br.* 63D1
Gaviota *É.-U.* 56B3
Gävle *Suède* 4H6
Gawler Ranges (Mgnes) *Austr.* 46C4
Gaxun Nur (Lac) *Ch.* 26A1
Gaya *Inde* 33B3
Gaya *Niger* 41G3
Gaya (R.) *Ch.* 27B3
Gaylord *É.-U.* 54C1
Gayny *U.R.S.S.* 20J3
Gaysin *U.R.S.S.* 17F3
Gaza *Asie* 36B3
Gaza (Bande de) *Asie* 37C3
Gaziantep *Turq.* 36C2
Gbaringa *Liberia* 40B4
Gdańsk *Pol.* 17D2
Gdańsk (Baie de) *Pol.* 17D2
Gdov *U.R.S.S.* 4K7
Gdynia *Pol.* 17D2
Gedaref *Soud.* 42D2
Gediz (R.) *Turq.* 15F3
Gedser *Dan.* 16C2
Geelong *Austr.* 46D4
Geeveston *Austr.* 46D5
Geidam *Nig.* 41J3
Geita *Tanz.* 42D4
Gejiu *Ch.* 26A5
Gela *It.* 14C3
Gelibolu *Turq.* 15F2
Gelidonya (Cap) *Turq.* 36B2
Gelting *R.F.A.* 4F8
Gemas *Mal.* 29C5
Gembut *Nig.* 41J4
Gemena *Zaïre* 42B3
Gemerek *Turq.* 36C2
Gemlik *Turq.* 36A1
Gemona *It.* 14C1
Gemona del Friuli *It.* 12E1
Gemsbok (Parc nat.) *Botswana* 43C6
Geneina (El-) *Soud.* 42C2
General Alvear *Arg.* 62C4
General Belgrano (Station) *Antarct.* 64F2
General Bernardo O'Higgins (Station) *Antarct.* 64G2
General Carrera (Lac) *Chili* 62B7
General Eugenio A Garay *Arg.* 62D2
General Eugenio A Garay *Par.* 60F8
General Grant Grove Section (Rég.) *É.-U.* 56C2
General Manuel Belgrano (Mgne) *Arg.* 62C3
General Pico *Arg.* 62D5
General Roca *Arg.* 62C5
General Santos *Phil.* 25F6
Gênes *It.* 14B2
Genesee (R.) *É.-U.* 55D2
Geneseo *É.-U.* 55D2
Gênes (Golfe de) *It.* 14B2
Geneva *É.-U.* 55D2
Genève *S.* 14B1
Genil (R.) *Esp.* 13B2
Genk *Belg.* 7D1
Gennargentu *It.* 14B2
Gennevilliers *Fr.* 6F4
Genteng *Indon.* 25D7
Genthin *R.D.A.* 16C2
Geokchay *U.R.S.S.* 21H7
Georga (Zemlya) *O. Arctique* 18F1
George *Afr. du S.* 43C7
George (R.) *Can.* 51M4
George (Lac) *É.-U.* 55E2
Georgetown *É.-U.* 56B1
Georgetown *É.-U.* 55D3
Georgetown *É.-U.* 54C3
Georgetown *Gambie* 40A3
Georgetown *Guy.* 61G2
George Town *Mal.* 29C4
Georgetown *St-Vincent* 58N2
George V (Terre de) *Antarct.* 64G8
Géorgie (État) *É.-U.* 53E3
Géorgie (Rép.) *U.R.S.S.* 18F5
Géorgie (Détroit de) *Can.* 50F5
Géorgie du Sud (Ile) *Atlantique* 62J8
Géorgienne (Baie) *Can.* 54C1
Georgina (R.) *Austr.* 46C3
Georgiu-Dezh *U.R.S.S.* 21F5
Georgiyevsk *U.R.S.S.* 21G7
Gera *R.D.A.* 16C2
Geral de Goiás (Serra) *Br.* 63C1
Geral do Parana (Serra) *Br.* 63C2
Geraldton *Austr.* 46A3
Geraldton *Can.* 53E2
Geral (Serra) *Br.* 63D2
Geral (Serra) Paraná *Br.* 63B4
Gerar (R.) *Isr.* 37C3
Gérardmer *Fr.* 7D2
Gerdine (Mt) *É.-U.* 50C3
Gerik *Mal.* 29C4
Gerlachovka (Mgne) *Pol.* 17E3
Gérone *Esp.* 13C1
Gers (Dép.) *Fr.* 6C3
Gestro (R.) *Éth.* 42E3
Getafe *Esp.* 13B1
Geteina (El) *Soud.* 42D2
Gettysburg *É.-U.* 55D3
Geumpang *Indon.* 29B4
Geureudong (Gunung) *Indon.* 29B5
Gevaş *Turq.* 36D2
Gevgeliija *Youg.* 15E2
Gex *Fr.* 12B1
Ghabāghib *Syrie* 37D2
Ghadaf (Wadi el) *Jord.* 37D3
Ghadamis *Libye* 40C1
Ghaem Shahr *Iran* 35C1
Ghāghara (R.) *Inde* 33B2
Ghana *Afr.* 40B4
Ghanzi *Botswana* 43C6
Ghardaïa *Alg.* 41C2
Gharian *Libye* 39A1
Gharib (Ras) *Ég.* 39C2
Ghāts Occidentaux *Inde* 34A1
Ghāts Orientaux *Inde* 34B2
Ghazawet (El-) *Alg.* 41B1
Ghāziābād *Inde* 32D3
Ghazi Khan *Pak.* 32C3
Ghazni *Afgh.* 32B2
Gheorgheni *Roum.* 15F1
Gheorghiu G Dei *Roum.* 15F1
Gheriat *Libye* 39A1
Ghilizane *Alg.* 41C1
Ghisonaccia *Fr.* 7D3
Ghor (Vallée du) *Jord.* 37C3
Ghudāf (Wadi al) *Iraq* 36D3
Ghurian *Afgh.* 35E2
Giarre *It.* 14D3
Gibeon *Nam.* 43B6
Gibraltar *Europe* 13A2
Gibraltar (Détroit de) *Afr. et Esp.* 13A2
Gibson (Désert de) *Austr.* 46B3
Giddalūr *Inde* 34B1
Giddi (Col de) *Ég.* 37B3
Giddi (Gebel El) *Ég.* 37B3
Gien *Fr.* 7C2
Giessen *R.F.A.* 16B2
Gif-sur-Yvette *Fr.* 6F4
Gifu *J.* 27D4
Gigha (Ile) *G.-B.* 10C4
Giglio (Ile) *It.* 14C2
Gijon *Esp.* 13A1
Gilbert (R.) *Austr.* 46D2
Gilbert (Iles) *Kiribati* 47G1
Gilé *Moz.* 43D5
Gilgit *Pak.* 32C1
Gilgit (R.) *Pak.* 32C1
Gillam *Can.* 51J4
Gillette *É.-U.* 52C2
Gills Rock *É.-U.* 54B1
Gilman *É.-U.* 54B2
Gilroy *É.-U.* 56B2
Gimli *Can.* 50J4
Gineifa *Ég.* 37B3
Ginir *Éth.* 42E3
Gióna (Mgne) *Gr.* 15E3
Girard *É.-U.* 54C2
Girardot *Col.* 60D3
Girdle Ness (Pén.) *G.-B.* 10D3
Giresun *Turq.* 36C1
Gir Hills *Inde* 32C4
Giri (R.) *Zaïre* 42B3
Giridih *Inde* 33C3
Girishk *Afgh.* 32A2
Gironde (Dép.) *Fr.* 6B3
Gironde (Estuaire) *Fr.* 5B2
Girvan *G.-B.* 10C4
Gisborne *N.-Z.* 47G4
Gitega *Burundi* 42C4
Giurgiu *Roum.* 15F2
Givet *Fr.* 7C1
Gizeh *Ég.* 36B3
Gizhiga *U.R.S.S.* 19S3
Gizycko *Pol.* 17E2
Gjirokastër *Alb.* 15E2
Gjoatlaven *Can.* 50J3
Gjøvik *Norv.* 4G6
Glace Bay *Can.* 51M5
Glacier (Détroit du) *Can.* 51K2
Glacier Peak *É.-U.* 52A2
Gladstone *Austr.* 46E3
Gladstone *É.-U.* 54B1

Glama Guledagudda

Glama (Mgne) *Isl.* 4A1
Glåma (R.) *Norv.* 4G6
Glaris *S.* 12C1
Glaris (Alpes de) *S.* 12C1
Glasgow *É.-U.* 54B3
Glasgow *É.-U.* 52C2
Glasgow *G.-B.* 10C4
Glass (Mt) *É.-U.* 56C2
Glastonbury *G.-B.* 11D6
Glazov *U.R.S.S.* 20J4
Gleisdorf *Autr.* 16D3
Glendale *É.-U.* 56C3
Glendale *É.-U.* 52B3
Glendive *É.-U.* 52C2
Glen Innes *Austr.* 46E3
Glens Falls *É.-U.* 55E2
Glenwood Springs *É.-U.* 52C3
Glidden *É.-U.* 54A1
Glittertind (Mgne) *Norv.* 4F6
Gliwice *Pol.* 17D2
Globe *É.-U.* 52B3
Głogów *Pol.* 16D2
Glomfjord *Norv.* 4G5
Glorieuses (Iles) *Fr.* 43E5
Gloucester *É.-U.* 55E2
Gloucester *G.-B.* 11D6
Glubokoye *U.R.S.S.* 17F1
Glukhov *U.R.S.S.* 21E5
Gmünd *Autr.* 16D3
Gmunden *Autr.* 16C3
Gniezno *Pol.* 17D2
Goa (Daman et Diu) (Territoire) *Inde* 34A1
Goālpāra *Inde* 33D2
Goaso *Gh.* 41F4
Goba *Éth.* 42D3
Gobabis *Nam.* 43B6
Gobi (Désert de) *Ch. et Mong.* 26B1
Gobo *J.* 28C4
Gobza (R.) *U.R.S.S.* 17G1
Godag *Inde* 34B1
Godāvari (R.) *Inde* 34C1
Goddard (Mt) *É.-U.* 56C2
Goderich *Can.* 54C2
Godhavn *Groenl.* 51N3
Godhra *Inde* 32C4
Godthåb = Nuuk
Godwin Austen = K2
Gogama *Can.* 54C1
Goiandira *Br.* 63C2
Goianésia *Br.* 63C2
Goiânia *Br.* 63C2
Goiás *Br.* 63B2
Goiás (État) *Br.* 61J6
Goio-Erê *Br.* 63B3
Gojab (R.) *Éth.* 42D3
Gökova (Baie de) *Turq.* 15F3
Goksu (R.) *Turq.* 21F8
Göksun *Turq.* 36C2
Gol (R.) *U.R.S.S.* 19M5
Golāghāt *Inde* 33D2
Golan Rég. *Syrie* 37C2
Gölbaşi *Turq.* 36C2
Gol'chikha *U.R.S.S.* 18K2
Golden Gate *É.-U.* 56A2
Gold Point *É.-U.* 56D2
Goleniów *Pol.* 16C2
Goleta *É.-U.* 56C3
Golmud *Ch.* 24C3
Golocha *Éth.* 42E3
Golovnino *U.R.S.S.* 27F3
Goma *Zaïre* 42C4
Gombe *Nig.* 41J3
Gombi *Nig.* 41J3
Gomel *U.R.S.S.* 17G2
Gomera (Ile) *Canaries* 40A2
Gómez Palacio *Mex.* 57B2
Gonam (R.) *U.R.S.S.* 19O4
Gonâve (Ile) *Cuba* 58C3
Gonbad-e Kāvūs *Iran* 35D1
Gonda *Inde* 33B2
Gondal *Inde* 32C4
Gondar *Éth.* 42D2
Gondia *Inde* 33B3
Gönen *Turq.* 36A1
Gonen (R.) *Turq.* 15F3
Gonesse *Fr.* 6F4
Goney *Irl.* 11B5
Gongbo'gyamba *Ch.* 33D1
Gongga Shan *Ch.* 26A4
Gonghe *Ch.* 26A2
Gongogi (R.) *Br.* 63D1
Gongola (État) *Nig.* 41J4
Gongola (R.) *Nig.* 41J3
Gonzales *É.-U.* 56B2
Goodland *É.-U.* 52C3
Goole *G.-B.* 11E5
Goomalling *Austr.* 46A4
Goondiwindi *Austr.* 46E3
Goose Bay *Can.* 51N4
Goose (Lac) *É.-U.* 52A2
Gooty *Inde* 34B1
Goraka *P.-N.-G.* 46D1
Gorakhpur *Inde* 33B2
Goražde *Youg.* 15D2
Gordon *É.-U.* 50D3
Gordonsville *É.-U.* 55D3
Goré *Éth.* 42D3
Gore *N.-Z.* 47F5
Goré *Tchad* 42B3
Gore Topko (Mgne) *U.R.S.S.* 19P4
Gorgān *Iran* 35C1
Gorgona (Ile) *It.* 12C3
Goris *U.R.S.S.* 36E2
Gorizia *It.* 14C1
Gorki *U.R.S.S.* 17G2
Gorki *U.R.S.S.* 20M2
Gorki *U.R.S.S.* 18F4
Gorki (Rés. de) *U.R.S.S.* 20G4
Gorlitz *R.D.A.* 16C2
Gorlovka *U.R.S.S.* 21F6
Gorman *É.-U.* 56C3
Gorna Orjahovica *Bulg.* 15F2
Gorno-Altaysk *U.R.S.S.* 24B1
Gornozavodsk *U.R.S.S.* 27E2
Gornyy *U.R.S.S.* 27D1
Gorodets *U.R.S.S.* 20G4
Gorodnya *U.R.S.S.* 17G2
Gorodok *U.R.S.S.* 17G1
Gorodok *U.R.S.S.* 17E3
Gorodok *U.R.S.S.* 17F3
Goroka *P.-N.-G.* 25H7
Gorongosa *Moz.* 43D5
Gorontalo *Indon.* 25F6
Goroubi (R.) *Burk.* 41G3
Gorutuba (R.) *Br.* 63D2
Goryachinsk *U.R.S.S.* 19M4
Goryn' (R.) *U.R.S.S.* 17F3
Gorzów Wielkopolski *Pol.* 4H8
Goshen *É.-U.* 56C2
Goshogawara *J.* 27E3
Gosier (Le) *Guadeloupe* 8
Gosku (R.) *Turq.* 21F8
Gospić *Youg.* 14D2
Gostivar *Youg.* 15E2
Gostynin *Pol.* 17D2
Göteborg *Suède* 4G7
Gotel (Mts) *Nig.* 42B3
Gotland (Ile) *Suède* 4H7
Gotō (Ile) *J.* 27B5
Gotska Sandön (Ile) *Suède* 4H7
Gōtsu *J.* 27C4
Gottwaldov *Tch.* 17D3
Goudoumaria *Niger* 42B2
Gough (Ile) *Atlantique* 48H7
Gouin (Rés.) *Can.* 51L5
Goulburn *Austr.* 46D4
Goulette (La) *Tun.* 41E1
Goumbou *Mali* 40B3
Goundam *Mali* 40B3
Gourbeyre *Guadeloupe* 8
Gourdon *Fr.* 7C3
Gouré *Niger* 42B2
Gouriev *U.R.S.S.* 21J6
Gourma Rharous *Mali* 40B3
Gouro *Tchad* 42B2
Goussainville *Fr.* 6F4
Gove (Péninsule de) *Austr.* 25G8
Goverla (Mgne) *U.R.S.S.* 21C6
Governador Valadares *Br.* 63D2
Govind Ballabh Paht Sāgar (Lac) *Inde* 33B3
Gowanda *É.-U.* 55D2
Gowārān *Afgh.* 32B3
Goya *Arg.* 62E3
Goz-Beïda *Tchad* 42C2
Gozo (Ile) *Malte* 14C3
Goz Regeb *Soud.* 42D2
Graaff Reiner *Afr. du S.* 43C7
Gracefield *Can.* 55D1
Grado *It.* 12E2
Grafton *Austr.* 47E3
Grafton *É.-U.* 54C3
Graham (I.) *Can.* 50E4
Graham (I.) *Can.* 51J2
Grahamstown *Afr. du S.* 43C7
Graham (Terre de) *Antarct.* 64G2
Grajaú *Br.* 61J5
Grajewo *Pol.* 17E2
Grámmos (Mgne) *Alb. et Gr.* 15E2
Grampian Rég. *G.-B.* 10D3
Grampians (Monts) *G.-B.* 10C3
Granada *Col.* 60D3
Granada *Nic.* 60A1
Granby *Can.* 55E1
Gran Chaco (Rég.) *Arg.* 62D3
Grand (R.) *É.-U.* 54B2
Grand Bahama (Ile) *Bahamas* 53F4
Grand Ballon *Fr.* 7D2
Grand Bank *Can.* 51N5
Grand Bassam *C.-d'Iv.* 41F4
Grand Bassin (Rég.) *É.-U.* 52B2
Grand Bay *Dominique* 58Q2
Grand Bérard (Mgne) *Fr.* 12B2
Grand-Bourg *Guadeloupe* 8
Grand Canyon *É.-U.* 52B3
Grand Cayman (Ile) *G.-B.* 58A3
Grand Coulee *É.-U.* 52B2
Grande (Ile) *Br.* 63D3
Grande (R.) *Br.* 61K6
Grande (R.) [Minas Gerais et São Paulo] *Br.* 63C2
Grande (Bahía) *Arg.* 62C8
Grande (Bahia da Ilha) *Br.* 63D3
Grande Barrière (Récif) *Austr.* 46D2
Grande de Santiago (Rio) *Mex.* 57B2
Grande (La) *É.-U.* 52B2
Grande (Rio) *É.-U. et Mex.* 57B2
Grande (Rio) *Nic.* 57D3
Grande Rivière de la Baleine *Can.* 51L4
Grande Rivière (La) *Can.* 51L4
Grande Sassière (Aiguille de la) *Fr.* 12B2
Grande-Terre (Ile) *Guadeloupe* 8
Grand Falls *Can.* 51M5
Grand Falls *Can.* 51N5
Grand Forks *É.-U.* 52D2
Grand Haven *É.-U.* 54B2
Grand Island *É.-U.* 52D2
Grand Junction *É.-U.* 52C3
Grand Lac Salé *É.-U.* 52B2
Grand Marais *É.-U.* 54A1
Grand-Mère *Can.* 55E1
Grândola *Port.* 13A2
Grand Paradis (Mgne) *It.* 14B1
Grand Prairie *Can.* 50G4
Grand Rapids *Can.* 50J4
Grand Rapids *É.-U.* 54B2
Grand Rapids *É.-U.* 54A1
Grand-St-Bernard (Col du) *It. et S.* 12B2
Grand-Santi-Papaichton *Guy. Fr.* 8
Grand Sasso *It.* 14C2
Grands Bancs *Atlantique* 48F2
Grand Teton (Mgne) *É.-U.* 52B2
Grand Veymont (Le) *Fr.* 12A2
Granollérs *Esp.* 13C1
Gran Pilastro (Mgne) *Autr. et It.* 12D1
Gran Sabana (La) [Mgnes] *Ven.* 60F2
Grantham *G.-B.* 11E5
Grant (Mt) *É.-U.* 56C1
Grantown-on-Spey *G.-B.* 10D3
Grants *É.-U.* 52C3
Grants Pass *É.-U.* 52A2
Granville *Fr.* 5B2
Granville (Lac) *Can.* 50H4
Grão Mogol *Br.* 63D2
Grapevine *É.-U.* 56C3
Grapevine (Mts) *É.-U.* 56D2
Grappa (Monte) *It.* 12D2
Gras (Lac de) *Can.* 50G3
Grasse *Fr.* 5D3
Gratton *É.-U.* 52D2
Graulhet *Fr.* 7C3
Grave (La) *Fr.* 12B2
Gravelbourg *Can.* 50H5
Gravelotte *Afr. du S.* 43D6
Gravenhurst *Can.* 55D2
Gray *Fr.* 7D2
Grayson *É.-U.* 54C3
Grayville *É.-U.* 54B3
Graz *Autr.* 16D3
Great (R.) *Jam.* 58H1
Great Abaco (Ile) *Bahamas* 53F4
Great Barrier (Ile) *N.-Z.* 47G4
Great Bend *É.-U.* 52D3
Great Dividing Range *Austr.* 46D3
Great Driffield *G.-B.* 11E4
Great Exuma (Ile) *Bahamas* 57E2
Great Falls *É.-U.* 52B2
Great Glen *G.-B.* 10C3
Great Inagua (Ile) *Bahamas* 53F4
Great Ormes Head (Cap) *G.-B.* 11D5
Great Ragged (Ile) *Bahamas* 53F4
Great Ruaha (R.) *Tanz.* 43D4
Great Sacandaga (Lac) *É.-U.* 55E2
Great Sandy Desert *Austr.* 46B3
Great Sandy Desert *É.-U.* 52A2
Great Yarmouth *G.-B.* 11F5
Gréboun (Mont) *Niger* 40C2
Grèce *Europe* 15E3
Greco (Cap) *Chypre* 37C1
Gredos (Sierra de) *Esp.* 13A1
Greece *É.-U.* 55D2
Greeley *É.-U.* 52C2
Greely Fjord *Can.* 51K1
Green (R.) *É.-U.* 54B3
Green (R.) *É.-U.* 52C3
Green (Baie) *É.-U.* 54B1
Green Bay *É.-U.* 54B2
Green Bell (I.) *U.R.S.S.* 18H1
Greencastle *É.-U.* 54B3
Greenfield *É.-U.* 56B2
Greenfield *É.-U.* 56C3
Greenfield *É.-U.* 55E2
Greenfield *É.-U.* 54B2
Greenock *G.-B.* 10C4
Greenport *É.-U.* 55E2
Green River *É.-U.* 52B3
Greensburg *É.-U.* 54B3
Greensburg *É.-U.* 55D2
Greenstone (Pointe) *G.-B.* 10C3
Greenup *É.-U.* 54B3
Greenville *É.-U.* 54C2
Greenville *É.-U.* 52D3
Greenville *É.-U.* 53D3
Greenville *É.-U.* 53E3
Greenville *Liberia* 40B4
Greenville (C.) *Austr.* 25H8
Greenwich *É.-U.* 55E2
Greenwich *G.-B.* 11F6
Greenwood *É.-U.* 53D3
Grées (Alpes) *It.* 12B2
Gregory *É.-U.* 52D2
Gregory Range *Austr.* 46D2
Greifswald *R.D.A.* 16C2
Gremikha *U.R.S.S.* 20F2
Grenå *Dan.* 16C1
Grenade *Esp.* 13B2
Grenade *M. des Antilles* 58E4
Grenadines *M. des Antilles* 58E4
Grenoble *Fr.* 5D2
Grenville *Grenade* 58M2
Grenville (C.) *Austr.* 46D2
Grey (Is) *Can.* 51N4
Greymouth *N.-Z.* 47G5
Greystones *Irl.* 11B5
Greytown *Afr. du S.* 43D6
Griffin *É.-U.* 53E3
Griffith *Austr.* 46D4
Grigny *Fr.* 6F4
Grim (C.) *Austr.* 46D5
Grimsby *Can.* 55D2
Grimsby *G.-B.* 11E5
Grimsey (Ile) *Isl.* 4B1
Grimstad *Norv.* 4F7
Grindelwald *S.* 12C1
Grinnell (Pén.) *Can.* 51J2
Grise Fjord *Can.* 51K2
Grisons *S.* 12C1
Griva *U.R.S.S.* 20J3
Grobina *U.R.S.S.* 4J7
Gröbming *Autr.* 12E1
Grodno *U.R.S.S.* 17E2
Groenland *O. Atlantique* 51O2
Groenland (Bassin du) *Mer du Groenland* 48H1
Groenland (Mer du) *O. Atlantique* 64B1
Gromati (R.) *Inde* 33B2
Groningue *P.-B.* 16B2
Groote Eylandt (Ile) *Austr.* 46C2
Grootfontein *Nam.* 43B5
Grootvloer *Afr. du S.* 43B6
Gros Islet (Ile) *Ste-Lucie* 58P2
Gros-Morne *Mart.* 8
Gros Morne (Le) *Réunion* 8
Grosseto *It.* 14C2
Grossglockner (Mgne) *Autr.* 16C3
Gross Venediger (Mgne) *Autr.* 12E1
Groundhog (R.) *Can.* 54C1
Groveland *É.-U.* 56B2
Grover City *É.-U.* 56B3
Groveton *É.-U.* 55E2
Groznyy *U.R.S.S.* 21H7
Grudziadz *Pol.* 17D2
Grunau *Nam.* 43B6
Grutness *G.-B.* 10E2
Gruyères *S.* 7D2
Gryazi *U.R.S.S.* 21G5
Gryazovets *U.R.S.S.* 20F4
Grytviken *Géorgie du Sud* 62J8
Gstaad *S.* 7D2
Guacanayabo (G. de) *Cuba* 58B2
Guaçuí *Br.* 63D3
Guadalajara *Esp.* 13B1
Guadalajara *Mex.* 57B2
Guadalcanal (Ile) *I. Salomon* 47E1
Guadalimar (R.) *Esp.* 13B2
Guadalope (R.) *Esp.* 13B1
Guadalquivir (R.) *Esp.* 13B2
Guadalupe *É.-U.* 56B3
Guadalupe *Mex.* 57B2
Guadalupe (Ile) *Mex.* 49G6
Guadalupe (Sierra de) *Esp.* 13A2
Guadarrama (Sierra de) *Esp.* 13B1
Guadeloupe *Antilles* 8
Guadian (R.) *Esp.* 13B2
Guadiana (R.) *Esp. et Port.* 13B2
Guadix *Esp.* 13B2
Guaíra *Br.* 63B3
Guajará Mirim *Br.* 60E6
Guajira (Pén. de la) *Col.* 60D1
Gualaceo *Éq.* 60C4
Gualdo Tadino *It.* 12E3
Guam (Ile) *O. Pacifique* 25H5
Guaminí *Arg.* 62D5
Gua Musang *Mal.* 29C5
Guanambi *Br.* 63D1
Guanare *Ven.* 60E2
Guane *Cuba* 57D2
Guangdong (Prov.) *Ch.* 26C5
Guanghan *Ch.* 26A3
Guanghua *Ch.* 26C3
Guangmao Shan *Ch.* 26A4
Guangnan *Ch.* 26A5
Guangxi Zhuang (Prov.) *Ch.* 26B5
Guangyuan *Ch.* 26B3
Guangze *Ch.* 26D4
Guangzhou = Canton
Guanhães *Br.* 63D2
Guania (R.) *Col.* 60E3
Guanipa (R.) *Ven.* 58E5
Guantánamo *Cuba* 58B2
Guanting Shuiku (Rés.) *Ch.* 26D1
Guan Xian *Ch.* 26A3
Guapa *Col.* 60C2
Guaporé (R.) *Bol. et Br.* 60F6
Guaquí *Bol.* 60E7
Guará (R.) *Br.* 63D1
Guarapuava *Br.* 63B4
Guaraqueçaba *Br.* 63C4
Guara (Sierra de) *Esp.* 13B1
Guaratinguetá *Br.* 63C3
Guarda *Port.* 13A1
Guardafui (Cap) *Som.* 39E3
Guarda Mor *Br.* 63C2
Guasave *Mex.* 52C4
Guastalla *It.* 12D2
Guatemala (Rép.) *Am. centr.* 57C3
Guatemala (ville) *Guat.* 57C3
Guavrare (R.) *Col.* 60D3
Guaxupé *Br.* 63C3
Guayaguayare *Trinité* 58L1
Guayaquil *Éq.* 60B4
Guayaquil (G. de) *Éq.* 60B4
Guaymas *Mex.* 57A2
Guba *Éth.* 42D3
Guba *Zaïre* 43C5
Guban *Som.* 42E3
Gubbio *It.* 12E3
Gubin *Pol.* 16C2
Gubio *Nig.* 41J3
Gudar (Sierra de) *Esp.* 13B1
Güdür *Inde* 34B2
Guebwiller *Fr.* 7D2
Guelma *Alg.* 41D1
Guelph *Can.* 54C2
Guelta Zemmur *Maroc* 40A2
Guenabacoa *Cuba* 58A2
Guerara *Alg.* 41C2
Guéréda *Tchad* 42C2
Guéret *Fr.* 5C2
Guernesey (Ile) *G.-B.* 5B2
Guettara (El) [Puits] *Mali* 40B2
Gughe *Éth.* 42D3
Gugigu *Ch.* 19O4
Guguan (Ile) *O. Pacifique* 25H5
Guider *Cameroun* 41J4
Guidong *Ch.* 26C4
Guiglo *C.-d'Iv.* 40B4
Gui Jiang (R.) *Ch.* 26C5
Guildford *G.-B.* 11E6
Guilin *Ch.* 26C4
Guillestre *Fr.* 12B2
Guinan *Ch.* 26A2
Guinda *É.-U.* 56A1
Guinée *Afr.* 40A3
Guinée (Bassin de) *Atlantique* 48H4
Guinée-Bissau *Afr.* 40A3
Guinée-Équatoriale *Afr.* 42A3
Guinée (Golfe de) *Afr.* 40C4
Güines *Cuba* 58A2
Guingamp *Fr.* 6B2
Guir (Puits) *Mali* 40B3
Guiratinga *Br.* 63B2
Güiria *Ven.* 60F1
Guiuan *Phil.* 25F5
Gui Xian *Ch.* 26B5
Guiyang *Ch.* 26B4
Guizhou (Prov.) *Ch.* 26B4
Gujerat (État) *Inde* 32C4
Gujranwala *Pak.* 32C2
Gujrat *Pak.* 32C2
Gulbarga *Inde* 34B1
Gulbene *U.R.S.S.* 17F1
Guledagudda *Inde* 34B1

Highland Imabari

Highland Rég. *G.-B.* 10C2
Highland (Pic) *É.-U.* 56C1
High Point *É.-U.* 53E3
High Prairie *Can.* 50G4
High River *Can.* 50G4
High Wycombe *G.-B.* 11E6
Hiiumaa (Ile) *U.R.S.S.* 20C4
Hijānah (Al) *Syrie* 37D2
Hikigawa *J.* 28C4
Hikone *J.* 28C3
Hikueru (Ile) *Polyn. Fr.* 8
Hildago *Mex.* 52C4
Hildago del Parral *Mex.* 52C4
Hildesheim *R.F.A.* 16B2
Ḥilla *Iraq* 36D3
Hillaby (Mt) *Barbade* 58Q2
Hillerød *Dan.* 16C1
Hillsboro *É.-U.* 54C3
Hillsville *É.-U.* 54C3
Hillswick *G.-B.* 10E1
Hilo *Hawaii* 56E5
Hilvan *Turq.* 36C2
Hilversum *P.-B.* 16B2
Himachal Pradesh (État) *Inde* 32D2
Himālaya *Asie* 31G3
Himālaya (Grand) *Asie* 33C2
Himatnagar *Inde* 32C4
Himeji *J.* 27C5
Himi *J.* 27D4
Hinckley *É.-U.* 54A1
Hindaun *Inde* 32D3
Hindū Kūch *Afgh.* 32B1
Hindupur *Inde* 34B2
Hines Creek *Can.* 50G4
Hinganghāt *Inde* 32D4
Hingol (R.) *Pak.* 32B3
Hinghui *Ch.* 26B2
Hingoli *Inde* 32D5
Hinkley *É.-U.* 56D3
Hinnøya (Ile) *Norv.* 4H5
Hirado *J.* 28A4
Hirado-shima (Ile) *J.* 28A4
Hirakud (Rés.) *Inde* 33B3
Hirfanli Baraji (Rés. de) *Turq.* 36B2
Hirihar *Inde* 34B2
Hiroo *J.* 28D2
Hirosaki *J.* 27E3
Hiroshima *J.* 27C5
Hirşova *Roum.* 15F2
Hirtshals *Dan.* 16B1
Hisār *Inde* 32D3
Hispaniola (Ile) *M. des Antilles* 58C3
Hisyah *Syrie* 37D1
Hit *Iraq* 36D3
Hitachi *J.* 27E4
Hitachi-Ota *J.* 28D3
Hitchin *G.-B.* 11E6
Hitra (Ile) *Norv.* 4F6
Hiuchi-nada (Baie) *J.* 28B4
Hiva-Oa (Ile) *Polyn. Fr.* 8
Hiwasa *J.* 28B4
Hiyon (R.) *Isr.* 37C3
Hjørring *Dan.* 16B1
Hka (R.) *Birm.* 29B1
Ho *Gh.* 41G4
Hoa Binh *V.* 29D1
Hoa Da *V.* 29D3
Hobart *Austr.* 46D5
Hobbs *É.-U.* 52C3
Hobro *Dan.* 16B1
Hobyo *Som.* 39D4
Hoceima (Al-) *Maroc* 41B1
Hochalm Spitze (Mgne) *Autr.* 12E1
Hochgolling (Mgne) *Autr.* 12E1
Hô Chi Minh-Ville *V.* 29D3
Hochon *Corée du N.* 28A2
Hockönig (Mgne) *Autr.* 12E1
Hódmezö'hely *H.* 15E1
Hodna (Chott el) *Alg.* 41D1
Hodna (Monts du) *Alg.* 13C2
Hodonin *Tch.* 16D3
Hoengsong *Corée du S.* 28A3
Hoeryong *Corée du N.* 27B3
Hoeyang *Corée du N.* 28A3
Hof *R.F.A.* 16C2
Hofsjökull (Mgnes) *Isl.* 4B2
Hōfu *J.* 27C5
Hoggar *Alg.* 40C2
Hoggar (Tassili du) *Alg.* 40C2
Hohe Tauern *Autr.* 12E1
Hohhot *Ch.* 26C1
Höhn *Isl.* 51R3
Hoh Sai Hu (Lac) *Ch.* 24C3
Hoh Xil Shan *Ch.* 31G2
Hoima *Oug.* 42D3
Hojāi *Inde* 33D2
Hojo *J.* 28B4
Hokitika *N.-Z.* 47G5
Hokkaidō *J.* 27E3
Hokmābād *Iran* 35D1
Hokota *J.* 28D3
Holbrook *É.-U.* 52B3
Hole Narsipur *Inde* 34B2
Holetown *Barbade* 58Q2
Holguín *Cuba* 58B2
Hollabrunn *Autr.* 16D3
Holland *É.-U.* 54B2
Hollister *É.-U.* 56B2
Hollywood *É.-U.* 56C3
Hollywood *É.-U.* 53E4
Holman Island *Can.* 50G2
Holmsund *Suède* 4J6
Holon *Isr.* 37C2
Holstebro *Dan.* 16B1
Holsteinborg *Groenl.* 51N3
Holston (R.) *É.-U.* 54C3
Holt *É.-U.* 54C2
Holy (Ile) *G.-B.* 10E4
Holy (Ile) *G.-B.* 11C5
Holy Cross *É.-U.* 50C3
Holyhead *G.-B.* 11C5
Holyoke *É.-U.* 55E2
Homalin *Birm.* 33D3
Home (Bay) *Can.* 51M3
Homer *É.-U.* 50C4
Homnābād *Inde* 34B1
Homoine *Moz.* 43D6
Homra (Hamada el-) *Libye* 39A2
Homs *Syrie* 21F9
Hondo (R.) *Mex.* 57C3
Honduras (Rép.) *Am. centr.* 57D3
Honduras (G. du) *Hond.* 57D3
Hønefoss *Norv.* 4G6
Honesdale *É.-U.* 55D2
Hong (R.) *V.* 29C1
Hon Gai *V.* 29D1
Hongchon *Corée du S.* 28A3
Hongguo *Ch.* 26A4
Hong Hu (Lac) *Ch.* 26C4
Honghui *Ch.* 26B2
Hongjiang *Ch.* 26C4
Hongkong *Asie* 26C5
Hongor *Mong.* 24E2
Hongrie *Europe* 17D3
Hongshui He (R.) *Ch.* 26B5
Hongsong *Corée du S.* 28A3
Hongwon *Corée du N.* 28A3
Hongyuan *Ch.* 26A3
Hongze (Lac) *Ch.* 26D3
Honiara *I. Salomon* 47E1
Honjō *J.* 28D3
Hon Khoai (Ile) *Camb.* 29C4
Hon Lan (Ile) *V.* 29D3
Honningsvåg *Norv.* 20D1
Honokaa *Hawaii* 56E5
Honolulu *Hawaii* 56E5
Hon Panjang (Ile) *V.* 29C4
Honshū (Ile) *J.* 27D4
Honshū (Dorsale du Sud de) *O. Pacifique* 44J3
Hood (Mt) *É.-U.* 52A2
Hook Head (Cap) *Irl.* 11B5
Hoonah *É.-U.* 50E4
Hooper Bay *É.-U.* 50B3
Hoorn *P.-B.* 16A2
Hoover Dam *É.-U.* 52B3
Hope *É.-U.* 53D3
Hopedale *Can.* 51M4
Hopen (Ile) *O. Arctique* 18D2
Hopes Advance (Cap) *Can.* 51M3
Hopetown *Afr. du S.* 43C6
Hopewell *É.-U.* 55D3
Hopkinsville *É.-U.* 54B3
Horasan *Turq.* 36D2
Hordiyo *Som.* 39E3
Horgen *S.* 12C1
Horizon Depth *O. Pacifique* 45L6
Horn *Autr.* 16D3
Hornavan (Lac) *Suède* 4H5
Horn (Cap) *Chili* 62C9
Horn (Cap) *Isl.* 51Q3
Horndon *É.-U.* 56C2
Hornepayne *Can.* 51K5
Horn (Iles de) *O. Pacifique* 47H2
Horn (Mts) *Can.* 50F3
Hornsea *G.-B.* 11E5
Horn Uul (Mgne) *Mong.* 26B1
Horqin-Youyi Qianqi *Ch.* 27A2
Horqin Zuoyi *Ch.* 27A3
Horqueta *Par.* 62E2
Horseheads *É.-U.* 55D2
Horsens *Dan.* 16C1
Horsham *Austr.* 46D4
Horsham *G.-B.* 11E6
Horten *Norv.* 4G7
Horton (R.) *Can.* 50F3
Hose (Mts) *Mal.* 25E6
Hoshab *Pak.* 35E3
Hoshangābād *Inde* 32D4
Hoshiārpur *Inde* 32D2
Hospet *Inde* 34B1
Hospitalet *Esp.* 13C1
Hoste (Ile) *Chili* 62C9
Hotan *Ch.* 31F2
Hot Springs *É.-U.* 52C2
Hot Springs *É.-U.* 53D3
Hottah (Lac) *Can.* 50G3
Hotte (Massif de la) *Haïti* 58C3
Houaïlou *N.-C.* 8
Houghton *É.-U.* 54B1
Houilles *Fr.* 6F4
Houlton *É.-U.* 55F1
Houma *Ch.* 26C2
Houmt-Souk *Tun.* 41E2
Houndé *Burk.* 41F3
Houqi *Ch.* 27A3
Hourghada *Ég.* 39C2
Hourn (Loch) [Baie] *G.-B.* 10C3
Houston *É.-U.* 53D4
Houtman (Iles) *Austr.* 46A3
Hovd *Mong.* 24C2
Hövsgol Nuur (Lac) *Mong.* 24D1
Howard City *É.-U.* 54B2
Howe (Cap) *Austr.* 46D4
Howland *É.-U.* 55F1
Howland (Ile) *O. Pacifique* 47H1
Howrah *Inde* 33C3
Hoy (Ile) *G.-B.* 10D2
Høyanger *Norv.* 4F6
Hoyt Lake *É.-U.* 54A1
Hradeç-Králové *Tch.* 16D2
Hranice *Tch.* 17D3
Hron (R.) *Tch.* 17D3
Hsipaw *Birm.* 33E3
Hsuyong *Corée du S.* 28A4
Huachi *Ch.* 26B2
Huacho *Pér.* 60C6
Huade *Ch.* 26C1
Huahine (Ile) *Polyn. Fr.* 8
Huaibei *Ch.* 26D3
Huaibin *Ch.* 26D3
Huaide *Ch.* 27A3
Huai He (R.) *Ch.* 26D3
Huaihua *Ch.* 26C4
Huaiji *Ch.* 26C5
Huainan *Ch.* 26D3
Hualian *Taiwan* 24F4
Huallaga (R.) *Pér.* 60C5
Huallanca *Pér.* 60C5
Huamachuco *Pér.* 60C5
Huambo *Ang.* 43B5
Huanan *Ch.* 27C2
Huanay *Bol.* 60E7
Huancabamba *Pér.* 60C5
Huancavelica *Pér.* 60C6
Huancayo *Pér.* 60C6
Huangchuan *Ch.* 26D3
Huang He (R.) *Ch.* 26D2
Huangling *Ch.* 26B2
Huangliu *Ch.* 29D2
Huangnihe *Ch.* 27B3
Huangpi *Ch.* 26C3
Huangshi *Ch.* 26D3
Huangyan *Ch.* 26E4
Huanren *Ch.* 27B3
Huánuco *Pér.* 60C5
Huanuni *Bol.* 62C1
Huan Xian *Ch.* 26B2
Huaráz *Pér.* 60C5
Huarmey *Pér.* 60C6
Huascarán *Pér.* 60C5
Huasco *Chili* 62B3
Hua Xian *Ch.* 26C2
Huayapan (R.) *Mex.* 57B2
Hubei (Prov.) *Ch.* 26C3
Huben *Autr.* 12E1
Hubli *Inde* 34B1
Huchang *Corée du N.* 27B3
Ḥudayda (al-) *Yémen du N.* 39D3
Huddersfield *G.-B.* 11E5
Hudiksvall *Suède* 4H6
Hudson *É.-U.* 54C2
Hudson *É.-U.* 55E2
Hudson (R.) *É.-U.* 55E2
Hudson (Baie d') *Can.* 51K4
Hudson Bay *Can.* 50H4
Hudson (Détroit d') *Can.* 51L3
Huê *V.* 29D2
Huelva *Esp.* 13A2
Húercal Overa *Esp.* 13B2
Huesca *Esp.* 13B1
Hufūf (al-) *Ar. S.* 35B3
Hughenden *Austr.* 46D3
Hughes *É.-U.* 50C3
Hugli (R.) *Inde* 33C3
Hui'an *Ch.* 26D4
Huichon *Corée du N.* 27B3
Huifa He (R.) *Ch.* 27B3
Huilai *Ch.* 26D5
Huili *Ch.* 26A4
Huinan *Ch.* 27B3
Huixtla *Mex.* 57C3
Huize *Ch.* 26A4
Huizhou *Ch.* 26C5
Hukawing (Plaine de) *Birm.* 33E2
Hulan *Ch.* 27B2
Hulin *Ch.* 27C2
Hull *Can.* 55D1
Hull *G.-B.* 11E5
Hull (Ile) *Is Phoenix* 47H1
Hulla (Mgne) *Col.* 60C3
Hultsfred *Suède* 16D1
Hulun Nur (Lac) *Ch.* 19N5
Huma *Ch.* 27B1
Huma He (R.) *Ch.* 27A1
Humaita *Br.* 60F5
Humansdorp *Afr. du S.* 43C7
Humber (R.) *G.-B.* 11E5
Humberside (Comté) *G.-B.* 11E5
Humboldt *Can.* 50H4
Humboldt (Glacier de) *Groenl.* 51M2
Humboldt (Mt) *N.-C.* 8
Humpata *Ang.* 43B5
Humphreys *É.-U.* 56C2
Humphreys (Mt) *É.-U.* 56C2
Húnaflóri (Baie) *Isl.* 4A1
Hunan (Prov.) *Ch.* 26C4
Hunchun *Ch.* 27C3
Hunedoara *Roum.* 15E1
Hungnam *Corée du N.* 27B4
Hunjiang *Ch.* 27B3
Huntingburg *É.-U.* 54B3
Huntingdon *É.-U.* 54B2
Huntingdon *G.-B.* 11E5
Huntington *É.-U.* 54C3
Huntington Beach *É.-U.* 56C4
Huntington (Lac) *É.-U.* 56C2
Huntly *G.-B.* 10D3
Hunt (Mt) *Can.* 50F3
Huntsville *Can.* 55D1
Huntsville *É.-U.* 53E3
Hunza (R.) *Pak.* 32C1
Huolongmen *Ch.* 27B2
Huong Khe *V.* 29D2
Huon (Pén.) *P.-N.-G.* 25H7
Hurd (Cap) *Can.* 54C1
Hurley *É.-U.* 54A1
Huron *É.-U.* 56B2
Huron *É.-U.* 52D2
Huron (Lac) *Can. et É.-U.* 54C1
Husavik *Isl.* 4B1
Huşi *Roum.* 15F1
Huskvarna *Suède* 4G7
Husn *Jord.* 37C2
Husum *R.F.A.* 16B2
Hutchinson *É.-U.* 52D3
Hutuo He (R.) *Ch.* 26D2
Huzhu *Ch.* 26A2
Hvar (Ile) *Youg.* 14D2
Hwadae *Corée du N.* 28A2
Hwange *Zimb.* 43C5
Hwange (Parc nat. de) *Zimb.* 43C5
Hwapyong *Corée du N.* 28A2
Hyannis *É.-U.* 55E2
Hyaryas Nuur (Lac) *Mong.* 24C2
Hydaburg *É.-U.* 50E4
Hyderābād *Inde* 34B1
Hyderābād *Pak.* 32B3
Hydra (Ile) *Gr.* 15E3
Hyères *Fr.* 12B3
Hyères (Iles d') *Fr.* 5D3
Hyndman (Pic) *É.-U.* 52B2
Hyrynsalmi *Finl.* 20D3
Hyūga *J.* 27C5
Hyvikää *Finl.* 4J6

I

Iablonovyï (Monts) *U.R.S.S.* 24D1
Iachkoul *U.R.S.S.* 21G6
Iaçu *Br.* 61K6
Iakoutie (Rép. aut. de) *U.R.S.S.* 19N3
Iakoutsk *U.R.S.S.* 19O3
Ialomiţa (R.) *Roum.* 15F2
Iamal (Pén. de) *U.R.S.S.* 18J2
Iaroslavl *U.R.S.S.* 20F4
Iärpen *Suède* 4G6
Iaşi *Roum.* 15F1
Ibadan *Nig.* 41G4
Ibagué *Col.* 60C3
Ibar (R.) *Youg.* 15E2
Ibarra *Éq.* 60C3
Ibérique (Cordillère) *Esp.* 13B1
Ibi *Nig.* 41H4
Ibiá *Br.* 63C2
Ibicaraí *Br.* 63E1
Ibicuí (R.) *Br.* 62E3
Ibicuy *Arg.* 62E4
Ibiza *Esp.* 13C2
Ibiza (Ile) *Esp.* 13C2
Ibo *Moz.* 43E5
Ibotirama *Br.* 61K6
Ica *Pér.* 60C6
Içá (R.) *Br.* 60E4
Icana *Br.* 60E3
Icha *U.R.S.S.* 19R4
Ichalkaranji *Inde* 34A1
Ichihara *J.* 27E4
Ichinomiya *J.* 28C3
Ichinoseki *J.* 27E4
Icy (Cap) *É.-U.* 50B2
Ida (Mont) *Gr.* 15E3
Ida (R.) *U.R.S.S.* 19L4
Idah *Nig.* 41H4
Idaho (État) *É.-U.* 52B2
Idaho Falls *É.-U.* 52B2
Idelés *Alg.* 40C2
Iderlym Gol (R.) *Mong.* 24C2
Idiofa *Zaïre* 42B4
Idlib *Syrie* 36C2
Idrija *Youg.* 12E2
Idritsa *U.R.S.S.* 4K7
Idro (Lac d') *It.* 12D2
Idutywa *Afr. du S.* 43C7
Iefremoy *U.R.S.S.* 20F5
Ieïssk *U.R.S.S.* 21F6
Ielets *U.R.S.S.* 21F5
Iéna *R.D.A.* 16C2
Ienisseï (R.) *U.R.S.S.* 18K3
Ienisseï (Golfe de l') *U.R.S.S.* 18J2
Ierápetra *Gr.* 15F3
Iesi *It.* 12E3
Ievlakh *U.R.S.S.* 21H7
Ievpatoria *U.R.S.S.* 21E6
Ifakara *Tanz.* 43D4
Ifalik (Ile) *O. Pacifique* 25H6
Ifanadiana *Mad.* 43E6
Ife *Nig.* 41G4
Iférouane *Niger* 40C3
Igan *Mal.* 29E5
Igaranava *Br.* 63C3
Igarka *U.R.S.S.* 18K3
Igatimi *Par.* 63A3
Igbetti *Nig.* 41G4
Igdir *Iran* 36E2
Iggesund *Suède* 4H6
Iglesias *It.* 14B3
Igloolik *Can.* 51K3
'Igma (El) *Ég.* 36B4
Ignace *Can.* 53D2
Iğneada (Cap) *Turq.* 36A1
Ignoitijala *Inde* 34E2
Igoumenítsa *Gr.* 15E3
Igra *U.R.S.S.* 20J4
Igrim *U.R.S.S.* 20L3
Iguaçu (Chutes de l') *Arg.* 63B4
Iguala *Mex.* 57C3
Iguape *Br.* 62G2
Iguatama *Br.* 63C3
Iguatemi *Br.* 63B3
Iguatemi (R.) *Br.* 63A3
Iguatu *Br.* 61L5
Iguéla *Gabon* 42A4
Iguidi (Erg) *Alg.* 40B2
Igumale *Nig.* 41H4
Ihiala *Nig.* 41H4
Ihosy *Mad.* 43E6
Iida *J.* 27D4
Iide-san (Mgne) *J.* 28C3
Iisalmi *Finl.* 4K6
Iizuka *J.* 28B4
Ijebulgbo *Nig.* 41G4
Ijebu Ode *Nig.* 41G4
Ijevsk *U.R.S.S.* 18G4
Ikaría (Ile) *Gr.* 15F3
Ikeda *J.* 27E3
Ikela *Zaïre* 42C4
Ikerre *Nig.* 41H4
Ikhtiman *Bulg.* 15E2
Iki (Ile) *J.* 28A4
Ikire *Nig.* 41G4
Ikopa (R.) *Mad.* 43E5
Ila *Nig.* 41G4
Ilagan *Phil.* 25F5
Ilām *Iran* 35B2
Ilanskiy *U.R.S.S.* 24C1
Ilanz *S.* 12C1
Ilaro *Nig.* 41G4
Ilebo *Zaïre* 42C4
Ile-de-France (Rég.) *Fr.* 7C2
Ilek (R.) *U.R.S.S.* 21K5
Île-Rousse (L') *Fr.* 7D3
Iles de la Mer Corail (Territoire des) *Austr.* 46E2
Ilesha *Nig.* 41G4
Iles (Lac aux) *Can.* 51J4
Ilfracombe *G.-B.* 11C6
Ilgaz Dağları (Mgnes) *Turq.* 36B1
Ilha Solteira (Barrage d') *Br.* 63B3
Ilhéus *Br.* 61L6
Iligan *Phil.* 25F6
Ilim (R.) *U.R.S.S.* 24D1
Il'inskiy *U.R.S.S.* 27E2
Iliodhrómia (Ile) *Gr.* 15E3
Illapel *Chili* 62B4
Ille-et-Vilaine (Dép.) *Fr.* 6B2
Illéla *Niger* 40C3
Iller (R.) *R.F.A.* 12D1
Illiamna (L.) *É.-U.* 50C4
Illinois (État) *É.-U.* 54B2
Illinois (R.) *É.-U.* 54A3
Illizi *Alg.* 40C2
Ilmen (Lac) *U.R.S.S.* 20E4
Ilo *Pér.* 60D7
Iloilo *Phil.* 25F5
Ilomantsi *Finl.* 4L6
Ilorin *Nig.* 41G4
Il'yino *U.R.S.S.* 17G1
Imabari *J.* 28B4

Jiang'an Kargasok

Jiang'an *Ch.* 26B4
Jiangbiancun *Ch.* 26D4
Jiangcheng *Ch.* 26A5
Jiang Jiang (R.) *Ch.* 26B3
Jiangjin *Ch.* 26B4
Jiangmen *Ch.* 26C5
Jiangsu (Prov.) *Ch.* 26D3
Jiangxi (Prov.) *Ch.* 26C4
Jiangyou *Ch.* 26A3
Jianping *Ch.* 26D1
Jianshui *Ch.* 26A5
Jian Xi (R.) *Ch.* 26D4
Jianyang *Ch.* 26D4
Jiaohe *Ch.* 27B3
Jiaonan *Ch.* 26E2
Jiao Xian *Ch.* 26E2
Jiaozhou (Baie de) *Ch.* 26E2
Jiaozuo *Ch.* 26C2
Jiaxiang *Ch.* 26E3
Jiayi *Taiwan* 26E5
Jiayin *Ch.* 27C2
Jiayuguan *Ch.* 24C3
Jibão (Serra do) *Br.* 63C2
Jieshou *Ch.* 26D3
Jiexiu *Ch.* 26C2
Jigzhi *Ch.* 26A3
Jihlava *Tch.* 16D3
Jijel *Alg.* 41D1
Jilib *Som.* 42E3
Jilin *Ch.* 27B3
Jilin (Prov.) *Ch.* 27B3
Jiliu He (R.) *Ch.* 27A1
Jiloca (R.) *Esp.* 13B1
Jilong *Taiwan* 26E4
Jiménez *Mex.* 52C4
Jinan *Ch.* 26D2
Jind *Inde* 32D3
Jingbian *Ch.* 26B2
Jingdezhen *Ch.* 26D4
Jinghong *Ch.* 29C1
Jingmen *Ch.* 26C3
Jingning *Ch.* 26B2
Jing Xiang *Ch.* 26B4
Jinhua *Ch.* 26D4
Jining *Ch.* 26C1
Jining *Ch.* 26D2
Jinja *Oug.* 42D3
Jinping *Ch.* 29C1
Jinsha Jiang (R.) *Ch.* 26A4
Jinshi *Ch.* 26C4
Jinxi *Ch.* 26E1
Jin Xian *Ch.* 26E2
Jinzhou *Ch.* 26E1
Jiparaná (R.) *Br.* 60F5
Jipijapa *Eq.* 60B4
Jiroft *Iran* 35D3
Jishou *Ch.* 26B4
Jitomir *U.R.S.S.* 17F2
Jiu (R.) *Roum.* 15E2
Jiujiang *Ch.* 26D4
Jiulong *Ch.* 26A4
Jiulong Jiang (R.) *Ch.* 26D4
Jiutai *Ch.* 27B3
Jiwani *Pak.* 35E3
Jixi *Ch.* 27C2
Jiza *Jord.* 37C3
Joal *Sén.* 40A3
João Monlevade *Br.* 63D2
João Pessoa *Br.* 61M5
João Pirheiro *Br.* 63C2
Joboticabal *Br.* 63C3
Jodhpur *Inde* 32C3
Joensuu *Finl.* 4K6
Jogbani *Inde* 33C2
Jog Falls *Inde* 34A2
Jogjakarta *Indon.* 25E7
Johannesburg *Afr. du S.* 43C6
Johan (Pén.) *Can.* 51L2
John H. Kerr (Rés.) *É.-U.* 55D3
John O'Groats *G.-B.* 10D2
Johnson City *É.-U.* 54C3
Johnston Depth *O. Pacifique* 44H4
Johnston (Pte) *St-Vincent* 58N2
Johnstown *É.-U.* 55D2
Johore Baharu *Mal.* 29C5
Joigny *Fr.* 5C2
Joinville *Br.* 62G3
Jok (R.) *U.R.S.S.* 20J5
Jokkmokk *Suède* 4H5
Jolfa *Iran* 21H8
Joliet *É.-U.* 53E2
Joliette *Can.* 51L5
Jolla (La) *É.-U.* 56D4
Jolo *Phil.* 25F6
Jolo (Ile) *Phil.* 25F6
Joma (Mgne) *Ch.* 31H2
Jonava *U.R.S.S.* 17E1
Jonê *Ch.* 26A3
Jonesboro *É.-U.* 53D3
Jones Sound *Can.* 51K2
Joniškis *U.R.S.S.* 17E1
Jönköping *Suède* 4G7
Jonzac *Fr.* 5B2
Joplin *É.-U.* 53D3
Jordanie *Asie* 36C3
Jordão (R.) *Br.* 63B4
Jorhāt *Inde* 33D2
Jörn *Suède* 20C2
Jørpeland *Norv.* 4F7
Jos *Nig.* 41H4
Joseph-Bonaparte (Golfe) *Austr.* 46B2
Josephine *M. du Nord* 10G3
Joseph (Lac) *Can.* 51M4
Jos (Plateau de) *Nig.* 41H4
Jotunheim (Massif) *Norv.* 4F6
Jourdain (R.) *Asie* 37C2
Joux (Lac de) *S.* 12B1
Jouy-en-Josas *Fr.* 6F4
Jowal *Inde* 33D2
Jowhar *Som.* 42E3
Juàjeiro *Br.* 61K5
Juan de Fuca (Détroit de) *Can. et É.-U.* 50F5
Juan de Nova (Ile) *O. Indien* 43E5
Juan Fernandez (Iles) *O. Pacifique* 60Q
Juazeiro do Norte *Br.* 61L5
Juba *Soud.* 42D3
Jubbah *Ar. S.* 36D4
Juby (Cap) *Maroc* 40A2
Jucar (R.) *Esp.* 13B2
Judée (Rég.) *Asie* 37C3
Judenburg *Autr.* 16C3
Juilaca *Pér.* 60D7
Juiling Shan (Collines) *Ch.* 26C4
Juiz de Fora *Br.* 61K8
Jujuy (État) *Arg.* 62C2
Juli *Pér.* 60E7
Julianatop (Mgne) *Sur.* 61G3
Julianehab *Groenl.* 51O3
Juliennes (Alpes) *Youg.* 12E1
Jullundur *Inde* 32D2
Jumla *Népal* 33B2
Jum Suwwāna (Mgne) *Jord.* 37C3
Jūnāgadh *Inde* 32C4
Junan *Ch.* 26D2
Junction City *É.-U.* 52D3
Jundiaí *Br.* 62G2
Juneau *É.-U.* 50E4
Junee *Austr.* 46D4
June Lake *É.-U.* 56C2
Jungfrau (Mgne) *S.* 14B1
Junín *Arg.* 62D4
Junipero Serra (Pic) *É.-U.* 56B2
Junlian *Ch.* 26A4
Juparanã (Lac) *Br.* 63D2
Juquiá *Br.* 62G2
Jur (R.) *Soud.* 42C3
Jura (Canton) *S.* 7D2
Jura (Dép.) *Fr.* 7D2
Jura (Ile) *G.-B.* 10C4
Jura Franconien *R.F.A.* 16C3
Jura (Mts du) *Fr. et S.* 5D2
Jura Souabe *R.F.A.* 16B3
Jura (Sound of) [Détroit] *G.-B.* 10C3
Jurf ed Darāwīsh *Jord.* 37C3
Jūrmala *U.R.S.S.* 20C4
Juruá (R.) *Br.* 60E4
Juruena (R.) *Br.* 61G6
Jusheng *Ch.* 27B2
Jūsīyah *Syrie* 37D1
Jutai (R.) *Br.* 60E4
Juticalpa *Hond.* 57D3
Jutland = Jylland
Juvisy-sur-Orge *Fr.* 6F4
Jūymand *Iran* 35D2
Jylland (Pén.) *Dan.* 16B1
Jyväskyla *Finl.* 4K6

K

K2 (Mgne) *Ch. et Inde* 32D1
Ka (R.) *Nig.* 41H3
Kaakhka *U.R.S.S.* 35D1
Kabaena (Ile) *Indon.* 46B1
Kabala *S. L.* 40A4
Kabale *Ruanda* 42D4
Kabalo *Zaïre* 42C4
Kabambare *Zaïre* 42C4
Kabarole *Oug.* 42D3
Kabba *Nig.* 41H4
Kabia (Ile) *Indon.* 46B1
Kabid (Al) [Désert] *Jord.* 37D4
Kabinakagami (Lac) *Can.* 54C1
Kabinda *Zaïre* 42C4
Kabir (R.) *Syrie* 37C1
Kabir Kuh (Mgnes) *Iran* 35B2
Kabir (Wāw Al) *Libye* 39A2
Kabompo *Zambie* 43C5
Kabompo (R.) *Zambie* 43C5
Kabongo *Zaïre* 43C4
Kaboul *Afgh.* 32B2
Kāchān *Iran* 35C2
Kachkanar *U.R.S.S.* 20K4
Kachug *U.R.S.S.* 19M4
Kadan *Birm.* 29B3
Kadavu (Ile) *Fidji* 47G2
Kadi *Inde* 32C4
Kadınhanı *Turq.* 36B2
Kadiri *Inde* 34B2
Kadiyevka *U.R.S.S.* 21F6
Kadoma *Zimb.* 43C5
Kadugli *Soud.* 42C2
Kaduna (État) *Nig.* 41H3
Kaduna *Nig.* 41H3
Kaduna (R.) *Nig.* 41H3
Kadūr *Inde* 34B2
Kadusam (Mgne) *Ch.* 33E2
Kadzherom *U.R.S.S.* 20K3
Kaechon *Corée du N.* 28A3
Kaédi *Maurit.* 40A3
Kaena (Pte) *Hawaii* 56E5
Kaesong *Corée du N.* 27B4
Kafanchan *Nig.* 41H4
Kaffrine *Sén.* 40A3
Kafiréus (Cap) *Gr.* 15E3
Kafr Behum *Syrie* 37D1
Kafr Sa'd *Ég.* 37A3
Kafr Saqv *Ég.* 37A3
Kafrūn Bashūr *Syrie* 37D1
Kafue *Zambie* 43C5
Kafue (R.) *Zambie* 43C5
Kafue (Parc nat. de la) *Zambie* 43C5
Kaga *J.* 27D4
Kagan *U.R.S.S.* 18H6
Kağizman *Turq.* 21G7
Kagoshima *J.* 27C5
Kagul *U.R.S.S.* 17F3
Kāhak *Iran* 35D1
Kahama *Tanz.* 42D4
Kahan *Pak.* 32B3
Kahemba *Zaïre* 43B4
Kahnūj *Iran* 35D3
Kahoka *É.-U.* 54A2
Kahoolawe (Ile) *Hawaii* 56E5
Kahramanmaraş *Turq.* 36C2
Kahuku Pt *Hawaii* 56E5
Kahului *Hawaii* 56E5
Kaieteur (Chutes de) *Guy.* 61G2
Kaifeng *Ch.* 26C3
Kai (Iles) *Indon.* 25G7
Kaikoura *N.-Z.* 47G5
Kaili *Ch.* 26B4
Kailua *Hawaii* 56E5
Kaimana *Indon.* 25G7
Kainan *J.* 28C4
Kainji (Bge de) *Nig.* 41G3
Kaiping *Ch.* 26C5
Kairouan *Tun.* 41E1
Kaiser (Pic) *É.-U.* 56C2
Kaiserslautern *R.F.A.* 16B3
Kaishantun *Ch.* 27B3
Kaisiadorys *U.R.S.S.* 17F2
Kaitaia *N.-Z.* 47G4
Kaithal *Inde* 32D3
Kaiwi (Canal) *Hawaii* 56E5
Kai Xian *Ch.* 26B3
Kaiyuan *Ch.* 26A5
Kaiyuan *Ch.* 27A3
Kajaani *Finl.* 4K6
Kajaki *Afgh.* 32B2
Kajiado *K.* 42D4
Kajrān *Afgh.* 32B2
Kaka *Soud.* 42D2
Kakabeka Falls *Can.* 54B1
Kakamega *K.* 42D3
Kake *J.* 28B4
Kakhovka (Rés. de) *U.R.S.S.* 18E5
Kākī *Iran* 35C3
Kākināda *Inde* 34C1
Kakogawa *J.* 28B4
Kaktovik *É.-U.* 50D2
Kakuda *J.* 28D3
Kalaa El Khasba *Tun.* 41D1
Kalabáka *Gr.* 15E3
Kalabo *Zambie* 43C5
Kalach *U.R.S.S.* 21G5
Kalach-na-Donu *U.R.S.S.* 21G6
Kaladan (R.) *Birm.* 33D3
Ka Lae (Cap) *Hawaii* 56E5
Kalahari (Désert du) *Botswana* 43C6
Kalai-Mor *U.R.S.S.* 35E1
Kalajoki *Finl.* 20C3
Kalakan *U.R.S.S.* 19N4
Kalakepen *Indon.* 29B5
Kalam *Pak.* 32C1
Kalamáta *Gr.* 15E3
Kalamazoo *É.-U.* 53E2
Kalapana *Hawaii* 56E5
Kalarsh *U.R.S.S.* 17F3
Kalat *Pak.* 32B3
Kalaupapa *Hawaii* 56E5
Kalecik *Turq.* 36B1
Kalémié *Zaïre* 42C4
Kalevala *U.R.S.S.* 20E2
Kalewa *Birm.* 33D3
Kalgoorlie *Austr.* 46B4
Kali (R.) *Inde* 33B2
Kaliakra (Cap) *Bulg.* 15F2
Kalima *Zaïre* 42C4
Kalimantan (Prov.) *Indon.* 29E6
Kálimnos (Ile) *Gr.* 15F3
Kālimpang *Inde* 33C2
Kalinin *U.R.S.S.* 20F4
Kaliningrad *U.R.S.S.* 20B5
Kalinkovichi *U.R.S.S.* 21D5
Kalinovka *U.R.S.S.* 17F3
Kalispell *É.-U.* 52B2
Kalisz *Pol.* 17D2
Kaliua *Tanz.* 42D4
Kalix (R.) *Suède* 4J5
Kalkfeld *Nam.* 43B6
Kalkrand *Nam.* 43B6
Kallávesi (Lac) *Finl.* 4K6
Kallonis Kólpos (Baie) *Gr.* 15F3
Kalmar *Suède* 4H7
Kalmouks (Rép. aut. des) *U.R.S.S.* 21H6
Kalomo *Zambie* 43C5
Kalona *É.-U.* 54A2
Kalpeni (Ile) *Inde* 34A2
Kālpi *Inde* 32D3
Kaluga *U.R.S.S.* 20F5
Kalundborg *Dan.* 4G7
Kalush *U.R.S.S.* 17E3
Kalyān *Inde* 34A1
Kalyandurg *Inde* 34B2
Kalyazin *U.R.S.S.* 20F4
Kam (R.) *Nig.* 41J4
Kama (R.) *U.R.S.S.* 20J3
Kamaishi *J.* 27E4
Kamalia *Pak.* 32C2
Kamanjab *Nam.* 43B5
Kamara *Ch.* 19O4
Kamat (Mgne) *Inde* 32D2
Kamban *Inde* 34B3
Kambarka *U.R.S.S.* 20J4
Kambia *S. L.* 40A4
Kamchatka *U.R.S.S.* 19S4
Kamechliyé *Syrie* 36D2
Kamenets Podolskiy *U.R.S.S.* 17F3
Kamenjak (Cap) *Youg.* 12E2
Kamenka *U.R.S.S.* 20G5
Kamen-na-Obi *U.R.S.S.* 18K4
Kamen' Rybolov *U.R.S.S.* 27C3
Kamensk-Ouralski *U.R.S.S.* 20L4
Kamenskoya *U.R.S.S.* 19S3
Kamilukuak (Lac) *Can.* 50H3
Kamina *Zaïre* 43C4
Kaminak (Lac) *Can.* 51J3
Kaminoyama *J.* 28D3
Kamlin (El) *Soud.* 42D2
Kamloops *Can.* 50F4
Kamo *U.R.S.S.* 36E1
Kamogawa *J.* 28D3
Kampala *Oug.* 42D3
Kampar *Mal.* 29C5
Kampar (R.) *Indon.* 29C5
Kampen *P.-B.* 16B2
Kamphaeng Phet *Th.* 29B2
Kampot *Camb.* 29C3
Kampuchéa = Cambodge
Kamsaptar *Iran* 35E3
Kamsk (Rés. de) *U.R.S.S.* 20K4
Kāmthi *Inde* 32D4
Kamyshin *U.R.S.S.* 21H5
Kamyshlov *U.R.S.S.* 20L4
Kanaaupscow (R.) *Can.* 51L4
Kanal *Youg.* 12E1
Kananga *Zaïre* 42C4
Kanash *U.R.S.S.* 20H4
Kanayama *J.* 28C3
Kanayan (Iles) *Indon.* 46A1
Kanazawa *J.* 27D4
Kānchipuram *Inde* 34B2
Kandahar *Afgh.* 32B2
Kandalakcha (Golfe de) *U.R.S.S.* 4L5
Kandalaksha *U.R.S.S.* 18E3
Kandangan *Indon.* 25E7
Kandé *Togo* 41G4
Kandi *Bénin* 41G3
Kandy *Sri L.* 34C3
Kane *É.-U.* 55D2
Kane (Bassin de) *Can.* 51L2
Kanem *Tchad* 42B2
Kaneohe *Hawaii* 56E5
Kanevka *U.R.S.S.* 20F2
Kanfanar *Youg.* 12E2
Kangaba *Mali* 40B3
Kangal *Turq.* 36C2
Kangâmiut *Groenl.* 51N3
Kangān *Iran* 35C3
Kangar *Mal.* 29C4
Kangaroo (Ile) *Austr.* 46C4
Kanga'tsiaq *Groenl.* 51N3
Kangavar *Iran* 35B2
Kangbao *Ch.* 26C1
Kangchenjunga (Mgne) *Népal* 33C2
Kangding *Ch.* 26A4
Kangerdlugssuaq (Baie) *Groenl.* 51P3
Kangerdlugssvatsaiq (Baie) *Groenl.* 51P3
Kangetet *K.* 42D3
Kanggye *Corée du N.* 27B3
Kangiqsualujjuaq *Can.* 51M4
Kangiqsujuak *Can.* 51L3
Kangirsuk *Can.* 51L3
Kangnung *Corée du S.* 27B4
Kango *Gabon* 42B3
Kangto (Mgne) *Ch.* 24C4
Kang Xian *Ch.* 26B3
Kaniama *Zaïre* 43C4
Kani Giri *Inde* 34B1
Kanin Nos (Cap) *U.R.S.S.* 20G2
Kanin (Pén. de) *U.R.S.S.* 20G2
Kankaanpää *Finl.* 4J6
Kankakee *É.-U.* 54B2
Kankakee (R.) *É.-U.* 54B2
Kankan *Guinée* 40B3
Kānker *Inde* 33B3
Kanniyākuman *Inde* 34B3
Kano (État) *Nig.* 41H3
Kano *Nig.* 41H3
Kano (R.) *Nig.* 41H3
Kanoya *J.* 27C5
Kānpur *Inde* 33B2
Kansas (État) *É.-U.* 52D3
Kansas City *É.-U.* 53D3
Kanshi *Ch.* 26D5
Kansk *U.R.S.S.* 24C1
Kansong *Corée du S.* 28A3
Kantchari *Burk.* 41G3
Kanthi *Inde* 33C3
Kantishna *É.-U.* 50C3
Kanye *Botswana* 43C6
Kaoka Veld *Nam.* 43B5
Kaolack *Sén.* 40A3
Kaoma *Zambie* 43C5
Kapaa *Hawaii* 56E5
Kapaau *Hawaii* 56E5
Kapanga *Zaïre* 43C4
Kapellskär *Suède* 4H7
Kapiri *Zambie* 43C5
Kaplice *Tch.* 16C3
Kapoe *Th.* 29B4
Kapona *Zaïre* 43C4
Kaposvár *H.* 15D1
Kapsan *Corée du N.* 28A2
Kapsukas *U.R.S.S.* 20C5
Kapuas (R.) *Indon.* 29D6
Kapurthala *Inde* 32D2
Kapuskasing *Can.* 51K5
Kapuskasing (R.) *Can.* 54C1
Kapydzhik (Mgne) *U.R.S.S.* 21H8
Kapyong *Corée du S.* 28A3
Kara *Togo* 41G4
Kara (Mer de) *U.R.S.S.* 18J2
Kara (R.) *Togo* 41G4
Karabil (Hauteurs de) *U.R.S.S.* 35E1
Kara-Bogaz Gol *U.R.S.S.* 21J7
Karabük *Turq.* 36B1
Karacabey *Turq.* 15F2
Karāchi *Pak.* 32B4
Karād *Inde* 34A1
Kara Daglari *Turq.* 21F7
Karadj *Iran* 35C1
Karaftit *U.R.S.S.* 24E1
Karaganda *U.R.S.S.* 18J5
Karagayly *U.R.S.S.* 18J5
Karaginskiy (Ile) *U.R.S.S.* 19S4
Kāraikāl *Inde* 34B2
Karak *Jord.* 36C3
Karakax He (R.) *Ch.* 32D1
Karakelong (Ile) *Indon.* 25F6
Karakoro (R.) *Maurit. et Sén.* 40A3
Karakorum (Massif du) *Asie* 32D1
Karakorum (Passe du) *Chine et Inde* 32D1
Karakoum (Canal du) *U.R.S.S.* 35E1
Karakoum (Désert du) *U.R.S.S.* 18G6
Karama *Jord.* 37C3
Karaman *Turq.* 21E8
Karamay *Ch.* 18K5
Karanhk (R.) *Turq.* 21E8
Kāranja *Inde* 32D4
Karapalkie *U.R.S.S.* 18G5
Karapınar *Turq.* 36B2
Karasburg *Nam.* 43B6
Karasjok *Norv.* 4K5
Karasuk *U.R.S.S.* 18J4
Karataş *Turq.* 36C2
Kara Tau (Mgnes) *U.R.S.S.* 18H5
Karathuri *Birm.* 29B3
Karatsu *J.* 27B5
Karaul *U.R.S.S.* 18K3
Karavostasi *Chypre* 37B1
Karawanken (Mgnes) *Autr.* 12E1
Karāz *Iran* 35C3
Karbalā' *Iraq* 36D3
Karcag *H.* 17E3
Kardhítsa *Gr.* 15E3
Kārdzāli *Bulg.* 15F2
Karen *Inde* 34E2
Karepino *U.R.S.S.* 20K3
Karesvando *Suède* 4J5
Karet *Maurit.* 40B2
Kargasok *U.R.S.S.* 18K4

Kingston **Kūhpāyeh**

Kingston *É.-U.* 55E2
Kingston *Jam.* 57E3
Kingstown *St-Vincent* 58E4
Kingsville *É.-U.* 52D4
Kingussie *G.-B.* 10C3
King William's Town *Afr. du S.* 43C7
Kinkala *Congo* 42B4
Kinna *Suède* 4G7
Kinnairds Head (Pointe) *G.-B.* 10D3
Kinomoto *J.* 28C3
Kinross *G.-B.* 10D3
Kinshasa *Zaïre* 42B4
Kintap *Indon.* 25E7
Kintyre (Pén.) *G.-B.* 10C4
Kinyeti *Soud.* 42D3
Kiparissía *Gr.* 15E3
Kipawa (Lac) *Can.* 55D1
Kipili *Tanz.* 43D4
Kippure (Mgne) *Irl.* 11B5
Kipushi *Zaïre* 43C5
Kirensk *U.R.S.S.* 19M4
Kirghize (Ch.) *U.R.S.S.* 31F1
Kirghizistan (Rép.) *U.R.S.S.* 18J5
Kiri *Zaïre* 42B4
Kiribati (Iles) *O. Pacifique* 47G1
Kırıkkale *Turq.* 36B2
Kirishi *U.R.S.S.* 20E4
Kirithar (Mts) *Pak.* 32B3
Kirkağaç *Turq.* 15F3
Kirk Bulāg Dāgh (Mgne) *Iran* 21H8
Kirkby *G.-B.* 11D4
Kirkcaldy *G.-B.* 10D3
Kirkcudbright *G.-B.* 10C4
Kirkenes *Norv.* 4K5
Kirkland Lake *Can.* 51K5
Kırklareli *Turq.* 36A1
Kirkpatrick (Mt) *Antarct.* 64E
Kirksville *É.-U.* 53D2
Kirkūk *Iraq* 36D2
Kirkwall *G.-B.* 10D2
Kirkwood *É.-U.* 54A3
Kirov *U.R.S.S.* 20E5
Kirov *U.R.S.S.* 20H4
Kirovabad *U.R.S.S.* 21H7
Kirovakan *U.R.S.S.* 36D1
Kirovgrad *U.R.S.S.* 20K4
Kirovograd *U.R.S.S.* 21E6
Kirovsk *U.R.S.S.* 20E2
Kirovskiy *U.R.S.S.* 19R4
Kirovskiy *U.R.S.S.* 27C2
Kirs *U.R.S.S.* 20J4
Kirşehir *Turq.* 36B2
Kiruna *Suède* 16C2
Kiryū *J.* 28C3
Kisangani *Zaïre* 42C3
Kisaran *Indon.* 29B5
Kisarazu *J.* 28C3
Kishanganj *Inde* 33C2
Kishangarh *Inde* 32C3
Kishiwada *J.* 28C4
Kisii *K.* 42D4
Kisiju *Tanz.* 43D4
Kiskunhalas *H.* 17D3
Kislovodsk *U.R.S.S.* 18F5
Kismaayo *Som.* 42E4
Kiso (Monts) *J.* 28C3
Kissidougou *Guinée* 40B4
Kistnā (R.) *Inde* 34B1
Kisumu *K.* 42D4
Kisvárda *H.* 17E3
Kiswah (Al) *Syrie* 37D2
Kita *Mali* 40B3
Kitab *U.R.S.S.* 18H6
Kitakami *J.* 28D3
Kitakami (R.) *J.* 28D3
Kitakata *J.* 28D3
Kita-Kyūshū *J.* 27C5
Kitale *K.* 42D3
Kitalo (Ile) *J.* 24H4
Kitami *J.* 27E3
Kitami-Esashi *J.* 28D2
Kitchener *Can.* 51K5
Kitgum *Oug.* 42D3
Kíthnos (Ile) *Gr.* 15E3
Kiti (Cap) *Chypre* 37B1
Kitikmeot (Rég.) *Can.* 50G2
Kitimat *Can.* 50F4
Kitnen (R.) *Finl.* 4K5
Kitsuki *J.* 28B4
Kittanning *É.-U.* 55D2
Kittery *É.-U.* 55E2
Kittilä *Finl.* 4J5
Kitunda *Tanz.* 43D4
Kitwe *Zambie* 43C5
Kitzbühel *Autr.* 16C3
Kitzbühler Alpen *Autr.* 12E1
Kitzingen *R.F.A.* 16C3
Kiumbi *Zaïre* 42C4
Kivalina *É.-U.* 50B3
Kivercy *U.R.S.S.* 17F2
Kivu (L.) *Ruanda et Zaïre* 42C4
Kiwalik *É.-U.* 50B3
Kizel *U.R.S.S.* 20K4
Kizema *U.R.S.S.* 20G3
Kızıl Irmak (R.) *Turq.* 36C2
Kizyl-Arvat *U.R.S.S.* 18G6
Kizyl-Atrek *U.R.S.S.* 21J8
Kjustendil *Bulg.* 15E2
Kladno *Tch.* 16C2
Klagenfurt *Autr.* 16C3
Klaipėda *U.R.S.S.* 20C4
Klamath (R.) *É.-U.* 52A2
Klamath Falls *É.-U.* 52A2
Klatovy *Tch.* 16C3
Kleiat *Liban* 37C1
Klerksdorp *Afr. du S.* 43C6
Kletnya *U.R.S.S.* 17G2
Klimovichi *U.R.S.S.* 17G2
Klin *U.R.S.S.* 20F4
Klintehamn *Suède* 17D1
Klintsy *U.R.S.S.* 21E5
Ključ *Youg.* 14D2
Kłodzko *Pol.* 16D2
Klondike Plateau *Can. et É.-U.* 50D3
Klosterneuburg *Autr.* 16D3
Kluczbork *Pol.* 17D2
Knighton *G.-B.* 11D5
Knin *Youg.* 14D2
Knob (C.) *Austr.* 46A4
Knox (Terre de) *Antarct.* 64G9
Knoxville *É.-U.* 53E3
Knud Ramsussens (Terre de) *Groenl.* 51Q3
Kobbermirebugt *Groenl.* 51O3
Kobe *J.* 27D5
Kobiard *Youg.* 12E1
Koblenz = Coblence
Koboldo *U.R.S.S.* 27C1
Kobrin *U.R.S.S.* 20C5
Kobroör (Ile) *Indon.* 25G7
Kočani *Youg.* 15E2
Kochang *Corée du S.* 28A3
Koch Bihār *Inde* 33C2
Kochel *R.F.A.* 12D1
Kochi *J.* 27C5
Koch (Ile) *Can.* 51L3
Kodiak *É.-U.* 50C4
Kodiak (Ile) *É.-U.* 50C4
Kodikkarai *Inde* 34B2
Kodok *Soud.* 42D3
Kodomari (Cap) *J.* 28D2
Kodyma *U.R.S.S.* 17F3
Koehn (Lac) *É.-U.* 56D3
Koes *Nam.* 43B6
Koffiefontein *Afr. du S.* 43C6
Koforidua *Gh.* 41F4
Kōfu *J.* 27D4
Koga *J.* 28C3
Køge *Dan.* 4G7
Kohat *Pak.* 32C2
Koh-i-Baba (Mgnes) *Afgh.* 32B2
Koh-i-Hisar (Mgnes) *Afgh.* 32B1
Koh-i-Khurd (Mgne) *Afgh.* 32B2
Kohima *Inde* 33D2
Koh-i-Mazar (Mgne) *Afgh.* 32B1
Koh-i-Qaisar (Mgne) *Afgh.* 35E2
Kohlu *Pak.* 32B3
Kohtla Järve *U.R.S.S.* 20D4
Kohung *Corée du S.* 28A4
Kohyon *Corée du S.* 28A4
Koide *J.* 28C3
Koihoa (Iles) *Inde* 29A4
Koin *Corée du N.* 28A2
Koje (Ile) *Corée du S.* 27B5
Ko-jima (Ile) *J.* 28C2
Kokchetav *U.R.S.S.* 18H4
Kokemaki (Lac) *Finl.* 4J6
Kokkola *Finl.* 4J6
Koko *Nig.* 41G3
Kokoda *P.-N.-G.* 46D1
Kokomo *É.-U.* 54B2
Kokonau *Indon.* 25G7
Kokpekty *U.R.S.S.* 18K5
Koksan *Corée du N.* 28A3
Koksoak (R.) *Can.* 51M4
Kokstad *Afr. du S.* 43C7
Kola *U.R.S.S.* 20E2
Kolaka *Indon.* 25F7
Kola (Péninsule de) *U.R.S.S.* 20F2
Kolār *Inde* 34B2
Kolār Gold Fields *Inde* 34B2
Kolda *Sén.* 40A3
Kolding *Dan.* 4F7
Kolendo *U.R.S.S.* 27E1
Kolepom (I.) *Indon.* 25G7
Kolguyev (Ile) *U.R.S.S.* 20H2
Kolhāpur *Inde* 34A1
Kolín *Tch.* 16D2
Köln = Cologne
Kolo *Pol.* 17D2
Koloa *Hawaii* 56E5
Kolobrzeg *Pol.* 16D2
Kolokani *Mali* 40B3
Kolomna *U.R.S.S.* 20F4
Kolomyya *U.R.S.S.* 21D6
Kolpakovskiy *U.R.S.S.* 19R4
Kolpashevo *U.R.S.S.* 18K4
Kolpekty *U.R.S.S.* 24B2
Kolva (R.) *U.R.S.S.* 20K2
Kolvereid *Norv.* 4G6
Kolwezi *Zaïre* 43C5
Kolyma (R.) *U.R.S.S.* 19R3
Kolyma (Hauteurs de la) *U.R.S.S.* 19S3
Kolyma (Plaine de la) *U.R.S.S.* 19R3
Kom (Mgne) *Bulg. et Youg.* 15E2
Koma *Éth.* 42D3
Koma *J.* 28D3
Komaduga Gana (R.) *Nig.* 41J3
Komadugu Yobé (R.) *Nig.* 41J3
Komaga take (Mgne) *J.* 28D2
Komandorskiye (Iles) *U.R.S.S.* 19S4
Komárno *Tch.* 17D3
Komatsu *J.* 27D4
Komatsushima *J.* 28B4
Kombissiri *Burk.* 41F3
Komis (Rép. aut. des) *U.R.S.S.* 18G3
Kommunar *U.R.S.S.* 24B1
Komodo (Ile) *Indon.* 25E7
Komoran (Ile) *Indon.* 25G7
Komoro *J.* 28C3
Komotiní *Gr.* 15F2
Kompong Cham *Camb.* 29D3
Kompong Chhnang (Mgnes) *Camb.* 29C3
Kompong Som *Camb.* 29C3
Kompong Thom *Camb.* 29D3
Kompong Trabek *Camb.* 29D3
Komrat *U.R.S.S.* 17F3
Komsomolets (Ile) *U.R.S.S.* 19L1
Komsomol'skiy *U.R.S.S.* 20L2
Komsomol'sk na Amure *U.R.S.S.* 19P4
Konda (R.) *U.R.S.S.* 18H4
Kondagaon *Inde* 33B4
Kondoa *Tanz.* 42D4
Kondon *U.R.S.S.* 27D1
Kondopoga *U.R.S.S.* 20E3
Kondukür *Inde* 34B1
Koné *N.-C.* 8
Konevo *U.R.S.S.* 20F3
Kongju *Corée du S.* 28A3
Kong Karls Land (Iles) *O. Arctique* 18D2
Kongolo *Zaïre* 42C4
Kongoussi *Burk.* 41F3
Kongsberg *Dan.* 4F7
Kongsvinger *Norv.* 4G6
Königsberg = Kaliningrad
Königsee (Lac) *R.F.A.* 12E1
Konin *Pol.* 17D2
Konjic *Youg.* 15D2
Konongo *Gh.* 41F4
Konosha *U.R.S.S.* 20G3
Konosu *J.* 28C3
Konotop *U.R.S.S.* 21E5
Konsk *U.R.S.S.* 19L4
Końskie *Pol.* 17E2
Kontagora *Nig.* 41H3
Kontum *V.* 29D3
Konya *Turq.* 21E8
Kopargaon *Inde* 32C5
Kópasker *Isl.* 51R3
Kópavogur *Isl.* 4A2
Koper *Youg.* 14C1
Kopet Dag (Mgnes) *Iran et U.R.S.S.* 18G6
Kopeysk *U.R.S.S.* 20L4
Ko Phangan (Ile) *Th.* 29C4
Köping *Suède* 4H7
Kopori *Corée du S.* 28A3
Koppal *Inde* 34B1
Koprivnica *Youg.* 14D1
Korangi *Pak.* 32B4
Koraput *Inde* 34C1
Korba *Inde* 33B3
Korbach *R.F.A.* 16B2
Korbuk (R.) *É.-U.* 50B3
Korçë *Alb.* 15E2
Korčula (Ile) *Youg.* 14D2
Kordofan *Soud.* 42C2
Korec *U.R.S.S.* 17F2
Korf *U.R.S.S.* 19S3
Körğlu Tepesi (Mgne) *Turq.* 36B1
Korhogo *C.-d'Iv.* 40B4
Kori Creek *Inde* 32B4
Korima (R.) *Alg.* 41B2
Köriyama *J.* 27E4
Korkino *U.R.S.S.* 20L5
Korkodon *U.R.S.S.* 19R3
Korkodon (R.) *U.R.S.S.* 19R3
Korkuteli *Turq.* 36B2
Korla *Ch.* 31G1
Kormakiti (Cap) *Chypre* 37B1
Kornat (Ile) *Youg.* 14D2
Köroğlu Tepesi (Mgne) *Turq.* 21E7
Korogwe *Tanz.* 42D4
Koror *O. Pacifique* 25G6
Körös (R.) *H.* 17E3
Korosten *U.R.S.S.* 21D5
Korostyshev *U.R.S.S.* 17F2
Koro Toro *Tchad* 42B2
Korsakov *U.R.S.S.* 27E2
Korsør *Dan.* 4G7
Kortkeroz *U.R.S.S.* 20J3
Koryaks (Hauteurs des) *U.R.S.S.* 19S3
Koryong *Corée du S.* 28A3
Kós (Ile) *Gr.* 15F3
Ko Samui (Ile) *Th.* 29C4
Kosan *Corée du N.* 28A3
Koscierzyna *Pol.* 17D2
Kosciusko (Mgne) *Austr.* 46D4
Koshikijima (Ile) *J.* 27B5
Košice *Tch.* 17E3
Kosma (R.) *U.R.S.S.* 20J2
Kosong *Corée du N.* 27B4
Kosong *Corée du S.* 28A3
Kosovo *Youg.* 15E2
Kosovska Mitrovica *Youg.* 15E2
Kosseir *Ég.* 39C2
Kossou (Lac de) *C.-d'Iv.* 40B4
Kosti *Soud.* 42D2
Kostopol' *U.R.S.S.* 17F2
Kostroma *U.R.S.S.* 20G4
Kostrzyn *Pol.* 16C2
Kos'yu *U.R.S.S.* 20K2
Koszalin *Pol.* 4H8
Kota *Inde* 32D3
Kota Baharu *Indon.* 29E6
Kota Baharu *Mal.* 29C4
Kot Addu *Pak.* 32C2
Kota Kinabalu *Mal.* 25E6
Kotapad *Inde* 34C1
Kotel'nich *U.R.S.S.* 20H4
Kotel'nikovo *U.R.S.S.* 21G6
Kotel'nyy (Ile) *U.R.S.S.* 19P2
Kotka *Finl.* 4K6
Kotlas *U.R.S.S.* 20H3
Kotlik *É.-U.* 50B3
Koton Karifi *Nig.* 41H4
Kotor *Youg.* 15D2
Kotovsk *U.R.S.S.* 21D6
Kotri *Pak.* 32B3
Kötschach *Autr.* 12E1
Kottagūdem *Inde* 34C1
Kottayam *Inde* 34B3
Kotto (R.) *Centr.* 42C3
Kotto (Haute) *Centr.* 42C3
Kottūru *Inde* 34B2
Kotuy (R.) *U.R.S.S.* 19L3
Kotzebue *É.-U.* 50B3
Kotzebue Sound (Baie) *É.-U.* 50B3
Kouande *Bénin* 41G3
Kouango *Centr.* 42C3
Koudougou *Burk.* 41F3
Koufra (Oasis de) *Libye* 39B2
Kouïbychev *U.R.S.S.* 18G4
Kouïbychev (Rés. de) *U.R.S.S.* 20H5
Koukou Nor (Lac) *Ch.* 24C3
Koulamoutou *Gabon* 42B4
Koulikoro *Mali* 40B3
Kouma (R.) *U.R.S.S.* 21H7
Koumac *N.-C.* 8
Koupéla *Burk.* 41F3
Koura (R.) *U.R.S.S.* 21H8
Kouri *Mali* 41F3
Kouriles (Fosse des) *O. Pacifique* 44J2
Kouriles (Iles) *U.R.S.S.* 19Q5
Kourou *Guy. Fr.* 61H2
Kouroussa *Guinée* 40B3
Kousséri *Cameroun* 42B2
Kouvola *Finl.* 4K6
Kouznetsk *U.R.S.S.* 21H5
Kovdor *U.R.S.S.* 20D2
Kovdozero (Lac) *U.R.S.S.* 4L5
Kovel *U.R.S.S.* 21C5
Kovno = Kaunas
Kovrov *U.R.S.S.* 20G4
Kovylkino *U.R.S.S.* 20G5
Kovzha (R.) *U.R.S.S.* 20F3
Ko Way (Ile) *Th.* 29C4
Koweït *Asie* 30C3
Koweït *Koweït* 36E4
Kowloon *Hongkong* 26C5
Kowon *Corée du N.* 28A3
Kowt-e-Ashrow *Afgh.* 32B2
Köyceğiz *Turq.* 36A2
Koyda *U.R.S.S.* 20G2
Koydor *U.R.S.S.* 4L5
Koyna (Rés. de) *Inde* 34A1
Koynas *U.R.S.S.* 20H3
Koyp (Gora) *U.R.S.S.* 20K3
Koyukuk (R.) *É.-U.* 50C3
Kozan *Turq.* 36C2
Kozańi *Gr.* 15E2
Kozhikode = Calicut
Kozhim *U.R.S.S.* 20K2
Koz'modemyansk *U.R.S.S.* 20H4
Kōzu-shima (Ile) *J.* 28C4
Kpandu *Gh.* 41G4
Kragerø *Norv.* 4F7
Kragujevac *Youg.* 15E2
Kra (Isthme de) *Birm. et Mal.* 29B3
Krak des Chevaliers (Site hist.) *Syrie* 37D1
Kraljevo *Youg.* 15E2
Kramatorsk *U.R.S.S.* 21F6
Kramfors *Suède* 4H6
Kranj *Youg.* 14C1
Krapotkin *U.R.S.S.* 21G6
Krasavino *U.R.S.S.* 20H3
Krasino *U.R.S.S.* 18G2
Kraśnik *Pol.* 17E2
Krasnoarmeysk *U.R.S.S.* 21H5
Krasnodar *U.R.S.S.* 21F7
Krasnogorsk *U.R.S.S.* 27E2
Krasnoïarsk *U.R.S.S.* 19K4
Krasnokamsk *U.R.S.S.* 20K4
Krasnotur'insk *U.R.S.S.* 20L4
Krasnoufimsk *U.R.S.S.* 20K4
Krasnousol'-skiy *U.R.S.S.* 20K5
Krasnovishersk *U.R.S.S.* 20K3
Krasnovodsk *U.R.S.S.* 21J7
Krasnystaw *Pol.* 17E2
Krasnyy Kut *U.R.S.S.* 21H5
Krasnyy Luch *U.R.S.S.* 21F6
Krasnyy Yar *U.R.S.S.* 21H6
Kratie *Camb.* 29D3
Kraulshavn *Groenl.* 51N2
Krefeld *R.F.A.* 16B2
Kremenchug *U.R.S.S.* 21E6
Kremenchug (Rés. de) *U.R.S.S.* 21E6
Kremenets *U.R.S.S.* 17F2
Kremlin-Bicêtre(Le) *Fr.* 6F4
Kribi *Cameroun* 42A3
Krichev *U.R.S.S.* 20E5
Krimml *Autr.* 12E1
Krinstinestad *Finl.* 4J6
Krishnagiri *Inde* 34B2
Krishnangar *Inde* 33C3
Kristiansand *Norv.* 4F7
Kristianstad *Suède* 4G7
Kristiansund *Norv.* 18B3
Kristineham *Suède* 4G7
Krivoï-Rog *U.R.S.S.* 21E6
Krk (Ile) *Youg.* 14C1
Kronotskaya Sopka (Mgne) *U.R.S.S.* 19S4
Kronotskiy (Cap) *U.R.S.S.* 19S4
Kronpris Frederik Bjerge (Mgnes) *Groenl.* 51P3
Kronshtadt *U.R.S.S.* 4K7
Kroonstad *Afr. du S.* 43C6
Kropotkin *U.R.S.S.* 18F5
Kruger (Parc nat.) *Afr. du S.* 43D6
Krugersdorp *Afr. du S.* 43C6
Kruje *Alb.* 15D2
Krupki *U.R.S.S.* 17F2
Kruševac *Youg.* 15E2
Krustpils *U.R.S.S.* 4K7
Krym (R.) *U.R.S.S.* 21E7
Krymsk *U.R.S.S.* 21F7
Krzyz *Pol.* 16D2
Ksar el-Kebir *Maroc* 41A2
Ksour (Monts des) *Alg.* 41B2
Kuala *Indon.* 29B5
Kuala Dungun *Mal.* 29C5
Kuala Kerai *Mal.* 29C4
Kuala Kubu Baharu *Mal.* 29C5
Kuala Lipis *Mal.* 29C5
Kuala Lumpur *Mal.* 29C5
Kualasimpang *Indon.* 29B5
Kuala Terengganu *Mal.* 29C4
Kuandang *Indon.* 25F6
Kuandian *Ch.* 27A3
Kuantan *Mal.* 29C5
Kuba *U.R.S.S.* 21H7
Kubar *P.-N.-G.* 25H7
Kuching *Mal.* 29E5
Kudat *Mal.* 25E6
Kudymkar *U.R.S.S.* 20J4
Kufstein *Autr.* 16C3
Kuhak *Iran* 35E3
Kuh Duren (Hauteurs) *Iran* 35D2
Kūh e Bazmān (Mgne) *Iran* 35D3
Kūh-e Dinar (Mgne) *Iran* 35C2
Kūh-e-Hazār Masjed (Mgnes) *Iran* 35D1
Kūh-e Jebāl Barez (Mgnes) *Iran* 35D3
Kūh-e Karkas (Mgnes) *Iran* 35C2
Kuh-e Laleh Zar (Mgne) *Iran* 35D3
Kūh-e Sahand (Mgne) *Iran* 35B1
Kuh e Taftān (Mgne) *Iran* 35E3
Kūhhaye Alvand (Mgnes) *Iran* 21H9
Kūhhaye Sabalan (Monts) *Iran* 21H8
Kuhmo *Finl.* 4K6
Kūhpāyeh *Iran* 35C2
Kūhpāyeh (Mgne) *Iran* 35D2

Kuh (Ras-al-)
Lessini (Monti)

Kuh (Ras-al-) *Iran* 35D3
Küh ye Sabalan (Mgne) *Iran* 35B1
Kuibis *Nam.* 43B6
Kuito *Ang.* 43B5
Kujang *Corée du N.* 28A3
Kuji *J.* 27E3
Kuju-san (Mgne) *J.* 28B4
Kukës *Alb.* 15E2
Kukup *Mal.* 29C5
Kül (R.) *Iran* 35D3
Kula *Turq.* 15F3
Kulabu (Gunung) *Indon.* 29B5
Kulakshi *U.R.S.S.* 21K6
Kulal (Mt.) *K.* 42D3
Kulata *Bulg.* 15E2
Kuldiga *U.R.S.S.* 20C4
Kulov (R.) *U.R.S.S.* 20G2
Kulpawn (R.) *Gh.* 41F3
Kul'sary *U.R.S.S.* 21J6
Kulu *Inde* 32D2
Kulu *Turq.* 36B2
Kulunda *U.R.S.S.* 18J4
Kumagaya *J.* 28C3
Kumai *Indon.* 25E7
Kumak *U.R.S.S.* 21L5
Kumamoto *J.* 27C5
Kumano *J.* 28C4
Kumanovo *Youg.* 15E2
Kumara *Ch.* 27B1
Kumasi *Gh.* 41F4
Kumba *Cameroun* 42A3
Kumbakonam *Inde* 34B2
Kumbo *Cameroun* 41J4
Kumchon *Corée du N.* 28A3
Kumertau *U.R.S.S.* 20K5
Kumgang *Corée du N.* 28A3
Kumhwa *Corée du S.* 27B4
Kumla *Suède* 4H7
Kumnyong *Corée du S.* 28A4
Kumo (Ile) *Corée du S.* 28A4
Kumon (Monts) *Birm.* 33E2
Kumta *Inde* 34A2
Kümüx *Ch.* 31G1
Kunar (R.) *Afgh.* 32C2
Kunashir (Ile) *U.R.S.S.* 27F3
Kunda *U.R.S.S.* 4K7
Kundla *Inde* 32C4
Kunduz *Afgh.* 32B1
Kungsbacka *Suède* 4G7
Kungur *U.R.S.S.* 20K4
Kunhing *Birm.* 29B1
Kunlun (Mgnes) *Ch.* 31G2
Kunming *Ch.* 26A4
Kunovat (R.) *U.R.S.S.* 20M3
Kunsan *Corée du S.* 27B4
Kuopio *Finl.* 4K6
Kupa (R.) *Youg.* 14D1
Kupang *Indon.* 46B2
Kupiano *P.-N.-G.* 46D2
Kupreanof (Ile) *É.-U.* 50E4
Kupyansk *U.R.S.S.* 21F6
Kuqa *Ch.* 31G1
Kur (R.) *U.R.S.S.* 27C2
Kurabe *J.* 28C3
Kurashiki *J.* 27C5
Kurayoshi *J.* 28B3
Kurdistan (Rég.) *Iran, Turq. et Iraq* 36D2
Kure *J.* 27C5
Kureyka (R.) *U.R.S.S.* 19L3
Kurgan *U.R.S.S.* 18H4
Kurikka *Finl.* 4J6
Kuril'sk *U.R.S.S.* 27F2
Kurnool *Inde* 34B1
Kuroishi *J.* 28D2
Kuroiso *J.* 28D3
Kursk *U.R.S.S.* 21F5
Kuruktag (R.) *Ch.* 24B2
Kuruman *Afr. du S.* 43C6
Kuruman (R.) *Afr. du S. et Botswana* 43C6
Kurume *J.* 27C5
Kurunegala *Sri L.* 34C3
Kurunktag (R.) *Ch.* 18K5
Kur'ya *U.R.S.S.* 20K3
Kusa *U.R.S.S.* 20K4
Kuşadasi (Golfe de) *Turq.* 15F3
Kus Golü (Lac) *Turq.* 15F2
Kushimoto *J.* 27D5
Kushiro *J.* 27E3
Kushka *Afgh.* 35E1
Kushtia *Bangl.* 33C3
Kushum (R.) *U.R.S.S.* 21J5
Kushva *U.R.S.S.* 18H4
Kuskokwim (R.) *É.-U.* 50B3
Kuskokwim (Mts) *É.-U.* 50C3
Kusma *Népal* 33B2
Kusshara (Lac) *J.* 27E3
Kustanay *U.R.S.S.* 18H4
Küt *Iraq* 36E3
Kütahya *Turq.* 21D8
Kutaisi *U.R.S.S.* 21G7
Kutchan *J.* 28D2
Kutch (G. de) *Inde* 32B4
Kutch (Rann de) *Inde* 32B4
Kut (Ko) [Ile] *Th.* 29C3
Kutná Hora *Tch.* 16D3
Kutno *Pol.* 17D2
Kutu *Zaïre* 42B4
Kutubdia (Ile) *Bangl.* 33D3
Kutum *Soud.* 42C2
Kuujjuaq *Can.* 51M4
Kuusamo *Finl.* 4K5
Kuvandyk *U.R.S.S.* 21K5
Kuwana *J.* 28C3
Kuybyshev *U.R.S.S.* 18J4
Kuyto (Lac) *U.R.S.S.* 20E2
Kuytun *U.R.S.S.* 19M4
Kuzomen *U.R.S.S.* 20F2
Kvaenangen (Baie) *Norv.* 20C2
Kvigtind (Mgne) *Norv.* 4G5
Kvikkjokk *Suède* 20B2
Kwale *K.* 42D4
Kwale *Nig.* 41H4
Kwangju *Corée du S.* 27B4
Kwango (R.) *Zaïre* 42B4
Kwangyang *Corée du S.* 28A3
Kwanmo-bong (Mgne) *Corée du N.* 28A2
Kwara *Nig.* 41H4
Kwekwe *Zimb.* 43C5
Kwidzyn *Pol.* 17D2
Kwigillingok *É.-U.* 50B4
Kwoka (Mgne) *Indon.* 25G7
Kyaikkami *Birm.* 29B2
Kyaikto *Birm.* 29B2
Kyakhta *U.R.S.S.* 24D1
Kyaukme *Birm.* 29B1
Kyauk-padaung *Birm.* 29B1
Kyaukpyu *Birm.* 29A2
Kyaukse *Birm.* 33E3
Kychema *U.R.S.S.* 20G2
Kyle of Lochalsh *G.-B.* 9B2
Kyoga (Lac) *Oug.* 42D3
Kyongju *Corée du S.* 27B4
Kyongsang Sanmaek (Mgnes) *Corée du S.* 28A3
Kyongsong *Corée du N.* 28A2
Kyonpyaw *Birm.* 33E4
Kyōto *J.* 27D4
Kyrenia *Chypre* 37B1
Kyrta *U.R.S.S.* 20K3
Kyshtym *U.R.S.S.* 18H4
Kythrea *Chypre* 37B1
Kyūshū (Ile) *J.* 27C5
Kyusyur *U.R.S.S.* 19O2
Kyzyl *U.R.S.S.* 24C1
Kyzylkoum (Désert) *U.R.S.S.* 18H5
Kzyl Orda *U.R.S.S.* 18H5

L

Laas Caanood *Som.* 42E3
Labasa *Fidji* 47G2
Labé *Guinée* 40A3
Labe (R.) *Tch.* 16D2
Labelle *Can.* 55E1
Labinsk *U.R.S.S.* 21G7
Laboué *Liban* 37D1
Labrador (Rég.) *Can.* 51M4
Labrador City *Can.* 51M4
Labrador (Mer du) *Can. et Groenl.* 51N4
Lábrea *Br.* 60F5
Labuhanbilik *Indon.* 29C5
Labuk (B.) *Mal.* 25E6
Labutta *Birm.* 29A2
Labytnangi *U.R.S.S.* 20M2
La Ceiba *Hond.* 57D3
Lachish (Site hist.) *Isr.* 37C3
Lachlan (R.) *Austr.* 46D4
La Chorrera *Pan.* 60C2
Lachute *Can.* 55E1
Lackawanna *É.-U.* 55D2
Lac Megantic *Can.* 55E1
Lacombe *Can.* 50G4
Laconia *É.-U.* 55E2
Laconie (Golfe de) *Gr.* 15E3
La Crosse *É.-U.* 53D2
Ladākh Rég. *Inde* 32D2
Ladd Reef (Ile) *Asie* 25E6
Ladismith *Afr. du S.* 43C7
Lādīz *Iran* 35E3
Lādnūn *Inde* 32C3
Ladoga (Lac) *U.R.S.S.* 20E3
Ladong *Ch.* 26B5
Lady Ann (Détroit de) *Can.* 51K2
Ladysmith *Afr. du S.* 43D6
Ladysmith *É.-U.* 54A1
Lae *P.-N.-G.* 46D1
Laem Ngop *Th.* 29C3
Laesø (Ile) *Dan.* 16C1
Lafayette *É.-U.* 53E2
Lafayette *É.-U.* 53D3
Lafia *Nig.* 41H4
Lafiagi *Nig.* 41H4
Lagan (R.) *Suède* 16C1
Lagarto *Br.* 61L6
Lage (Ria de) *Esp.* 13A1
Laghouat *Alg.* 41C2
Lago Agrio *Éq.* 60C4
Lagos (État) *Nig.* 41G4
Lagos *Nig.* 41G4
Lagos *Port.* 13A2
Lagos de Moreno *Mex.* 57B2
Lagowa (El) *Soud.* 42C2
Lagrange *Austr.* 46B2
La Grange *É.-U.* 53E3
La Grange *É.-U.* 54B3
Laguna Seca *Mex.* 52C4
Lahad Datu *Mal.* 25E6
Lahewa *Indon.* 29B5
Lahia *Finl.* 4J6
Lāhījān *Iran* 35C1
Lahore *Pak.* 32C2
Lahti *Finl.* 4K6
Laï *Tchad* 42B3
Laibin *Ch.* 26B5
Lai Chau *V.* 29C1
Laingsburg *Afr. du S.* 43C7
Lairg *G.-B.* 10C2
Laiyang *Ch.* 26E2
Laizhou (Baie de) *Ch.* 26D2
Lajāh (Al) [Mgne] *Syrie* 37D2
Laja (Lac de la) *Chili* 62B5
Lajes *Br.* 62F3
La Junta *É.-U.* 52C3
Lake Charles *É.-U.* 53D3
Lake District (Rég.) *G.-B.* 11D4
Lake Elsinore *É.-U.* 56D4
Lakefield *Can.* 55D2
Lake Geneva *É.-U.* 54B2
Lake Harbour *Can.* 51M3
Lake Hughes *É.-U.* 56C3
Lake Isabella *É.-U.* 56C3
Lakeshore *É.-U.* 56C2
Lake Traverse *Can.* 55D1
Lakeview *É.-U.* 52A2
Lakewood *É.-U.* 56C4
Lakewood *É.-U.* 54C2
Lake Worth *É.-U.* 57D2
Lakhimpur *Inde* 33B2
Lakhpat *Inde* 32B4
Lakki *Pak.* 32C2
Lakota *C.-d'Iv.* 40B4
Laksefjord (Baie) *Norv.* 4K4
Lakselv *Norv.* 4K4
Lakshadweep = Laquedives
Lalibela *Éth.* 39D3
La Libertad *Éq.* 60B4
Lalitpur *Inde* 32D4
La Luz *Nic.* 58A4
Lamar *É.-U.* 52C3
Lambaréné *Gabon* 42B4
Lambayeque *Pér.* 60B5
Lambert (Gl.) *Antarct.* 64F10
Lambro (R.) *It.* 12C2
Lambton (Cap) *Can.* 50F2
Lam Chi (R.) *Th.* 29C2
Lamego *Port.* 13A1
Lamentin *Guadeloupe* 8
Lamentin (Le) *Mart.* 8
La Merced *Pér.* 60C6
Lamía *Gr.* 15E3
Lammermuir Hills *G.-B.* 10D4
Lammhult *Suède* 4G7
Lamone (R.) *It.* 12D2
Lamont *É.-U.* 56C3
Lamotrek (Ile) *O. Pacifique* 25H6
Lampeter *G.-B.* 11C5
Lamu *K.* 42E4
Lana *It.* 12D1
Lanai (Ile) *Hawaii* 56E5
Lanai City *Hawaii* 56E5
Lanao (Lac) *Phil.* 25F6
Lanark *G.-B.* 10D4
Lanbi (Ile) *Birm.* 29B3
Lancang (R.) *Ch.* 29C1
Lancashire (Comté) *G.-B.* 11D5
Lancaster *É.-U.* 55E2
Lancaster *É.-U.* 54C3
Lancaster *É.-U.* 53F3
Lancaster *G.-B.* 11D4
Lancaster (Passage) *Can.* 51K2
Landak (R.) *Indon.* 29D6
Landeck *Autr.* 16C3
Lander *É.-U.* 52C2
Landes (Dép.) *Fr.* 6B3
Landes (Rég.) *Fr.* 5B3
Landsberg *R.F.A.* 16C3
Lands End (Cap) *Can.* 50F2
Land's End (Pointe) *G.-B.* 11C6
Landshut *R.F.A.* 16C3
Landskrona *Suède* 4G7
La'nga Co (Lac) *Ch.* 33B1
Langenhagen *R.F.A.* 16B2
Langenthal *S.* 12B1
Langholm *G.-B.* 10D4
Langjökull (Mgnes) *Isl.* 4A2
Langkawi (Ile) *Mal.* 29B4
Langnau *S.* 12B1
Langon *Fr.* 5B3
Langres *Fr.* 5D2
Langsa *Indon.* 29B5
Lang Shan (Mgnes) *Ch.* 24D2
Lang Son *V.* 29D1
Languedoc *Fr.* 5C3
Languedoc-Roussillon (Rég.) *Fr.* 7C3
Lanín (Mgne) *Arg.* 62B5
Lannion *Fr.* 6B2
Lansdowne House *Can.* 51K4
Lansing *É.-U.* 53E2
Lanslebourg *Fr.* 12B2
Lanta (Ile) *Th.* 29B4
Lanzarote (Ile) *Canaries* 40A2
Lanzhou *Ch.* 26A2
Lanzo Torinese *It.* 12B2
Laoag *Phil.* 25F5
Lao Cai *V.* 29C1
Laoha He (R.) *Ch.* 26D1
Laois (Comté) *Irl.* 11B5
Laoling *Ch.* 28A2
Laon *Fr.* 5C2
La Oroya *Pér.* 60C6
Laos *Asie* 29C2
Lapa *Br.* 63C4
Lapalisse *Fr.* 5C2
La Palmas *Pan.* 60C2
La Paz *Mex.* 57A2
La Pérouse (Dt de) *J. et U.R.S.S.* 27E2
Lapithos *Chypre* 37B1
Laponie *Finl. et Suède* 4H5
La Porte *É.-U.* 54B2
Lappeenranta *Finl.* 4K6
Laptev (Mer des) *U.R.S.S.* 19O2
Lapua *Finl.* 4J6
Laqiya Arba'in (Puits) *Soud.* 42C1
Laquedives (Iles) *Inde* 34A2
Lär *Iran* 35C3
Larache *Maroc* 41A1
Laragne *Fr.* 12A2
Laramie *É.-U.* 52C2
Laramie (Monts) *É.-U.* 52C2
Laranjeiras do Sul *Br.* 63B4
Larca *Esp.* 13B2
Larche (Col de) *Fr.* 12B2
Lardy *Fr.* 6F4
Laredo *É.-U.* 52D4
Lārestān Rég. *Iran* 35C3
Largs *G.-B.* 10C4
Lārī *Iran* 35B1
Lárissa *Gr.* 15E3
Larkana *Pak.* 32B3
Lárnaka *Chypre* 36B3
Lárnaka (Baie de) *Chypre* 37B1
Larne *Irl. du N.* 10B4
La Romana *Dom. (Rép.)* 58D3
Larvik *Norv.* 4F7
Lar'yak *U.R.S.S.* 18J3
Larzac (Causse du) *Fr.* 5C3
La Salle *Can.* 55E1
La Salle *É.-U.* 54B2
Las Cruces *É.-U.* 52C3
Lasengmia *Ch.* 26B2
Lash-e-Joveyn *Afgh.* 35E2
Lashio *Birm.* 29B1
Läsjerd *Iran* 35C1
Laskar Grah *Afgh.* 32A2
Las Khoreh *Som.* 39D3
Lastoursville *Gabon* 42B4
Lastovo (Ile) *Youg.* 14D2
Las Vegas *É.-U.* 52B3
Las Vegas *É.-U.* 52C3
Latina *It.* 14C2
Latium *It.* 14C2
Latrun *Isr.* 37C3
Lattaquié *Syrie* 36C2
Lātūr *Inde* 34B1
Lau (Iles) *Fidji* 47H2
Launceston *Austr.* 46D5
Launceston *G.-B.* 11C6
La Union *El Salv.* 57D3
La Unión *Pér.* 60C5
Laura *Austr.* 46D2
Laurel *É.-U.* 55D3
Laurel *É.-U.* 53E3
Lausanne *S.* 14B1
Laut (Ile) *Indon.* 46A1
Lautaret (Col du) *Fr.* 12B2
Lautaro *Chili* 62B7
Lautoka (Ile) *Fidji* 47G2
Laval *Can.* 55E1
Laval *Fr.* 5B2
Lavan (Ile) *Iran* 35C3
Lavandou (Le) *Fr.* 12B3
Laveaga (Pic) *É.-U.* 56B2
Laveno *It.* 12C2
Lavras *Br.* 61K8
Lavrentiya *U.R.S.S.* 50A3
Lawksawk *Birm.* 29B1
Lawra *Gh.* 41F3
Lawrence *É.-U.* 53D3
Lawrence *É.-U.* 55E2
Lawrenceville *É.-U.* 54B3
Lawton *É.-U.* 52D3
Lawz (Jebel al) *Ar. S.* 36C4
Laylā *Ar. S.* 39D2
Laylo *Soud.* 42D3
Lazarev *U.R.S.S.* 27E1
Laz Daua *Som.* 39D3
Lazo *U.R.S.S.* 27C3
Lead *É.-U.* 52C2
Leba *Pol.* 17D2
Lebanon *É.-U.* 55D2
Lebanon *É.-U.* 54B3
Lebec *É.-U.* 56C3
Lebombo (Mts) *Afr. du S., Moz et Swaz.* 43D6
Lebork *Pol.* 17D2
Lebu *Chili* 62B5
Lecce *It.* 15D2
Lecco *It.* 14B1
Lecco (Lac de) *It.* 12C2
Lech (R.) *Autr.* 12D1
Lechtaler Alpen *Autr.* 12D1
Ledbury *G.-B.* 11D5
Ledo *Inde* 33E2
Leeds *G.-B.* 9C3
Leek *G.-B.* 11D5
Leer *R.F.A.* 16B2
Leeuwarden *P.-B.* 16B2
Leeuwin (C.) *Austr.* 46A4
Lee Vining *É.-U.* 56C2
Leeward Is *M. des Antilles* 58E3
Lefka *Chypre* 37B1
Lefkara *Chypre* 37B1
Lefkoniko *Chypre* 37B1
Legazpi *Phil.* 25F5
Legnago *It.* 12D2
Legnica *Pol.* 16D2
Leguan (Ile) *Guy.* 61G2
Legulzamo *Col.* 60D4
Leh *Inde* 32D2
Leiah *Pak.* 32C2
Leibnitz *Autr.* 16D3
Leicester (Comté) *G.-B.* 11E5
Leicester *G.-B.* 11E5
Leichhardt (R.) *Austr.* 46C2
Leigh Creek *Austr.* 46C4
Leighton Buzzard *G.-B.* 11E6
Leine (R.) *R.F.A.* 16B2
Leinster Rég. *Irl.* 11B5
Leipzig *R.D.A.* 16C2
Leiria *Port.* 13A2
Leirvik *Norv.* 4F7
Leiyang *Ch.* 26C4
Leizhou (Baie de) *Ch.* 26C5
Leizhou (Pén. de) *Ch.* 26B5
Lek (R.) *P.-B.* 16A2
Lekemti *Éth.* 42D3
Lelija (Mgne) *Youg.* 15D2
Léman (Lac) *Fr. et S.* 14B1
Lemdiyya *Alg.* 41C1
Lemicux (Iles) *Can.* 51M3
Lemmon *É.-U.* 52C2
Lemon Bank *M. du Nord* 11G5
Lempdes *Fr.* 5C2
Lemro (R.) *Birm.* 33D3
Lena (R.) *U.R.S.S.* 19O3
Lend *Autr.* 12E1
Lendery *U.R.S.S.* 20E3
Lengshujiang *Ch.* 26C4
Leninabad *U.R.S.S.* 18H5
Leninakan *U.R.S.S.* 18F5
Leningrad *U.R.S.S.* 20E4
Leningradskaya (Station) *Antarct.* 64F7
Leninogorsk *U.R.S.S.* 20J5
Leninogorsk *U.R.S.S.* 24B1
Leninsk-Kuznetskiy *U.R.S.S.* 18K4
Leninskoye *U.R.S.S.* 27C2
Lenkoran' *U.R.S.S.* 21H8
Lens *Fr.* 5C1
Lensk *U.R.S.S.* 19N3
Lentini *It.* 14C3
Lenya (R.) *Birm.* 29B3
Léo *Burk.* 41F3
Leoben *Autr.* 14C1
Leominster *G.-B.* 11D5
León *Esp.* 13A1
León *Mex.* 57B2
León *Nic.* 60A1
León (Rég.) *Esp.* 13A1
Léon (Rég.) *Fr.* 6B2
Leonardville *Nam.* 43B6
Leonarisso *Chypre* 37C1
Leonidovo *U.R.S.S.* 27E2
Leonora *Austr.* 46B3
Leopoldina *Br.* 63D3
Léopoldville = Kinshasa
Lepel *U.R.S.S.* 20D5
Leping *Ch.* 26D4
Léraba (R.) *C.-d'Iv.* 41F4
Léré *Tchad* 42B3
Lerici *It.* 12C2
Lérida *Esp.* 13C1
Lérins (Iles de) *Fr.* 7D3
Lermoos *Autr.* 12D1
Léros (Ile) *Gr.* 15F3
Lerwick *G.-B.* 9C1
Lesbos (Ile) *Gr.* 15F3
Leshan *Ch.* 26A4
Lesima (Monte) *It.* 12C2
Leskovac *Youg.* 15E2
Lesnoy *U.R.S.S.* 20J4
Lesogorsk *U.R.S.S.* 27E2
Lesosibirsk *U.R.S.S.* 19L4
Lesotho *Afr.* 43C6
Lesozavodsk *U.R.S.S.* 27C2
Lessini (Monti) *It.* 12D2

Manacor Mdrak

Manacor Esp. 13C2
Manado Indon. 25F6
Managua Nic. 60A1
Managua (Lac de) Nic. 57D3
Manakara Mad. 43E6
Manam (Ile) P.-N.-G. 46D1
Manāma Bahreïn 35C3
Mananara Mad. 43E5
Mananjary Mad. 43E6
Manas Bhoutan 33D2
Manas Ch. 27B2
Manas Hu (Lac) Ch. 18K5
Manaslu (Mgne) Népal 33B2
Manaus Br. 61G4
Manavgat Turq. 21E8
Manbidj Syrie 36C2
Manbilla (Monts) Nig. 41J4
Man (Calf of) [Ile] G.-B. 11C4
Manche (Dép.) Fr. 6B2
Manche (Mer) Fr. et G.-B. 9C3
Manche (La) Rég. Esp. 13B2
Mancheral Inde 34B1
Manchester É.-U. 55E2
Manchester É.-U. 54C3
Manchester É.-U. 53F2
Manchester G.-B. 11D5
Manchester (Grand) (Comté métr.) G.-B. 11D5
Mand (R.) Iran 35C3
Manda Tanz. 43D5
Mandaguari Br. 63B3
Mandal Norv. 4F7
Mandala (Peak) Indon. 25G7
Mandalay Birm. 29B1
Mandalgovĭ Mong. 24D2
Mandal Ovoo Mong. 26A1
Mandalya Körfezi (Baie) Turq. 15F3
Mandan É.-U. 52C2
Mandchourie Ch. 27B2
Mandelona É.-U. 54B2
Mandera Éth. 42E3
Mandeville Jam. 58B3
Mandimba Moz. 43D5
Mandiore (Lac) Br. 63A2
Mandla Inde 33B3
Mandritsara Mad. 43E5
Mandsaur Inde 32D4
Manduria It. 15D2
Māndvi Inde 32B4
Mandya Inde 34B2
Manevichi U.R.S.S. 17F2
Manfield G.-B. 11E5
Manfredonia It. 14D2
Manga Br. 63D1
Manga Burk. 41F3
Manga Niger 42B2
Mangalia Roum. 15F2
Mangalmé Tchad 42C2
Mangalore Inde 34A2
Mangareva (Ile) Polyn. Fr. 8
Mangnia Ch. 24C3
Mangoche Malawi 43D5
Mangoky (R.) Mad. 43E6
Mangole (Ile) Indon. 25F7
Māngral Inde 32B4
Manguerinha Br. 63B4
Mangui Ch. 19O4
Manguychlak (Pén. de) U.R.S.S. 21J7
Manhattan É.-U. 52D3
Manhica Moz. 43D6
Manhuacu Br. 61K8
Mania (R.) Mad. 43E5
Maniago It. 12E1
Manica Moz. 43D5
Manicouagan (R.) Can. 51M5
Manicouagan (Rés.) Can. 51M4
Manifah Ar. S. 35B3
Manihi (Ile) Polyn. Fr. 8
Man (Ile de) G.-B. 11C4
Manille Phil. 25F5
Maninian C.-d'Iv. 40B3
Manipur (État) Inde 33D3
Manipur (R.) Birm. 33D3
Manisa Turq. 21D8
Manistee É.-U. 54B2
Manistee (R.) É.-U. 54B2
Manistique É.-U. 54B1
Manitoba (Prov.) Can. 50J4
Manitoba (Lac) Can. 50J4
Manitou (Iles) É.-U. 54B1
Manitoulin (Ile) Can. 51K5
Manitowik (Lac) Can. 54C1
Manitowoc É.-U. 54B2
Maniwaki Can. 55D1
Ma'niyah (Al) Iraq 36D3
Manizales Col. 60C2
Manja Mad. 43E6
Manjimup Austr. 46A4
Mānjra (R.) Inde 34B1
Mankato É.-U. 53D2
Mankono C.-d'Iv. 40B4
Manmād Inde 32C4
Mannar Sri L. 34B3
Mannar (Golfe de) Inde et Sri L. 34B3
Mannārgudi Inde 34B2
Mannheim R.F.A. 16B3
Mano S. L. 40A4
Mano (Baie de) J. 28C3
Manokwari Indon. 46C1
Manono Zaïre 43C4
Manoron Birm. 29B3
Manosque Fr. 12A3
Manouane (Lac) Can. 51L4
Manpo Corée du N. 27B3
Mānsa Inde 32D2
Mansa Zambie 43C5
Mansel (Ile) Can. 51K3
Mansfield É.-U. 53E2
Mansfield É.-U. 55D2
Mans (Le) Fr. 5C2
Manso (R.) Br. 63B2
Mansourah Ég. 36B3
Mansyu Deep O. Pacifique 25G5
Mantap-san (Mgne) Corée du N. 28A2
Mantaro (R.) Pér. 60C6
Manteca É.-U. 56B2
Mantes Fr. 5C2
Mantiqueira (Serra da) Br. 63C3
Mantoue It. 14C1
Mantta Finl. 4J6
Manturovo U.R.S.S. 20G4
Manu (Parc nat.) Pér. 60D6
Manuae (Ile) Polyn. Fr. 8
Manuel Ribas Br. 63B3
Manukan Phil. 25F6
Manukau N.-Z. 47G4
Manus (Ile) O. Pacifique 25H7
Manzalèh Ég. 37A3
Manzalèh (Lac) Ég. 37A3
Manzanares Esp. 13B2
Manzanillo Cuba 57E2
Manzanillo Mex. 57B3
Manzhouli U.R.S.S. 19N5
Manzil Jord. 37D3
Manzini Swaz. 43D6
Mao Tchad 42B2
Maoke (Pengunungan) Indon. 25G7
Maomao Shan Ch. 26A2
Maoming Ch. 26C5
Mapai Moz. 43D6
Mapam Yumco (Lac) Ch. 33B1
Mapia (Iles) O. Pacifique 25G6
Maple Creek Can. 50H5
Maputo Moz. 43D6
Maqalié Éth. 42D2
Maqu Ch. 26A3
Maquan He (R.) Ch. 33C2
Maquela do Zombo Ang. 42B4
Maquinchao Arg. 62C6
Marabá Br. 61J5
Maracá Br. 61H3
Maracaibo Ven. 60D1
Maracaibo (Lac de) Ven. 60D2
Maracaju Br. 63A3
Maracaju (Serra de) Br. 63A3
Máracás Br. 63D1
Maracay Ven. 60E1
Marada Libye 39A2
Maradi Niger 40C3
Marāgheh Iran 21H8
Marajó (Ile) Br. 61H4
Marajó (B. de) [Baie] Br. 61J4
Maralal K. 42D3
Maramasike (Ile) I. Salomon 47F1
Maramba Zambie 43C5
Marand Iran 21H8
Maranhão (État) Br. 61J4
Maranhão (R.) Br. 63C1
Maranhão (Barrage de) Port. 13A2
Marañón (R.) Pér. 60C4
Marathon Can. 51K5
Maraú Br. 63E1
Marbella Esp. 13B2
Marble Bar Austr. 46A3
Marblehall Afr. du S. 43C6
Marburg R.F.A. 16B2
Marca (Punta da) Ang. 43B5
Marche Belg. 16B2
Marchean Esp. 13A2
Marches It. 12E3
Mar Chiguita (Lac) Arg. 62D4
Marcy (Mgne) É.-U. 55E2
Mar Dağlari (Mgne) Turq. 21G8
Mardan Pak. 32C2
Mar del Plata Arg. 62E5
Mardin Turq. 21G8
Mardj (al-) Libye 39B1
Mardjayun Liban 37C2
Maré (Ile) N.-C. 47F3
Mareb (R.) Éth. 42D2
Maree (Lac) G.-B. 10C3
Mareeba Austr. 25H8
Margarita (Ile) Ven. 58E4
Margate G.-B. 11F6
Marghita Roum. 15E1
Maria (I.) Poly. Fr. 8
Mariani Inde 33D2
Mariannes (Iles) O. Pacifique 44J3
Mariannes du Nord (Iles) O. Pacifique 25H5
Mariannes (Fosse des) O. Pacifique 44J4
Maria Van Diemen (Cap) N.-Z. 47G4
Mariazell Autr. 16D3
Maribor Youg. 14D1
Marica (R.) Bulg. 15F2
Maricopa É.-U. 56C3
Maridi Soud. 42C3
Marie-Byrd (Terre) Rég. Antarct. 64F5
Marie-Galante (Ile) Guadeloupe 8
Mariehamn Finl. 4H6
Marienburg Sur. 61H2
Mariental Nam. 43B6
Mariestad Suède 4G7
Marietta É.-U. 54C3
Marietta É.-U. 53E3
Mariga (R.) Nig. 41H3
Marigot Dominique 58Q2
Marigot (St-Martin) Guadeloupe 8
Marilia Br. 62G2
Marimba Ang. 43B4
Marinette É.-U. 53E2
Maringá Br. 62F2
Maringa (R.) Zaïre 42C3
Marin (Le) Mart. 8
Marion É.-U. 54B3
Marion É.-U. 53E2
Marion É.-U. 53E2
Marion (Lac) É.-U. 53E3
Marion Reef Austr. 47E2
Maripasoula Guy. Fr. 8
Mariposa (R.) É.-U. 56B2
Mariposa (Rés.) É.-U. 56B2
Marismas (Las) Esp. 13A2
Maris (Rép. aut. des) U.R.S.S. 20H4
Marj (al-) Libye 39B1
Marjina Gorki U.R.S.S. 17F2
Marka Jord. 37C3
Marka Som. 42E3
Markaryd Suède 16C1
Market Drayton G.-B. 11D5
Market Harborough G.-B. 11E5
Markham (Mt) Antarct. 64E
Markleeville É.-U. 56C1
Markovo U.R.S.S. 19S3
Marlborough Austr. 46D3
Marly (Forêt de) Fr. 6F4
Marly-le-Roi Fr. 6F4
Marmande Fr. 5C3
Marmara Adi (Ile) Turq. 15F2
Marmara (Mer de) Turq. 36A1
Marmaris Turq. 15F3
Marmet É.-U. 54C3
Marmolada (Mgne) It. 14C1
Marnay Fr. 12A1
Marne (Dép.) Fr. 7C2
Marne (R.) Fr. 7D2
Marne (Haute-) [Dép.] Fr. 7D2
Marne-la-Vallée (ville nouvelle) Fr. 6F4
Maro Tchad 42B3
Maroantsetra Mad. 43E5
Maroc Afr. 40B1
Marolles-en-Hurepoix Fr. 6F4
Marondera Zimb. 43D5
Maroni (R.) Guy. Fr. 61H3
Maroua Cameroun 42B2
Marovoay Mad. 43E5
Marquesas Keys É.-U. 53E4
Marquette É.-U. 53E2
Marquises (Iles) Polyn. Fr. 8
Marra (Dj.) Soud. 42C2
Marrakech Maroc 40B1
Marree Austr. 46C3
Marromeu Moz. 43D5
Marrupa Moz. 43D5
Marsa Alam Ég. 39C2
Marsabit K. 42D3
Marsa el-Brega Libye 39B1
Marsa Fatma Éth. 39D3
Marsala It. 14C3
Marsa-Matrouh Ég. 36A3
Marseille Fr. 5D3
Mar (Serra do) Br. 63C3
Marshall É.-U. 54B3
Marshall É.-U. 54C2
Marshall É.-U. 53D3
Marshall (Iles) O. Pacifique 45K4
Marshfield É.-U. 54A2
Marsh Harbour Bahamas 58B1
Marsouins (R. des) Réunion 8
Marta Éq. 60B4
Martaban (Golfe de) Birm. 29B2
Martha's Vineyard (Ile) É.-U. 55E2
Martigny S. 5D2
Martigues Fr. 5D3
Martin É.-U. 54B3
Martin Tch. 17D3
Martinique (Ile) Fr. 8
Martinsburg É.-U. 55D3
Martins Ferry É.-U. 54C2
Martinsville É.-U. 55D3
Martin Vaz (Ile) Atlantique 48G6
Martos Esp. 13B2
Martre (Lac la) Can. 50G3
Maruf Afgh. 32B2
Marugame J. 28B4
Marutea (Ile) Polyn. Fr. 8
Mārwār Inde 32C3
Mary U.R.S.S. 18H6
Maryborough Austr. 47E3
Mary Henry (Mt) Can. 50F4
Maryland (État) É.-U. 53F3
Maryport G.-B. 10D4
Maryville É.-U. 53D2
Mas'adah Syrie 37C2
Masai (Steppe) Tanz. 42D4
Masaka Oug. 42D4
Masally U.R.S.S. 36E2
Masan Corée du S. 27B4
Masasi Tanz. 43D5
Masaya Nic. 57D3
Masbate Phil. 25F5
Masbate (Ile) Phil. 25F5
Mascareignes (Dorsale des) O. Indien 44D5
Mascate Oman 30D3
Mascote Br. 63E2
Maseru Afr. du S. 43C6
Mashaki Afgh. 32B2
Mashkel (R.) Pak. 35E3
Masi-Manimba Zaïre 42B4
Masindi Oug. 42D3
Maşira (Ile) Oman 30D3
Maşira (Golfe de) Oman 30D3
Masisi Zaïre 42C4
Masjed-e Soleyman Iran 35B2
Masoala (Cap) Mad. 43F5
Mason É.-U. 56C1
Mason City É.-U. 53D2
Massa It. 14C2
Massachusetts (État) É.-U. 53F2
Massachusetts (Baie du) É.-U. 55E2
Massada Isr. 37C3
Massakori Tchad 42B2
Massa Marittima It. 12D3
Massangena Moz. 43D6
Massawa Éth. 42D2
Massena É.-U. 55E2
Massénya Tchad 42B2
Massey Can. 54C1
Massif Central Fr. 5C2
Massillon É.-U. 54C2
Massinga Moz. 43D6
Massingir Moz. 43D6
Massy Fr. 6F4
Masteksay U.R.S.S. 21J6
Masterton N.-Z. 47G5
Masuda J. 27C5
Maşyāf Syrie 36C2
Matachewan Can. 54C1
Matadi Zaïre 42B4
Matagalpa Nic. 60A1
Matagami Can. 51L4
Matagorda (Baie) É.-U. 52D4
Matala Ang. 43B5
Matale Sri L. 34C3
Matam Sén. 40A3
Matameye Niger 40C3
Matamoros Mex. 57C2
Matane Can. 51M5
Matanzas Cuba 57D2
Matapan (Cap) Gr. 15E3
Matapédia (R.) Can. 55F1
Matara Sri L. 34C3
Mataram Indon. 46A1
Matarani Pér. 60D7
Matarièh Ég. 37B3
Mataripe Br. 63E1
Matarma (Râs) Ég. 37B4
Mataró Esp. 13C1
Matehuala Mex. 57B2
Matelica It. 12E3
Matelot Trinité 58L1
Matera It. 14D2
Mátészalka H. 17E3
Mateur Tun. 41D1
Mather É.-U. 56C2
Matheson Can. 54C1
Mathura Inde 32D3
Matlock G.-B. 11E5
Matmatma Tun. 41D2
Mato Grosso Br. 61G6
Mato Grosso (État) Br. 61G6
Mato Grosso do Sul (État) Br. 61G7
Mato Grosso (Planalto de) Br. 61H7
Matoury Guy. Fr. 8
Mât (R. du) Réunion 8
Matrel im Osttirol Autr. 12E1
Matsue J. 27C4
Matsumae J. 27E3
Matsumoto J. 27D4
Matsusaka J. 27D5
Matsuyama J. 27C5
Mattagami (R.) Can. 51K5
Mattawa Can. 55D1
Matthew Town Bahamas 58C2
Mattoon É.-U. 54B3
Matun Afgh. 32B2
Matura (Baie) Trinité 58L1
Maturin Ven. 60F2
Mau Inde 33B2
Maúa Moz. 43D5
Maubeuge Fr. 5C1
Maud Seamount Atlantique 48J8
Maui (Ile) Hawaii 56E5
Maumee É.-U. 54C2
Maumee (R.) É.-U. 54C2
Maun Botswana 43C5
Mauna Kea Hawaii 56E5
Mauna Loa Hawaii 56E5
Maunoir (Lac) Can. 50F3
Maures (Massif des) Fr. 12B3
Mauriac Fr. 5C2
Maurice (Ile) O. Indien 38K10
Maurienne Fr. 7D2
Mauritanie Afr. 40A2
Mauston É.-U. 54A2
Mauterndorf Autr. 12E1
Mavinga Ang. 43C5
Mawlaik Birm. 33D3
Mawson (Station) Antarct. 64G10
Maya (Ile) Indon. 29D6
Maya (R.) U.R.S.S. 19P4
Mayādin Syrie 36D2
Mayaguana (Ile) Bahamas 53F4
Mayagüez Porto Rico 58D3
Mayahi Niger 40C3
Mayama Congo 42B4
Mayamey Iran 35D1
Maybole G.-B. 10C4
May (Cap) É.-U. 53F3
Mayence R.F.A. 16B2
Mayenne (Dép.) Fr. 6B2
Mayenne Fr. 5B2
Mayfield É.-U. 54B3
Maykop U.R.S.S. 21F7
Maymyo Birm. 29B1
Mayo Can. 50E3
Mayo Deo (R.) Cameroun 41J4
Mayor (Mgne) Esp. 13C2
Mayor P Lagerenza Par. 62D1
Mayotte (Ile) Fr. 43E5
May Pen Jam. 58H2
Mayrhofen Autr. 12D1
Mayskiy U.R.S.S. 27B1
Maysville É.-U. 54C3
Mayumba Gabon 42B4
Mazabuka Zambie 43C5
Mazamet Fr. 5C3
Mazar Ch. 32D1
Mazār Jord. 37C3
Mazara del Vallo It. 14C3
Mazar-e-Charif Afgh. 32B1
Mazarrón (G. de) Esp. 13B2
Mazatlán Mex. 57B2
Mazeikiai U.R.S.S. 20C4
Mazra Jord. 37C3
Mbabane Swaz. 43D6
Mbabo (Mt) Cameroun 41J4
Mbaïki Centr. 42B3
Mbakaou (Bge de) Cameroun 41J4
Mbala Zambie 43D4
Mbalabala Zimb. 43C6
Mbale Oug. 42D3
Mbalmayo Cameroun 42B3
Mbam (R.) Cameroun 42B3
Mbamba Bay Tanz. 43D5
Mbandaka Zaïre 42B3
Mbanza Congo Ang. 42B4
Mbanza-Ngungu Zaïre 42B4
Mbarara Oug. 42D4
Mbé Cameroun 41J4
Mbengwi Cameroun 41J4
Mbènza Congo 42B3
Mbére (R.) Cameroun 42B3
Mbeya Tanz. 43D4
Mbinda Congo 42B4
Mbouda Cameroun 41J4
Mbout Maurit. 40A3
Mbuji-Mayi Zaïre 42C4
Mbuli (R.) Nig. 41J3
Mbulu Tanz. 42D4
Mcherrah Alg. 40B2
Mchinji Malawi 43D5
Mdrak V. 29D3

Mogilev Podolskiy **Muravera**

Mogilev Podolskiy *U.R.S.S.* 21D6
Mogi-Mirim *Br.* 63C3
Mogincual *Moz.* 43E5
Mogliano *It.* 12E2
Mogocha *U.R.S.S.* 24E1
Mogochin *U.R.S.S.* 18K4
Mogok *Birm.* 33E3
Moguer *Esp.* 13A2
Moguilev *U.R.S.S.* 20D5
Mohammadia (El-) *Alg.* 41C1
Mohammedia *Maroc* 41A2
Mohanganj *Bangl.* 33D3
Mohave (R.) *É.-U.* 56D3
Mohave (Désert) *É.-U.* 52B3
Mohawk (R.) *É.-U.* 55E2
Mohéli (Ile) *Comores* 43E5
Mohoro *Tanz.* 43D4
Moili = Mohéli
Mointy *U.R.S.S.* 18J5
Mo i Rana *Norv.* 4G5
Moissac *Fr.* 5C3
Moissy-Cramayel *Fr.* 6F4
Moka *Yémen du N.* 39D3
Mokama *Inde* 33C2
Mokelumne Aqueduct *É.-U.* 56B1
Mokelumne Hill *É.-U.* 56B1
Mokelumne North Fork (R.) *É.-U.* 56B1
Moknine *Tun.* 41E1
Mokokchüng *Inde* 33D2
Mokolo *Cameroun* 42B2
Mokpo *Corée du S.* 27B5
Moláoi *Gr.* 15E3
Moldavie (Rép.) *U.R.S.S.* 21D6
Molde *Norv.* 4F6
Moldoveanu (Mgne) *Roum.* 15E1
Mole (Parc nat. de la) *Gh.* 41F4
Molepolole *Botswana* 43C6
Molfetta *It.* 14D2
Molise *It.* 14C2
Möll (R.) *Autr.* 12E1
Mollendo *Pér.* 60D7
Molodechno *U.R.S.S.* 20D5
Molodezhnaya (Station) *Antarct.* 64G11
Molokai (Ile) *Hawaii* 56E5
Moloma (R.) *U.R.S.S.* 20H4
Molopo (R.) *Afr. du S. et Botswana* 43C6
Molounddu *Cameroun* 42B3
Molson (Lac) *Can.* 52D1
Moluques *Indon.* 25F7
Moluques (Mer des) *Indon.* 46B1
Moma *Moz.* 43D5
Mombaca *Br.* 61K5
Mombasa *K.* 42D4
Mombetsu *J.* 28D2
Mombuca (Serra da) *Br.* 63B2
Mompono *Zaïre* 42C3
Mon (Ile) *Dan.* 16C2
Monach (Iles) *G.-B.* 10B3
Monaco *Europe* 5D3
Monadhliath (Mgnes) *G.-B.* 10C3
Monaghan (Comté) *Irl.* 11B4
Monaghan *Irl.* 11B4
Mona Pass *M. des Antilles* 58D3
Monashee (Mts) *Can.* 50G4
Monastereven *Irl.* 9B3
Monbetsu *J.* 28D2
Moncalieri *It.* 12B2
Monção *Br.* 61J4
Monchegorsk *U.R.S.S.* 4L5
Mönchen-gladbach *R.F.A.* 16B2
Monclova *Mex.* 57B2
Moncton *Can.* 51M5
Mondego (R.) *Port.* 13A1
Mondovi *It.* 14B2
Moneague *Jam.* 58H1
Monessen *É.-U.* 55D2
Monfalcone *It.* 14C1
Monforte de Lemos *Esp.* 13A1
Monga *Zaïre* 42C3
Mongala (R.) *Zaïre* 42C3
Mongalla *Soud.* 42D3
Mong Cai *V.* 29D1
Mongo *Tchad* 42B2
Mongolie (Rép.) *Asie* 24C2
Mongolie-Intérieure (Rég. aut.) *Ch.* 24D2
Mongu *Zambie* 43C5
Mönhhaan *Mong.* 19N5
Monkoto *Zaïre* 42C4
Monmouth *É.-U.* 54A2
Monmouth *G.-B.* 11D6
Mono (R.) *Togo* 41G4
Mono (Lac) *É.-U.* 56C1
Monopoli *It.* 15D2
Monreal del Campo *Esp.* 13B1
Monroe *É.-U.* 54C2
Monroe *É.-U.* 54B2
Monroe *É.-U.* 53D3
Monroe City *É.-U.* 54A3
Monrovia *É.-U.* 56D3
Monrovia *Liberia* 40A4
Mons *Belg.* 16A2
Monselice *It.* 12D2
Mönsterås *Suède* 16D1
Montague (Ile) *É.-U.* 50D4
Montaigu *Fr.* 5B2
Montallo (Mgne) *It.* 14D3
Montana (État) *É.-U.* 52B2
Montana *S.* 7D2
Montañas de León *Esp.* 13A1
Montargis *Fr.* 5C2
Montauban *Fr.* 5C3
Montauk *É.-U.* 55E2
Montauk (Pointe) *É.-U.* 55E2
Montbard *Fr.* 5C2
Montbéliard *Fr.* 5D2
Montbrison *Fr.* 7C2
Montceau-les-Mines *Fr.* 5C2
Mont-Cenis (Col du) *Fr.* 12B2
Montceny (Mgne) *Esp.* 13C1
Mont-de-Marsan *Fr.* 5B3
Montdidier *Fr.* 5C2
Mont-Dore *N.-C.* 8
Monteagudo *Bol.* 60F7
Monte Alegre *Br.* 61H4
Monte Azul *Br.* 63D2
Montebello *Can.* 55D1
Monte Bello (Iles) *Austr.* 46A3
Montebelluna *It.* 12E2
Monte Carmelo *Br.* 63C2
Montecatini *It.* 12D3
Montecristi *Dom. (Rép.)* 58C3
Montecristo (Ile) *It.* 14C2
Monte Falterona (Mgne) *It.* 12D3
Montego Bay *Jam.* 58B3
Montélimar *Fr.* 5C3
Montelindo (R.) *Par.* 63A3
Montemo-o-Novo *Port.* 13A2
Montemorelos *Mex.* 57C2
Montená *Col.* 58B5
Montenegro Rég. *Youg.* 15D2
Montepuez *Moz.* 43D5
Montepulciano *It.* 12D3
Montereau *Fr.* 5C2
Monterey *É.-U.* 52A3
Monterey *É.-U.* 55D3
Monterey (Baie de) *É.-U.* 52A3
Montería *Col.* 60C2
Montero *Bol.* 60F7
Monterrey *Mex.* 57B2
Montes Claros *Br.* 61K7
Montevarchi *It.* 12D3
Montevideo *Ur.* 62E4
Montezuma (Pic) *É.-U.* 56D2
Montfermeil *Fr.* 6F4
Montgenèvre (Col de) *Fr. et It.* 12B2
Montgeron *Fr.* 6F4
Mont Gimie (Mgne) *Ste-Lucie* 58P2
Montgomery *É.-U.* 53E3
Montgomery (Col) *É.-U.* 56C2
Monthey *S.* 12B1
Monticello *É.-U.* 54A2
Monticello *É.-U.* 52C3
Mont-Laurier *Can.* 51L5
Montlhéry *Fr.* 6F4
Montluçon *Fr.* 5C2
Montmagny *Can.* 51L5
Montmorency *Can.* 55E1
Montmorency *Fr.* 6F4
Montmorency (Forêt de) *Fr.* 6F4
Montmorillon *Fr.* 5C2
Montoro *Esp.* 13B2
Montpelier *É.-U.* 54C2
Montpelier *É.-U.* 53F2
Montpellier *Fr.* 5C3
Montréal *Can.* 51L5
Montréal (Lac) *Can.* 52C1
Montreuil *Fr.* 5C1
Montreuil *Fr.* 6F4
Montreux *S.* 14B1
Montrevel *Fr.* 12A1
Montrose *É.-U.* 52C3
Montrose *G.-B.* 9C2
Montrose *M. du Nord* 10F3
Montrouge *Fr.* 6F4
Mont-St-Michel (Le) *Fr.* 5B2
Montserrat (Ile) *M. des Antilles* 58E3
Montsoult *Fr.* 6F4
Monument Valley *É.-U.* 52B3
Monveda *Zaïre* 42C3
Monywa *Birm.* 29B1
Monza *It.* 14B1
Monze *Zambie* 43C5
Moora *Austr.* 46A4
Moorea (Ile) *Polyn. Fr.* 8
Moore (Lac) *Austr.* 46A3
Moorfoot Hills *G.-B.* 10D4
Moorhead *É.-U.* 52D2
Moorpark *É.-U.* 56C3
Moose (R.) *Can.* 51K4
Moosehead (Lac) *É.-U.* 55F1
Moose Jaw *Can.* 50H4
Moose Lake *É.-U.* 54A1
Moosomin *Can.* 50H4
Moosonee *Can.* 51K4
Mopeia *Moz.* 43D5
Mopelia (Ile) *Polyn. Fr.* 8
Mopti *Mali* 40B3
Moquegua *Pér.* 60D7
Mora *Cameroun* 41J3
Mora *É.-U.* 54A1
Mora *Suède* 4G6
Morada *Br.* 61L5
Morādābād *Inde* 32D3
Morada Nova de Minas (Lac) *Br.* 63C2
Morafenobe *Mad.* 43E5
Moramanga *Mad.* 43E5
Morant Bay *Jam.* 58J2
Morant (Pte) *Jam.* 58J2
Morar (Lac) *G.-B.* 10C3
Morat *S.* 12B1
Moratuwa *Sri L.* 34B3
Morava (R.) *Autr. et Tch.* 16D3
Morava (R.) *Youg.* 15E2
Moraveh Tappeh *Iran* 35D1
Moravie *Tch.* 16D3
Moray Firth (Estuaire) *G.-B.* 9C2
Morbegno *It.* 12C1
Morbi *Inde* 32C4
Morbihan (Dép.) *Fr.* 6B2
Mor Dağ (Mgne) *Turq.* 36D2
Morden *Can.* 50J5
Mordovie *U.R.S.S.* 20G5
Morecambe *G.-B.* 11D4
Morecambe Bay (Baie) *G.-B.* 11D4
Moree *Austr.* 46D3
Morehead *É.-U.* 54C3
Mörel *S.* 12C1
Morelia *Mex.* 57B3
Morena *Inde* 32D3
Morena (Sierra) *Esp.* 13A2
Moresby (Ile) *Can.* 50E4
Morez *Fr.* 12B1
Mórfou *Chypre* 37B1
Mórfou (Baie de) *Chypre* 37B1
Morgan City *É.-U.* 53D4
Morgan Hill *É.-U.* 56B2
Morgan (Mt.) *É.-U.* 56C2
Morgantown *É.-U.* 55D3
Morges *S.* 12B1
Mori *J.* 27E3
Moriatio *Tobago* 58K1
Morin Dawa *Ch.* 27A2
Morioka *J.* 27E4
Morkoka (R.) *U.R.S.S.* 19N3
Morlaix *Fr.* 5B2
Morne-à-l'Eau *Guadeloupe* 8
Morne Diablotin (Mgne) *Dominique* 58Q2
Morne-Rouge (Le) *Mart.* 8
Mornington (Ile) *Austr.* 46C2
Moro *Pak.* 32B3
Morobe *P.-N.-G.* 46D1
Moro (Golfe) *Phil.* 25F6
Morogoro *Tanz.* 43D4
Morombe *Mad.* 43E6
Morón *Cuba* 58B2
Morondava *Mad.* 43E6
Moron de la Frontera *Esp.* 13A2
Moroni *Comores* 43E5
Morotai (Ile) *Indon.* 25F6
Moroto *Oug.* 42D3
Morozovsk *U.R.S.S.* 21G6
Morpeth *G.-B.* 10E4
Morrinhos *Br.* 63C2
Morristown *É.-U.* 55D2
Morro Bay *É.-U.* 56B3
Morrumbala *Moz.* 43D5
Morrumbene *Moz.* 43D6
Morsang-sur-Orge *Fr.* 6F4
Morshansk *U.R.S.S.* 20G5
Mortagne *Fr.* 5C2
Mortara *It.* 12C2
Morte (Mer) *Isr. et Jord.* 36C3
Mortes (R.) *Br.* 63D3
Mortes (R.) *Br.* 61H6
Mort (Parc National de la Vallée de la) *É.-U.* 56D2
Mort (Vallée de la) *É.-U.* 52B3
Moruga *Trinité* 58L1
Morvan *Fr.* 5C2
Morvern (Pén.) *G.-B.* 10C3
Morwell *Austr.* 46D4
Moscos Is *Birm.* 29B3
Moscou *U.R.S.S.* 18E4
Moscow *É.-U.* 52B2
Moselle (Dép.) *Fr.* 7D2
Moselle (R.) *Europe* 16B2
Moshi *Tanz.* 42D4
Mosinee *É.-U.* 54B2
Mosjøen *Norv.* 4G5
Moskal'vo *U.R.S.S.* 19Q4
Moskova (R.) *U.R.S.S.* 20G5
Mosquito (R.) *Br.* 63D2
Mosquitos (G. des) *Pan.* 60B2
Moss *Norv.* 4G7
Mossaka *Congo* 42B4
Mossel Bay *Afr. du S.* 43C7
Mossendjo *Congo* 42B4
Mossoró *Br.* 61L5
Mossoul *Iraq* 36D2
Most *Tch.* 16C2
Mostar *Youg.* 15D2
Mosty *U.R.S.S.* 17E2
Motala *Suède* 4G7
Motherwell *G.-B.* 10D4
Motihāri *Inde* 33B2
Motilla del Palancar *Esp.* 13B2
Motovun *Youg.* 12E2
Motril *Esp.* 13B2
Mouaskar *Alg.* 41C1
Moudon *S.* 12B1
Mougodjary (Monts) *U.R.S.S.* 21K6
Mouila *Gabon* 42B4
Mould Bay *Can.* 50G2
Moule à Chique (Cap) *Ste-Lucie* 58P2
Moule (Le) *Guadeloupe* 8
Moulins *Fr.* 5C2
Moulmein *Birm.* 29B2
Moulouya (Oued) *Maroc* 41B2
Mound City *É.-U.* 54B3
Moundou *Tchad* 42B3
Moundsville *É.-U.* 54C3
Mounier (Mont) *Fr.* 12B2
Mountain View *É.-U.* 56A2
Mountain Village *É.-U.* 50B3
Mount Airy *É.-U.* 54C3
Mount Desert (Ile) *É.-U.* 55F2
Mount Gamblier *Austr.* 46D4
Mount Hagen *P.-N.-G.* 46D1
Mount Isa *Austr.* 46C3
Mount Magnet *Austr.* 46A3
Mount Morgan *Austr.* 46E3
Mount Pleasant *É.-U.* 54A2
Mounts Bay (Baie) *G.-B.* 11C6
Mount Vernon *É.-U.* 54B3
Mourdi (Dépression du) *Tchad* 42C2
Mourmansk *U.R.S.S.* 20E2
Mourne Mts *Irl. du N.* 11B4
Mourzouq *Libye* 39A2
Mourzouq (Erg de) *Libye* 39A2
Mouscron *Belg.* 7C1
Moussoro *Tchad* 42B2
Moustiers-Ste-Marie *Fr.* 12B3
Moûtiers *Fr.* 12B2
Mouydir (Mts du) *Alg.* 40C2
Mouyondzi *Congo* 42B4
Moyale *K.* 42D3
Moyamba *S. L.* 40A4
Moyeni *Les.* 43C7
Moyero (R.) *U.R.S.S.* 19M3
Moyo *Oug.* 42D3
Moyobamba *Pér.* 60C5
Moyu *Ch.* 32D1
Mozambique *Afr.* 43D6
Mozambique *Moz.* 43E5
Mozambique (Canal du) *O. Indien* 43D6
Mozhga *U.R.S.S.* 20J4
Mozyr *U.R.S.S.* 21D5
Mozyr (R.) *U.R.S.S.* 4K8
Mpanda *Tanz.* 42D4
Mpika *Zambie* 43D5
Mporokosa *Zambie* 43D4
Mposhi *Zambie* 43C5
Mpulungu *Zambie* 43D4
Mpwapwa *Tanz.* 42D4
Mreitl (El) [Puits] *Maurit.* 40B2
Msaken *Tun.* 41E1
Mstislavl' *U.R.S.S.* 17G2
Mtsensk *U.R.S.S.* 20F5
Mtubatuba *Afr. du S.* 43D6
Mtwara *Tanz.* 43E5
Muang Chainat *Th.* 29C2
Muang Chiang Rai *Th.* 29C2
Muang Kalasin *Th.* 29C2
Muang Khon Kaen *Th.* 29C2
Muang Lampang *Th.* 29B2
Muang Lamphun *Th.* 29B2
Muang Loei *Th.* 29C2
Muang Lom Sak *Th.* 29C2
Muang Nakhon Phanom *Th.* 29C2
Muang Nakhon Sawan *Th.* 29B2
Muang Nan *Th.* 29C2
Muang Phayao *Th.* 29C2
Muang Phetchabun *Th.* 29C2
Muang Phichit *Th.* 29C2
Muang Phitsanulok *Th.* 29C2
Muang Phrae *Th.* 29C2
Muang Roi Et *Th.* 29C2
Muang Sakon Nakhon *Th.* 29C2
Muang Samut Prakan *Th.* 29C3
Muang Uthai Thani *Th.* 29C2
Muang Yasothon *Th.* 29C2
Muar *Mal.* 29C5
Muara *Indon.* 29C6
Muaratebo *Indon.* 29C6
Muaungmaya *Birm.* 29A2
Mubarraz (al-) *Ar. S.* 35B3
Mubende *Oug.* 42D3
Mubi *Nig.* 41J3
Mubrak (Jebel) *Jord.* 37C3
Muchinga (Mts) *Zambie* 43D5
Muck (Ile) *G.-B.* 10B3
Mucuri *Br.* 63E2
Mucuri (R.) *Br.* 63D2
Mucusso *Ang.* 43C5
Mudanjiang *Ch.* 27B3
Mudawwara (Al) *Jord.* 36C4
Mudeisisat (Jebel) *Jord.* 37D3
Mud (Lac) *É.-U.* 56D2
Mudon *Birm.* 29B2
Mud'vuga *U.R.S.S.* 20F3
Mue *N.-C.* 47F3
Mueda *Moz.* 43D5
Mufulira *Zambie* 43C5
Mufu Shan (Collines) *Ch.* 26C4
Mughayra *Ar. S.* 36C4
Muğla *Turq.* 36A2
Muglad (El) *Soud.* 42C2
Mugu *Népal* 33B2
Muguaping *Ch.* 26A3
Muhammad (Ras) *Ég.* 39C2
Muḥarraq *Bahreïn* 35C3
Muhaywir *Iraq* 36D3
Mühldorf *R.F.A.* 16C3
Muhlhausen *R.D.A.* 16C2
Muhos *Finl.* 4K6
Muine Bheag *Irl.* 11B5
Mujib (Wadi) *Jord.* 37C3
Mujimbeji *Zambie* 43C5
Mukachevo *U.R.S.S.* 17E3
Mukah *Mal.* 25E6
Mukallā (al-) *Yémen du S.* 39D3
Mukawa *J.* 28D2
Muko-jima (Ile) *J.* 24H4
Muktinath *Népal* 33B2
Mukur *Afgh.* 32B2
Mulan *Ch.* 27B2
Mulde (R.) *R.D.A.* 16C2
Mulgrave (I.) *Austr.* 25H8
Mulhacén (Pic) *Esp.* 13B2
Mulhouse *Fr.* 5D2
Muli *Ch.* 26A4
Muling *Ch.* 27C3
Muling He (R.) *Ch.* 27C2
Mull (Ile) *G.-B.* 10C3
Mullaitvu *Sri L.* 34C3
Muller (Peg.) [Monts] *Indon.* 25E6
Mullewa *Austr.* 46A3
Mullingar *Irl.* 11B5
Mull of Kintyre (Pointe) *G.-B.* 10C4
Mull of Oa (Cap) *G.-B.* 10B4
Mulobezi *Zambie* 43C5
Multan *Pak.* 32C2
Mumbwa *Zambie* 43C5
Mumra *U.R.S.S.* 21H6
Muna (Ile) *Indon.* 46B1
München = Munich
Munchon *Corée du N.* 28A3
Muncie *É.-U.* 54B2
Muncy *É.-U.* 55D2
Münden *R.F.A.* 16B2
Mungbere *Zaïre* 42C3
Mungeli *Inde* 33B3
Munger *Inde* 33C2
Munich *R.F.A.* 16C3
Munising *É.-U.* 54B1
Munku Sardyk *U.R.S.S.* 19L4
Muñoz Gomero (Pén.) *Chili* 62B8
Munsan *Corée du S.* 28A3
Munster *Irl.* 9B3
Münster *R.F.A.* 16B2
Münster *S.* 12C1
Munzur Silsilesi (Mgnes) *Turq.* 36C2
Muomio *Finl.* 18D3
Muong Khoua *Laos* 29C1
Muong Man *V.* 29D3
Muong Nong *Laos* 29D2
Muong Ou Neua *Laos* 29C1
Muong Sai *Laos* 29C1
Muong Sen *V.* 29C2
Muong Sing *Laos* 29C1
Muong Son *Laos* 29C1
Muonio *Finl.* 4J5
Muonio (R.) *Finl. et Suède* 4J5
Muqdādiya *Iraq* 36E3
Muqdisho *Som.* 42E3
Mur (R.) *Autr.* 14C1
Muraille (Grande) *Ch.* 26B2
Murakami *J.* 27D4
Murallón (Mgne) *Arg. et Chili* 62B7
Murashi *U.R.S.S.* 20H4
Murat (R.) *Turq.* 36D2
Muravera *It.* 14B3

Murayama **New Amsterdam**

Murayama *J.* 28D3
Murcheh Khvort *Iran* 35C2
Murchison (R.) *Austr.* 46A3
Murcie *Esp.* 13B2
Murcie Rég. *Esp.* 13B2
Mure (La) *Fr.* 12A2
Mureş (R.) *Roum.* 15E1
Muresui (R.) *Roum.* 15E1
Muret *Fr.* 7C3
Murfreesboro *É.-U.* 55D3
Murgab (R.) *U.R.S.S.* 18H6
Murge Rég. *It.* 14D2
Murgha Kibzai *Pak.* 32B2
Muri *Inde* 33C3
Muriaé *Br.* 63D3
Muriege *Ang.* 43C4
Murom *U.R.S.S.* 20G4
Muroran *J.* 27E3
Muros *Esp.* 13A1
Muroto *J.* 27C5
Muroto (Cap) *J.* 28B4
Murphys *É.-U.* 56B1
Murray *É.-U.* 54B3
Murray (R.) *Austr.* 46D4
Murray Bridge *Austr.* 46C4
Murray (Faille de) *O. Pacifique* 45M3
Murray (Lac) *P.-N.-G.* 25H7
Murten *S.* 12B1
Mururoa (Ile) *Polyn. Fr.* 8
Murwāra *Inde* 33B3
Muryo (Mgne) *Indon.* 25E7
Muş *Turq.* 36D2
Musala (Mgne) *Bulg.* 15E2
Musan *Corée du N.* 27B3
Musandam (Pén.de) *Oman* 35D3
Musayyib (Al) *Iraq* 36D3
Muscatine *É.-U.* 54A2
Musgrave Range *Austr.* 46C3
Mushie *Zaïre* 42B4
Muskegon *É.-U.* 54B2
Muskegon (R.) *É.-U.* 54B2
Muskogee *É.-U.* 53D3
Muskoka (Lac) *Can.* 55D2
Musmar *Soud.* 42D2
Musoma *Tanz.* 42D4
Mussau (Ile) *P.-N.-G.* 46D1
Musselshell (R.) *É.-U.* 52C2
Mussende *Ang.* 43B5
Mussidan *Fr.* 5C2
Mustafa-Kemalpasa *Turq.* 15F2
Mustang *Népal* 33B2
Musters (Lac) *Arg.* 62C7
Musu (Cap) *Corée du N.* 28A2
Mut *Ég.* 39B2
Mutá (Ponta do) *Br.* 63E1
Mutarara *Moz.* 43D5
Mutare *Zimb.* 43D5
Mutnyy Materik *U.R.S.S.* 20K2
Mutoko *Zimb.* 43D5
Mutsamudu *Comores* 43E5
Mutshatsha *Zaïre* 43C5
Mutsu *J.* 27E3
Mutsu (B. de) *J.* 27E3
Mutunópolis *Br.* 63C1
Mu Us Shamo (Désert) *Ch.* 26B2
Muxima *Ang.* 43B4
Muya *U.R.S.S.* 19N4
Muyezerskiy *U.R.S.S.* 20E3
Muyinga *Burundi* 42D4
Muyumba *Zaïre* 43C4
Muyun Kum (Désert) *U.R.S.S.* 18H5
Muzaffarābād *Pak.* 32C2
Muzaffargarh *Pak.* 32C2
Muzaffarnagar *Inde* 32D3
Muzaffarpur *Inde* 33C2
Muzhi *U.R.S.S.* 18H3
Muzlag (Mgne) *Ch.* 31G2
Muztagala (Mgne) *Ch.* 31F2
Mvuma *Zimb.* 43D5
Mwanza *Tanz.* 42D4
Mwanza *Zaïre* 43C4
Mweka *Zaïre* 42C4
Mwene Ditu *Zaïre* 43C4
Mwenezi *Zimb.* 43D6
Mwenga *Zaïre* 42C4
Mweru (Lac) *Zambie* 43C4
Mwinilunga *Zambie* 43C5
Myanaung *Birm.* 33E4
Mycènes *Gr.* 15E3
Myingyan *Birm.* 33E3
Myingyao *Birm.* 29B1
Myinmoletkat (Mgne) *Birm.* 29B3
Myinmu *Birm.* 33E3
Myitkyina *Birm.* 33E2
Myitta *Birm.* 29B3
Myittha *Birm.* 33E3
Mýkonos (Ile) *Gr.* 15F3
Mymensingh *Bangl.* 33D3
Myojin (Ile) *J.* 24G3
Myongchon *Corée du N.* 28A2
Myonggan *Corée du N.* 28A2
Myrdal *Norv.* 4F6
Myrdalsjökur (Mgnes) *Isl.* 4B2
Mys Chelyuskin (Cap) *U.R.S.S.* 19M2
Mysen *Norv.* 4G7
Mysiloborz *Pol.* 16C2
Myślenice *Pol.* 17D3
Mysore *Inde* 34B2
Mys Shmidta *U.R.S.S.* 19T3
My Tho *V.* 29D3
Mytilène *Gr.* 15F3
Mzab (Rég.) *Alg.* 41C2
Mzereb (El) [Puits] *Mali* 40B2
Mzimba *Malawi* 43D5
Mzuzú *Malawi* 43D5

N

Naalehu *Hawaii* 56E5
Naantali *Finl.* 4J6
Naas *Irl.* 11B5
Nabari *J.* 28C4
Naberejnye-Tchelny *U.R.S.S.* 20J4
Nabeul *Tun.* 41E1
Nabileque (R.) *Br.* 63A3
Nabk *Ar. S.* 36C3
Nabk (al-) *Syrie* 36C3
Nacala *Moz.* 43E5
Nachingwea *Tanz.* 43D5
Nacimiento (R.) *É.-U.* 56B3
Nacimiento (Rés.) *É.-U.* 56B3
Nacondam (Ile) *O. Indien* 29A3
Nacozari *Mex.* 57B1
Nadi *Fidji* 47G2
Nadiād *Inde* 32C4
Nadjaf *Iraq* 36D3
Nadjafābād *Iran* 35C2
Nadjrān *Ar. S.* 39D3
Nador *Maroc* 13B2
Nadūshan *Iran* 35C2
Nadvoitsy *U.R.S.S.* 20E3
Nadvornaya *U.R.S.S.* 17E3
Naestved *Dan.* 16C1
Nafoura *Libye* 39B2
Naga *Phil.* 25F5
Nagahama *J.* 28B4
Nagai *J.* 28C3
Nagaland (État) *Inde* 33D2
Naga (Mts) *Inde* 33E2
Nagano *J.* 27D4
Nagaoka *J.* 27D4
Nāgappattinam *Inde* 34B2
Nagar Parkar *Pak.* 32C4
Nagasaki *J.* 27B5
Nagashima *J.* 28C4
Nagato *J.* 28B4
Nāgaur *Inde* 32C3
Nāgercoil *Inde* 34B3
Nagha Kalat *Pak.* 32B3
Nagina *Inde* 32D3
Nagoya *J.* 27D4
Nāgpur *Inde* 32D4
Nagqu *Ch.* 31H2
Nagykanizsa *H.* 16D3
Nagykörös *H.* 17D3
Naha *J.* 24F4
Nahaimo *Can.* 52A2
Nāhan *Inde* 32D2
Nahang (R.) *Iran* 35E3
Nahanni Butte *Can.* 50F3
Nahariya *Isr.* 37C2
Nahar Ouassel (R.) *Alg.* 41C1
Nahāvand *Iran* 35B2
Nahpu *Ch.* 26D2
Nahuel Huapi (Lac) *Arg.* 62B6
Naimen Qi *Ch.* 26E1
Nain *Can.* 51M4
Nā'in *Iran* 35C2
Naini Tai *Inde* 32D3
Nainpur *Inde* 33B3
Nairn *G.-B.* 10D3
Nairobi *K.* 42D4
Najin *Corée du N.* 27C3
Naju *Corée du S.* 28A3
Nakadori-jima *J.* 28A4
Nakama *J.* 28B4
Nakaminato *J.* 27E4
Nakamura *J.* 28B4
Nakano *J.* 28C3
Nakano-shima (Ile) *J.* 28B3
Nakatsu *J.* 27C5
Nakatsu-gawa *J.* 28C3
Nakfa *Éth.* 42D2
Nakhichevan *U.R.S.S.* 21H8
Nakhl *Ég.* 37B4
Nakhodka *U.R.S.S.* 27C3
Nakhon Pathom *Th.* 29C3
Nakhon Ratchasima *Th.* 29C3
Nakhon Si Thammarat *Th.* 29C4
Nakina *Can.* 51K4
Naknek *É.-U.* 50C4
Nakskov *Dan.* 4G7
Naktong (R.) *Corée du S.* 28A3
Nakuru *K.* 42D4
Nalgonda *Inde* 34B1
Nallamala (Mts) *Inde* 34B1
Nalout *Libye* 39A1
Naltchik *U.R.S.S.* 21G7
Naltia (Mgne) *Finl. et Norv.* 20C2
Namak (Lac) *Iran* 35C2
Namakzar-e Chahdād *Iran* 35D2
Namaland (Great) *Nam.* 43B6
Namangan *U.R.S.S.* 18J5
Namapa *Moz.* 43D5
Namaqualand *Afr. du S.* 43B7
Nam Can *V.* 29D4
Nam Co (Lac) *Ch.* 31H2
Nam Dinh *V.* 29D1
Nametil *Moz.* 43D5
Namhae (Ile) *Corée du S.* 27B5
Namib (Désert du) *Nam.* 43B6
Namibe *Ang.* 43B5
Namibie *Afr.* 43B6
Namlea *Indon.* 46B1
Namling *Ch.* 33C2
Nampa *É.-U.* 52B2
Nampala *Mali* 40B3
Nam Phong *Th.* 29C2
Nampo *Corée du N.* 27B4
Nampula *Moz.* 43D5
Namsos *Norv.* 4G6
Namton *Birm.* 29B1
Namtsy *U.R.S.S.* 19O3
Namtu *Birm.* 33E3
Namuno *Moz.* 43D5
Namur *Belg.* 16A2
Nāmus (Waw an) *Libye* 39A2
Namutoni *Nam.* 43B5
Namwon *Corée du S.* 27B4
Nanam *Corée du N.* 27B3
Nanao *J.* 27D4
Nanatsu-jima (Ile) *J.* 28C3
Nanbu *Ch.* 26B3
Nancha *Ch.* 27B2
Nanchang *Ch.* 26D4
Nanchong *Ch.* 26B3
Nancowry (Ile) *O. Indien* 34E3
Nancy *Fr.* 5D2
Nanda Devi (Mgne) *Inde* 33B1
Nānded *Inde* 34B1
Nandurbar *Inde* 32C4
Nandyāl *Inde* 34B1
Nanga Eboko *Cameroun* 42B3
Nanga Parbat (Mgne) *Pak.* 32C1
Nangapinoh *Indon.* 29E6
Nangatayap *Indon.* 29E6
Nangnim *Corée du N.* 28A2
Nangnim Sanmaek (Mgnes) *Corée du N.* 27B3
Nang Xian *Ch.* 33D2
Nanjangūd *Inde* 34B2
Nankin *Ch.* 26D3
Nankoku *J.* 28B4
Nan Ling (Mgnes) *Ch.* 26C4
Nanliu (R.) *Ch.* 29D1
Nanning *Ch.* 26B5
Nanortalik *Groenl.* 51O3
Nanpan Jiang (R.) *Ch.* 26A5
Nānpāra *Inde* 33B2
Nanping *Ch.* 26D4
Nansen (Détroit de) *Can.* 51J1
Nanshan (Ile) *Asie* 25E5
Nansio *Tanz.* 42D4
Nanterre *Fr.* 6F4
Nantes *Fr.* 5B2
Nantong *Ch.* 26E3
Nantua *Fr.* 12A1
Nanumanga (Ile) *Tuvalu* 47G1
Nanumea (Ile) *Tuvalu* 47G1
Nanuque *Br.* 63D2
Nanyang *Ch.* 26C3
Nanyang Hu (Lac) *Ch.* 26D2
Nanyuki *K.* 42D3
Nao (Cap de la) *Esp.* 13C2
Naoetsu *J.* 27D4
Naokot *Pak.* 32B4
Napa *É.-U.* 56A1
Napanee *Can.* 55D2
Napas *U.R.S.S.* 18K4
Napassoq *Groenl.* 51N3
Nape *Laos* 29D2
Napier *N.-Z.* 47G4
Naples *It.* 14C2
Naplouse *Jord.* 37C2
Napo *Ch.* 26B5
Napo (R.) *Éq. et Pér.* 60D4
Napoli = Naples
Napoule (Golfe de La) *Fr.* 12B3
Napuka (Ile) *Polyn. Fr.* 8
Naqadeh *Iran* 35B1
Naqb Ishtar *Jord.* 37C3
Nara *J.* 28C4
Nara *Mali* 40B3
Naracoorte *Austr.* 46D4
Narasarāopet *Inde* 34B1
Narathiwat *Th.* 29C4
Narayanganj *Bangl.* 33D3
Nārāyenpet *Inde* 34B1
Narbada (R.) *Inde* 32C4
Narbonne *Fr.* 5C3
Narendranagar *Inde* 32D2
Narew (R.) *Pol.* 17E2
Narita *J.* 28D3
Nārnaul *Inde* 32D3
Narodnaya (Gora) *U.R.S.S.* 20K3
Naro Fominsk *U.R.S.S.* 20F4
Narok *K.* 42D4
Narowal *Pak.* 32C2
Narrabri *Austr.* 46D4
Narrogin *Austr.* 46A4
Narrows *É.-U.* 54C3
Narsimhapur *Inde* 32D4
Narsipatnam *Inde* 34C1
Narssalik *Groenl.* 51O3
Narssaq *Groenl.* 51O3
Narssarssuaq *Groenl.* 51O3
Narugo *J.* 28D3
Naruto *J.* 28B4
Narva *U.R.S.S.* 20D4
Narvik *Norv.* 4H5
Narwāna *Inde* 32D3
Nar'yan Mar *U.R.S.S.* 20J2
Naryn *U.R.S.S.* 18J5
Nasarawa *Nig.* 41H4
Nashua *É.-U.* 55E2
Nashville *É.-U.* 54B3
Našice *Youg.* 15D1
Nāsik *Inde* 32C4
Nasir *Soud.* 42D3
Nāsirah (An) *Syrie* 37D1
Nāşiriyya *Iraq* 36E3
Nassau *Bahamas* 58B1
Nasser (Lac) *Ég. et Soud.* 39C2
Nassian *C.-d'Iv.* 41F4
Nässjö *Suède* 4G7
Nastapoka (Iles) *Can.* 51L4
Nata *Botswana* 43C6
Natal *Afr. du S.* 43D6
Natal *Br.* 61L5
Natal *Indon.* 29B5
Natal (Bassin du) *O. Indien* 44C6
Natanz *Iran* 35C2
Natashquan *Can.* 51M4
Natashquan (R.) *Can.* 51M4
Natchez *É.-U.* 53D3
Natchitoches *É.-U.* 53D3
Nathorsts (Terre de) *Groenl.* 51Q2
Natitingou *Bénin* 41G3
Natori *J.* 28D3
Natovl'a *U.R.S.S.* 17F2
Natron (Lac) *Tanz.* 42D4
Natroun (Oued) *Ég.* 36A3
Naturaliste (Cap du) *Austr.* 46A4
Nauders *Autr.* 12D1
Nauen *R.D.A.* 16C2
Naumburg *R.D.A.* 16C2
Nauplie *Gr.* 15E3
Naur *Jord.* 37C3
Nauru (Ile) *O. Pacifique* 47F1
Naushki *U.R.S.S.* 19M4
Nauzad *Afgh.* 35E2
Navajo (Rés.) *É.-U.* 52C3
Navalmoral de la Mata *Esp.* 13A2
Navarin (Cap) *U.R.S.S.* 19T3
Navarino (Ile) *Chili* 62C9
Navarre *Esp.* 13B1
Navia (R.) *Esp.* 13A1
Navio (Serra do) *Br.* 61H3
Naviraí *Br.* 63B3
Navlakhi *Inde* 32C4
Navlya *U.R.S.S.* 21E5
Navojoa *Mex.* 57B2
Návpaktos *Gr.* 15E3
Navrongo *Gh.* 41F3
Navsāri *Inde* 32C4
Nawá *Syrie* 37D2
Nawāda *Inde* 33C3
Nawah *Afgh.* 32B2
Nawrabshah *Pak.* 32B3
Naxi *Ch.* 26B4
Náxos (Ile) *Gr.* 15F3
Nāy Band *Iran* 35C3
Nay Band *Iran* 35D2
Nayoro *J.* 27E3
Nazaré *Br.* 63E1
Nazareth *Isr.* 37C2
Nazca *Pér.* 60D6
Nazilli *Turq.* 36A2
Nazimovo *U.R.S.S.* 19L4
Nazwa *Oman* 30D3
Nazyvayevsk *U.R.S.S.* 18J4
Ndalatando *Ang.* 43B4
Ndélé *Centr.* 42C3
Ndendé *Gabon* 42B4
Ndende (Ile) *I. Salomon* 47F2
N'Djamena *Tchad* 42B2
Ndjolé *Gabon* 42B4
Ndola *Zambie* 43C5
Ndouci *C.-d'Iv.* 41F4
Ndzouani = Anjouan
Neagh (Lac) *Irl. du N.* 9B3
Neápolis *Gr.* 15E3
Neath *G.-B.* 11D6
Nebbio *Fr.* 7D3
Nebit Dag *U.R.S.S.* 18G6
Nebraska (État) *É.-U.* 52C2
Nebraska City *É.-U.* 52D2
Nebrodi (Monti) *It.* 14C3
Necochea *Arg.* 62E5
Nêdong *Ch.* 33D2
Needles *É.-U.* 52B3
Neenah *É.-U.* 54B2
Neepawra *Can.* 50J4
Nefta *Tun.* 41D2
Neftegorsk *U.R.S.S.* 27E1
Neftelensk *U.R.S.S.* 19M4
Negelli *Éth.* 42D3
Negla (R.) *Par.* 63A3
Negolu (Mgne) *Roum.* 21C6
Negombo *Sri L.* 34B3
Negrais (Cap) *Birm.* 29A2
Negritos *Pér.* 60B4
Negro (R.) [Amazonas] *Br.* 60F4
Negro (R.) *Arg.* 62D5
Negro (R.) *Br.* 63A2
Negro (R.) *Par.* 63A3
Negro (R.) *Ur.* 62F4
Negro (Cap) *Maroc* 13A2
Negros (Ile) *Phil.* 25F6
Negru Voda *Roum.* 15F2
Néguev (Désert du) *Isr.* 37C3
Nehbandan *Iran* 35E2
Nehe *Ch.* 27A2
Neige (Crêt de la) *Fr.* 12A1
Neiges (Piton des) *Réunion* 8
Neijiang *Ch.* 26B4
Neillsville *É.-U.* 54A2
Neira *Col.* 60C3
Neisse (R.) *Pol. et R.D.A.* 16D2
Nejo *Éth.* 42D3
Nelidovo *U.R.S.S.* 20E4
Nellore *Inde* 34B2
Nel'ma *U.R.S.S.* 27D2
Nelson *Can.* 52B2
Nelson *N.-Z.* 47G5
Nelson (R.) *Can.* 50J4
Nelspruit *Afr. du S.* 43D6
Néma *Maurit.* 40B3
Nemagt Uul (Mgne) *Mong.* 26A1
Nemilen (R.) *U.R.S.S.* 27D1
Nemira (Mgne) *Roum.* 15F1
Nemor He (R.) *Ch.* 27B2
Nemuro *J.* 27F3
Nemuro (Dt de) *J. et U.R.S.S.* 28E2
Nen (R.) *Ch.* 19O5
Nenagh *Irl.* 9B3
Nenana *É.-U.* 50D3
Nene (R.) *G.-B.* 11E5
Nenjiang *Ch.* 27B2
Néo-Zélandais (Plateau) *O. Pacifique* 45K7
Nepa *U.R.S.S.* 19M4
Népal *Asie* 33B2
Nepalganj *Népal* 33B2
Neqarot (R.) *Isr.* 37C3
Nérac *Fr.* 6C2
Nerchinsk *U.R.S.S.* 24E1
Neretva (R.) *Youg.* 15D2
Nero Deep *O. Pacifique* 25H5
Nes' *U.R.S.S.* 20G2
Neskaupstaður *Isl.* 4C1
Nesleyville *Can.* 51N5
Ness (Loch) *G.-B.* 10C3
Néstos (R.) *Gr.* 15E2
Netanya *Isr.* 37C2
Netrakona *Bangl.* 33D3
Nettilling (Lac) *Can.* 51L3
Neubrandenburg *R.D.A.* 16C2
Neuchâtel *S.* 12B1
Neuchâtel (Lac de) *S.* 12B1
Neufchâteau *Fr.* 7D2
Neufchâtel *Fr.* 5C2
Neuilly-sur-Marne *Fr.* 6F4
Neuilly-sur-Seine *Fr.* 6F4
Neumünster *R.F.A.* 16B2
Neunkirchen *Autr.* 14D1
Neuquén *Arg.* 62C5
Neuquén (Prov.) *Arg.* 62B6
Neuquén (R.) *Arg.* 62C5
Neuruppin *R.D.A.* 16C2
Neustadt *R.F.A.* 16C2
Neustrelitz *R.D.A.* 16C2
Nevada (État) *É.-U.* 52B3
Nevada de Santa Marta (Sierra) *Col.* 60D1
Nevada (Sierra) *Esp.* 13B2
Nevada (Sierra) *É.-U.* 52A3
Nevatim *Isr.* 37C3
Nevel *U.R.S.S.* 20D4
Nevel'sk *U.R.S.S.* 27E2
Never *U.R.S.S.* 27A1
Nevers *Fr.* 5C2
Nevis (Ile) *M. des Antilles* 58E3
Nevis (R.) *U.R.S.S.* 17F2
Nevşehir *Turq.* 36B2
Nev'yansk *U.R.S.S.* 20L4
New (R.) *É.-U.* 54C3
Newala *Tanz.* 43D5
New Albany *É.-U.* 54B3
New Amsterdam *Guy.* 61G2

Newark **Nûgussuag**

Newark É.-U. 55D3
Newark É.-U. 53F2
Newark É.-U. 54C2
Newark-upon-Trent G.-B. 11E5
New Bedford É.-U. 55E2
New Bight Bahamas 58B2
New Boston É.-U. 54C3
New Braunfels É.-U. 52D4
New Britain É.-U. 55E2
New Brunswick É.-U. 55E2
Newburgh É.-U. 55E2
Newbury G.-B. 11E6
Newcastle Afr. du S. 43C6
Newcastle Austr. 46E4
New Castle É.-U. 54B3
New Castle É.-U. 54C2
Newcastle É.-U. 52C2
Newcastle Irl. du N. 11C4
Newcastle upon Tyne G.-B. 10E4
Newcastle Waters Austr. 46C2
New Cuyama É.-U. 56C3
New Delhi Inde 32D3
New Forest G.-B. 11E6
New Galloway G.-B. 10C4
New Glasgow Can. 51M5
Newhall É.-U. 56C3
New Hampshire (État) É.-U. 53F2
New Hampton É.-U. 54A2
New Hanover (Ile) P.-N.-G. 46E1
New Haven É.-U. 55E2
Newhaven G.-B. 11F6
New Jersey (État) É.-U. 53F2
New Liskeard Can. 51L5
New London É.-U. 55E2
Newman Austr. 46A3
Newman É.-U. 56B2
New Market É.-U. 55D3
Newmarket G.-B. 11F5
New Philadelphia É.-U. 54C2
New Plymouth N.-Z. 47G4
Newport É.-U. 54C3
Newport É.-U. 55E2
Newport É.-U. 55E2
Newport G.-B. 11E6
Newport G.-B. 11D6
Newport Beach É.-U. 56D4
Newport News É.-U. 53F3
New Providence (Ile) Bahamas 58B1
Newquay G.-B. 11C6
New Ross Irl. 11B5
Newry Irl. du N. 11B4
Newton É.-U. 52D3
Newton É.-U. 55E2
Newton Abbot G.-B. 11D6
Newton Stewart G.-B. 10C4
Newton Stewart Irl. du N. 10B4
Newtown G.-B. 11D5
Newtownards Irl. du N. 11C4
New Westminster Can. 50F5
New York (État) É.-U. 53F2
New York É.-U. 53F2
Neya U.R.S.S. 20G4
Neyriz Iran 35C3
Nezeto Ang. 43B4
Nezhin U.R.S.S. 21E5
Ngabé Congo 42B4
Ngadda Nig. 41J3
Ngami (Lac) Botswana 43C6
Ngaoundéré Cameroun 41J4
Ngazidja = Comore (Grande)
Ngo Congo 42B4
Ngoc Linh (Mgne) V. 29D2
Ngoko (R.) Cameroun 42B3
Ngoring Hu (Lac) Ch. 24C3
Ngorongoro Crater Tanz. 42D4
N'Gounié (R.) Gabon 42B4
Nguigmi Niger 42B2
Ngulu (Ile) O. Pacifique 25G6
Nguru Nig. 41J3
Nha Trang V. 29D3
Nhecolandia Br. 63A2
Nhommarath Laos 29D2
Nhulunbuy Austr. 46C2
Niafounké Mali 40B3
Niagara É.-U. 54B1
Niagara Falls Can. 55D2
Niagara Falls É.-U. 55D2
Niah Mal. 25E6
Niakaramandougou C.-d'Iv. 40B4
Niamey Niger 40C3
Niangara Zaïre 42C3
Niangoloko Burk. 41F3
Nia Nia Zaïre 42C3
Nianzishan Ch. 27A2
Niapa Indon. 25E6
Nias (Ile) Indon. 29B5
Nicaragua (Rép.) Am. centr. 57D3
Nicaragua (Lac de) Nic. 60A1
Nicastro It. 14D3
Nice Fr. 5D3
Nichāpur Iran 35D1
Nicholl's Town Bahamas 58B1
Nicobar (Grande) Inde 34E3
Nicobar (Iles) O. Indien 31H5
Nicobar (Petite) Inde 34E3
Nicosie Chypre 37B1
Nicoya (G. de) C.R. 60A2
Nicoya (Pén. de) C.R. 57D3
Nidzica Pol. 17E2
Niedere Tauern Autr. 12E1
Niemba Zaïre 42C4
Niémen (R.) U.R.S.S. 17E1
Nienburg R.F.A. 16B2
Niete (Mt) Liberia 40B4
Nieuw Amsterdam Sur. 61G2
Nieuw Nickeire Sur. 61G2
Nièvre (Dép.) Fr. 7C2
Niğde Turq. 36B2
Niger Afr. 40C3
Niger (État) Nig. 41H4
Niger (R.) Afr. 41H4
Nigeria Afr. 40C4
Nighthawk (Lac) Can. 54C1
Nigríta Gr. 15E2
Nihommatsu J. 28D3
Niigata J. 27D4
Niihama J. 27C5
Nii-jima (Ile) J. 28C4
Niimi J. 28B4
Niitsu J. 27D4
Nijil Jord. 37C3
Nijnekamski (Rés. de) U.R.S.S. 20J4
Nijni-Taguil U.R.S.S. 18G4
Nikel' U.R.S.S. 20E2
Nikki Bénin 41G3
Nikko J. 27D4
Nikolayev U.R.S.S. 21E6
Nikolayevsk U.R.S.S. 21H6
Nikolayevsk-na-Amure U.R.S.S. 19Q4
Nikol'sk U.R.S.S. 20H5
Nikol'sk U.R.S.S. 20H4
Nikopol U.R.S.S. 21E6
Niksar Turq. 36C1
Nikshahr Iran 35E3
Nikšić Youg. 15D2
Nikunau (Ile) Kiribati 47G1
Nil (R.) Afr. 30B3
Nila Indon. 25F7
Nil Blanc (R.) Soud. 42D2
Nil Bleu Éth. et Soud. 42D2
Niles É.-U. 54B2
Nilgiri (Collines) Inde 34B2
Nil Victoria (R.) Oug. 42D3
Nimach Inde 32C4
Nimba (Mt) C. d'Iv., Guinée et Lib. 40B4
Nimègue P.-B. 16B2
Nîmes Fr. 5C3
Nimule Soud. 42D3
Ning'an Ch. 27B3
Ningde Ch. 26D4
Ningdu Ch. 26D4
Ningjing Shan (Mgnes) Ch. 24C3
Ningming Ch. 29D1
Ningnan Ch. 26A4
Ningxia Hui (Prov.) Ch. 26B2
Ning Xian Ch. 26B2
Ninh Binh V. 26B5
Ninigo (Iles) P.-N.-G. 46D1
Nioaque Br. 63A3
Niobrara (R.) É.-U. 52D2
Nioki Zaïre 42B4
Nioro du Sahel Mali 40B3
Niort Fr. 5B2
Nipawin Can. 50H4
Nipigon Can. 51K5
Nipigon (Baie de) Can. 54B1
Nipigon (Lac) Can. 51K5
Nipissing (R.) Can. 51K5
Nipissing (Lac) Can. 54C1
Nipomo É.-U. 56B3
Niquelândia Br. 63C1
Nirmal Inde 34B1
Nirmāli Inde 33C2
Niš Youg. 15E2
Nisāb Ar. S. 35A3
Nishi (Dt de) Corée du S. 28A4
Nishinoomote J. 27C5
Nishino-shima (Ile) J. 28B3
Nishiwaki J. 28B4
Nissan (Iles) P.-N.-G. 47E1
Nitchequon Can. 51L4
Niterói Br. 61K8
Nith (R.) G.-B. 10D4
Nitra Tch. 17D3
Nitro É.-U. 54C3
Niue (Ile) O. Pacifique 47J2
Niulakita (Ile) Tuvalu 47G2
Niut (Mgne) Indon. 29E5
Niutao (Ile) Tuvalu 47G1
Nivernais Fr. 5C2
Nivskiy U.R.S.S. 4L5
Nizāmābād Inde 34B1
Nizana (Site hist.) Isr. 37C3
Nizhneudinsk U.R.S.S. 24C1
Nizhniye Sergi U.R.S.S. 20K4
Nizhniy Lomov U.R.S.S. 20G5
Nizhniy Odes U.R.S.S. 20J3
Nizhnyaya Zolotitsa U.R.S.S. 20G2
Nizip Turq. 36C2
Nizmennost U.R.S.S. 21E6
Njoko (R.) Zambie 43C5
Njombe Tanz. 43D4
Nkambé Cameroun 42B3
Nkawkaw Gh. 41F4
Nkhata Bay Malawi 43D5
Nkongsamba Cameroun 42B3
N'Konni Niger 40C3
Noakhali Bangl. 33D3
Noatak É.-U. 50B3
Noatak (R.) É.-U. 50B3
Nobeoka J. 27C5
Noboribetsu J. 28D2
Nobres Br. 63A1
Noce (R.) It. 12D1
Nogales É.-U. 52B3
Nogales Mex. 57A1
Nogara It. 12D2
Nogata J. 28B4
Nogent-le-Rotrou Fr. 7C2
Nogent-sur-Marne Fr. 6F4
Noginsk U.R.S.S. 20F4
Nogliki U.R.S.S. 27E1
Nohar Inde 32C3
Noheji J. 28D2
Noire (Mer) Asie et Eur. 18E5
Noirmoutier (Ile de) Fr. 5B2
Noisy-le-Grand Fr. 6F4
Noisy-le-Sec Fr. 6F4
Nojima (Cap) J. 28C4
Nok Kundi Pak. 35E3
Nola Centr. 42B3
Noli (C. di) It. 12C2
Nolinsk U.R.S.S. 20H4
Nome É.-U. 50B3
Nomgon Mong. 26B1
Nomo (Cap) J. 28A4
Nonachol (Lac) Can. 50H3
Nong'an Ch. 27B3
Nong Khai Th. 29C2
Nongoma Afr. du S. 43D6
Nonouti (Ile) Kiribati 47G1
Nonsan Corée du S. 28A3
Nontron Fr. 5C2
Noorvik É.-U. 50B3
Noqui Ang. 42B4
Noranda Can. 51L5
Nord (Dép.) Fr. 7C1
Nord-Américain (Bassin) Atlantique 48E3
Nordaustlandet (Ile) O. Arctique 18D2
Nord (Canal du) G.-B. 10C4
Nord (Cap) Norv. 4J4
Nordenshelda U.R.S.S. 19K2
Nordfjord (Baie) Norv. 4F6
Nordhausen R.D.A. 16C2
Nord (Ile du) N.-Z. 47G4
Nord (Mer du) Europe 48J2
Nord-Ouest (Cap) Austr. 46A3
Nord-Ouest (Territoires du) Can. 50G3
Nord-Pas-de-Calais (Rég.) Fr. 7C1
Nordre Groenl. 51N3
Nord Scotia (Dorsale) Atlantique 48F7
Nord Stronfjället (Mgne) Suède 4G5
Nord (Territoire du) Austr. 46C2
Nordvik U.R.S.S. 19N2
Nore (R.) Irl. 11B5
Norfolk (Comté) G.-B. 11F5
Norfolk É.-U. 52D2
Norfolk É.-U. 55D3
Norfolk (Ile) Austr. 47F3
Norfolk (Dorsale de) O. Pacifique 45K6
Noril'sk U.R.S.S. 19K3
Normal É.-U. 54B2
Norman É.-U. 52D3
Normandie Fr. 5B2
Normandie (Basse-) Rég. Fr. 6B2
Normandie (Haute-) Rég. Fr. 7C2
Normanton Austr. 46D2
Norman Wells Can. 50F3
Norra Storfjället (Mgne) Suède 20B2
Norris (Lac) É.-U. 54C3
Norristown É.-U. 55D2
Norrköping Suède 4H7
Norrsundet Suède 4H6
Norrtälje Suède 4H7
Norseman Austr. 46B4
Norsk U.R.S.S. 27C1
Nortelândia Br. 63A1
Northallerton G.-B. 11E4
Northam Austr. 46A4
Northampton Austr. 46A3
Northampton (Comté) G.-B. 11E5
Northampton É.-U. 55E2
Northampton G.-B. 11E5
North Arm (Baie) Can. 50G3
North Aulatsvik (Ile) Can. 51M4
North Battleford Can. 50H4
North Bay Can. 51L5
North Bend É.-U. 52A2
North Berwick G.-B. 10D3
North Canadian (R.) É.-U. 52D3
North (Cap) Can. 51M5
North Cape (Cap) N.-Z. 47G4
North Channel (Cl) Can. 54C1
North Downs G.-B. 11F6
North East É.-U. 55D2
Northeast (Cap) É.-U. 50B3
Northern Light (Lac) Can. 54A1
Northern Range (Mgnes) Trinité 58L1
North Esk (R.) G.-B. 10D3
North Foreland G.-B. 11F6
North Palisade (Mgne) É.-U. 56C2
North Platte É.-U. 52C2
North Platte (R.) É.-U. 52C2
North (Pte) Barbade 58Q2
North (Pte) É.-U. 54C1
North Rona (Ile) G.-B. 9B2
North Ronaldsay (Ile) G.-B. 10D2
North Sentinel (Ile) Inde 34E2
North Slope (Rég.) É.-U. 50D3
North Uist (Ile) G.-B. 10B3
Northumberland (Comté) G.-B. 10D4
Northumberland (Iles) Austr. 46E3
Northumberland (Détroit de) Can. 51M5
North Walsham G.-B. 11F5
Northway É.-U. 50D3
North West River Can. 51M4
North York Moors (Parc nat.) G.-B. 11E4
Norton Sound (Baie) É.-U. 50B3
Norvège Europe 4F6
Norvège (Mer de) Europe 18B3
Norvegia (Cap) Antarct. 64F1
Norvégien (Bassin) O. Atlantique 48H1
Norvégiens (Baie des) Can. 51J2
Norwalk É.-U. 54C2
Norwalk É.-U. 55E2
Norway House Can. 50J4
Norwich G.-B. 11F5
Norwood É.-U. 54C3
Noshiro J. 27D3
Nosovaya U.R.S.S. 20J2
Nosovka U.R.S.S. 17G2
Noss (Ile) G.-B. 10E1
Nossob (R.) Afr. du S. et Botswana 43C6
Nostrābād Iran 35E3
Nosy Barren (Ile) Mad. 43E5
Nosy Bé (Ile) Mad. 43E5
Nosy Boraha (Ile) Mad. 43F5
Nosy Varika Mad. 43E6
Notéc (R.) Pol. 16D2
Notikeuin Can. 50G4
Noto It. 14D3
Notodden Norv. 4F7
Noto (Pén. de) J. 28C3
Notre-Dame (Baie de) Can. 51N5
Notre-Dame (Bois) Fr. 6F4
Nottingham (Comté) G.-B. 11E5
Nottingham G.-B. 11E5
Nottingham (I.) Can. 51L3
Nottingham Island Can. 51L3
Nouadhibou Maurit. 40A2
Nouadhibou (Ras) Maurit. 40A2
Nouakchott Maurit. 40A3
Nouméa N.-C. 8
Nouna Burk. 41F3
Nouppoort Afr. du S. 43C7
Nouveau-Brunswick (Prov.) Can. 51M5
Nouveau-Mexique (État) É.-U. 52C3
Nouveau-Québec Can. 51L4
Nouveau-Québec (Cratère du) Can. 51L3
Nouvelle-Bretagne (Ile) P.-N.-G. 46E1
Nouvelle-Bretagne (Fosse de la) P.-N.-G. 46E1
Nouvelle-Calédonie Fr. 8
Nouvelle-Écosse (Prov.) Can. 51M5
Nouvelle-France (C. de) Can. 51L3
Nouvelle-Galles du Sud Austr. 46D4
Nouvelle-Géorgie (Ile) I. Salomon 47E1
Nouvelle-Guinée Asie et Oc. 46D1
Nouvelle-Irlande (Ile) P.-N.-G. 46E1
Nouvelle-Orléans (La) É.-U. 53D3
Nouvelles-Hébrides (Fosse des) O. Pacifique 47F3
Nouvelle-Sibérie (Arch. de) U.R.S.S. 19P2
Nouvelle-Zélande O. Pacifique 47G5
Nouvelle-Zemble U.R.S.S. 18G2
Nova América Br. 63C2
Nova Caipemba Ang. 43B4
Nova Chaves Ang. 43C5
Nova Esparança Br. 63B3
Nova Friburgo Br. 63D3
Nova Gaia Ang. 43B5
Nova Granada Br. 63C3
Nova Horizonte Br. 63C3
Nova Lima Br. 63D3
Nova Lisboa = Huambo
Nova Londrina Br. 63B3
Nova Mambone Moz. 43D6
Novare It. 12C2
Nova Roma Br. 63C1
Novato É.-U. 56A1
Nova Venécia Br. 63D2
Novaya Kakhovka U.R.S.S. 21E6
Novaya Sibir (Ile) U.R.S.S. 19R2
Nova Zagora Bulg. 15F2
Nove Russas Br. 61K4
Nové Zámky Tch. 15D1
Novgorod U.R.S.S. 20E4
Novigrad Youg. 12E2
Novikovo U.R.S.S. 27E2
Novi Ligure It. 12C2
Novi Pazar Bulg. 15F2
Novi Pazar Youg. 15E2
Novi Sad Youg. 15D1
Novoalekseyevka U.R.S.S. 21K5
Novoanninskiy U.R.S.S. 21G5
Novobureyskiy U.R.S.S. 27C2
Novocherkassk U.R.S.S. 21F6
Novodvinsk U.R.S.S. 20G3
Novograd Volynskiy U.R.S.S. 21D5
Novogrudok U.R.S.S. 17F2
Novo Hamburgo Br. 62F3
Novokazalinsk U.R.S.S. 18H5
Novokuznetsk U.R.S.S. 18K4
Novolazarevskaya (Station) Antarct. 64F12
Novo Mesto Youg. 14D1
Novomirgorod U.R.S.S. 17G3
Novomoskovsk U.R.S.S. 20F5
Novorossiysk U.R.S.S. 21F7
Novorybnoye U.R.S.S. 19M2
Novossibirsk U.R.S.S. 18K4
Novotroitsk U.R.S.S. 21K5
Novo Uzensk U.R.S.S. 21H5
Novovolynsk U.R.S.S. 17E2
Novo Vyatsk U.R.S.S. 20H4
Novozybkov U.R.S.S. 21E5
Novvy Port U.R.S.S. 18J3
Novy Dwór Mazowiecki Pol. 17E2
Novyy Lyalya U.R.S.S. 20L4
Novyy Port U.R.S.S. 20N2
Novyy Uzem U.R.S.S. 21J7
Nowa Sól Pol. 16D2
Nowgong Inde 33D2
Now Shahr Iran 35C1
Nowshera Pak. 32C2
Nowy Sącz Pol. 17E3
Nozay Fr. 5B2
Nsawam Gh. 41F4
Nsukka Nig. 41H4
Nuatja Togo 41G4
Nuba (Mts) Soud. 42D2
Nubie (Désert de) Soud. 39C2
Nueces (R.) É.-U. 52D4
Nueltin (Lac) Can. 50J3
Nueva Casas Grandes Mex. 57B1
Nueva Germania Par. 63A3
Nueva Gerona Cuba 58A2
Nueva Laredo Mex. 52C4
Nueva Rosita Mex. 57B2
Nuevitas Cuba 58B2
Nuevo Casas Grandes Mex. 57B1
Nuevo Laredo Mex. 57C2
Nufūd (Grand) [Dés.] Ar. S. 39C2
Nugaal Som. 39D4
Nûgâtsiaq Groenl. 51N2
Nugssuag (Pén.) Groenl. 51N2
Nûgussuag (Ile) Groenl. 51N2

Richmond **Ste-Anne**

Richmond *Austr.* 46D3
Richmond *É.-U.* 56A2
Richmond *É.-U.* 54C3
Richmond *É.-U.* 55D3
Ricobayo (Embalse de) [Rés.] *Esp.* 13A1
Rideau (Lacs) *Can.* 55D2
Ridgway *É.-U.* 55D2
Riecito *Ven.* 58D4
Rienza (R.) *It.* 12D1
Riesa *R.D.A.* 16C2
Riesco (Ile) *Chili* 62B8
Rieti *It.* 14C2
Riez *Fr.* 12B3
Rifā't (Ar) *Iraq* 36E3
Rif (Chaîne du) *Maroc* 41B2
Riga *U.R.S.S.* 17E1
Riga (Golfe de) *U.R.S.S.* 20C4
Rigān *Iran* 35D3
Rigolet *Can.* 51N4
Rihab (Ar) *Iraq* 36E3
Riihimaki *Finl.* 4J6
Rijeka *Youg.* 14C1
Rikuzen-Tanaka *J.* 28D3
Rima (R.) *Nig.* 41H3
Rimatara (Ile) *Polyn. Fr.* 8
Rimbo *Suède* 4H7
Rimini *It.* 12E2
Rîmnicu Sărat *Roum.* 15F1
Rîmnicu Vîlcea *Roum.* 15E1
Rimouski *Can.* 53G2
Ringkøbing *Dan.* 4F7
Ringnes (I.) *Can.* 50H2
Rinjani (Mgne) *Indon.* 25E7
Riobamba *Éq.* 60C4
Rio Benito *Guinée-Éq.* 42A3
Rio Branco *Br.* 60E5
Rio Branco do Sul *Br.* 63C4
Rio Brilhante *Br.* 63B3
Riochacha *Col.* 60D1
Rio Claro *Br.* 63C3
Rio Claro *Trinité* 58L1
Río Cuarto *Arg.* 62D4
Rio de Janeiro *Br.* 63D3
Rio de Janeiro (État) *Br.* 63D3
Rio de Oro (Baie du) *Maroc* 40A2
Rio Gallegos *Arg.* 62C8
Rio Grande *Arg.* 62C8
Rio Grande *Br.* 62F4
Rio Grande *Mex.* 52C4
Rio Grande *Nic.* 58A4
Rio Grande do Norte (État) *Br.* 61L5
Rio Grande do Sul (État) *Br.* 62F3
Rio Grande (Mt du) *Atlantique* 48G6
Riohacha *Col.* 58C4
Rioja (La) *Arg.* 62C3
Rioja (La) (Prov.) *Arg.* 62C3
Rioja (La) [Rég.] *Esp.* 13B1
Riom *Fr.* 5C2
Rio Mulatos *Bol.* 60E7
Rio Negro *Br.* 63C4
Río Negro (État) *Arg.* 62C5
Rio Negro (Pantanal do) *Br.* 63A2
Rio Pardo *Br.* 62F3
Rio Turbio *Arg.* 62B8
Rio Verde *Br.* 63B2
Rio Verde de Mato Grosso *Br.* 63B2
Ripley *É.-U.* 54C3
Ripley *É.-U.* 54C3
Ripon *É.-U.* 56B2
Ripon *G.-B.* 11E4
Rishiri (Ile) *J.* 27E2
Rishon Le Ẓihon *Isr.* 37C3
Risør *Norv.* 4F7
Ris-Orangis *Fr.* 6F4
Risoux (Mont) *Fr.* 12B1
Ritchie's (Arch.) *Inde* 34E2
Ritenberk *Groenl.* 51N2
Ritter (Mt) *É.-U.* 56C2
Riva de Garda *It.* 12D2
Rivas *Nic.* 60A1
Rivera *Ur.* 62E4
Riverbank *É.-U.* 56B2
River Cess *Liberia* 40B4
Riverdale *É.-U.* 56C2
Rivers (État) *Nig.* 41H4
Riverside *É.-U.* 56D4
Riverton *É.-U.* 52C2
Rives *Fr.* 12A2
Rivière-du-Loup *Can.* 55F1
Rivière (La) *Réunion* 8
Rivière-Pilote *Mart.* 8
Rivière-Salée *Guadeloupe* 8
Rivière-Salée *Mart.* 8
Riwon *Corée du N.* 28A2
Riyāḍ *Ar. S.* 39D2
Rize *Turq.* 36D1
Rizhao *Ch.* 26D2
Rizokaipaso *Chypre* 37C1
Rizzuto (C.) *It.* 15D3
Rjev *U.R.S.S.* 20E4
Rjukan *Norv.* 4F7
Roag (Loch) *G.-B.* 10B2
Roanes (Péninsule) *Can.* 51K2
Roanne *Fr.* 5C2
Roanoke *É.-U.* 55D3
Roanoke (R.) *É.-U.* 55D3
Roanoke Rapids *É.-U.* 55D3
Robert (Le) *Mart.* 8
Robertsforz *Suède* 4J6
Robertsport *Liberia* 40A4
Roberval *Can.* 51L5
Robla (La) *Esp.* 13A1
Roca (Cap de) *Port.* 13A2
Rocamadour *Fr.* 7C3
Roca Partida (Ile) *Mex.* 57A3
Rocas (Ile) *Atlantique* 48G5
Rocas (Ile) *Br.* 61M4
Rocca San Casciano *It.* 12D2
Rocha *Ur.* 62F4
Rochdale *G.-B.* 11D5
Rochebrune (Pic de) *Fr.* 12B2
Rochedo *Br.* 63B2
Rochefort *Fr.* 5B2
Rochelle *É.-U.* 54B2
Rochelle (La) *Fr.* 5B2
Rocher River *Can.* 50G3
Rochester *É.-U.* 51L5
Rochester *É.-U.* 51J5
Rochester *É.-U.* 55E2
Rochester *G.-B.* 11F6
Roche-sur-Foron (La) *Fr.* 12B1
Roche-sur-Yon (La) *Fr.* 5B2
Rocheuses (Montagnes) *Can. et É.-U.* 52B1
Rock (R.) *É.-U.* 54B2
Rockford *É.-U.* 54B2
Rockhampton *Austr.* 46E3
Rock Island *É.-U.* 54A2
Rockland *É.-U.* 54B1
Rock Springs *É.-U.* 52C2
Rockville *É.-U.* 54B3
Rockwood *É.-U.* 55F1
Rocky I. (Lac) *Can.* 54C1
Roda (La) *Esp.* 13B2
Rødbyhavn *Dan.* 4G8
Rødbyhavn *Dan.* 16C2
Rodez *Fr.* 5C3
Rodi Garganico *It.* 14D2
Rodnei (Mts) *Roum.* 15E1
Rodolphe (I.) *U.R.S.S.* 18G1
Roebourne *Austr.* 46A3
Roeselare *Belg.* 7C1
Roes Welcome (Détroit de) *Can.* 51K3
Rogachev *U.R.S.S.* 17F2
Rogaguado (Lac) *Bol.* 60E6
Rogers City *É.-U.* 54C1
Rogers (Lac) *É.-U.* 56D3
Rogers (Mt) *É.-U.* 54C3
Rohn *Pak.* 32B3
Rohtak *Inde* 32D3
Roi-Christian-IX (Terre du) *Groenl.* 51P3
Roi-Frederik-VI (Côte du) *Groenl.* 51O3
Roi-Georges (Iles du) *Can.* 51L4
Roi-Guillaume (Ile du) *Can.* 50J3
Roi Mackenzie (Ile du) *Can.* 50G2
Roissy-en-France *Fr.* 6F4
Roja *U.R.S.S.* 17E1
Rojo (C.) *Mex.* 57C2
Rokan (R.) *Indon.* 29C5
Rolândia *Br.* 63B3
Rolla *É.-U.* 54A3
Roma *Austr.* 46D3
Romagnano *It.* 12C2
Romagne Rég. *It.* 12D2
Roman *Roum.* 15F1
Romanche (Fosse de la) *Atlantique* 48H4
Romang (Ile) *Indon.* 46B1
Romans-sur-Isère *Fr.* 5D2
Romblon *Phil.* 25F5
Rome *É.-U.* 53E3
Rome *É.-U.* 55D2
Rome *It.* 14C2
Romilly-sur-Seine *Fr.* 5C2
Rommani *Maroc* 41A2
Romney *É.-U.* 55D3
Romny *U.R.S.S.* 21E5
Rømø (Ile) *Dan.* 16B1
Romont *S.* 12B1
Romorantin-Lanthenay *Fr.* 5C2
Roncador (Serra do) *Br.* 63B1
Ronco *It.* 12D2
Ronda *Esp.* 13A2
Ronda (Sierra de) *Esp.* 13A2
Ronde (I.) *Maurice* 43F6
Rondônia *Br.* 60F6
Rondônia (État) *Br.* 60F6
Rondonópolis *Br.* 63B2
Rong'an *Ch.* 26B4
Rongchang *Ch.* 26B4
Rongcheng *Ch.* 26E2
Ronge (La) *Can.* 50H4
Ronge (Lac la) *Can.* 50H4
Rongjiang *Ch.* 26B4
Rong Jiang (R.) *Ch.* 26B4
Rongklang Range *Birm.* 29A1
Rønne *Dan.* 4G7
Ronneby *Suède* 4H7
Roof Butte (Mgne) *É.-U.* 52C3
Roorkee *Inde* 32D3
Roosevelt (I.) *Antarct.* 64E
Root (R.) *É.-U.* 54A2
Roper (R.) *Austr.* 46C2
Roraima (État) *Br.* 60F3
Roraima (Mgne) *Ven.* 60F2
Røros *Norv.* 4G6
Røros *Norv.* 20A3
Rorschach *S.* 12C1
Rørvik *Norv.* 4G6
Ros' (R.) *U.R.S.S.* 17G3
Rosalie *Dominique* 58Q2
Rosamond *É.-U.* 56C3
Rosamond (Lac) *É.-U.* 56C3
Rosario *Arg.* 62D4
Rosário *Br.* 61K4
Rosario *Par.* 63A3
Rosário Oeste *Br.* 63A1
Roscoff *Fr.* 5B2
Roscommon *Irl.* 9B3
Roscrea *Irl.* 11B5
Rose (Mont) *It. et S.* 12B2
Roseau *Dominique* 58E3
Roseburg *É.-U.* 52A2
Roseires (Er) *Soud.* 42D2
Rosenheim *R.F.A.* 16C3
Rosetown *Can.* 50H4
Rosette = Rachid
Roseville *É.-U.* 56B1
Rosiorii de Verde *Roum.* 15E2
Roskilde *Dan.* 4G7
Roslavl' *U.R.S.S.* 20E5
Roslyatino *U.R.S.S.* 20G4
Rosny-sous-Bois *Fr.* 6F4
Ross (Mer de) *Antarct.* 64F6
Rossan (Pointe) *Irl.* 9B3
Rossano *It.* 14D3
Ross (Banquise de) *Antarct.* 64E
Rosseau (Lac) *Can.* 55D1
Rossel (Ile) *I. Salomon* 47E2
Rosslare *Irl.* 11B5
Rosso *Maurit.* 40A3
Rosso (Cap) *Fr.* 14B2
Ross-on-Wye *G.-B.* 11D6
Rossosh *U.R.S.S.* 21F6
Ross River *Can.* 50E3
Rostāq *Iran* 35C3
Rostock *R.D.A.* 16C2
Rostov *U.R.S.S.* 20F4
Rostov-sur-le-Don *U.R.S.S.* 21F6
Roswell *É.-U.* 57B1
Rota *O. Pacifique* 25H5
Rotenburg *R.F.A.* 16B2
Rothera (Station) *Antarct.* 64G3
Rotherham *G.-B.* 11E5
Rothesay *G.-B.* 10C4
Roti (Ile) *Indon.* 46B2
Rotondo (Mte) *Fr.* 7D3
Rotorua *N.-Z.* 47G4
Rotterdam *P.-B.* 16A2
Rotuma (Ile) *Fidji* 47G2
Roubaix *Fr.* 5C1
Rouen *Fr.* 5C2
Rouge (Delta du Fleuve) *V.* 26B5
Rouge (Fleuve) *V.* 26A5
Rouge (Mer) *Afr. et Arabie.* 30B3
Rough *M. du Nord* 11F5
Roumanie *Europe* 21C6
Round Mountain *É.-U.* 56D1
Round (Mt) *Austr.* 47E4
Roundup *É.-U.* 52C2
Roura *Guy. Fr.* 8
Rousay (Ile) *G.-B.* 10D2
Roussillon *Fr.* 5C3
Rouyn *Can.* 55D1
Rovaniemi *Finl.* 4K5
Rovereto *It.* 12D2
Rovigo *It.* 12D2
Rovinj *Youg.* 14C1
Rovno *U.R.S.S.* 21D5
Row'ān *Iran* 35B1
Rowley (I.) *Can.* 51L3
Rowley Shoals (Iles) *Austr.* 46A2
Roxas *Phil.* 25F5
Roxboro *É.-U.* 55D3
Royal Canal *Irl.* 11B5
Royale (I.) *É.-U.* 54B1
Royale (Parc National de l'Ile) *É.-U.* 54B1
Royal Leamington Spa *G.-B.* 11E5
Royal Oak *É.-U.* 54C2
Royal Tunbridge Wells *G.-B.* 11F6
Royan *Fr.* 5B2
Royston *G.-B.* 11E5
Rožňava *Tch.* 17E3
Rtem (er) [R.] *Alg.* 41C2
Rtishchevo *U.R.S.S.* 21G5
Ruaha (Parc nat.) *Tanz.* 43D4
Ruanda *Afr.* 42C4
Ruapehu (Mont) *N.-Z.* 47G4
Rub'al-Khālī (Désert du) *Ar. S.* 39D3
Rubha Hunish *G.-B.* 10B3
Rubinéia *Br.* 63B3
Rubtsoysk *U.R.S.S.* 18K4
Ruby *É.-U.* 50C3
Rudan *Iran* 35D3
Rudbar *Afgh.* 35E2
Rūdbār *Iran* 35B1
Rudnaya Pristan' *U.R.S.S.* 27D3
Rudnya *U.R.S.S.* 17G2
Rudnyy *U.R.S.S.* 27C3
Rudoka Planina (Mgne) *Youg.* 15E2
Rudong *Ch.* 26E3
Rudyard *É.-U.* 54C1
Rueil-Malmaison *Fr.* 6F4
Ruffec *Fr.* 5C2
Rufiji (R.) *Tanz.* 43D4
Rufisque *Sén.* 40A3
Rufunsa *Zambie* 43C5
Rugby *É.-U.* 52D2
Rugby *G.-B.* 11E5
Rügen (Ile) *R.D.A.* 4G8
Ruhr *R.F.A.* 16B2
Ruijin *Ch.* 26D4
Rujen (Mgne) *Bulg. et Youg.* 15E2
Rukwa (Lac) *Tanz.* 43D4
Rum (Ile) *G.-B.* 10B3
Ruma *Youg.* 15D1
Rumāh *Ar. S.* 35B3
Rumbek *Soud.* 42C3
Rum Cay (Ile) *M. des Antilles* 58C2
Rumford *É.-U.* 55E2
Rumilly *Fr.* 12A2
Rum Jungle *Austr.* 46C2
Rumoi *J.* 28D2
Rumphi *Malawi* 43D5
Rundu *Nam.* 43B5
Rungwa *Tanz.* 43D4
Rungwa (R.) *Tanz.* 43D4
Rungwe (Mgne) *Tanz.* 43D4
Ruoqiang *Ch.* 24B3
Ruo Shui (R.) *Ch.* 24D2
Rupat (Ile) *Indon.* 29C5
Rupea *Roum.* 15F1
Rupert (R.) *Can.* 51L4
Rurrenabaque *Bol.* 60E6
Rurutu (Ile) *Polyn. Fr.* 8
Rusape *Zimb.* 43D5
Ruse *Bulg.* 15F2
Rushville *É.-U.* 54A2
Russellville *É.-U.* 54B3
Russie (Plateau de Moyenne) *U.R.S.S.* 20F5
Russie (R.S.F.S. de) *U.R.S.S.* 20C5
Russkiy (Ile) *U.R.S.S.* 19L2
Rustavi *U.R.S.S.* 36E1
Rustenburg *Afr. du S.* 43C6
Rutana *Burundi* 42C4
Rutba *Iraq* 36D3
Ruteng *Indon.* 25F7
Rutland *É.-U.* 55E2
Rutland (Ile) *Inde* 34E2
Rutog *Ch.* 32D2
Ruvu = Pangani
Ruvuma (R.) *Moz. et Tanz.* 43E5
Ruways (al-) *Qaṭar* 35C3
Ruweila (Wadi) *Jord.* 37D4
Ruwenzori *Oug. et Z.* 42D3
Ruya (R.) *Zimb.* 43D5
Ružomberok *Tch.* 17D3
Ryazan' *U.R.S.S.* 20F5
Ryazhsk *U.R.S.S.* 20G5
Rybachiy (Pén.) *U.R.S.S.* 4L5
Rybinsk *U.R.S.S.* 20F4
Rybnitsa *U.R.S.S.* 17F3
Ryde *G.-B.* 11E6
Rye *G.-B.* 11F6
Ryl'sk *U.R.S.S.* 21E5
Ryn Peskt (Désert) *U.R.S.S.* 21H6
Ryoju *Corée du S.* 28A3
Ryōtsu *J.* 27D4
Ryskany *U.R.S.S.* 17F3
Ryūkyū (Iles) *J.* 24F4
Rzeszów *Pol.* 17E2

S

Sa'ādatābād *Iran* 35C2
Saale (R.) *R.D.A.* 16C2
Saanen *S.* 12B1
Saaremaa (Ile) *U.R.S.S.* 4J7
Saas Fee *S.* 7D2
Saba'a *Ég.* 37B3
Šabac *Youg.* 15D2
Sabadell *Esp.* 13C1
Sabae *J.* 28C3
Sabah *Mal.* 25E6
Sabanalarga *Col.* 58C4
Sabang *Indon.* 29B4
Sabari (R.) *Inde* 34C1
Sabastiya *Jord.* 37C2
Sabaya *Bol.* 60E7
Sab'Bi'ār *Syrie* 36C3
Sabhā *Jord.* 37D2
Sabi (R.) *Zimb.* 43D6
Sabinas *Mex.* 57B2
Sabinas Hidalgo *Mex.* 57B2
Sabine (R.) *É.-U.* 53D3
Ṣabiyā *Ar. S.* 39D3
Sable (Cap) *Can.* 51M5
Sable (Cap) *É.-U.* 53E4
Sable (Ile) *Can.* 51M5
Sables-d'Olonne (Les) *Fr.* 5B2
Sables-d'Or *Bulg.* 15F2
Sabzevār *Iran* 35D1
Sachigo (R.) *Can.* 53D1
Sachon *Corée du S.* 28A3
Sachs Harbour *Can.* 50F2
Sacile *It.* 12E2
Säckingen *R.F.A.* 12B1
Saclay *Fr.* 6F4
Saco *É.-U.* 55E2
Sacramento *É.-U.* 56B1
Sacramento (R.) *É.-U.* 56B1
Sacramento (Mts) *É.-U.* 52C3
Ṣa da *Yémen du N.* 39D3
Sadanski *Bulg.* 15E2
Sadd (Marais) *Soud.* 42C3
Sadiya *Inde* 33E2
Sado (Ile) *J.* 27D4
Sado (R.) *Port.* 13A2
Sādri *Inde* 32C3
Safad = Zefat
Safaga *Ég.* 39C2
Safed Koh (Mgnes) *Afgh.* 32A2
Safer *Afgh.* 35E2
Saff (El) *Ég.* 37A4
Saffle *Suède* 4G7
Safi *Jord.* 36C3
Safi *Maroc* 41A2
Safidabeh *Iran* 35E2
Ṣāfītā *Syrie* 37D1
Safonovo *U.R.S.S.* 17G1
Safwān *Iraq* 36E3
Saga *Ch.* 33C2
Saga *J.* 28B4
Sagaing *Birm.* 29B1
Sagami (Baie de) *J.* 28C4
Sāgar *Inde* 32D4
Sagho (Dj.) *Maroc* 40B1
Saginaw *É.-U.* 54C2
Saginaw (Baie de) *É.-U.* 54C2
Saglek (Baie) *Can.* 51M4
Sagone (Golfe de) *Fr.* 7D3
Sagori *Corée du S.* 28A3
Sagra (La) *Esp.* 13B2
Sagua de Tánamo *Cuba* 58B2
Sagua la Grande *Cuba* 58B2
Saguenay (R.) *Can.* 51L5
Sagunto *Esp.* 13B2
Sahāb *Jord.* 37D3
Sahagún *Esp.* 13A1
Sahara *Afr.* 40C2
Saharanpur *Inde* 32D3
Sahara occidental *Afr.* 40A2
Saheira (Wadi el) *Ég.* 37B4
Sahel *Afr.* 42B2
Sahiwal *Pak.* 32C2
Sahuayo *Mex.* 57B2
Sahyun (Site hist.) *Syrie* 37D1
Saïan occ. *U.R.S.S.* 19L4
Saïan or. *U.R.S.S.* 19L4
Saibai (I.) *Austr.* 46D1
Saïda *Alg.* 41C2
Sa'īdabad *Iran* 35D3
Saidia *Maroc* 13B2
Saidpur *Inde* 33C2
Saidu *Pak.* 32C2
Saigō *J.* 28B3
Saigon = Hô Chi Minh-Ville
Saiha *Inde* 33D3
Saihan Tal *Ch.* 24E2
Saijo *J.* 28B4
Saiki *J.* 27C5
Saimaa (Lac) *Finl.* 20D3
Saindak *Pak.* 35E3
St Abb's Head (Pointe) *G.-B.* 10D4
St Albans *É.-U.* 55E2
St Albans *É.-U.* 54C3
St Albans *G.-B.* 11E6
St Albans Head (Cap) *G.-B.* 11D6
St-Amand-Montrond *Fr.* 5C2
St-Amour *Fr.* 12A1
St-André *Réunion* 8
St-André (Cap) *Mad.* 43E5
St Andrews *G.-B.* 10D3
Ste-Anne *Guadeloupe* 8

Ste-Anne-de Beaupré San Jacinto

Ste-Anne-de Beaupré *Can.* 55E1
St Ann's Bay *Jam.* 58H1
St Anthony *Can.* 51N4
St.Augustin (Baie de) *Mad.* 43E6
St Augustine *É.-U.* 53E4
St Austell *G.-B.* 11C6
St-Barthélemy (Ile) *Guadeloupe* 8
St Bees Head (Pointe) *G.-B.* 11D4
St-Benoît *Réunion* 8
St-Bonnet *Fr.* 12B2
St Brides Bay (Baie) *G.-B.* 11C6
St-Brieuc *Fr.* 5B2
St Catharines *Can.* 55D2
Ste-Catherine (Mt) *Ég.* 36B4
St Catherine (Mt) *Grenade* 58M2
St Catherines Pt *G.-B.* 11E6
St-Chamond *Fr.* 5C2
St Charles *É.-U.* 54A3
St-Chély *Fr.* 5C2
St-Chéron *Fr.* 6F4
St-Christopher-Nevis *Antilles* 58E3
St Clair *É.-U.* 54C2
St Clair (Lac) *Can. et É.-U.* 54C2
St Clair Shores *É.-U.* 54C2
St-Claude *Fr.* 5D2
St-Claude *Guadeloupe* 8
St Cloud *É.-U.* 51J5
St-Cloud *Fr.* 6F4
Ste Croix *S.* 12B1
St Croix (Ile) *M. des Antilles* 58E3
St Croix (R.) *Can. et É.-U.* 55F1
St Croix (R.) *É.-U.* 54A1
St Croix Falls *É.-U.* 54A1
Ste-Croix (Mts de) *Pol.* 17E2
St-Cyr-l'École *Fr.* 6F4
St Davids Head (Pointe) *G.-B.* 11C6
St-Denis *Fr.* 6F4
St-Denis *Réunion* 8
St-Dié *Fr.* 5D2
St-Dizier *Fr.* 5C2
Saint-Domingue *Dom. (Rép.)* 58D3
St-Élie (Mt) *É.-U.* 50D3
St-Élie (Mts) *Can.* 50E3
Saintes *Fr.* 5B2
Saintes (Les) *Guadeloupe* 8
Stes-Maries-de-la-Mer *Fr.* 7C3
St-Esprit *Mart.* 8
St-Étienne *Fr.* 5C2
St Étienne-de-Tinée *Fr.* 12B2
St-Fargeau-Ponthierry *Fr.* 6F4
St-Félicien *Can.* 55E1
St-Florent *Fr.* 7D3
St-Florent (Golfe de) *Fr.* 14B2
St-Flour *Fr.* 5C2
St Francis (Cap) *Afr. du S.* 43C7
St-François *Guadeloupe* 8
St-Gall *S.* 12C1
St-Gaudens *Fr.* 5C3
Ste-Geneviève-des-Bois *Fr.* 6F4
St George *Austr.* 46D3
St George *É.-U.* 52B3
St-Georges *Can.* 55E1
St George's *Grenade* 58E4
St-Georges *Guy. Fr.* 8
St-Georges (Baie de) *Liban* 37C2
St-Georges (Canal) *Irl. et G.-B.* 11B6
St-Georges (Canal) *P.-N.-G.* 47E1
St Georges (Golfe de) *Esp.* 13C1
St Germain-du-Bois *Fr.* 12A1
St-Germain-en-Laye *Fr.* 6F4
St-Germain (Forêt de) *Fr.* 6F4
St-Gervais *Fr.* 12B2
St-Girons *Fr.* 5C3
St-Gothard (Col) *S.* 12C1
St Govans Head (Pointe) *G.-B.* 11C6
St-Gratien *Fr.* 6F4
St Helena *É.-U.* 56A1
St Helena (Baie) *Afr. du S.* 43B7
Ste-Hélène (Ile) *Atlantique* 48H5
St Helens *G.-B.* 11D5
St-Hélier *Jersey* 5B2
St-Hippolyte *Fr.* 12B1
St-Hyacinthe *Can.* 51L5
St Ignace *É.-U.* 54C1
St-Ignace (Ile) *Can.* 54B1
St Ives *G.-B.* 11C6
St-Jacques-de Compostelle *Esp.* 13A1
St James *É.-U.* 54A3
St James (Cap) *Can.* 50E4
St-Jean *Can.* 55E1
St-Jean-d'Angély *Fr.* 5B2
St-Jean-de-Losne *Fr.* 12A1
St-Jean-de-Maurienne *Fr.* 12B2
St-Jean (Lac) *Can.* 55E1
St-Jérôme *Can.* 55E1
St Johann im Pongau *Autr.* 12E1
Saint John *Can.* 51M5
St John (R.) *Can. et É.-U.* 55F1
St John's *Can.* 51N5
St Johns *É.-U.* 54C2
St Johnsbury *É.-U.* 55E2
St-Joseph *Can.* 55E1
St Joseph *É.-U.* 54B2
St Joseph *É.-U.* 53D3
St-Joseph *Mart.* 8
St-Joseph *Réunion* 8
St Joseph *Trinité* 58L1
St Joseph (R.) *É.-U.* 54C2
St-Joseph (Ile) *Can.* 54C1
St Joseph (Lac) *Can.* 51J4
St-Jovite *Can.* 55E1
St-Julien-en-Genevois *Fr.* 12B1
St-Junien *Fr.* 5C2
St Kilda (Ile) *G.-B.* 10A3
St Kitts (Ile) *M. des Antilles* 58E3
St-Laurent *Fr.* 12A1
St-Laurent (R.) *Can. et É.-U.* 55D2
St-Laurent-du-Maroni *Guy. Fr.* 8
Saint-Laurent (Golfe du) *Can.* 51M5
Saint-Laurent (Ile) *É.-U.* 50A3
St Leonard *Can.* 55F1
St-Leu *Réunion* 8
St-Leu-la-Forêt *Fr.* 6F4
St-Lô *Fr.* 5B2
St Louis *É.-U.* 54A3
St-Louis *Réunion* 8
St-Louis *Sén.* 40A3
Ste-Luce *Mart.* 8
St Lucia (Lac) *Afr. du S.* 43D6
Ste-Lucie (Ile) *M. des Antilles* 58E4
St Magnus (Baie) *G.-B.* 10E1
St-Malo *Fr.* 5B2
St-Malo (Golfe de) *Fr.* 5B2
St-Mandé *Fr.* 6F4
St-Marcellin *Fr.* 12A2
St-Marcel (Mt) *Guy. Fr.* 8
Ste-Marie *Mart.* 8
Ste-Marie *Réunion* 8
Ste-Marie (Cap) *Mad.* 43E6
St-Marin (Rép. de) *Europe* 12E3
St-Martin (I.) *M. des Antilles* 58E3
St-Martin-Vésubie *Fr.* 12B2
St Mary (Mt) *P.-N.-G.* 46D1
St Mary Peak *Austr.* 46C4
St Mary's *Austr.* 46D5
St Marys *É.-U.* 55D2
St Marys (Ile) *G.-B.* 11B7
Saint Mathias Group (Iles) *P.-N.-G.* 46E1
St-Maur-des-Fossés *Fr.* 6F4
St Maurice (R.) *Can.* 55E1
St-Maximin-la Ste-Baume *Fr.* 12A3
St Michael *É.-U.* 50B3
St-Michel-de-Maurienne *Fr.* 12B2
St-Michel-sur-Orge *Fr.* 6F4
St-Moritz *S.* 12C1
St-Nazaire *Fr.* 5B2
St-Nicolas *Belg.* 7D1
St-Niklaas *Belg.* 7C1
St-Omer *Fr.* 5C1
St-Ouen *Fr.* 6F4
St-Ouen-l'Aumône *Fr.* 6F4
St Pascal *Can.* 55F1
St Paul *Can.* 50G4
St Paul *É.-U.* 51J5
St-Paul *Réunion* 8
St Paul (R.) *Liberia* 40A4
St Paul (C.) *Gh.* 41G4
St-Paul (Ile) *Fr.* 44E6
St Petersburg *É.-U.* 53E4
St-Philippe *Réunion* 8
St-Pierre *Mart.* 8
St-Pierre *Réunion* 8
St-Pierre (St-Pierre-et-Miquelon) *Fr.* 51N5
St-Pierre (Lac) *Can.* 55E1
St Pölten *Autr.* 16D3
St-Pourçain *Fr.* 5C2
St-Quentin *Fr.* 5C2
St-Quentin-en-Yvelines (Ville nouvelle) *Fr.* 6F4
St-Raphaël *Fr.* 5D3
St-Rémy-lès-Chevreuse *Fr.* 6F4
Ste-Rose *Guadeloupe* 8
Ste-Rose *Réunion* 8
St-Sébastien *Esp.* 13B1
St-Sébastien (Cap) *Mad.* 43E5
St-Siméon *Can.* 55F1
Ste-Suzanne *Réunion* 8
St Thomas *Can.* 54C2
St-Trond *Belg.* 16B2
St-Tropez *Fr.* 12B3
St-Valery-sur-Somme *Fr.* 11F6
St-Vincent (Ile) *M. des Antilles* 58E4
St Vincent (Cap) *Mad.* 43E6
St-Vincent (Golfe) *Austr.* 46C4
St-Vrain *Fr.* 6F4
Saipan (Ile) *O. Pacifique* 25H5
Saiydabad *Afgh.* 32B2
Sajama (Mgne) *Bol.* 60E7
Sakai *J.* 27D5
Sakaidi *J.* 28B4
Sakaiminato *J.* 28B3
Sakākah *Ar. S.* 36D3
Sakakawea (Lac) *É.-U.* 52C2
Sakami (Lac) *Can.* 51L4
Sakania *Zaïre* 43C5
Sakaraha *Mad.* 43E6
Sakarya (R.) *Turq.* 21E7
Sakasleja *U.R.S.S.* 17E1
Sakata *J.* 27D4
Saketé *Bénin* 41G4
Sakhaline (Ile) *U.R.S.S.* 27E1
Sakhalinskiy (Baie de) *U.R.S.S.* 27E1
Sakishima gunto (Iles) *J.* 24F4
Sal (Ile) *Cap-Vert* 40A4
Sal (R.) *U.R.S.S.* 21G6
Sala *Suède* 4H7
Salado (R.) *Arg.* 62D3
Salado (Ojos del) *Arg.* 62C3
Salaga *Gh.* 41F4
Sala Hintoun *Camb.* 29C3
Salal *Tchad* 42B2
Salāla *Oman* 30D4
Salamanca *É.-U.* 55D2
Salamanque *Esp.* 13A1
Salamat (R.) *Tchad* 42B3
Salamaua *P.-N.-G.* 25H7
Salamine *Chypre* 37B1
Salamiyah (Al-) *Ar. S.* 39D2
Salamiyya *Syrie* 36C2
Salamonica *É.-U.* 55D2
Salangen *Norv.* 4H5
Salar de Arizaro *Arg.* 62C2
Salar de Atacama *Chili* 62C2
Salar de Coipasa *Bol.* 60E7
Salar de Uyuni *Bol.* 60E8
Salasomaggiore *It.* 12C2
Salavat *U.R.S.S.* 20K5
Salawati (Ile) *Indon.* 46C1
Salayar *Indon.* 25F7
Sala y Gomez (Ile) *O. Pacifique* 45O6
Salazie *Réunion* 8
Salazie (Cirque de) *Réunion* 8
Salbris *Fr.* 5C2
Saldanha *Afr. du S.* 43B7
Saldhad *Syrie* 37D2
Saldus *U.R.S.S.* 17E1
Sale *Austr.* 46D4
Salé *Maroc* 41A2
Salekhard *U.R.S.S.* 20M2
Salem *É.-U.* 54B3
Salem *É.-U.* 52A2
Salem *É.-U.* 55D3
Salem *É.-U.* 54C3
Salem *Inde* 34B2
Salen *Suède* 4G6
Salerne *It.* 14C2
Salford *G.-B.* 11D5
Salgót *H.* 15D1
Salgótarjan *H.* 17D3
Salgueiro *Br.* 61L5
Salihli *Turq.* 15F3
Salima *Malawi* 43D5
Salimaa (Lac) *Finl.* 4K6
Salina *É.-U.* 52D3
Salina (Ile) *It.* 14C3
Salina Cruz *Mex.* 57C3
Salina de Arizato *Arg.* 60E8
Salinas *Br.* 63D2
Salinas *É.-U.* 56B2
Salinas (R.) *É.-U.* 56B2
Salinas (Cap de) *Esp.* 13C2
Salinas Grandes *Arg.* 62C4
Salinas (Pampa de la) *Arg.* 62C4
Salines (Pte) *Grenade* 58M2
Saline Valley *É.-U.* 56D2
Salinópolis *Br.* 61J4
Salins-les-Bains *Fr.* 12A1
Salins (Pointe des) *Mart.* 8
Salisbury = Harare
Salisbury *É.-U.* 55D3
Salisbury *G.-B.* 11E6
Salisbury (Ile) *Can.* 51L3
Salisbury Plain *G.-B.* 11E6
Salla *Finl.* 4K5
Sallanches *Fr.* 12B2
Salluit *Can.* 51L3
Sallyana *Népal* 33B2
Salman (As) *Iraq* 36D3
Salmas *Iran* 35A1
Salmi *U.R.S.S.* 4L6
Salmon *É.-U.* 52B2
Salmon (R.) *É.-U.* 52B2
Salmon Arm *Can.* 50G4
Salmon River (Monts de la) *É.-U.* 52B2
Salo *Finl.* 4J6
Salo *It.* 12D2
Salomon (Iles) *O. Pacifique* 47E1
Salon-de-Provence *Fr.* 5D3
Salonique = Thessalonique
Salonta *Roum.* 15E1
Salouen (R.) *Birm.* 29B1
Salpausselka (Rég.) *Finl.* 4K6
Sal'sk *U.R.S.S.* 21G6
Salt *Jord.* 37C2
Salta *Arg.* 62C2
Salta (État) *Arg.* 62C2
Saltillo *Mex.* 57B2
Salt Lake City *É.-U.* 52B2
Salto *Ur.* 62E4
Salto Angostura (Chutes) *Col.* 60D3
Salto da Divisa *Br.* 63E2
Salto del Guaira (Chutes) *Br.* 62E2
Salto Grande (Chutes) *Col.* 60D4
Salton Sea (Lac) *É.-U.* 52B3
Salt Range (Mgnes) *Pak.* 32C2
Salt River *Jam.* 58H2
Sālūr *Inde* 34C1
Salut (Iles du) *Guy. Fr.* 8
Saluzzo *It.* 12B2
Salvador *Br.* 61L6
Sal'yany *U.R.S.S.* 21H8
Salyersville *É.-U.* 54C3
Salzach (R.) *Autr.* 12E1
Salzbourg *Autr.* 16C3
Salzbourg (Prov.) *Autr.* 12E1
Salzgitter *R.F.A.* 16C2
Salzkammergut (Mgnes) *Autr.* 12E1
Salzwedel *R.D.A.* 16C2
Samagaltay *U.R.S.S.* 24C1
Samaná *Dom. (Rép.)* 58D3
Samandaği *Turq.* 36C2
Samangan *Afgh.* 32B1
Samani *J.* 28D2
Samannûd *Ég.* 37A3
Samar *Phil.* 25F5
Samarai *P.-N.-G.* 46E2
Samarie Rég. *Asie* 37C2
Samarinda *Indon.* 46A1
Samarkand *U.R.S.S.* 18H6
Sāmarr' *Iraq* 36D3
Samāwwa *Iraq* 36E3
Sambalpur *Inde* 33B3
Sambas *Indon.* 29D5
Sambava *Mad.* 43F5
Sambhal *Inde* 32D3
Sambor *U.R.S.S.* 17E3
Sambre (R.) *Belg. et Fr.* 7D1
Samchok *Corée du S.* 27B4
Samchonpo *Corée du S.* 28A4
Samdung *Corée du N.* 28A3
Same *Tanz.* 42D4
Samedan *S.* 12C1
Samfya *Zambie* 43C5
Samka *Birm.* 29B1
Sam Neua *Laos* 29C1
Samoa (État) *O. Pacifique* 47H2
Samoa américaines *O. Pacifique* 45L5
Sámos (Ile) *Gr.* 15F3
Samosir (Ile) *Indon.* 29B5
Samothrace (Ile) *Gr.* 15F2
Sampit *Indon.* 25E7
Sam Rayburn (Rés.) *É.-U.* 53D3
Samrong *Camb.* 29C3
Samsø (Ile) *Dan.* 16C1
Samsu *Corée du N.* 28A2
Samsun *Turq.* 36C1
San *Mali* 41F3
San (R.) *Camb.* 29D3
San (R.) *Pol.* 17E2
San'a' *Yémen du N.* 39D3
Sanaga (R.) *Cameroun* 42B3
San Agustín *Arg.* 62C4
Sanamayn (As) *Syrie* 37D2
San Ambrosia *O. Pacifique* 48D6
Sanandadj *Iran* 35B1
San Andreas *É.-U.* 56B1
San Andres (Ile) *M. des Antilles* 58A4
San Andres (Mts) *É.-U.* 52C3
San Andrés Tuxtla *Mex.* 57C3
San Angelo *É.-U.* 52C3
San Antioco *It.* 14B3
San Antioco (Ile) *It.* 14B3
San Antonia (Pointe) *Mex.* 52B4
San Antonio *Chili* 62B4
San Antonio *É.-U.* 52D4
San Antonio (R.) *É.-U.* 56B2
San Antonio Abad *Esp.* 13C2
San Antonio (C.) *Cuba* 58A2
San Antonio de los Banos *Cuba* 58A2
San Antonio (Mt) *É.-U.* 56D3
San Antonio Oeste *Arg.* 62C6
San Antonio (Rés.) *É.-U.* 56B3
San Ardo *É.-U.* 56B2
Sanawad *Inde* 32D4
San Benedicto (Ile) *Mex.* 57A3
San Benito (R.) *É.-U.* 56B2
San Benito (Mgne) *É.-U.* 56B2
San Bernardino *É.-U.* 56D3
San Bernardo *Chili* 62B4
San Blas (Pointe) *Pan.* 57E4
San Carlos *Chili* 62B5
San Carlos *Nic.* 60B1
San Carlos *Phil.* 25F5
San Carlos de Bariloche *Arg.* 62B6
Sanchong *Taiwan* 26E4
San-chung *Taiwan* 24F4
Sanchursk *U.R.S.S.* 20H4
San Clemente *É.-U.* 56D4
San Cristóbal *Mex.* 57C3
San Cristóbal *Ven.* 60D2
San Cristobal (Ile) *I. Salomon* 47F2
Sancti Spíritus *Cuba* 57E2
Sancy (Puy de) *Fr.* 5C2
Sandai *Indon.* 29E6
Sandakan *Mal.* 25E6
San Daniele del Friuli *It.* 12E1
Sanday (Ile) *G.-B.* 10D2
Sanderson *É.-U.* 52C3
San Diego (C.) *Arg.* 62C8
Sandikli *Turq.* 36B2
Sandila *Inde* 33B2
Sandnes *Norv.* 4F7
Sandnessjøen *Norv.* 4G5
Sandoa *Zaïre* 43C4
Sandomierz *Pol.* 17E2
San Donà di Piave *It.* 12E2
Sandoway *Birm.* 33D4
Sandoy *Féroé* 4D3
Sandstone *Austr.* 46A3
Sandstone *É.-U.* 54A1
Sandu *Ch.* 26C4
Sandusky *É.-U.* 54C2
Sandviken *Suède* 4H6
Sandwich (Fosse des) *Atlantique* 48G7
Sandy (Grand) [Ile] *Austr.* 47E3
Sandy (Lac) *Can.* 51J4
San Estanislao *Par.* 63A3
San Felipe *Chili* 62B4
San Felipe *Mex.* 52B3
San Felipe *Ven.* 58D4
San Feliu de Guixols *Esp.* 13C1
San Felix *O. Pacifique* 48D6
San Fernando *Chili* 62B4
San Fernando *Esp.* 13A2
San Fernando *É.-U.* 56C3
San Fernando *Phil.* 25F5
San Fernando *Trinité* 58E4
San Fernando *Ven.* 60E2
Sanford *É.-U.* 55E2
Sanford *É.-U.* 53E4
Sanford (Mt) *É.-U.* 50D3
San Francisco *Arg.* 62D4
San Francisco *Dom. (Rép.)* 58C3
San Francisco *É.-U.* 56A2
San Francisco (Baie de) *É.-U.* 56A2
San Francisco del Oro *Mex.* 57B2
San Gabriel (Mts) *É.-U.* 56D3
Sangamner *Inde* 32C5
Sangamon (R.) *É.-U.* 54B3
Sangan (Ile) *O. Pacifique* 25H5
Sangar *U.R.S.S.* 19O3
Sangāreddi *Inde* 34B1
Sanger *É.-U.* 56C2
Sanggan He (R.) *Ch.* 26C2
Sanggau *Indon.* 29E5
Sangha (R.) *Congo* 42B3
Sanghar *Pak.* 32B3
Sangihe (Iles) *Indon.* 25F6
Sangine (Ile) *Indon.* 25F6
San Giorgio di Nogaro *It.* 12E2
Sangkhla Buri *Th.* 29B3
Sangkulirang *Indon.* 25E6
Sāngli *Inde* 34A1
Sangmélima *Cameroun* 42B3
San Gorgonio (Mt) *É.-U.* 52B3
Sangre de Cristo (Mts) *É.-U.* 52C3
San Gregorio *É.-U.* 56A2
Sangrūr *Inde* 32D2
San Ignacio *Arg.* 62E3
San Jacinto *Col.* 60D2

Sanjō Segré

Sanjō *J.* 27D4
San João del Rei *Br.* 62H2
San Joaquin (R.) *É.-U.* 56B2
San Joaquin (Vallée du) *É.-U.* 56B2
San Jorge (G.) *Arg.* 62C7
San José *C.R.* 60B1
San Jose *É.-U.* 56B2
San José *Guat.* 57C3
San José (Ile) *Mex.* 52B4
San José de Chiquitos *Bol.* 60F7
San José del Cabo *Mex.* 52C4
San José do Rio Prêto *Br.* 62G2
San José del Cabo *Mex.* 57B2
Sanju *Corée du S.* 28A3
San Juan *Arg.* 62C4
San Juan *É.-U.* 56B3
San Juan *Porto Rico* 58D3
San Juan *Trinité* 58L1
San Juan *Ven.* 60E2
San Juan (Mgne) *Cuba* 58B2
San Juan (R.) *C.R. et Nic.* 57D3
San Juan (R.) *É.-U.* 56B3
San Juan Bautista *É.-U.* 56B2
San Juan Bautista *Par.* 62E3
San Juan del Norte *Nic.* 57D3
San Juan de los Cayos *Ven.* 58D4
San Juan del Sur *Nic.* 57D3
San Juan (Mts) *É.-U.* 52C3
San Julián *Arg.* 62C7
Sankuru (R.) *Zaïre* 42C4
San Leandro *É.-U.* 56A2
San Lorenzo *Col.* 60C3
San Lorenzo (C.) *Éq.* 60B4
San Lucas *É.-U.* 56B2
San Luis *Arg.* 62C4
San Luis *Arg.* 62C4
San Luis (Canal) *É.-U.* 56B2
San Luis Obispo *É.-U.* 56B3
San Luis Obispo (Baie) *É.-U.* 56B3
San Luis Potosi *Mex.* 57B2
San Luis (Rés.) *É.-U.* 56B2
Sanluri *It.* 14B3
San Maigualida (Mgnes) *Ven.* 60E2
San Martin (Lac) *Arg. et Chili* 62B7
San Martin (Station) *Antarct.* 64G3
San Martino di Castroza *It.* 12D2
San Mateo *É.-U.* 56A2
San Matias *Br.* 61G7
San Matías (G.) *Arg.* 62D6
Sanmenxia *Ch.* 26C3
San Miguel *El Salv.* 57D3
San Miguel *É.-U.* 56B3
San Miguel (Ile) *É.-U.* 56B3
San Miguel de Tucumán *Arg.* 62C3
Sanming *Ch.* 26D4
San Miniato *It.* 12D3
San Nicolas *Arg.* 62D4
San Nicolas (Ile) *É.-U.* 52B3
Sanniquellie *Liberia* 40B4
Sanok *Pol.* 17E3
San Onofore *Col.* 58B5
San Onofre *É.-U.* 56D4
San Pablo *Phil.* 25F5
San Pablo(Baie) *É.-U.* 56A1
San Pedro *Arg.* 62D2
San Pédro *C.-d'Iv.* 40B4
San Pedro *Par.* 62E2
San Pedro (Canal de) *É.-U.* 56C4
San Pedro de las Colonias *Mex.* 52C4
San Pedro de los Colonias *Mex.* 52C4
San Pedro Sula *Hond.* 57D3
San Pietro (Ile) *Méditerranée* 14B3
San Quintin *Mex.* 57A1
San Rafael *Arg.* 62C4
San Rafael *É.-U.* 56A2
San Rafael (Mts) *É.-U.* 56C3
San Remo *It.* 12B3
San Salvador *El Salv.* 57D3
San Salvador (Ile) *M. des Antilles* 58C2
San Salvador de Jujuy *Arg.* 62C2
Sansanné-Mango *Togo* 41G3
Sansepolcro *It.* 12E3
San Severo *It.* 14D2
San Simeon *É.-U.* 56B3
Santa Ana *Bol.* 60E7
Santa Ana *É.-U.* 56D4
Santa Ana *Guat.* 57C3
Santa Ana (Mts) *É.-U.* 56D4
Santa Barbara *É.-U.* 56C3
Santa Barbara *Mex.* 57B2
Santa Barbara (Ile) *É.-U.* 56C4
Santa Barbara (Canal de) *É.-U.* 56B3
Santa Barbara (Rés.) *É.-U.* 56C3
Santa Catalina (Ile) *É.-U.* 52B3
Santa Catalina (Ile) *É.-U.* 56C4
Santa Catalina (Golfe de) *É.-U.* 56C4
Santa Catarina (État) *Br.* 62F3
Santa Catarina (Ile) *Br.* 62G3
Santa Clara *Cuba* 58B2
Santa Clara *É.-U.* 56B2
Santa Clara (R.) *É.-U.* 56C3
Santa Cruz *Arg.* 62C8
Santa Cruz *Bol.* 60F7
Santa Cruz *É.-U.* 56A2
Santa Cruz *Phil.* 25F5
Santa Cruz (Prov.) *Arg.* 62B7
Santa Cruz (Ile) *É.-U.* 56C4
Santa Cruz (Iles) *I. Salomon* 47F2
Santa Cruz Cabrália *Br.* 63E2
Santa Cruz (Canal de) *É.-U.* 56C3
Santa Cruz de la Palma *Canaries* 40A2
Santa Cruz del Sur *Cuba* 58B2
Santa Cruz de Tenerife *Canaries* 40A2
Santa Cruz do Cuando *Ang.* 43C5
Santa Cruz do Rio Pardo *Br.* 63C3
Santa Cruz (Mgnes) *É.-U.* 56A2
Santa Elena *Ven.* 60F3
Santa Fé *Arg.* 62D4
Santa Fe *É.-U.* 52C3
Santa Fé (Prov.) *Arg.* 62D3
Santa Helena de Goiás *Br.* 63B2
Santai *Ch.* 26B3
Santa Inés (Ile) *Chili* 62B8
Santa Inez (Mts) *É.-U.* 56B3
Santa Isabel (Ile) *I. Salomon* 47E1
Santa Lucia *É.-U.* 56B2
Santa Lucia (Mts) *É.-U.* 56B2
Santa Luzia (Ile) *Cap-Vert* 40A4
Santa Margarita *É.-U.* 56B3
Santa Margarita (Ile) *Mex.* 57A2
Santa Margarita (Ile) [Prov.] *Mex.* 52B4
Santa Margarita (R.) *É.-U.* 56D4
Santa Margherita *It.* 12C2
Santa Maria *Br.* 62F3
Santa Maria *Col.* 58C4
Santa Maria *É.-U.* 56B3
Santa Maria (Ile) *Açores* 40A1
Santa Maria da Vitória *Br.* 63D1
Santa Maria di Leuca (C.) *It.* 15D3
Santa Marta *Col.* 60D1
Santa Monica *É.-U.* 56C3
Santa Monica (Baie de) *É.-U.* 56C4
Santana *Br.* 63D1
Santana do Livromento *Br.* 62E4
Santander *Col.* 60C3
Santander *Esp.* 13B1
Santañy *Esp.* 13C2
Santa Paula *É.-U.* 56C3
Santa Porto Helena *Br.* 63B3
Santa Quitéria *Br.* 61K4
Santarcangelo di Romagna *It.* 12E2
Santarem *Br.* 61H4
Santarém *Port.* 13A2
Santa Rita do Araguaia *Br.* 63B2
Santa Rosa *Arg.* 62D5
Santa Rosa *É.-U.* 56A1
Santa Rosa *Hond.* 57D3
Santa Rosa (Ile) *É.-U.* 56B3
Santa Rosalía *Mex.* 57A2
Santa Talhada *Br.* 61L5
Santa Teresa *Br.* 63D2
Santa Teresa di Gallura *It.* 14B2
Santa Ynez (R.) *É.-U.* 56B3
Santerno (R.) *It.* 12D2
Santhia *It.* 12C2
Santiago *Chili* 62B4
Santiago *Dom. (Rép.)* 58C3
Santiago *Pan.* 60B2
Santiago (R.) *Pér.* 60C4
Santiago de Cuba *Cuba* 58B2
Santiago del Estero (Prov.) *Arg.* 62D3
Santiago (Pic) *É.-U.* 56D4
Santo (État) *Br.* 61K7
Santo *Vanuatu* 47F2
Santo Amaro (Ile) *Br.* 63C3
Santo Anastatácio *Br.* 63B3
Santo Angelo *Br.* 62F3
Santo Antão (Ile) *Cap-Vert* 40A4
Santo Antonio da Platina *Br.* 63B3
Santo Antônio de Jesus *Br.* 63E1
Santo Antônio do Leverger *Br.* 63A2
Santo Grande (Embalse de) [Rés.] *Arg.et Ur.* 62E4
Santorin = Thíra
Santos *Br.* 63C3
Santos Dumont *Br.* 63D3
Santo Tomé *Arg.* 62E3
San Valentin (Mgne) *Chili* 62B7
San Vicente *Mex.* 52C4
San Vito al Tagliamento *It.* 12E2
San Vito (C.) *It.* 14C3
Sanza Pomba *Ang.* 43B4
São Borja *Br.* 62E3
São Carlos *Br.* 63C3
São Domingos *Br.* 63C1
São Félix *Br.* 61H5
São Fidélis *Br.* 63D3
São Francisco *Br.* 63D2
São Francisco (Ile) *Br.* 63C4
São Francisco (R.) *Br.* 61L5
São Francisco do Sul *Br.* 62G3
São Gotardo *Br.* 63C2
Sao Hill *Tanz.* 43D4
São Jeronimo (Serra de) *Br.* 63A2
São João da Barra *Br.* 63D3
São João da Boa Vista *Br.* 63C3
São João d'Aliança *Br.* 63C1
São João da Ponte *Br.* 63D2
São João del Rei *Br.* 63D3
São João do Paraíso *Br.* 63D2
São Joaquim da Barra *Br.* 63C3
São Jorge (Ile) *Açores* 40A1
São José do Rio Prêto *Br.* 63C3
São José dos Campos *Br.* 63C3
São José dos Pinhais *Br.* 63C4
São Lourenço (R.) *Br.* 63A2
São Lourenço (Pantanal de) *Br.* 63A2
São Luis *Br.* 61K4
São Marcos (R.) *Br.* 63C2
São Marcos (B. de) *Br.* 61K4
São Maria do Suaçui *Br.* 63D2
São Mateus *Br.* 63E2
São Mateus (R.) *Br.* 63D2
São Miguel (Ile) *Açores* 40A1
São Miguel de Araguaia *Br.* 63B1
Saône (R.) *Fr.* 5C2
Saône-et-Loire (Dép.) *Fr.* 7C2
Saône (Haute-) (Dép.) *Fr.* 7D2
São Nicolau (Ile) *Cap-Vert* 40A4
São Onofre (R.) *Br.* 63D1
São Paulo *Br.* 63C3
São Paulo (État) *Br.* 63B3
São Pedro e São Paulo (Iles) *Br.* 59H3
São Raimundo Nonato *Br.* 61K5
São Romão *Br.* 63C2
São Sebastia do Paraiso *Br.* 63C3
São Sebastião (Ile) *Br.* 63C3
São Simão *Br.* 63B2
São Simão (São Paulo) *Br.* 63C3
São Tiago (Ile) *Cap-Vert* 40A4
São Tomé (Ile) *Afr.* 40C4
São Tomé (C.) *Br.* 63D3
São Tomé et Principe *Afr.* 40C4
Saoura *Alg.* 40B2
Saouriuiná (R.) *Br.* 63A1
São Vicente *Br.* 63C3
São Vicente (Cap) *Port.* 13A2
São Vincente (Ile) *Cap-Vert* 40A4
Sápai *Gr.* 15F2
Sapele *Nig.* 41H4
Sapporo *J.* 27E3
Sapri *It.* 14D2
Saprsborg *Norv.* 4G7
Saqqez *Iran* 35B1
Saquenay (R.) *Can.* 53F2
Saráb *Iran* 21H8
Sarafa *U.R.S.S.* 15F1
Saragosse *Esp.* 13B1
Sarajevo *Youg.* 15D2
Sarakhs *Iran* 35E1
Saraktash *U.R.S.S.* 21K5
Sarala *U.R.S.S.* 19K4
Saranac (Lacs) *É.-U.* 55E2
Saranac Lake *É.-U.* 55E2
Sarandë *Alb.* 15E3
Saranpaul' *U.R.S.S.* 20L3
Saransk *U.R.S.S.* 20H5
Saranza *It.* 12C2
Sara (Pic) *Nig.* 41H4
Sarapul *U.R.S.S.* 20J4
Saratoga Springs *É.-U.* 55E2
Saratok *Mal.* 29E5
Saratov *U.R.S.S.* 21H5
Saratov (Rés. de) *U.R.S.S.* 21H5
Sarawak (État) *Mal.* 25E6
Saraykoy *Turq.* 36A2
Sarbāz *Iran* 35E3
Sarbisheh *Iran* 35D2
Sarca (R.) *It.* 12D1
Sarcelles *Fr.* 6F4
Sardaigne *It.* 14B2
Sardalais *Libye* 39A2
Sar Dasht *Iran* 35B1
Sarektjåkkå (Mgne) *Suède* 4H5
Sargodha *Pak.* 32C2
Sarh *Tchad* 42B3
Sārī *Iran* 35C1
Sarida (R.) *Jord.* 37C2
Sarikamiş *Turq.* 36D1
Sarina *Austr.* 46D3
Sarine (R.) *S.* 12B1
Sar-i-Pul *Afgh.* 32B1
Sarir *Libye* 39B2
Sarir Calancho *Libye* 39B2
Sarir Tibesti *Libye* 39A2
Sariwon *Corée du N.* 27B4
Sark (Ile) *G.-B.* 5B2
Şarkişla *Turq.* 36C2
Sarlat *Fr.* 7C3
Sarmi *Indon.* 25G7
Sarmiento *Arg.* 62C7
Särna *Suède* 4G6
Sarnen *S.* 12C1
Sarnia *Can.* 54C2
Sarny *U.R.S.S.* 17F2
Saroaq *Groenl.* 51N2
Sarobi *Afgh.* 32B2
Saronique (Golfe) *Gr.* 15E3
Saronno *It.* 12C2
Saros (Golfe de) *Turq.* 15F2
Saroto *U.R.S.S.* 20M2
Sarre (État) *R.F.A.* 16B3
Sarrebourg *Fr.* 5D2
Sarrebruck *R.F.A.* 16B3
Sarreguemines *Fr.* 5D2
Sarre (La) *Can.* 51L5
Sarrelouis *R.F.A.* 16B3
Sarrion *Esp.* 13B1
Sartanahu *Pak.* 32B3
Sartène *Fr.* 14B2
Sarthe (Dép.) *Fr.* 6B2
Sarthe (R.) *Fr.* 5B2
Sartrouville *Fr.* 6F4
Sārūt *Syrie* 37D1
Sarvan *Iran* 35E3
Sarych (Cap) *U.R.S.S.* 21E7
Sarykamys *U.R.S.S.* 21J6
Sarysu (R.) *U.R.S.S.* 18H5
Sasarām *Inde* 33B3
Sasebo *J.* 27B5
Saskatchewan (Prov.) *Can.* 50H4
Saskatchewan (R.) *Can.* 50H4
Saskatoon *Can.* 50H4
Saskylakh *U.R.S.S.* 19N2
Sasovo *U.R.S.S.* 20G5
Sassandra *C.-d'Iv.* 40B4
Sassandra (R.) *C.-d'Iv.* 40B4
Sassari *It.* 14B2
Sassnitz *R.D.A.* 16C2
Sassuolo *It.* 12D2
Sasuna *J.* 28A4
Sata (Cap de) *Esp.* 13B2
Sātāra *Inde* 34A1
Satellite (Baie) *Can.* 50G2
Säter *Suède* 4H6
Satka *U.R.S.S.* 20K4
Satna *Inde* 33B3
Sātpura (Monts) *Inde* 32C4
Satu Mare *Roum.* 15E1
Satu Mare *Roum.* 21C6
Sauda *Norv.* 4F7
Sauðárkrókur *Isl.* 4B1
Saugatuck *É.-U.* 54B2
Saugerties *É.-U.* 55E2
Sauk City *É.-U.* 54B2
Sault-Ste-Marie *Can.* 54C1
Sault Ste Marie *É.-U.* 54C1
Saumlaki *Indon.* 25G7
Saumur *Fr.* 5B2
Saurimo *Ang.* 43C4
Sauteurs *Grenade* 58M2
Savaii (Ile) *Samoa* 47H2
Savalou *Bénin* 41G4
Savan (R.) *Iran* 21H9
Savannah *É.-U.* 53E3
Savannah (R.) *É.-U.* 53E3
Savannakhet *Laos* 29C2
Savanna la Mar *Jam.* 58B3
Savant Lake *Can.* 51J4
Savarane *Laos* 29D2
Savé *Bénin* 41G4
Save (R.) *Moz.* 43D6
Save (R.) *Youg.* 15D2
Sāveh *Iran* 35C2
Saverne *Fr.* 7D2
Savigliano *It.* 12B2
Savigny-sur-Orge *Fr.* 6F4
Savinskiy *U.R.S.S.* 20F3
Savio (R.) *It.* 12E3
Savoie (Dép.) *Fr.* 7D2
Savoie (Rég.) *Fr.* 5D2
Savoie (Haute-) Dép. *Fr.* 7D2
Savona *It.* 12C2
Savonlinna *Finl.* 4K6
Savoonga *Can.* 50A3
Savu (Ile) *Indon.* 46B2
Savudrija Rtič (Pointe) *Youg.* 12E2
Savukoski *Finl.* 4K5
Savu (Mer de) *Indon.* 25F7
Saw *Birm.* 29A1
Sawai Mādhopur *Inde* 32D3
Sawang *Indon.* 29C5
Sawankhalok *Th.* 29C2
Sawara *J.* 28D3
Sawda (Dj-as) *Libye* 39A2
Saxe (Basse-) *R.F.A.* 16B2
Say *Niger* 41G3
Saydā *Liban* 37C2
Sayghan *Afgh.* 32B1
Sayhandulaan *Mong.* 26B1
Sayḥūt *Oman* 30D4
Saykhin *U.R.S.S.* 21H6
Saynshand *Mong.* 24D2
Say'ūn *Yémen du S.* 39D3
Say-Utes *U.R.S.S.* 21J7
Sázava (R.) *Tch.* 16C3
Sbisseb (R.) *Alg.* 13C2
Scafell Pike (Mgne) *G.-B.* 11D4
Scalloway *G.-B.* 10E1
Scapa Flow (Baie) *G.-B.* 10D2
Scarborough *Can.* 55D2
Scarborough *G.-B.* 11E4
Scarborough *Tobago* 58E4
Scarp (Ile) *G.-B.* 10B2
Sceaux *Fr.* 6F4
Schaffhouse *S.* 14B1
Scharding *Autr.* 16C3
Schefferville *Can.* 51M4
Schenectady *É.-U.* 55E2
Schio *It.* 12D2
Schleswig *R.F.A.* 16B2
Schleswig-Holstein (État) *R.F.A.* 16B2
Schœlcher *Mart.* 8
Schouten (Iles) *P.-N.-G.* 46D1
Schreiber *Can.* 51K5
Schwaner (Peg.) [Monts] *Indon.* 25E7
Schwaz *Autr.* 12D1
Schweinfurt *R.F.A.* 16C2
Schwerin *R.D.A.* 16C2
Schwyz *S.* 12C1
Sciacca *It.* 14C3
Scilly (Iles) *G.-B.* 11B7
Scioto (R.) *É.-U.* 54C3
Scoresby Sound *Groenl.* 51Q2
Scotia (Mer de) *Atlantique* 48F7
Scott (Station) *Antarct.* 64F7
Scott City *É.-U.* 52C3
Scott (Ile) *Antarct.* 64G6
Scott Inlet (Baie) *Can.* 51L2
Scott Reef *Indon.* 46B2
Scottsbluff *É.-U.* 52C2
Scranton *É.-U.* 55D2
Scuol *S.* 12D1
Scutari = Shkodër
Seal (R.) *Can.* 50J4
Searcy *É.-U.* 53D3
Searles *É.-U.* 56D3
Searles (Lac) *É.-U.* 56D3
Seaside *É.-U.* 56B2
Seattle *É.-U.* 52A2
Sebago (Lac) *É.-U.* 55E2
Sebanga *Indon.* 29C5
Sebastian Vizcaino (Baie de) *Mex.* 57A2
Sebastopol *É.-U.* 56A1
Sébastopol *U.R.S.S.* 21E7
Sebez *U.R.S.S.* 17F1
Sebha *Libye* 39A2
Seboanook (Lac) *É.-U.* 55F1
Secchia (R.) *It.* 12D2
Sedan *Fr.* 5C2
Sede Boqer *Isr.* 37C3
Sederot *Isr.* 37C3
Sédhiou *Sén.* 40A3
Sedom = Sodome
Seeheim *Nam.* 43B6
Seelig (Mgne) *Antarct.* 64E
Sefrou *Maroc* 41B2
Segamat *Mal.* 29C5
Ségeste *It.* 14C3
Segezha *U.R.S.S.* 20E3
Segorbe *Esp.* 13B2
Ségou *Mali* 40B3
Ségovie *Esp.* 13B1
Segré *Fr.* 5B2

Segre Sinhung

Segre (R.) *Esp.* 13C1
Séguédine *Tchad* 39A2
Séguéla *C.-d'Iv.* 40B4
Seguia el Hamra *Maroc* 40A2
Segura (R.) *Esp.* 13B2
Segura (Sierra de) *Esp.* 13B2
Sehwan *Pak.* 32B3
Seille (R.) *Fr.* 12A1
Seinäjoki *Finl.* 4J6
Seine (R.) *Fr.* 5C2
Seine-et-Marne (Dép.) *Fr.* 7C2
Seine-Maritime (Dép.) *Fr.* 7C2
Seine-St-Denis (Dép.) *Fr.* 6F4
Sein (Ile de) *Fr.* 6B2
Sekenke *Tanz.* 42D4
Selaru (Ile) *Indon.* 25G7
Selatan (Cap) *Indon.* 46A1
Selat Wetar (Détroit) *Indon.* 25F7
Selawik *É.-U.* 50B3
Selby *G.-B.* 11E5
Selçuk *Turq.* 15F3
Selebi-Pikwe *Botswana* 43C6
Selemdzha (R.) *U.R.S.S.* 27C1
Selemdzhinsk *U.R.S.S.* 27C1
Selennyakh (R.) *U.R.S.S.* 19Q3
Sélestat *Fr.* 7D2
Selfoss *Isl.* 51Q3
Selima Oasis *Soud.* 42C1
Selizharovo *U.R.S.S.* 17G1
Selkirk *Can.* 50J4
Selkirk *G.-B.* 10D4
Selkirk (Monts) *Can.* 50G4
Selle (Mgne de la) *Haïti* 58C3
Selma *É.-U.* 56C2
Selongey *Fr.* 12A1
Selouane *Maroc* 13B2
Selvas Rég. *Br.* 60D5
Selvegens (Ile) *Atlantique* 40A2
Selwyn *Austr.* 46D3
Selwyn (Monts) *Can.* 50E3
Semarang *Indon.* 25E7
Semenov *U.R.S.S.* 20G4
Semiluki *U.R.S.S.* 21F5
Semipalatinsk *U.R.S.S.* 18K4
Semirom *Iran* 35C2
Semnān *Iran* 35C1
Sena Madureira *Br.* 60E5
Senanga *Zambie* 43C5
Sénart (Forêt de) *Fr.* 6F4
Sendai (Honshū) *J.* 27E4
Sendai (Kyūshū) *J.* 27C5
Sendwha *Inde* 32D4
Seneca Falls *É.-U.* 55D2
Sénégal *Afr.* 40A3
Sénégal (R.) *Afr.* 40A3
Senhor do Bonfim *Br.* 61L6
Senigallia *It.* 14C2
Senj *Youg.* 14D2
Senkaku Gunto (Iles) *J.* 24F4
Senlin Shan (Mgne) *Ch.* 27C3
Senlis *Fr.* 5C2
Sennar *Soud.* 42D2
Senneterre *Can.* 51L5
Sens *Fr.* 5C2
Senta *Youg.* 15D1
Sentery *Zaïre* 42C4
Seoni *Inde* 32D4
Séoul *Corée du S.* 27B4
Sepetiba (B. de) *Br.* 63D3
Sepo *Corée du N.* 28A3
Sepone *Laos* 29D2
Sepotuba (R.) *Br.* 63A2
Sept-Iles *Can.* 51M4
Séquédine *Niger* 42B1
Séquoias (Parc National des) *É.-U.* 56C2
Serai *Syrie* 37C1
Seraing *Belg.* 7D1
Serasan (Ile) *Indon.* 29D5
Serbie *Youg.* 15D2
Serchio (R.) *It.* 12D2
Serdobsk *U.R.S.S.* 21G5
Seremban *Mal.* 29C5
Serena (La) *Chili* 62B3
Serengeti (Parc Nat.) *Tanz.* 42D4
Serenje *Zambie* 43D5
Seret (R.) *U.R.S.S.* 17F3
Sergach *U.R.S.S.* 20H4
Sergeyevka *U.R.S.S.* 27C3
Sergino *U.R.S.S.* 18H3
Sergipe (État) *Br.* 61L6
Seria *Brunei* 25E6
Serian *Mal.* 29E5
Sérifos (Ile) *Gr.* 15E3
Serio (R.) *It.* 12C2
Sermata (Iles) *Indon.* 46B1
Sernovodsk *U.R.S.S.* 20J5
Serov *U.R.S.S.* 18H4
Serowe *Botswana* 43C6
Serpa *Port.* 13A2
Serpukhov *U.R.S.S.* 20F5
Serra do Chifre *Br.* 61K7
Sérrai *Gr.* 15E2
Serrana Bank (Iles) *M. des Antilles* 57D3
Serranópolis *Br.* 63B2
Serrat (Cap) *Tun.* 41D1
Serre-Ponçon (Lac de) *Fr.* 7D3
Serres *Fr.* 12A2
Serrinha *Br.* 61L6
Serrmilik *Groenl.* 51P3
Serro *Br.* 63D2
Sersou (Plateaux du) *Alg.* 13C2
Sertanópolis *Br.* 63B3
Sêrtar *Ch.* 26A3
Seruwai *Indon.* 29B5
Seryshevo *U.R.S.S.* 27B1
Sesfontein *Nam.* 43B5
Sesheke *Zambie* 43C5
Sestrières *It.* 12B2
Sestri Levante *It.* 12C2
Setana *J.* 27D3
Sète *Fr.* 5C3
Sete Lagoas *Br.* 63D2
Sete Quedas (Chutes des) *Br.* 63B3
Sete Quedas (Chutes des) *Br.* 63B3
Seto *J.* 28C3
Settat *Maroc* 41A2
Settle *G.-B.* 11D4
Setúbal *Port.* 13A2
Setúbal (B. de) [Baie] *Port.* 13A2
Seul (Lac) *Can.* 51J4
Seurre *Fr.* 12A1
Sevan (Lac) *U.R.S.S.* 21H7
Severn (R.) *Can.* 51K4
Severn (R.) *G.-B.* 11D5
Severnaya Zemlya (Ile) *U.R.S.S.* 19M1
Severnyy Sos'va (R.) *U.R.S.S.* 20L3
Severo-Baykalskoye Nagorye (Mgnes) *U.R.S.S.* 19M4
Severo Donets *U.R.S.S.* 21F6
Severodvinsk *U.R.S.S.* 20F3
Severo Sos'va (R.) *U.R.S.S.* 18H3
Severoural'sk *U.R.S.S.* 20L3
Sevier (R.) *É.-U.* 52B3
Sevier Lac *É.-U.* 52B3
Séville *Esp.* 13A2
Sevlievo *Bulg.* 15F2
Sèvres *Fr.* 6F4
Sèvres (Deux-) [Dép.] *Fr.* 6B2
Sewa (R.) *S. L.* 40A4
Seward *É.-U.* 50D3
Seward (Pénin.) *É.-U.* 50B3
Seychelles (Iles) *O. Indien* 38K8
Seyðdisfjörðdor *Isl.* 4C1
Seyðisfjörður *Isl.* 4C1
Seym (R.) *U.R.S.S.* 21F5
Seymohan *U.R.S.S.* 19R3
Seymour *É.-U.* 54B3
Seyne *Fr.* 12B2
Seyne-sur-Mer (La) *Fr.* 12A3
Sežana *Youg.* 12E2
Sézanne *Fr.* 5C2
Sfax *Tun.* 41E2
Sfînto Gheorghe *Roum.* 15F1
's-Gravenhage = Haye (La)
Shaanxi (Prov.) *Ch.* 26B3
Shaba *Zaïre* 43C5
Shabunda *Zaïre* 42C4
Shackleton (Banquise de) *Antarct.* 64G9
Shadadkot *Pak.* 32B3
Shādhām (R.) *Iran* 35C2
Shafter *É.-U.* 56C3
Shaftesbury *G.-B.* 11D6
Shagamu *Nig.* 41G4
Shag Rocks (Iles) *Géorgie du Sud* 62J8
Shāhābād *Iran* 35B2
Shahbā *Syrie* 37D2
Shahdap *Iran* 35D2
Shahdol *Inde* 33B3
Shāhīn Dezh *Iran* 35B1
Shāh Kūh *Iran* 35D2
Shahrak *Afgh.* 35E2
Shahr-e Bābak *Iran* 35D2
Shahsavār *Iran* 21J8
Shaim *U.R.S.S.* 20L3
Sha'īra (Gebel) *Ég.* 37C4
Shājābād *Inde* 34B1
Shājahānpur *Inde* 32D3
Shājāpur *Inde* 32D4
Shakhtersk *U.R.S.S.* 27E2
Shakhun'ya *U.R.S.S.* 20H4
Shaki *Nig.* 41G4
Shakotan (Cap) *J.* 28D2
Shamary *U.R.S.S.* 20K4
Shambe *Soud.* 42D3
Shandon *É.-U.* 56B3
Shandong (Prov.) *Ch.* 26D2
Shangchuan Dao (Ile) *Ch.* 26C5
Shangdu *Ch.* 26C1
Shanghai *Ch.* 26E3
Shangnan *Ch.* 26C3
Shangombo *Zambie* 43C5
Shangra *Ch.* 26D4
Shangsi *Ch.* 26B5
Shang Xian *Ch.* 26C3
Shangzhi *Ch.* 27B2
Shannon (R.) *Irl.* 9B3
Shanqiu *Ch.* 26D3
Shansonggang *Ch.* 27B3
Shantarskiye (Ile) *U.R.S.S.* 24G1
Shantou *Ch.* 26D5
Shanxi (Prov.) *Ch.* 26C2
Shan Xian *Ch.* 26D3
Shaoguan *Ch.* 26C5
Shaoxing *Ch.* 26E4
Shaoyang *Ch.* 26C4
Shapinsay (Ile) *G.-B.* 10D2
Shaqqā *Syrie* 37D2
Shari *J.* 28D2
Sharifābād *Iran* 35D1
Shark (Baie) *Austr.* 46A3
Sharlauk *U.R.S.S.* 35D1
Sharon (Plaine de) *Isr.* 37C2
Sharya *U.R.S.S.* 20H4
Shashamanna *Éth.* 42D3
Shashi *Ch.* 26C3
Shashi (R.) *Botswana* 43C6
Shasta (Lac) *É.-U.* 52A2
Shathah at Tahtā *Syrie* 37D1
Shaṭṭ al Gharrat (R.) *Iraq* 36E3
Shatt (El) *Ég.* 37B4
Shaubak *Jord.* 37C3
Shaver (Lac) *É.-U.* 56C2
Shawano *É.-U.* 54B2
Shawinigan *Can.* 55E1
Sha Xian *Ch.* 26D4
Shay Gap *Austr.* 46B3
Shaykh Miskin *Syrie* 37D2
Shchigry *U.R.S.S.* 21F5
Shchors *U.R.S.S.* 21E5
Shchuchinsk *U.R.S.S.* 18J4
Sheboygan *É.-U.* 54B2
Shebshi (Mts) *Nig.* 42B3
Shebunino *U.R.S.S.* 27E2
Sheelin (Lac) *Irl.* 11B5
Sheep Haven (Estuaire) *Irl.* 10B4
Sheerness *G.-B.* 11F6
Shefar'am *Isr.* 37C2
Sheffield *G.-B.* 11E5
Sheil (Lac) *G.-B.* 10C3
Shekhupura *Pak.* 32C2
Shelagskiy (Cap) *U.R.S.S.* 19T2
Shelby *É.-U.* 54B2
Shelby *É.-U.* 52B2
Shelbyville *É.-U.* 54B3
Shelikof (Détroit de) *É.-U.* 50C4
Shelikova (Golfe) *U.R.S.S.* 19R3
Shemakha *U.R.S.S.* 36E1
Shenandoah (R.) *É.-U.* 55D3
Shenandoah Parc Nat. *É.-U.* 55D3
Shendam *Nig.* 41H4
Shendi *Soud.* 42D2
Shenkursk *U.R.S.S.* 20G3
Shenmu *Ch.* 26C2
Shenyang *Ch.* 26E1
Shenzhen *Ch.* 26C5
Sheopur *Inde* 32D3
Shepetovka *U.R.S.S.* 17F2
Shepparton *Austr.* 46D4
Sherard (Cap) *Can.* 51K2
Sherborne *G.-B.* 11D6
Sherbro I. *S. L.* 40A4
Sherbrooke *Can.* 55E1
Shergarh *Inde* 32C3
Sheridan *É.-U.* 52C2
Sherman *É.-U.* 52D3
Shetland (Iles) *G.-B.* 9C1
Shetland du Sud (Iles) *Antarct.* 64G2
Shevli (R.) *U.R.S.S.* 27C1
Shiashkotan (Ile) *U.R.S.S.* 24J2
Shibarghan *Afgh.* 32B1
Shibata *J.* 27D4
Shibetsu *J.* 28D2
Shibîn el Qanâtir *Ég.* 37A3
Shibukawa *J.* 28C3
Shijiazhuang *Ch.* 26C2
Shika (R.) *U.R.S.S.* 27A1
Shikarpur *Pak.* 32B3
Shikoku (Ile) *J.* 27C5
Shikoku (Mts de) *J.* 28B4
Shikotsu (Lac) *J.* 28D2
Shilega *U.R.S.S.* 20G3
Shiliguri *Inde* 33C2
Shilka *U.R.S.S.* 24E1
Shilka (R.) *U.R.S.S.* 24E1
Shillong *Inde* 33D2
Shilovo *U.R.S.S.* 20G5
Shimabara *J.* 28B4
Shimada *J.* 28C4
Shimanovsk *U.R.S.S.* 27B1
Shimizu *J.* 27D4
Shimoda *J.* 28C4
Shimoga *Inde* 34B2
Shimonoseki *J.* 27C5
Shin (Lac) *G.-B.* 10C2
Shinano (R.) *J.* 28C3
Shindand *Afgh.* 35E2
Shingū *J.* 27D5
Shinjō *J.* 28D3
Shinminato *J.* 27D4
Shinshār *Syrie* 37D1
Shinyanga *Tanz.* 42D4
Shiogama *J.* 27E4
Shiono (Cap) *J.* 28C4
Shiping *Ch.* 26A5
Shiquan *Ch.* 26B3
Shirakawa *J.* 28D3
Shirani-san (Mgne) *J.* 28C3
Shirbîn *Ég.* 37A3
Shiretoko (Cap) *J.* 28E2
Shiriya (Cap) *J.* 28D2
Shīr Kūh *Iran* 35C2
Shirotori *J.* 28C3
Shirvān *Iran* 35D1
Shishmaret *É.-U.* 50B3
Shitanjing *Ch.* 26B2
Shively *É.-U.* 54B3
Shivpuri *Inde* 32D3
Shivta (Site hist.) *Isr.* 37C3
Shiwa Ngandu *Zambie* 43D5
Shiyan *Ch.* 26C3
Shizuishan *Ch.* 26B2
Shizuoka *J.* 28C3
Shkodër *Alb.* 15D2
Shkodër (Lac de) *Alb. et Youg.* 15D2
Shkov *U.R.S.S.* 17G2
Shmidta (Ile) *U.R.S.S.* 19L1
Shobara *J.* 28B4
Shoranūr *Inde* 34B2
Shorāpur *Inde* 34B1
Shoshone (Mts) *É.-U.* 52B3
Shostka *U.R.S.S.* 21E5
Shreveport *É.-U.* 53D3
Shrewsbury *G.-B.* 11D5
Shropshire (Comté) *G.-B.* 11D5
Shuangcheng *Ch.* 27B2
Shuanglia *Ch.* 26E1
Shuangyashan *Ch.* 27C2
Shubar kuduk *U.R.S.S.* 21K6
Shuga *U.R.S.S.* 20N2
Shu He (R.) *Ch.* 26D2
Shuicheng *Ch.* 26A4
Shujaabad *Pak.* 32C3
Shujālpur *Inde* 32D4
Shulan *Ch.* 27B3
Shule He *Ch.* 24C2
Shumerlya *U.R.S.S.* 20H4
Shumlūl (Ash) *Ar. S.* 35B3
Shuncheng *Ch.* 26D4
Shungnak *É.-U.* 50C3
Shuo Xian *Ch.* 26C2
Shūr Gaz *Iran* 35D3
Shurugwi *Zimb.* 43C5
Shuya *U.R.S.S.* 20G4
Shwebo *Birm.* 33E3
Shwegyin *Birm.* 29B2
Shweli (R.) *Birm.* 33E3
Siahan (Mts) *Pak.* 35E3
Siah Koh (Mgnes) *Afgh.* 32A2
Sialkot *Pak.* 32C2
Sian = Xi'an
Siargao (Ile) *Phil.* 25F6
Siaton *Phil.* 25F6
Šiauliai *U.R.S.S.* 17E1
Sibay *U.R.S.S.* 18G4
Šibenik *Youg.* 14D2
Sibérie Centrale (Plateau de) *U.R.S.S.* 19M3
Sibérie Occidentale (Plaine de) *U.R.S.S.* 18H3
Sibérie orientale (Mer de) *U.R.S.S.* 19R2
Siberut (Ile) *Indon.* 29B6
Sibi *Pak.* 32B3
Sibirskoye *U.R.S.S.* 24D1
Sibirtsevo *U.R.S.S.* 27C3
Sibiti *Congo* 42B4
Sibiti (R.) *Tanz.* 42D4
Sibiu *Roum.* 15E1
Sibolga *Indon.* 29B5
Sibsāgār *Inde* 33D2
Sibu *Mal.* 29E5
Sibut *Centr.* 42B3
Sichuan (Prov.) *Ch.* 26A3
Sicié (Cap) *Fr.* 12A3
Sicile *It.* 14C3
Sicuari *Pér.* 60D6
Siddhapur *Inde* 32C4
Siddipet *Inde* 34B1
Sider (El-) *Libye* 39A1
Sidheros (Cap) *Gr.* 15F3
Sidhi *Inde* 33B3
Sidi Barrani *Ég.* 39B1
Sidi Bel Abbès *Alg.* 41B1
Sidi Kacem *Maroc* 41A2
Sidlaw Hills *G.-B.* 10D3
Sidley (Mgne) *Antarct.* 64F5
Sidney *É.-U.* 54C2
Sidney *É.-U.* 52C2
Sidney *É.-U.* 55D2
Sidrolândia *Br.* 63B3
Siedlce *Pol.* 17E2
Siegen *R.F.A.* 16B2
Siem Reap *Camb.* 29C3
Sienne *It.* 14C2
Sierpc *Pol.* 17D2
Sierra Blanca *É.-U.* 57B1
Sierra Leone (Rép.) *Afr.* 40A4
Sierra Leone (Cap) *S. L.* 40A4
Sierra Madre *É.-U.* 56B3
Sierra Mojada *Mex.* 52C4
Sierre *S.* 12B1
Siete Puntas (R.) *Par.* 63A3
Sífnos (Ile) *Gr.* 15E3
Sig *U.R.S.S.* 20E2
Sigep *Indon.* 29B6
Sighet *Roum.* 17E3
Sighisoara *Roum.* 15E1
Sigli *Indon.* 29B4
Siglufjörður *Isl.* 4B1
Siguatepeque *Hond.* 60A1
Sigüenza *Esp.* 13B1
Siguiri *Guinée* 40B3
Sihora *Inde* 32D4
Siirt *Turq.* 36D2
Sikai Hu (Lac) *Ch.* 24C3
Sikar *Inde* 32D3
Sikaram (Mgne) *Afgh.* 32B2
Sikasso *Mali* 40B3
Sikeston *É.-U.* 54B3
Sikhote Alin' (Monts) *U.R.S.S.* 27D2
Síkinos (Ile) *Gr.* 15F3
Sikionía *Gr.* 15E3
Sikkim (État) *Inde* 33C2
Siktyakh *U.R.S.S.* 19O2
Sil (R.) *Esp.* 13A1
Sila (La) *It.* 14D3
Silandro *It.* 12D1
Silchar *Inde* 33D3
Silésie *Pol.* 16D2
Silet *Alg.* 40C2
Silgarhi *Népal* 33B2
Silifke *Turq.* 36B2
Silinfah *Syrie* 37D1
Siling Co (Lac) *Ch.* 31G2
Silistra *Bulg.* 15F2
Siljan (Lac) *Suède* 20A3
Silkeborg *Dan.* 4F7
Sillian *Autr.* 12E1
Siltou (Puits) *Tchad* 42B2
Šilute *U.R.S.S.* 17E1
Silvan *Turq.* 36D2
Silvania *Br.* 63C2
Silvassa *Inde* 32C4
Silver Bay *É.-U.* 54A1
Silver City *É.-U.* 52C3
Silver Peak Range *É.-U.* 56D2
Silver Spring *É.-U.* 55D3
Silvretta (Mgnes) *Autr. et S.* 12D1
Simanggang *Mal.* 29E5
Simao *Ch.* 29C1
Simard (Lac) *Can.* 55D1
Simareh (R.) *Iran* 35B2
Simav *Turq.* 15F3
Simav (R.) *Turq.* 15F3
Simbillâwein (El) *Ég.* 37A3
Simcoe (Lac) *Can.* 55D2
Simeulue (Ile) *Indon.* 29B4
Simferopol' *U.R.S.S.* 21E7
Sími (Ile) *Gr.* 15F3
Simikot *Népal* 33B2
Simla *Inde* 32D2
Simmler *É.-U.* 56C3
Simplon (Col) *S.* 12C1
Simpson (Cap) *É.-U.* 50C2
Simpson (Désert de) *Austr.* 46C3
Simpson (Péninsule) *Can.* 51K3
Simrishamn *Suède* 4G7
Simushir (Ile) *U.R.S.S.* 24J2
Sinabang *Indon.* 29B4
Sinadogo *Som.* 42E3
Sinaï (Pén. du) *Ég.* 36B4
Sinalunga *It.* 12D3
Sincelejo *Col.* 60C2
Sincora (Serra do) *Br.* 63D1
Sind *Pak.* 32B3
Sind (R.) *Inde* 32D3
Sindirği *Turq.* 15F3
Sindjār *Iraq* 36D2
Sindri *Inde* 33C3
Sinegorsk *U.R.S.S.* 27E2
Sines *Port.* 13A2
Sines (Cap de) *Port.* 13A2
Singa *Soud.* 42D2
Singapour *Asie* 29C5
Singapour (Détroit de) *Asie* 29C5
Singaraja *Indon.* 25E7
Singida *Tanz.* 42D4
Singitikós (Golfe) *Gr.* 15E2
Singkaling Hkamti *Birm.* 33E2
Singkawang *Indon.* 29D5
Singtep (Ile) *Indon.* 29C6
Singu *Birm.* 29B1
Singye *Corée du N.* 28A3
Sinhung *Corée du N.* 28A2

Siniscola Sterlitamak

Siniscola It. 14B2
Sinkai (Collines de) Afgh. 32B2
Sinkat Soud. 42D2
Sinnamary Guy. Fr. 61H2
Sinnamary (R.) Guy. Fr. 8
Sinn Bishr (Gebel) Ég. 37B4
Sinnyong Corée du S. 28A3
Sinop Turq. 36C1
Sinpa Corée du N. 28A2
Sinpo Corée du N. 28A2
Sinpyong Corée du N. 28A3
Sintana Roum. 15E1
Sintang Indon. 29E5
Sintra Port. 13A2
Sinú (R.) Col. 60C2
Sinuiju Corée du N. 27A3
Siofok H. 17D3
Sion S. 12B1
Siouah Ég. 39B2
Sioux City É.-U. 52D2
Sioux Falls É.-U. 52D2
Sioux Lookout Can. 51J5
Siparia Trinité 58L1
Siping Ch. 27A3
Siple (Station) Antarct. 64F3
Siple (Ile) Antarct. 64F5
Sipora (Ile) Indon. 25C7
Sîq (Wadi el) Ég. 37B4
Sira Inde 34B2
Sirajganj Bangl. 33C3
Sirba (R.) Burk. 41G3
Sir Édouard Pellew (Arch.) Austr. 46C2
Siret (R.) Roum. 15F1
Sirhān (Wadi as) Ar. S. et Jord. 36C3
Sirik (Cap) Mal. 29D5
Sir Kālahasti Inde 34B2
Şirnak Turq. 36D2
Sirohi Inde 32C4
Sironcha Inde 34C1
Sironj Inde 32D4
Síros (Ile) Gr. 15E3
Sirretta (Pic) É.-U. 56C3
Sirri (Ile) Iran 35C3
Sirsa Inde 32C3
Sirsi Inde 34A2
Sisak Youg. 14D1
Sisaket Th. 29C2
Sishen Afr. du S. 43C6
Sisophon Camb. 29C3
Sisquoc É.-U. 56B3
Sisquoc (R.) É.-U. 56C3
Sissili (R.) Burk. 41F3
Sistān (Rég.) Afgh. et Iran 35E2
Sistān (Lac du) Afgh. et Iran 35E2
Sisteron Fr. 5D3
Sistig Khem U.R.S.S. 19L4
Sitāpur Inde 33B2
Sitía Gr. 15F3
Sitio d'Abadia Br. 63C1
Sitka É.-U. 50E4
Sittang (R.) Birm. 29B2
Sivaki U.R.S.S. 27B1
Sivas Turq. 36C2
Siverek Turq. 36C2
Sivrihisar Turq. 36B2
Sivuchiy (Cap) U.R.S.S. 19S4
Siwālik (Monts) Inde 32D2
Siya U.R.S.S. 20G3
Siyang Ch. 26D3
Sjaelland (Ile) Dan. 16C1
Skagen Dan. 4G7
Skagerrak (Détroit) Dan. et Norv. 4F7
Skagway É.-U. 50E4
Skara Suède 4G7
Skarzysko-Kamlenna Pol. 17E2
Skeena (R.) Can. 50F4
Skeene (Mts) Can. 50F4
Skeenjek (R.) É.-U. 50D3
Skegness G.-B. 11F5
Skellefte (R.) Suède 20B2
Skellefteå Suède 4J6
Skíathos (Ile) Gr. 15E3
Skidegate Can. 50E4
Skiemiewice Pol. 17E2
Skien Norv. 4F7
Skikda Alg. 41D1
Skipton G.-B. 11E5
Skíros (Ile) Gr. 15E3
Skive Dan. 4F7
Skjern Dan. 16B1
Skjoldungen Groenl. 51O3
Skokie É.-U. 54B2
Skópelos (Ile) Gr. 15E3
Skopje Youg. 15E2
Skövde Suède 4G7
Skovorodino U.R.S.S. 19O4
Skowhegan É.-U. 55F2
Skwentna É.-U. 50C3
Skwierzyna Pol. 16D2
Skye (Ile) G.-B. 9B2
Slagelse Dan. 4G7
Slamet (Mgne) Indon. 25D7
Slaney (R.) Irl. 11B5
Slatina Roum. 15E2
Slave (R.) Can. 50G3
Slavgorod U.R.S.S. 17G2
Slavgorod U.R.S.S. 18J4
Slavuta U.R.S.S. 17F2
Slavyansk U.R.S.S. 21F6
Sleat (Sound of) G.-B. 10C3
Sleetmute É.-U. 50C3
Sleeve Bloom (Mgnes) Irl. 11B5
Sligo Irl. 9B3
Sligo (Baie) Irl. 9B3
Sliven Bulg. 15F2
Slobozia Roum. 15F2
Slonim U.R.S.S. 17F2
Slough G.-B. 11E6
Slough (R.) É.-U. 56B2
Slovaquie Tch. 17D3
Slovénie Youg. 12E1
Slubice Pol. 16C2
Sluch' (R.) U.R.S.S. 17F2
Sludyanka U.R.S.S. 24D1
Slupsk Pol. 16D2
Slutsk U.R.S.S. 17F2
Slutsk (R.) U.R.S.S. 17F2
Slyne Head (Pointe) Irl. 9A3
Slyudvanka U.R.S.S. 19M4
Smallwood (Rés.) Can. 51M4
Smara Maroc 40A2
Smederevo Youg. 15E2
Smederevska Palanka Youg. 15E2
Smela U.R.S.S. 21E6
Smethport É.-U. 55D2
Smidovich U.R.S.S. 27C2
Smirnykh U.R.S.S. 27E2
Smith É.-U. 56C1
Smith Arm (Baie) Can. 50F3
Smithers Can. 50F4
Smith (I.) Can. 51L3
Smiths Falls Can. 55D2
Smithton Austr. 46D5
Smøla (Ile) Norv. 4F6
Smolensk U.R.S.S. 20E5
Smólikas (Mgne) Gr. 15E2
Smoljan Bulg. 15E2
Smorgon' U.R.S.S. 17F2
Snaefell (Mgne) G.-B. 11C4
Snafell (Mgne) Isl. 4B2
Snake (R.) É.-U. 52B2
Snake River Canyon É.-U. 52B2
Snares (Iles) N.-Z. 47F5
Sneek P.-B. 16B2
Snelling É.-U. 56B2
Sněžka (Mgne) Pol. et Tch. 16D2
Śniardwy (Lac) Pol. 17E2
Snizort (Loch) [Baie] G.-B. 10B3
Snøhetta (Mgne) Norv. 4F6
Snoul Camb. 29D3
Snowdon (Mgne) G.-B. 11C5
Snowdon (Parc nat.) G.-B. 11C5
Snowdrift Can. 50G3
Snow Lake Can. 50H4
Snyder É.-U. 52C3
Soan-kundo (Ile) Corée du S. 27B5
Sobaek Sanmaek (Mgnes) Corée du S. 28A3
Sobat (R.) Soud. 42D3
Sobradinho (Barrage de) Br. 61K6
Sobral Br. 61K4
Sochaczew Pol. 17E2
Sochon Corée du S. 28A3
Société (Iles de la) Polyn. Fr. 8
Socorro É.-U. 52C3
Socorro (Ile) Mex. 57A3
Socotora (Ile) Yémen du S. 30D4
Soda (Lac) É.-U. 56C3
Sodankylä Finl. 4K5
Soddo Éth. 42D3
Soderhamn Suède 4H6
Södertälje Suède 4H7
Sodiri Soud. 42C2
Sodome Isr. 37C3
Sofanovo U.R.S.S. 20H2
Sofia Bulg. 15E2
Sofiysk U.R.S.S. 27C1
Sofporog U.R.S.S. 20E2
Sofu Gan (Ile) J. 24H4
Sogamoso Col. 60D2
Sogda U.R.S.S. 27C1
Sognefjord Norv. 4F6
Sŏgwi-ri Corée du S. 28A4
Sog Xian Ch. 24C3
Sohag Ég. 39C2
Sohano P.-N.-G. 47E1
Sohipat Inde 32D3
Soignies Belg. 16A2
Soissons Fr. 5C2
Sojat Inde 32C3
Sokcho Corée du S. 28A3
Söke Turq. 36A2
Sokna Libye 39A2
Sokodé Togo 41G4
Sokol U.R.S.S. 20F4
Sokolka Pol. 17E2
Sokolo Mali 40B3
Søkongens Øy (Ile) Groenl. 51Q3
Sokota Éth. 42D2
Sokoto (État) Nig. 41H3
Sokoto Nig. 41H3
Sokoto (R.) Nig. 41G3
Solapur Inde 34B1
Sölden Autr. 12D1
Soledad Col. 58C4
Soledad É.-U. 56B2
Solent (Baie) G.-B. 11E6
Solenzara Fr. 7D3
Soleure S. 12B1
Soligorsk U.R.S.S. 17F2
Solikamsk U.R.S.S. 20K4
Solimões Pér. 60D4
Sol'Itesk U.R.S.S. 18G4
Sollefteå Suède 4H6
Solliès-Pont Fr. 12B3
Sol'lletsk U.R.S.S. 21J5
Solnenechnyy U.R.S.S. 27D1
Sologne Fr. 7C2
Solok Indon. 29C6
Solon Springs É.-U. 54A1
Solovetskiye (Ile) U.R.S.S. 20F2
Solov'yevsk U.R.S.S. 27A1
Soltau R.F.A. 4F8
Solvang É.-U. 56B3
Solvay É.-U. 55D2
Solway Firth (Estuaire) G.-B. 10D4
Solwezi Zambie 43C5
Sōma J. 28D3
Soma Turq. 15F3
Somalie Afr. 30C5
Somalien (Bassin) O. Indien 44D4
Sombor Youg. 15D1
Sombrero (Canal) O. Indien 34E3
Somerset Austr. 46D2
Somerset (Comté) G.-B. 11D6
Somerset É.-U. 54C3
Somerset É.-U. 55D2
Somerset East Afr. du S. 43C7
Somerset (Ile) Can. 51J2
Somersworth É.-U. 55E2
Somes (R.) Roum. 15E1
Somme (Dép.) Fr. 7C2
Somme (R.) Fr. 7C2
Somoto Nic. 60A1
Somport (Col du) Esp. et Fr. 6B3
Son (R.) Inde 33B3
Sonchon Corée du N. 27A4
Sonde (Détroit de la) Indon. 25D7
Sønderborg Dan. 4F8
Søndre Strømfjord Groenl. 51N3
Søndre Upernavik Groenl. 51N2
Sondrio It. 12C1
Song Ba (R.) V. 29D3
Song Cau V. 29D3
Songchon Corée du N. 28A3
Songea Tanz. 43D5
Songgan Corée du N. 28A2
Songjiang Ch. 26E3
Songjong Corée du S. 28A3
Songkhla Th. 29C4
Songnim Corée du N. 27B4
Sông Pahang (R.) Mal. 29C5
Songpan Ch. 26A3
Söngsan-ni Corée du S. 28A4
Sonhue Hu (Lac) Ch. 27B3
Sonid Youqi Ch. 26C1
Son La V. 29C1
Sonmiani Pak. 32B3
Sonmiani (Baie de) Pak. 32B3
Sonoma É.-U. 56A1
Sonora É.-U. 56B2
Sonora (R.) Mex. 57A2
Sonora (Désert de) É.-U. 52B3
Sonora (Passage de) É.-U. 56C1
Sonsonate El Salv. 57D3
Sonsorol (Ile) O. Pacifique 25G6
Soo Canals Can. et É.-U. 53E2
Sopot Pol. 17D2
Sopron H. 16D3
Soquel É.-U. 56B2
Sora It. 14C2
Sored (R.) Isr. 37C3
Sorel Can. 55E1
Soresina It. 12C2
Sorgun Turq. 36C2
Soria Esp. 13B1
Sørkjosen Norv. 4J5
Sørksop (Ile) O. Arctique 18C2
Sor Mertvyy Kultuk (Plaine) U.R.S.S. 21J6
Sorocaba Br. 63C3
Sorochinsk U.R.S.S. 20J5
Soroi (Ile) O. Pacifique 25H6
Soroki U.R.S.S. 17F3
Soroma (Lac) J. 28D2
Sorong Indon. 25G7
Soroti Oug. 42D3
Sørøya (Ile) Norv. 4J4
Sorrente It. 14C2
Sorsatunturi (Mgne) Finl. 4K5
Sorsele Suède 20B2
Sortavala U.R.S.S. 20E3
Sosan Corée du S. 27B4
Sosnowiec Pol. 17D2
Sospel Fr. 12B3
Sos'va U.R.S.S. 18H4
Sota (R.) Bénin 41G3
Sotchi U.R.S.S. 21F7
Souakin Soud. 42D2
Souanké Congo 42B3
Soubré C.-d'Iv. 40B4
Soudan Afr. 42C2
Souf (Rég.) Alg. 41D2
Soufrière Ste-Lucie 58P2
Soufrière (Mgne) Guadeloupe 8
Soufrière (Volcan) St-Vincent 58N2
Souillac Fr. 5C3
Souk-el-Arba-du-Rharb Maroc 41A2
Soukhoumi U.R.S.S. 21G7
Soummam (R.) Alg. 13C2
Soungari (R.) Ch. 27B2
Sounion (Cap) Gr. 15E3
Souq Ahras Alg. 41D1
Sour Liban 37C2
Sources (Mt aux) Les. 43C6
Souris (R.) É.-U. 52C2
Sousa Br. 61L5
Sous le Vent (Îles) Poly. Fr. 8
Sousse Tun. 41E1
Southampton Can. 54C2
Southampton É.-U. 55E2
Southampton G.-B. 11E6
Southampton (Ile) Can. 51K3
South Aulatsivik (Ile) Can. 51M4
South Baymouth Can. 54C1
South Bend É.-U. 54B2
South Boston É.-U. 55D3
South Downs G.-B. 11E6
Southend Can. 50H4
Southend-on-Sea G.-B. 11F6
Southern Cross Austr. 46A4
Southern Indian L. Can. 50J4
Southfield Jam. 58H2
South Foreland (Pointe) G.-B. 11F6
South Fork (R.) É.-U. 56B1
South Fork American (R.) É.-U. 56B1
South Fork Kern (R.) É.-U. 56C3
South Glamorgan (Comté) G.-B. 11D6
South Haven É.-U. 54B2
South Henik (Lac) Can. 50J3
South Hill É.-U. 55D3
South Nahanni (R.) Can. 50F3
South Negril (Pte) Jam. 58G1
South Pacific O 59B5
South Platte (R.) É.-U. 52C2
South Porcupine Can. 54C1
Southport G.-B. 11D5
South (Pte) Barbade 58Q2
South Ronaldsay (Ile) G.-B. 10D2
South San Francisco É.-U. 56A2
South Saskatchewan (R.) Can. 50H4
South Shields G.-B. 10E4
South Uist (Ile) G.-B. 10B3
South Yorkshire (Comté) G.-B. 11E5
Sovetsk U.R.S.S. 17E1
Sovetsk U.R.S.S. 20H4
Sovetskaya Gavan' U.R.S.S. 27E2
Sovetskiy U.R.S.S. 20L3
Sōya (Cap) J. 28D1
Soyo Congo Ang. 43B4
Sozh (R.) U.R.S.S. 20E5
Sozn (R.) U.R.S.S. 17G2
Spalding G.-B. 11E5
Spanish (R.) Can. 54C1
Spanish Town Jam. 58B3
Sparks É.-U. 52B3
Sparta É.-U. 54A2
Spartanburg É.-U. 53E3
Sparte Gr. 15E3
Spartivento (C.) It. 14D3
Spassk Dal'niy U.R.S.S. 27C3
Spátha (Cap) Gr. 15E3
Speightstown Barbade 58Q2
Spenard É.-U. 50D3
Spencer É.-U. 54B3
Spencer É.-U. 53D2
Spencer Bay Can. 51J3
Spencer (Golfe) Austr. 46C4
Spencer (Iles) Can. 51L3
Sperrin (Mgnes) Irl. du N. 10B4
Spey (R.) G.-B. 10D3
Speyside Tobago 58K1
Spezia (La) It. 14B2
Spiez S. 12B1
Spilimbergo It. 12E1
Spire R.F.A. 16B3
Spirit River Can. 50G4
Spittal Autr. 16C3
Spitzberg (Ile) O. Arctique 18C2
Spjelkavik Norv. 4F6
Split Youg. 14D2
Splügen S. 12C1
Spokane É.-U. 52B2
Spooner É.-U. 54A1
Sporades du Nord Gr. 15E3
Spratly (Iles) Asie 25E6
Spree (R.) R.D.A. 16C2
Springbok Afr. du S. 43B6
Springfield É.-U. 54B3
Springfield É.-U. 54C3
Springfield É.-U. 52A2
Springfield É.-U. 53D3
Springfield É.-U. 55E2
Springfield É.-U. 55E2
Springfontein Afr. du S. 43C7
Springs Afr. du S. 43C6
Spurn Head (Pointe) G.-B. 9D3
Squillace (G. di) It. 14D3
Sredhekolymsk U.R.S.S. 19R3
Sredinnyy (Monts) U.R.S.S. 19S4
Srepok (R.) Camb. 29D3
Sretensk U.R.S.S. 24E1
Sre Umbell Camb. 29C3
Srikākulam Inde 34C1
Sri Lanka Asie 34C3
Srinagar Pak. 32C2
Srivardhan Inde 34A1
Sroda Pol. 16D2
Stack Skerry (Ile) G.-B. 10C2
Stade R.F.A. 16B2
Staffa (Ile) G.-B. 10B3
Stafford (Comté) G.-B. 11D5
Stafford G.-B. 11D5
Stains Fr. 6F4
Stalingrad = Volgograd
Stallworthy (Cap) Can. 51J1
Stalowa Wola Pol. 17E2
Sta Marta (Ria de) Esp. 13A1
Stamford É.-U. 55E2
Stamford É.-U. 55E2
Stampriet Nam. 43B6
Standerton Afr. du S. 43C6
Standish É.-U. 54C2
Stanislaus (R.) É.-U. 56B2
Stanke Dimitrov Bulg. 15E2
Stanley Falkland 62E8
Stanley (Rés. de) Inde 34B2
Stanleyville = Kisangani
Stann Creek Belize 57D3
Stanovoï (Monts) U.R.S.S. 24F1
Stans S. 12C1
Stanthorpe Austr. 46E3
Stanton Banks G.-B. 10B3
Starachowice Pol. 17E2
Stara Planiná (Balkan) Bulg. 15E2
Staraya Russa U.R.S.S. 20E4
Stara Zagora Bulg. 15F2
Stargard Pol. 16D2
Starnberg R.F.A. 16C3
Starogard Gdanski Pol. 17D2
Starokonstantinov U.R.S.S. 17F3
Start Pt G.-B. 11D6
Staryy Oskol U.R.S.S. 21F5
State College É.-U. 55D2
Staunton É.-U. 55D3
Stavanger Norv. 4F7
Stavropol' U.R.S.S. 21G6
Stawno Pol. 16D2
Steelton É.-U. 55D2
Steens (Mts) É.-U. 52B2
Steenstrups (Glacier de) Groenl. 51N2
Stefansson (Ile) Can. 50H2
Steinach Autr. 12D1
Steinbach Can. 50J5
Steiñkier Norv. 4G6
Steinkjer Norv. 20A3
Stelvio (Col du) It. et S. 12D1
Stendal R.D.A. 16C2
Stepanakert U.R.S.S. 21H8
Stephenson É.-U. 54B1
Stephenville Can. 51N5
Sterksroom Afr. du S. 43C7
Sterling É.-U. 54B2
Sterling É.-U. 52C2
Sterling Heights É.-U. 54C2
Sterlitamak U.R.S.S. 20K5

Stettler
Tando Adam

Stettler Can. 50G4
Steubenville É.-U. 54C2
Stevens Point É.-U. 54B2
Stevens Village É.-U. 50D3
Stewart Can. 50F4
Stewart (Iles) I. Salomon 47F1
Stewart (Ile) N.-Z. 47F5
Stewart (R.) Can. 50E3
Stewart River Can. 50E3
Stewartville É.-U. 54A2
Steyr Autr. 16C3
Stia It. 12D3
Stif Alg. 41D1
Stikine (R.) Can. 50F4
Stillwater É.-U. 52D3
Stillwater É.-U. 54A1
Stirling G.-B. 10D3
Stockerau Autr. 16D3
Stockholm Suède 4H7
Stockport G.-B. 11D5
Stockton É.-U. 56B2
Stockton G.-B. 11E4
Stoke-on-Trent G.-B. 11D5
Stokkseyri Isl. 4A2
Stokmarknes Norv. 4G5
Stolbovoy (Ile) U.R.S.S. 19P2
Stolbtsy U.R.S.S. 4K8
Stolin U.R.S.S. 17F2
Stonehaven G.-B. 10D3
Storavan (Lac) Suède 4H5
Støren Norv. 4G6
Stornoway G.-B. 10B2
Storozhinets U.R.S.S. 17F3
Storsjön (Lac) Suède 4G6
Storuman Suède 4H5
Stowmarket G.-B. 11F5
Stoyba U.R.S.S. 27C1
Strablane Irl. du N. 10B4
Stralsund R.D.A. 16C2
Stranda Norv. 4F6
Strangford (Lough) Irl. 11C4
Strängnäs Suède 4H7
Stranraer G.-B. 10C4
Strasbourg Fr. 5D2
Strasburg É.-U. 55D3
Stratford Can. 54C2
Stratford É.-U. 56C2
Stratford-on-Avon G.-B. 11E5
Strathclyde Rég. G.-B. 10C4
Stratton É.-U. 55E1
Streator É.-U. 54B2
Stresa It. 12C2
Streymoy Féroé 4D3
Stromboli (Ile) It. 14D3
Strømfjord Groenl. 51N3
Stromness G.-B. 10D2
Stromsund Suède 4H6
Ströms Vattudal (Lac) Suède 4G6
Stronsay (Ile) G.-B. 10D2
Stroud G.-B. 11D6
Struma (R.) Bulg. 15E2
Strumble Head (Pointe) G.-B. 11C5
Strumica Youg. 15E2
Strymon (Golfe du) Gr. 15E2
Stryy U.R.S.S. 17E3
Stryy (R.) U.R.S.S. 17E3
Stuart (Lac) Can. 50F4
Stubaier Alpen Autr. 12D1
Stubice Pol. 4H8
Stuch (R.) U.R.S.S. 21D5
Stung Sen Camb. 29D3
Stung Treng Camb. 29D3
Stura (R.) It. 14B2
Sturge (Ile) Antarct. 64G7
Sturgeon Bay É.-U. 54B2
Sturgeon Falls Can. 55D1
Sturgis É.-U. 54B3
Sturgis É.-U. 54B2
Sturt Creek (R.) Austr. 46B2
Stutterheim Afr. du S. 43C7
Stuttgart R.F.A. 16B3
Stykkishólmur Isl. 4A1
Styr (R.) U.R.S.S. 17F2
Suaçuí Grande (R.) Br. 63D2
Suan Corée du N. 28A3
Su'ao Taiwan 26E5
Süayda Syrie 36C3
Subi (Ile) Indon. 29D5
Subotica Youg. 15D1
Succiso (Alpe di) It. 12D2
Suceava Roum. 21D6
Sucre Bol. 60E7
Sucuriú (R.) Br. 63B2
Sucy-en-Brie Fr. 6F4
Sud-Australien (Bassin) O. Indien 44H6
Sudbury Can. 54C1
Sudbury G.-B. 11F5
Sud (Cap) = Ka Lae
Suddie Guy. 61G2
Sud-Est (Cap) Austr. 46D5
Sud (Ile du) N.-Z. 47G5
Sud-Malgache (Dorsale) O. Indien 44D6
Sud-Ouest Africain = Namibie
Sud-Ouest (Cap) Austr. 46D5
Sud-Ouest indienne (Dorsale) O. Indien 44D6
Sud-Ouest pacifique (Bassin) O. Pacifique 45M6
Sudr Ég. 37B4
Sudr (Râs el) Ég. 37B4
Suduroy Féroé 4D3
Sue (R.) Soud. 42C3
Suède Europe 4G7
Suez Ég. 36B4
Suez (Canal de) Ég. 36B3
Suez (Golfe de) Ég. 36B4
Suffolk (Comté) G.-B. 11F5
Suffolk É.-U. 55D3
Sugarloaf (Mgne) É.-U. 55E2
Sugoy (R.) U.R.S.S. 19R3
Suhār Oman 30D3
Sui Pak. 32B3
Suibin Ch. 27C2
Suide Ch. 26C2
Suifenhe Ch. 27C3
Suihua Ch. 27B2
Suileng Ch. 27B2
Suining Ch. 26B3
Suir (R.) Irl. 9B3
Suisse Europe 7D2
Sui Xian Ch. 26C3
Suizhong Ch. 26E1
Sujāngarth Inde 32C3
Sukadana Indon. 29E6
Sukadona (Tĕluk) [Ile] Indon. 29D6
Sukagawa J. 27E4
Sükhe-Bator Mong. 24D1
Sukhinichi Shchekino U.R.S.S. 20F5
Sukhnah (al-) Syrie 36C3
Sukhona (R.) U.R.S.S. 20G4
Sukkertoppen Groenl. 51N3
Sukkertoppen (Lac) Groenl. 51N3
Sukkozero U.R.S.S. 4L6
Sukkur Pak. 32B3
Sukma Inde 34C1
Sukpay (R.) U.R.S.S. 27D2
Sukses Nam. 43B6
Sukumo J. 28B4
Sula (R.) U.R.S.S. 21F5
Sula (Iles) Indon. 46B1
Sula Sgeir (Ile) G.-B. 10B2
Sulawesi = Célèbes
Sulaymāniya Iraq 36E2
Sulaymān (Mts) Pak. 32B3
Suleja Nig. 41H4
Sule Skerry (Ile) G.-B. 10C2
Sulina Roum. 15F1
Sulitjelma Norv. 4H5
Sullana Pér. 60B4
Sullivan É.-U. 54A3
Sulmona It. 14C2
Sultan Dağlari (Mgnes) Turq. 21E8
Sultānpur Inde 33B2
Sulu (Arch. des) Phil. 25F6
Sulu (Mer de) Phil. 25E6
Sumampa Arg. 62D3
Sumatra Indon. 29B5
Sumba (Ile) Indon. 46A1
Sumbawa (Ile) Indon. 46A1
Sumbawa Besar Indon. 25E7
Sumbawanga Tanz. 43D4
Sumburgh Head (Pointe) G.-B. 10E2
Šumen Bulg. 15F2
Sumgait U.R.S.S. 21H7
Sumhe Ang. 43B5
Sumisu (Ile) J. 24H3
Summit Lake Can. 50F4
Sumoto J. 28B4
Sumy U.R.S.S. 21E5
Sunagawa J. 28D2
Sunan Corée du N. 28A3
Sunart (Loch) [Baie] G.-B. 10C3
Sunbury É.-U. 55D2
Sunchon Corée du N. 27B4
Sunchon Corée du S. 27B5
Sundarbans Rég. Inde 33C3
Sundargarh Inde 33B3
Sunderland G.-B. 10E4
Sundridge Can. 55D1
Sundsvall Suède 4H6
Sungaisalak Indon. 29C6
Sun Prairie É.-U. 54B2
Suntar U.R.S.S. 19N3
Suntsar Pak. 35E3
Sunwu Ch. 27B2
Sunyani Gh. 41F4
Suojarvi U.R.S.S. 20E3
Suō-nada (Baie) J. 28B4
Suonejoki Finl. 4K6
Supaul Inde 33C2
Supérieur (Lac) Can. et É.-U. 54B1
Superior É.-U. 54A1
Suphan Buri Th. 29C3
Süphan Dağ Turq. 36D2
Supiori (Ile) Indon. 25G7
Suq ash Suyukh Iraq 36E3
Suqaylibiyah Syrie 37D1
Suqian Ch. 26D3
Suqutra = Socotra
Sūr Oman 30D3
Surabaya Indon. 25E7
Suraga (Baie de) J. 28C4
Surakarta Indon. 25E7
Sūrān Syrie 37D1
Surar (R.) U.R.S.S. 20H5
Sūrat Inde 32C4
Sūratgarh Inde 32C3
Surat Thani Th. 29B4
Surendranagar Inde 32C4
Suresnes Fr. 6F4
Suriāpet Inde 34B1
Surigao Phil. 25F6
Surin Th. 29C3
Surinam (Rép.) Am. du S. 61G3
Sur (Pte) É.-U. 56B2
Surrey (Comté) G.-B. 11E6
Sursee S. 12C1
Surtsey (Ile) Isl. 4A2
Susa J. 28B4
Susaki J. 28B4
Susanville É.-U. 52A2
Süsch S. 12D1
Suse It. 12B2
Susquehanna (R.) É.-U. 55D2
Sussex West G.-B. 11E6
Sutherland Afr. du S. 43C7
Sutlej (R.) Pak. 32C2
Sutton É.-U. 54C3
Suttsu J. 28D2
Suva Fidji 47G2
Suwa J. 27D4
Suwałki Pol. 17E2
Suwayra (al-) Iraq 36D3
Suweilih Jord. 37C2
Suwon Corée du S. 27B4
Su Xian Ch. 26D3
Suzaka J. 28C3
Suzhou Ch. 26E3
Suzu J. 27D4
Suzu (Cap) J. 28C3
Suzuka J. 28C4
Svalbard O. Arctique 18C2
Svalyava U.R.S.S. 17E3
Svartenhuk Halvø (Rég.) Groenl. 51N2
Svartisen (Mgne) Norv. 4G5
Svay Rieng Camb. 29D3
Sveg Suède 4G6
Svendborg Dan. 4G7
Sverdlovsk U.R.S.S. 18H4
Sverdrup Channel Can. 51J1
Sverdrup (Iles) Can. 50H2
Svetlaya U.R.S.S. 27D2
Svetlogorsk U.R.S.S. 17E2
Svetogorsk Finl. 4K6
Svetozarevo Youg. 15E2
Svilengrad Bulg. 15F2
Svir' U.R.S.S. 17F2
Svit (R.) U.R.S.S. 20E3
Švitavy Tch. 16D3
Svobodnyy U.R.S.S. 27B1
Svolvaer Norv. 4G5
Svyatoy Nos (Cap) U.R.S.S. 20F2
Swain Reefs Austr. 47E3
Swains (Ile) Samoa américaines 47H2
Swakopomund Nam. 43B6
Swale (R.) G.-B. 11E4
Swallow Reef (Ile) Asie 25E6
Swāmihalli Inde 34B2
Swan (Ile) Hond. 57D3
Swanage G.-B. 11E6
Swan (I.) M. des Antilles 58A3
Swan River Can. 50H4
Swansea G.-B. 11D6
Swansea Bay (Baie) G.-B. 11D6
Swatow = Shantou
Swaziland Afr. 43D6
Swedru Gh. 41F4
Sweetwater É.-U. 52C3
Swellendam Afr. du S. 43C7
Świdnica Pol. 16D2
Swidwin Pol. 16D2
Swiebodzin Pol. 16D2
Swiecie Pol. 17D2
Swift Current Can. 50H4
Swilly (Lough) [Estuaire] Irl. 10B4
Swindon G.-B. 11E6
Świnoujście Pol. 16C2
Swords Irl. 11B5
Sydney Austr. 46E4
Sydney Can. 51M5
Syktyvkar U.R.S.S. 20H3
Sylarna (Mgne) Suède 4G6
Sylhet Bangl. 33D3
Sylt (Ile) R.F.A. 16B1
Sylvania É.-U. 54C2
Syowa (Station) Antarct. 64G11
Syracuse É.-U. 55D2
Syracuse It. 14D3
Syr-Daria (R.) U.R.S.S. 18H5
Syrie Asie 36C2
Syrie (Désert de) Ar. So et Jord. 39C1
Syrte Libye 39A1
Syrte (Désert de) Libye 39A1
Syrte (G. de) Libye 39A1
Sysert' U.R.S.S. 20K4
Syzran' U.R.S.S. 20H5
Szczecin Pol. 16C2
Szczecinek Pol. 16D2
Szczytno Pol. 17E2
Szeged H. 17E3
Székesfehérvar H. 17D3
Szekszard H. 17D3
Szolnok H. 17D3
Szombathely H. 16D3
Szprotawa Pol. 16D2

T

Tabar Is P.-N.-G. 46E1
Tabas Iran 35D2
Tabatinga Br. 60E4
Tabbin (El) Ég. 37A4
Tabelbala Alg. 40B2
Tabeng Camb. 29C3
Taber Can. 52B2
Table (Pte de la) Réunion 8
Tábor Tch. 16C3
Tabora Tanz. 42D4
Tabory U.R.S.S. 20L4
Tabou C.-d'Iv. 40B4
Tabqa Syrie 36C2
Tabriz Iran 35B1
Tabūk Ar. S. 36C4
Tabulaire (Mgne) Guy. Fr. 8
Tacheng Ch. 31G1
Tachk (Lac) Iran 35C3
Tachkent U.R.S.S. 18H5
Tacloban Phil. 25F5
Tacna Pér. 60D7
Tacoma É.-U. 52A2
Tacuarembó Ur. 62E4
Tacuati Par. 63A3
Tademait (Plateau du) Alg. 40C2
Tadine (Maré) N.-C. 8
Tadjikistan (Rép.) U.R.S.S. 18H6
Tadjoura Djib. 42E2
Tadmor Syrie 36C3
Tadoussac Can. 55F1
Tādpatri Inde 34B2
Tadzhen U.R.S.S. 18H6
Taebaek Sanmaek (Mgnes) Corée du S. 27B4
Taechon Corée du S. 28A3
Taedong (R.) Corée du N. 28A3
Taegang-got (Pén.) Corée du N. 28A3
Taegu Corée du S. 27B4
Taehuksan (Ile) Corée du S. 27B5
Taehung Corée du N. 28A2
Taejon Corée du S. 27B4
Tafalla Esp. 13B1
Tafasaset (Oued) Alg. 40C2
Taff (R.) G.-B. 11D6
Tafila Jord. 37C3
Taft É.-U. 56C3
Tagant Maurit. 40A3
Tagaung Birm. 33E3
Tage (R.) Esp. et Port. 13A2
Tagliamento (R.) It. 12E1
Taguenout Hagguerete (Puits) Maurit. 40B2
Tagula (Ile) I. Salomon 47E2
Tahaa (Ile) Polyn. Fr. 8
Tahan (Gunung) [Mgne] Mal. 29C5
Tahat (Mgne) Alg. 40C2
Tahiti (Ile) Polyn. Fr. 8
Tahlab (R.) Iran 35E3
Tahoe (Lac) É.-U. 52A3
Tahoua Niger 40C3
Tahuatu (Ile) Polyn. Fr. 8
Tahuna Indon. 25F6
Tai (Lac) Ch. 26E3
Tai'an Ch. 26D2
Taiani Can. 51J3
Taiarapu (Presqu'île de) Polyn. Fr. 8
Taibai Shan (Mgne) Ch. 26B3
Taibus Qi Ch. 26D1
Taidong Taiwan 26E5
Ta'if Ar. S. 39D2
Taihang Shan Ch. 26C2
Taiki J. 28D2
Tailai Ch. 27A2
Taileleo Indon. 29B6
Tain G.-B. 10C3
Tainan Taiwan 26E5
Taiobeiras Br. 63D2
Taipei Taiwan 26E5
Taiping Mal. 29C5
Taira J. 28D3
Taisha J. 28B3
Taitao (Pén. de) Chili 62B7
Taivelkoski Finl. 4K5
Taiwan (Rép.) Asie 26E5
Taiyiba Jord. 37C3
Taiyuan Ch. 26C2
Taizhong Taiwan 26E5
Taizhou Ch. 26D3
Ta'izz Yémen du N. 39D3
Tak Th. 29B2
Takada J. 27D4
Takahashi J. 28B4
Takamatsu J. 27C5
Takaoka J. 27D4
Takaroa (Ile) Polyn. Fr. 8
Takasaki J. 27D4
Takayama J. 28C3
Takefu J. 27D4
Takeo Camb. 29C3
Takeo J. 28B4
Take-shima = Tok
Takestān Iran 35B1
Taketa J. 28B4
Takikawa J. 28D2
Takingeun Indon. 29B5
Takinoue J. 28D2
Takiyvak (Lac) Can. 50G3
Takkaze (R.) Éth. 42D2
Takum Nig. 41J4
Talabanya H. 17D3
Talagang Pak. 32C2
Talaimannar Sri L. 34B3
Talak (Désert) Niger 40C3
Talakmau (Gunung) Indon. 29C5
Talara Pér. 60B4
Talasea P.-N.-G. 46E1
Talata Ég. 37B3
Talaud (Iles) Indon. 25F6
Talavera de la Reina Esp. 13A1
Talca Chili 62B5
Talcahuano Chili 62B5
Tālcher Inde 33C3
Talden U.R.S.S. 27A1
Taldy Kurgan U.R.S.S. 31F1
Taliabu (Ile) Indon. 46B1
Taligan Afgh. 32B1
Tali Post Soud. 42D3
Taliwang Indon. 25E7
Talkeetna É.-U. 50C3
Talkha Ég. 37A3
Tall 'Afar Iraq 36D2
Tallahassee É.-U. 53E3
Tallard Fr. 12B2
Tall (At) Syrie 37D2
Tall Bīsah Syrie 37D1
Tallin U.R.S.S. 20C4
Tall Kalakh Syrie 36C3
Tal'menka U.R.S.S. 24B1
Tal'noye U.R.S.S. 21E6
Talpaki U.R.S.S. 17E2
Taltal Chili 62B3
Tama É.-U. 54A2
Tamabo Range Mal. 25E6
Tamale Gh. 41F4
Tamatave = Toamasina
Tambacounda Sén. 40A3
Tambelan (Iles) Indon. 29D5
Tambov U.R.S.S. 21G5
Tambre (R.) Esp. 13A1
Tambura Soud. 42C3
Tamchaket Maurit. 40A3
Tamega (R.) Port. 13A1
Tamenghest Alg. 40C2
Tamenghest (Oued) Alg. 40C2
Tamiahua (Lagune de) Mex. 57C2
Tamil Nadu (État) Inde 34B2
Tamise (R.) G.-B. 11F6
Tam Ky V. 29D2
Tampa É.-U. 53E4
Tampa (Baie de) É.-U. 53E4
Tampere Finl. 4J6
Tampico Mex. 57C2
Tampon (Le) Réunion 8
Tamsagbulag Mong. 24E2
Tamsweg Autr. 12E1
Tamu Birm. 33D3
Tamworth Austr. 46E4
Tamworth G.-B. 11E5
Tana Norv. 20D1
Tana (R.) Finl. et Norv. 4K5
Tanabe J. 28C4
Tanafjord (Baie) Norv. 4K4
Tanahgrogot Indon. 25E7
Tanahmerah Indon. 25G7
Tana (Lac) Éth. 42D2
Tanana É.-U. 50C3
Tanana (R.) É.-U. 50C3
Tananarive = Antananarivo
Tanāqib (Ra's) [Cap] Ar. S. 35B3
Tana (R.) K. 42E4
Tanaro (R.) It. 12C2
Tanchon Corée du N. 27B3
Tandaho Éth. 42E2
Tandil Arg. 62E5
Tando Adam Pak. 32B3

Tîh (Djebel el-) **Tukuringra**

Tîh (Djebel el-) *Ég.* 37B4
Tihert *Alg.* 41C1
Tikamgarh *Inde* 32D4
Tikhin *U.R.S.S.* 20E4
Tikhoretsk *U.R.S.S.* 21G6
Tikopia (Ile) *I. Salomon* 47F2
Tikrit *Iraq* 36D3
Tiksi *U.R.S.S.* 19O2
Tilburg *P.-B.* 16B2
Tilbury *G.-B.* 11F6
Tilcara *Arg.* 62C2
Tilemsi (Vallée du) *Mali* 40C3
Tilimsen *Alg.* 41B2
Tilin *Birm.* 29A1
Tillabéri *Niger* 40C3
Tillanchong (Ile) *O. Indien* 34E3
Tillia *Niger* 40C3
Tílos (Ile) *Gr.* 15F3
Tiluá *Col.* 60C3
Timan (Collines du) *U.R.S.S.* 20H2
Timaru *N.-Z.* 47G5
Timashevsk *U.R.S.S.* 21F6
Timbákion *Gr.* 15E3
Timbédra *Maurit.* 40B3
Timétrine (Monts) *Mali* 40B3
Timia *Niger* 40C3
Timimoun *Alg.* 40C2
Timis (R.) *Roum.* 15E1
Timişoara *Roum.* 15E1
Timmins *Can.* 54C1
Timor (Ile) *Indon.* 46B1
Timor (Mer de) *Austr. et Indon.* 46B2
Timsâh (Lac) *Ég.* 37B3
Tinaca Pt (Pointe) *Phil.* 25F6
Tinaco *Ven.* 58D5
Tindivanam *Inde* 34B2
Tindouf *Alg.* 40B2
Tinée (R.) *Fr.* 12B2
Tinemaha (Rés.) *É.-U.* 56C2
Tinfouchy *Alg.* 40B2
Tin Fouye *Alg.* 40C2
Tingmiarmiut *Groenl.* 51O3
Tingo Maria *Pér.* 60C5
Tingrela *C.-d'Iv.* 40B3
Tingri *Ch.* 33C2
Tinharé (Ile) *Br.* 63E1
Tinian *O. Pacifique* 25H5
Tinogasta *Arg.* 62C3
Tínos (Ile) *Gr.* 15F3
Tinrhert (Hamada de) *Alg.* 40C2
Tinsukia *Inde* 33E2
Tintagel Head (Pointe) *G.-B.* 11C6
Tin Tarabine (Oued) *Alg.* 40C2
Tin Zaouaten *Alg.* 40C2
Tioga (Passage) *É.-U.* 56C2
Tioman (Ile) *Mal.* 29C5
Tione *It.* 12D1
Tioumen *U.R.S.S.* 18H4
Tipperary (Comté) *Irl.* 11B5
Tipperary *Irl.* 9B3
Tipton *É.-U.* 56C2
Tiptūr *Inde* 34B2
Tirana *Alb.* 15D2
Tirano *It.* 12D1
Tiraspol *U.R.S.S.* 21D6
Tire *Turq.* 15F3
Tirebolu *Turq.* 36C1
Tiree (Ile) *G.-B.* 10B3
Tîrgovişte *Roum.* 15F2
Tîrgu Jiu *Roum.* 15E1
Tîrgu Mureş *Roum.* 15E1
Tirich Mir (Mgne) *Pak.* 32C1
Tiris *Maroc* 40A2
Tirlyanskiy *U.R.S.S.* 20K5
Tîrnăveni *Roum.* 15E1
Tírnavos *Gr.* 15E3
Tirodi *Inde* 32D4
Tirso (R.) *It.* 14B2
Tiruchchendūr *Inde* 34B3
Tiruchchirāppalli *Inde* 34B2
Tirunelveli *Inde* 34B3
Tirupati *Inde* 34B2
Tiruppattūr *Inde* 34B2
Tiruppur *Inde* 34B2
Tiruvannamalai *Inde* 34B2
Tisīyah *Syrie* 37D2
Tisza (R.) *H.* 17E3
Titicaca (Lac) *Bol. et Pér.* 60E7
Titlagarh *Inde* 33B3
Titograd *Youg.* 15D2
Titovo Užice *Youg.* 15D2
Titov Veles *Youg.* 15E2
Titule *Zaïre* 42C3
Tiverton *G.-B.* 11D6
Tivoli *It.* 14C2
Tiyeglow *Som.* 42E3
Tizimin *Mex.* 57D2
Tizi Ouzou *Alg.* 41C1
Tiznit *Maroc* 40B2
Toamasina *Mad.* 43E5
Toba *J.* 28C4
Toba et Kākar (Monts) *Pak.* 32B2
Tobago (Ile) *M. des Antilles* 58E4
Toba (Lac) *Indon.* 29B5
Tobelo *Indon.* 25F6
Tobermory *Can.* 54C1
Tobermory *G.-B.* 10B3
Tobi (Ile) *O. Pacifique* 25G6
Tōbi-shima (Ile) *J.* 28C3
Toboah *Indon.* 25D7
Tobol (R.) *U.R.S.S.* 18H4
Toboli *Indon.* 25F7
Tobolsk *U.R.S.S.* 18H4
Tobrouk *Libye* 39B1
Tobseda *U.R.S.S.* 20J2
Tocantins (R.) *Br.* 61J4
Toce (R.) *It.* 12C1
Tocopilla *Chili* 62B2
Tocorpuri *Bol.* 62C2
Tocorpuri (Mgne) *Chili* 62C2
Tocuyo (R.) *Ven.* 60E1
Toda *Inde* 32D3
Tōdi (Mgne) *S.* 12C1
Todong *Corée du S.* 28B3
Todos os Santos (B. de) *Br.* 61L6
Todos Santos *Mex.* 52B4
Tofua (Ile) *Tonga* 47H2
Togian (Kep) *Indon.* 46B1
Togo *Afr.* 41G4
Togtoh *Ch.* 26C1
Tohivea (Mgne) *Polyn. Fr.* 8
Tok (Ile) *Corée du S.* 28B3
Tokachi (R.) *J.* 27E3
Tokamachi *J.* 28C3
Tokar *Soud.* 42D2
Tokara Retto *J.* 24F4
Tokat *Turq.* 36C1
Tokchok-kundo *Corée du S.* 27B4
Tokelau (Iles) *O. Pacifique* 47H1
Tokmak *U.R.S.S.* 18J5
Tokuno (Ile) *J.* 24F4
Tokur *U.R.S.S.* 27C1
Tokushima *J.* 27C5
Tokuyama *J.* 28B4
Tōkyō *J.* 27D4
Tolbuhin *Bulg.* 15F2
Toléara *Mad.* 43E6
Tolède *Esp.* 13B2
Tolède (Monts de) *Esp.* 13B2
Toledo *Br.* 61H8
Toledo *É.-U.* 54C2
Toledo Bend Rés. *É.-U.* 53D3
Tolentino *It.* 12E3
Toliatti *U.R.S.S.* 20H5
Tolima *Col.* 60C2
Tolmezzo *It.* 12E1
Tolmin *Youg.* 12E1
Tolocin *U.R.S.S.* 17F2
Tolosa *Esp.* 13B1
Tolsan (Ile) *Corée du S.* 28A4
Toltén *Chili* 62B5
Toluca *Mex.* 57C3
Tom (R.) *U.R.S.S.* 27C1
Tomah *É.-U.* 54A2
Tomahawk *É.-U.* 54B1
Tomakomai *J.* 27E3
Tomari *U.R.S.S.* 27E2
Tomaszów Mazowiecka *Pol.* 17E2
Tombigbee (R.) *É.-U.* 53E3
Tomboco *Ang.* 43B4
Tombos *Br.* 63D3
Tombouctou *Mali* 40B3
Tomé *Chili* 62B5
Tomelloso *Esp.* 13B2
Tomer *Port.* 13A2
Tomie *J.* 28A4
Tomini (Golfe de) *Indon.* 46B1
Tomkinson Range (Mgnes) *Austr.* 46B3
Tommot *U.R.S.S.* 19O4
Tomorrit (Mgne) *Alb.* 15E2
Tomsk *U.R.S.S.* 18K4
Tonalá *Mex.* 57C3
Tonawanda *É.-U.* 55D2
Tonga (Iles) *O. Pacifique* 47H3
Tonga (Fosse des) *N.-Z.* 47H3
Tongatapu (Ile) *Tonga* 47H3
Tongatapu (Iles) *Tonga* 47H3
Tongbei *Ch.* 27B2
Tongchang *Corée du N.* 28A2
Tongcheng *Ch.* 26D3
Tongchuan *Ch.* 26B2
Tongde *Ch.* 26A2
Tonggu Jiao (Ile) *Ch.* 29E2
Tonghai *Ch.* 26A5
Tonghe *Ch.* 27B2
Tonghua *Ch.* 27B3
Tongjiang *Ch.* 27C2
Tonglia *Ch.* 26E1
Tongling *Ch.* 26D3
Tongnae *Corée du S.* 28A3
Tongren (Guizhou) *Ch.* 26B4
Tongren (Qinghai) *Ch.* 26A2
Tongsa *Bhoutan* 33D2
Tongta *Birm.* 29B1
Tongtian He (R.) *Ch.* 24C3
Tongue *G.-B.* 10C2
Tong Xian *Ch.* 26D2
Tongxin *Ch.* 26B2
Tongyu *Ch.* 27A3
Tongzi *Ch.* 26B4
Tonhil *Mong.* 19L5
Tonichi *Mex.* 52C4
Tonj *Soud.* 42C3
Tonk *Inde* 32D3
Tonkin (Golfe du) *Ch. et V.* 29D1
Tonle Sap (Lac) *Camb.* 29C3
Tono *J.* 28D3
Tooele *É.-U.* 52B2
Toowoomba *Austr.* 46E3
Topaz (Lac) *É.-U.* 56C1
Topeka *É.-U.* 52D3
Topolobampo *Mex.* 52C4
Topozero (Lac) *U.R.S.S.* 20E2
Torbali *Turq.* 15F3
Torbat-e-Heydariyeh *Iran* 35D1
Torbat-e Jām *Iran* 35E1
Torbay *G.-B.* 11D6
Tordesillas *Esp.* 13A1
Torgau *R.D.A.* 16C2
Tori *Éth.* 42D3
Tori (Ile) *J.* 24H3
Torino = Turin
Torit *Soud.* 42D3
Torixoreu *Br.* 63B2
Tormes (R.) *Esp.* 13A1
Torne (Lac) *Suède* 4J5
Torneträsk *Suède* 4H5
Torngat (Mts) *Can.* 51M4
Tornio *Finl.* 4J5
Toro (Cordillera del) *Arg.* 62C3
Torodi *Niger* 41G3
Torom (R.) *U.R.S.S.* 27D1
Toronaíos (Golfe) *Gr.* 15E2
Toronto *Can.* 55D2
Toropets *U.R.S.S.* 20E4
Tororo *Oug.* 42D3
Torrance *É.-U.* 56C4
Torrão *Port.* 13A2
Torreblanca *Esp.* 13C1
Torre del Greco *It.* 14C2
Torrelavega *Esp.* 13B1
Torremolinos *Esp.* 13B2
Torrens (Lac) *Austr.* 46C4
Torreón *Mex.* 57B2
Torre Pellice *It.* 12B2
Torres (Iles) *Vanuatu* 47F2
Torres (Détroit de) *Austr.* 46D2
Torres Vedras *Port.* 13A2
Torridon (Loch) [Baie] *G.-B.* 10C3
Torrington *É.-U.* 52C2
Torrington *É.-U.* 55E2
Torshavn *Féroé* 4D3
Tortona *It.* 12C2
Tortosa *Esp.* 13C1
Tortosa (Cap de) *Esp.* 13C1
Tortuga (La) *Ven.* 60E1
Torūd *Iran* 35D1
Torugas (G. de) *Col.* 60C3
Toruń *Pol.* 17D2
Tory (Ile) *Irl.* 9B2
Torzhok *U.R.S.S.* 20E4
Tosa *J.* 28B4
Tosa (Baie de) *J.* 27C5
Tosa-shimizu *J.* 27C5
Toscane *It.* 12D3
To-shima (Ile) *J.* 28C4
Tosmo *U.R.S.S.* 4L7
Tosno *U.R.S.S.* 20E4
Tosu *J.* 28B4
Tosya *Turq.* 36B1
Tot'ma *U.R.S.S.* 20G3
Totnes *G.-B.* 11D6
Totness *Sur.* 61G2
Totona *Esp.* 13B2
Tottori *J.* 27C4
Touapse *U.R.S.S.* 21F7
Touba *C.-d'Iv.* 40B4
Touba *Sén.* 40A3
Toubkal (Dj.) *Maroc* 40B1
Tougan *Burk.* 41F3
Touggourt *Alg.* 41D2
Tougué *Guinée* 40A3
Touho *N.-C.* 8
Toul *Fr.* 5D2
Toula *U.R.S.S.* 20F5
Toulon *Fr.* 5D3
Toulouse *Fr.* 5C3
Toumodi *C.-d'Iv.* 40B4
Tounassine (Hamada) *Alg.* 40B2
Toundra (Grande) *U.R.S.S.* 20J2
Toundra (Petite) *U.R.S.S.* 20J2
Toungoo *Birm.* 29B2
Toungouska inférieure (R.) *U.R.S.S.* 19L3
Toungouska moyenne (R.) *U.R.S.S.* 19L3
Touquet-Paris-Plage (Le) *Fr.* 11F6
Tourcoing *Fr.* 7C1
Tourfan *Ch.* 19K5
Tourfan (Dépression de) *Ch.* 24B2
Tourine *Maurit.* 40A2
Tournai *Belg.* 16A2
Tournon *Fr.* 5C2
Tours *Fr.* 5C2
Toussidé (Pic) *Tchad* 42B1
Toussus-le-Noble *Fr.* 6F4
Touva (Rép. aut. de) *U.R.S.S.* 19L4
Towada *J.* 27E3
Towada (Lac) *J.* 27E3
Towanda *É.-U.* 55D2
Towne Pass (Col) *É.-U.* 56D2
Townsville *Austr.* 46D2
Towraghondi *Afgh.* 35E1
Towson *É.-U.* 55D3
Towy (R.) *G.-B.* 11D6
Toya (Lac) *J.* 28D2
Toyama *J.* 27D4
Toyama (Baie de) *J.* 28C3
Toyohashi *J.* 28C4
Toyonaka *J.* 28C4
Toyooka *J.* 28B3
Toyota *J.* 27D4
Tozeur *Tun.* 41D2
Trabzon *Turq.* 36C1
Trafalgar (Cap) *Esp.* 13A2
Trail *Can.* 52B2
Tralee *Irl.* 9B3
Tramore *Irl.* 11B5
Tranås *Suède* 4G7
Trang *Th.* 29B4
Trangan (Ile) *Indon.* 25G7
Transantarctiques (Mts) *Antarct.* 64E
Transkei *Afr. du S.* 43C7
Transvaal *Afr. du S.* 43C6
Transylvanie (Alpes de) = Carpates Méridionales
Trapani *It.* 14C3
Trarza *Maurit.* 40A3
Trasimène (Lac) *It.* 12E3
Trat *Th.* 29C3
Travemünde *R.F.A.* 16C2
Traverse City *É.-U.* 54B2
Trebbia (R.) *It.* 12C2
Třebíč *Tch.* 16D3
Trebinje *Youg.* 15D2
Třeboň *Tch.* 16C3
Treinta y Tres *Ur.* 62F4
Trelew *Arg.* 62C6
Trelleborg *Suède* 4G7
Tremadog Bay (Baie) *G.-B.* 11C5
Tremblant (Mt) *Can.* 55E1
Tremblay-lès-Gonesse *Fr.* 6F4
Tremiti (I.) *It.* 14D2
Trenčin *Tch.* 17D3
Trenque Lauquén *Arg.* 62D5
Trent (R.) *G.-B.* 11E5
Trente *It.* 12D1
Trentin *It.* 12D1
Trentin-Haut-Adige *It.* 14C1
Trenton *Can.* 55D2
Trenton *É.-U.* 55E2
Trepassey *Can.* 51N5
Tréport (Le) *Fr.* 5C1
Tres Arroyos *Arg.* 62D5
Tres Corações *Br.* 63C3
Três Lagoas *Br.* 62F2
Tres Marias (Las) [Iles] *Mex.* 57B2
Três Marias (Rés.) *Br.* 63C2
Tres Pinos *É.-U.* 56B2
Tres Puntas (C.) *Arg.* 62C7
Três Rios *Br.* 63D3
Trèves *R.F.A.* 16B3
Treviglio *It.* 12C2
Trévise *It.* 12E2
Trezzo *It.* 12C2
Trichūr *Inde* 34B2
Trieste *It.* 14C1
Trieste (Golfe de) *It.* 12E2
Triglav (Mgne) *Youg.* 12E1
Tríkala *Gr.* 15E3
Trikomo *Chypre* 37B1
Trim *Irl.* 11B5
Trincomalee *Sri L.* 34C3
Trindade (Ile) *Atlantique* 48G6
Trinidad *Bol.* 60F6
Trinidad *É.-U.* 52C3
Trinité (Ile) *M. des Antilles* 58E4
Trinité (Baie) *Can.* 51N5
Trinité-et-Tobago *Antilles* 58E4
Trinité (La) *Mart.* 8
Trinity (R.) *É.-U.* 52D3
Triora *It.* 12B2
Tripoli *Liban* 37C1
Tripoli *Libye* 39A1
Trípolis *Gr.* 15E3
Tripolitaine *Libye* 39A1
Tripura (État) *Inde* 33D3
Tristan da Cunha (Iles) *Atlantique* 48H6
Trivandrum *Inde* 34B3
Trnava *Tch.* 17D3
Trobriand (Iles) *P.-N.-G.* 46E1
Troie *Turq.* 15F3
Trois-Bassins (Les) *Réunion* 8
Trois-Fourches (Cap des) *Maroc* 13B2
Trois-Îlets (Les) *Mart.* 8
Trois-Pistoles *Can.* 55F1
Trois-Rivières *Can.* 55E1
Trois-Rivières *Guadeloupe* 8
Troitsk *U.R.S.S.* 18H4
Troitsko Pechorsk *U.R.S.S.* 20K3
Troitskoye *U.R.S.S.* 27D2
Troitzk *U.R.S.S.* 20L5
Trojan *Bulg.* 15E2
Trollhättan *Suède* 4G7
Trollheimen (Mgne) *Norv.* 4F6
Tromelin (Ile) *O. Indien* 38K9
Tromsø *Norv.* 4H5
Trona *É.-U.* 56D3
Trondheim *Norv.* 4G6
Trondheimsfjord *Norv.* 4G6
Tróodhos *Chypre* 37B1
Troon *G.-B.* 10C4
Trout (Lac) *Can.* 51J4
Troy *É.-U.* 54C2
Troy *É.-U.* 55E2
Troyes *Fr.* 5C2
Truchas (Pic Nord) *É.-U.* 52C3
Trujillo *Esp.* 13A2
Trujillo *Hond.* 57D3
Trujillo *Pér.* 60C5
Trujillo *Ven.* 60D2
Truro *Can.* 51M5
Truro *G.-B.* 11C6
Tsagaan Nuur (Lac) *Mong.* 24C2
Tsagan-Tologoy *U.R.S.S.* 24C1
Tsaratanana (Massif du) *Mad.* 43E5
Tsau *Botswana* 43C6
Tsavo *K.* 42D4
Tsavo (Parc Nat.) *K.* 42D4
Tselinograd *U.R.S.S.* 18J4
Tses *Nam.* 43B6
Tsetserleg *Mong.* 24C2
Tsetserleg *Mong.* 24D2
Tsévié *Togo* 41G4
Tshabong *Botswana* 43C6
Tshane *Botswana* 43C6
Tshela *Zaïre* 42B4
Tshibala *Zaïre* 43C4
Tshikapa *Zaïre* 42C4
Tshuapa (R.) *Zaïre* 42C4
Tsihombe *Mad.* 43E6
Tsimliansk (Rés. de) *U.R.S.S.* 21G6
Tsinan = Jinan
Tsingtao = Qingdao
Tsiroanomandidy *Mad.* 43E5
Tsna (R.) *U.R.S.S.* 17F2
Tsogt Ovoo *Mong.* 26B1
Tsu *J.* 28C4
Tsubata *J.* 28C3
Tsuchira *J.* 27E4
Tsugaru (Dt de) *J.* 27E3
Tsumeb *Nam.* 43B5
Tsumis *Nam.* 43B6
Tsunugi *J.* 28C3
Tsuruga *J.* 27D4
Tsuruoka *J.* 27D4
Tsushima *J.* 28C3
Tsushima (Ile) *J.* 27B5
Tsuyama *J.* 27C4
Tua (R.) *Port.* 13A1
Tuamotu (Iles) *Polyn. Fr.* 8
Tuangku (Ile) *Indon.* 29B5
Tubarão *Br.* 62G3
Tubas *Jord.* 37C2
Tubayq (Al-) [Hauteurs] *Ar. S.* 36C4
Tübingen *R.F.A.* 16B3
Tubuaï (Ile) *Polyn. Fr.* 8
Tuchola (Forêt de) *Pol.* 16D2
Tucson *É.-U.* 52B3
Tucumán (Prov.) *Arg.* 62C3
Tucumari *É.-U.* 52C3
Tucupita *Ven.* 60F2
Tudela *Esp.* 13B1
Tuguegarao *Phil.* 25F5
Tugur *U.R.S.S.* 19P4
Tugur (R.) *U.R.S.S.* 27D1
Tuhai He (R.) *Ch.* 26D2
Tui (R.) *Burk.* 41F3
Tukangbesi (Iles) *Indon.* 46B1
Tuktoyaktuk *Can.* 50E3
Tukums *U.R.S.S.* 17E1
Tukuringra (Monts) *U.R.S.S.* 19O4

Varde Warin Chamrap

Varde Dan. 4F7
Vardø Norv. 4L4
Varéna U.R.S.S. 17E2
Varenna It. 12C2
Varese It. 12C2
Varginha Br. 63C3
Varkaus Finl. 4K6
Varna Bulg. 15F2
Värnamo Suède 4G7
Varnek U.R.S.S. 20K2
Varsovie Pol. 17E2
Várzea da Palma Br. 63D2
Varzi It. 12C2
Vāshir Afgh. 35E2
Vashka (R.) U.R.S.S. 20H3
Vasil'Kov U.R.S.S. 21E5
Vassar É.-U. 54C2
Västerås Suède 4H7
Västervik Suède 4H7
Vasto It. 14C2
Vatican (Cité du) 14C2
Vatnajökull (Mgnes) Isl. 4B2
Vatneyri Isl. 4A1
Vatra Dornei Roum. 15F1
Vättern (Lac) Suède 4G7
Vauclin (Le) Mart. 8
Vaucluse (Dép.) Fr. 7D3
Vaud S. 7D2
Vaughn É.-U. 52C3
Vaupés (R.) Col. 60D3
Vava'u (Iles) Tonga 47H2
Vavunija Sri L. 34C3
Växjö Suède 4G7
Vaygach (Ile) U.R.S.S. 20K2
Vega (Ile) Norv. 4G5
Vejer de la Frontera Esp. 13A2
Vejle Dan. 4F7
Velay Fr. 7C3
Velebit (Mgnes) Youg. 14D2
Velenje Youg. 14D1
Velhas (R.) Br. 63D2
Velikaya (R.) U.R.S.S. 19T3
Velikaya (R.) U.R.S.S. 17F1
Velikaya Kema U.R.S.S. 27D2
Velikiye Luki U.R.S.S. 20E4
Velikiy Ustyug U.R.S.S. 20H3
Veliko Tărnovo Bulg. 15F2
Vélingara Sén. 40A3
Velizh U.R.S.S. 17G1
Vélizy-Villacoublay Fr. 6F4
Vella Lavella (Ile) I. Salomon 47E1
Vellore Inde 34B2
Vel'sk U.R.S.S. 20G3
Vembanad L Inde 34B3
Vemor'ye U.R.S.S. 27E2
Venado Tuerto Arg. 62D4
Vençeslau Braz Br. 63C3
Venda Afr. du S. 43C6
Vendée (Dép.) Fr. 6B2
Vendôme Fr. 5C2
Vénétie It. 12D2
Venezuela (Rép.) Am. du S. 60E2
Venezuela (G. de) Ven. 58C4
Vengurla Inde 34A1
Venise It. 12E2
Venise (Golfe de) It. 12E2
Venise (Lagune de) It. 12E2
Venkatagiri Inde 34B2
Venlo P.-B. 16B2
Venoste (Alpi) It. 12D1
Venta (R.) U.R.S.S. 17E1
Vent (Iles du) Poly. Fr. 8
Ventoux (Mont) Fr. 12A2
Ventspils U.R.S.S. 17E1
Ventuari (R.) Ven. 60E3
Ventura É.-U. 56C3
Vepsov (Hauteurs de) U.R.S.S. 20E3
Vera Arg. 62D3
Vera Esp. 13B2
Veracruz Mex. 57C3
Verá (La) Par. 63A4
Verāval Inde 32C4
Verbania It. 12C2
Vercelli It. 12C2
Vercors (Plateau) Fr. 12A2
Vérde (R.) Br. 63A1
Verde (R.) Br. 63B2
Verde (R.) Br. 63B2
Verde Grande (R.) Br. 63D2
Verdon (R.) Fr. 5D3
Verdun Fr. 5D2
Verdun-sur-le-Doubs Fr. 12A1
Vereeniging Afr. du S. 43C6
Vereshchagino U.R.S.S. 20J4
Vereshchagino U.R.S.S. 18K3
Verga (Cap) Guinée 40A3
Vergato It. 12D2
Verin Esp. 13A1
Verissimo Sarmento Ang. 43C4
Verkh Angara (R.) U.R.S.S. 19N4
Verkheimbatskoye U.R.S.S. 18K3
Verkhneural'sk U.R.S.S. 20K5
Verkhnevilyuysk U.R.S.S. 19O3
Verkhnyaya Toyma U.R.S.S. 20H3
Verkhoïansk U.R.S.S. 19P3
Verkhoïansk (Mts de) U.R.S.S. 19O3
Verkola U.R.S.S. 20H3
Vermelho (R.) Br. 63B2
Vermilion Can. 50G4
Vermilion (Lac) É.-U. 54A1
Vermont (État) É.-U. 53F2
Vernalis É.-U. 56B2
Verneukpan (Lac Salé) Afr. du S. 43C6
Vernon Can. 50G4
Vernon É.-U. 52D3
Vernon Fr. 7C2
Verola Gr. 15E2
Verolanuova It. 12D2
Vérone It. 12D2
Verrières (Forêt de) Fr. 6F4
Verrières-le-Buisson Fr. 6F4
Versailles Fr. 5C2
Vert (Cap) Sén. 40A3
Verviers Belg. 7D1
Veselinovo U.R.S.S. 17G3
Vésinet (Le) Fr. 6F4
Vesoul Fr. 5D2
Vesterålen (Iles) Norv. 4G5
Vestfjord Norv. 4G5
Vestmannaeyjar Isl. 4A2
Vésuve It. 14C2
Veszprém H. 17D3
Vetlanda Suède 4H7
Vetluga (R.) U.R.S.S. 20G4
Vevey S. 12B1
Veynes Fr. 12A2
Viana do Castelo Port. 13A1
Viareggio It. 12D3
Viborg Dan. 4F7
Vibo Valentia It. 14D3
Vice-commodoro Marambio (Station) Antarct. 64G2
Vicence It. 14C1
Vich Esp. 13C1
Vichada (R.) Col. 60E3
Vichuga U.R.S.S. 20G4
Vichy Fr. 5C2
Vicksburg É.-U. 53D3
Vicosa Br. 63D3
Victor Harbor Austr. 46C4
Victoria Cameroun 42A3
Victoria (État) Austr. 46D4
Victoria É.-U. 52D4
Victoria Hongkong 26C5
Victoria (R.) Austr. 46C2
Victoria de las Tunas Cuba 58B2
Victoria (Détroit de) Can. 50H3
Victoria Falls Zambie et Zimb. 43C5
Victoria (Grand Désert) Austr. 46B3
Victoria (Ile) Can. 50G2
Victoria (Lac) Afr. 42D4
Victoria (Mt) Birm. 33D3
Victoria (Mt) P.-N.-G. 25H7
Victoria River Downs Austr. 46C2
Victoria (Terre) Antarct. 64F7
Victoriaville Can. 55E1
Victoria West Afr. du S. 43C7
Videle Roum. 15F2
Vidin Bulg. 15E2
Vidisha Inde 32D4
Vidzy U.R.S.S. 17F1
Viedma Arg. 62D6
Viedma (Lac) Arg. 62B7
Viéjo C.R. 58A4
Viella Esp. 13C1
Vienna É.-U. 54B3
Vienna É.-U. 54C3
Vienne Autr. 16D3
Vienne (Dép.) Fr. 7C2
Vienne Fr. 5C2
Vienne (R.) Fr. 5C2
Vienne (Haute-) (Dép.) Fr. 7C2
Vientiane Laos 29C2
Vierzon Fr. 5C2
Vieste It. 14D2
Viêt-nam Asie 25D5
Vietri V. 29D1
Vieux Fort Ste-Lucie 58P2
Vieux-Habitants Guadeloupe 8
Vif Fr. 12A2
Vigan Phil. 25F5
Vigan (Le) Fr. 7C3
Vigevan It. 12C2
Viseu Port. 13A1
Vignemale (Mgne) Fr. 5B3
Vigneux-sur-Seine Fr. 6F4
Vigo Esp. 13A1
Vigo (Ria de) Esp. 13A1
Vijayawāda Inde 34C1
Vik Isl. 4B2
Vikhren (Mgne) Bulg. 15E2
Viking North M. du Nord 11G5
Vikna (Ile) Norv. 4G6
Vila da Maganja Moz. 43D5
Vilaine (R.) Fr. 6B2
Vila Machado Moz. 43D5
Vilanculos Moz. 43D6
Vila Nova de Gaia Port. 13A1
Vila Real Port. 13A1
Vila Vasco de Gama Moz. 43D5
Vila Velha Br. 63D3
Vileyka U.R.S.S. 17F2
Vilhelmina Suède 4H6
Vilhena Br. 61G6
Viljandi U.R.S.S. 20D4
Vilkovo U.R.S.S. 17F3
Villa Ahumada Mex. 52C3
Villaba Esp. 13A1
Villach Autr. 14C1
Villa Dolores Arg. 62C4
Villafranca di Verona It. 12D2
Villa Hayes Par. 63A4
Villahermosa Mex. 57C3
Villa Huidobro Arg. 62D4
Villa Maria Arg. 62D4
Villa Montes Bol. 60F8
Villanueva de la Serena Esp. 13A2
Villanueva-y-Geltrú Esp. 13C1
Villarreal Esp. 13B2
Villarrica Chili 62B5
Villarrica Par. 62E3
Villarrobledo Esp. 13B2
Villavicencio Col. 60D3
Villecresnes Fr. 6F4
Villefranche-de-Rouergue Fr. 7C3
Villefranche-sur-Saône Fr. 5C2
Villejuif Fr. 6F4
Ville-Marie Can. 51L5
Villemomble Fr. 6F4
Villena Esp. 13B2
Villeneuve-la-Garenne Fr. 6F4
Villeneuve-le-Roi Fr. 6F4
Villeneuve-St-Georges Fr. 6F4
Villeneuve-sur-Lot Fr. 5C3
Villeparisis Fr. 6F4
Villepinte Fr. 6F4
Villetaneuse Fr. 6F4
Villeurbanne Fr. 5C2
Villiers-le-Bel Fr. 6F4
Villiers-sur-Marne Fr. 6F4
Villupuram Inde 34B2
Vilnious U.R.S.S. 17F2
Vilritskogo (Détroit) U.R.S.S. 19L2
Vilyuy U.R.S.S. 19N3
Vilyuysk U.R.S.S. 19O3
Vina (R.) Cameroun 41J4
Viña del Mar Chili 62B4
Vinaroz Esp. 13C1
Vincennes É.-U. 54B3
Vincennes Fr. 6F4
Vincennes (Bois de) Fr. 6F4
Vindel (R.) Suède 4H5
Vindhya (Monts) Inde 32D4
Vineland É.-U. 55D3
Vinh V. 29D2
Vinh Cam Ranh (Baie) V. 29D3
Vinh Loi V. 29D4
Vinh Long V. 29D3
Vinkovci Youg. 15D1
Vinnitsa U.R.S.S. 17F3
Vinson (Mont) Antarct. 64F3
Vinton É.-U. 54A2
Vioolsdrift Nam. 43B6
Vipiteno It. 12D1
Virddhāchalam Inde 34B2
Virden Can. 52C2
Vire Fr. 6B2
Virei Ang. 43B5
Virgem da Lapa Br. 63D2
Virginia É.-U. 54A1
Virginia Beach É.-U. 55D3
Virginia City É.-U. 52B3
Virginie (État) É.-U. 53F3
Virginie-Occidentale (État) É.-U. 53E3
Virgin Is M. des Antilles 58E3
Viriginia É.-U. 51J5
Viroqua É.-U. 54A2
Virovitica Youg. 14D1
Virudunagar Inde 34B3
Viry-Châtillon Fr. 6F4
Vis (Ile) Youg. 14D2
Visakhapatnam Inde 34C1
Visalia É.-U. 56C2
Visby Suède 4H7
Višegrad Youg. 15D2
Viseu Port. 13A1
Vishera (R.) U.R.S.S. 20K3
Viso (Mont) It. 14B2
Visp S. 12B1
Vistule (R.) Pol. 17D2
Vitavia (R.) Tch. 16C3
Vite Inde 34A1
Vitebsk U.R.S.S. 17G1
Viterbe It. 14C2
Vitigudino Esp. 13A1
Viti Levu (Ile) Fidji 47G2
Vitim (R.) U.R.S.S. 19N4
Vitora Esp. 13B1
Vitória Br. 61L8
Vitoria It. 14C3
Vitória da Conquista Br. 61K6
Vitré Fr. 5B2
Vitry-le-François Fr. 5C2
Vitry-sur-Seine Fr. 6F4
Vittangi Suède 4J5
Vittel Fr. 7D2
Vittorio Veneto It. 12E2
Vityaz Depth O. Pacifique 24J2
Vivarais Fr. 7C2
Vivero Esp. 13A1
Vivi (R.) U.R.S.S. 19L3
Vizhne-Angarsk U.R.S.S. 19N4
Vizianagaram Inde 34C1
Vizille Fr. 12A2
Vizinga U.R.S.S. 20J3
Vjosë (R.) Alb. 15D2
Vladeasa (Mgne) Roum. 15E1
Vladimir U.R.S.S. 18F4
Vladimir Volynskiy U.R.S.S. 17E2
Vladivostok U.R.S.S. 27C3
Vlieland (Ile) P.-B. 16A2
Vlorë Alb. 15D2
Vltava Tch. 16C3
Vöcklabruck Autr. 16C3
Vodnjan Youg. 12E2
Voeune Sai Camb. 29D3
Vogel (Pic) Nig. 41J4
Voghera It. 12C2
Voh N.-C. 8
Vohibinany Mad. 43E5
Vohimarina Mad. 43F5
Voi K. 42D4
Voinjama Liberia 40B4
Voiron Fr. 5D2
Vojvodine Youg. 15D1
Volchansk U.R.S.S. 20K4
Volga (R.) U.R.S.S. 21H6
Volga (Hauteurs de la) U.R.S.S. 20G5
Volgodonsk U.R.S.S. 21G6
Volgograd U.R.S.S. 21G6
Volgograd (Rés. de) U.R.S.S. 21H5
Volkhov U.R.S.S. 20E4
Volkhov (R.) U.R.S.S. 20E4
Volkovysk U.R.S.S. 17E2
Volksrust Afr. du S. 43C6
Volochanka U.R.S.S. 19L1
Vologda U.R.S.S. 20G4
Vólos Gr. 15E3
Vol'sk U.R.S.S. 21H5
Volta É.-U. 56B2
Volta (R.) Gh. 41G4
Volta Blanche (R.) Burk. 41F3
Volta (Lac) Gh. 41F4
Volta Noire (R.) Burk. 41F3
Volta Redonda Br. 63D3
Volta Rouge (R.) Burk. 41F3
Volterra It. 12D3
Voltri It. 12C2
Volynskiy U.R.S.S. 21D5
Volzhskiy U.R.S.S. 21G6
Vonguda U.R.S.S. 20F3
Vopnafjörður Isl. 51R3
Voralberg (Prov.) Autr. 12C1
Vordingborg Dan. 16C1
Voriái (Ile) Gr. 21C8
Vorkouta U.R.S.S. 18H3
Vorma (R.) Norv. 4G6
Vorochilovgrad U.R.S.S. 21F6
Voronej U.R.S.S. 21F5
Voron'ya (R.) U.R.S.S. 4M5
Võru U.R.S.S. 4K7
Vosges (Dép.) Fr. 7D2
Vosges (Mgnes) Fr. 5D2
Voss Norv. 4F6
Vostchnyy U.R.S.S. 27E2
Vostochnyy U.R.S.S. 27E1
Vostok (Station) Antarct. 64F9
Vostok (Île) Polyn. Fr. 8
Votkinsk U.R.S.S. 20J4
Vouziers Fr. 5C2
Voy Vozh U.R.S.S. 20K3
Voznesensk U.R.S.S. 21E6
Vraca Bulg. 15E2
Vrangel (Ile) U.R.S.S. 19T2
Vranje Youg. 15E2
Vrbas Youg. 15D1
Vrbas (R.) Youg. 14D2
Vrbovsko Youg. 14C1
Vreed en Hoop Guy. 61G2
Vrhnika Youg. 12F2
Vršac Youg. 15E1
Vrtoče Youg. 14D2
Vryburg Afr. du S. 43C6
Vryheid Afr. du S. 43D6
Vukovar Youg. 15D1
Vuktyl' U.R.S.S. 20K3
Vulcano (Ile) It. 14C3
Vung Tau V. 29D3
Vuollerim Suède 4J5
Vyartsilya U.R.S.S. 20E3
Vyatka (R.) U.R.S.S. 20J4
Vyazemskiy U.R.S.S. 27C2
Vyaz'ma U.R.S.S. 20E4
Vyazniki U.R.S.S. 20G4
Vyborg U.R.S.S. 20D3
Vygozero (Lac) U.R.S.S. 20F3
Vym (R.) U.R.S.S. 20J3
Vyrnwy (R.) G.-B. 11D5
Vyshiy Volochek U.R.S.S. 20E4
Vyškov Tch. 16D3
Vysokogornyy U.R.S.S. 27D1
Vytegra U.R.S.S. 20F3

W

Wa Gh. 41F3
Wabasca (R.) Can. 50G4
Wabash É.-U. 54B2
Wabash (R.) É.-U. 54B3
Wabatongushi (Lac) Can. 54C1
Wabowden Can. 50J4
Wabush Can. 51M4
Waco É.-U. 52D3
Wad Pak. 32B3
Waddington (Mt) Can. 50F4
Wad (El-) Alg. 41D2
Wadi el Milk Soud. 42C2
Wadi es Sir Jord. 37C3
Wadi Howa Soud. 42C2
Wadi Ibra Soud. 42C2
Wādi Mūsa Jord. 37C3
Wadjh (al) Ar. S. 39C2
Wad Sig Alg. 41B1
Waegwan Corée du S. 28A3
Wafra Koweït 36E4
Wager (Baie) Can. 51K3
Wager Bay Can. 51J3
Wagga Wagga Austr. 46D4
Wagin Austr. 46A4
Waha Libye 39A2
Wahaiwa Hawaii 56E5
Wahpeton É.-U. 52D2
Wai Inde 34A1
Waialua Hawaii 56E5
Waigeo (Ile) Indon. 25G6
Wailuku Hawaii 56E5
Waimea Hawaii 56E5
Waingapu Indon. 46B1
Wainwright Can. 50G4
Wainwright É.-U. 50B2
Wajima J. 28C3
Wajir K. 42E3
Wakasa (Baie de) J. 28C3
Wakayama J. 27D5
Wakefield É.-U. 54B1
Wakefield G.-B. 11E5
Wakefield Jam. 58H1
Wakema Birm. 29B2
Wakkanai J. 27E2
Walbrzych Pol. 16D2
Walcz Pol. 16D2
Waldia Éth. 42E2
Wales É.-U. 50B3
Wales (I.) Can. 51K3
Walewale Gh. 41F3
Walgett Austr. 46D4
Walgreen (Côte de) Antarct. 64F4
Walikale Zaïre 42C4
Walker (Lac) É.-U. 56C1
Walker (Passage) É.-U. 56C3
Walkerton Can. 54C2
Wallace É.-U. 52B2
Wallaroo Austr. 46C4
Walla Walla É.-U. 52B2
Wallis-et-Futuna (Territoire) Fr. 45K5
Wallis (Iles) Fr. 47H2
Walnut Ridge É.-U. 54A3
Walsall G.-B. 11E5
Walsenburgh É.-U. 52C3
Walvis Bay Afr. du S. 43B6
Walvis (Dorsale de) Atlantique 48J6
Wamba Nig. 41H4
Wamba (R.) Zaïre 42B4
Wana Pak. 32B2
Wanapitei (Lac) Can. 54C1
Wanda Shan Ch. 27C2
Wando Corée du S. 28A4
Wanganui N.-Z. 47G4
Wangkui Ch. 27B2
Wango Fitini C.-d'Iv. 41F4
Wangqing Ch. 27B3
Wanle Weyne Som. 42E3
Wanning Ch. 29E2
Wanpaca É.-U. 54B2
Wanparti Inde 34B1
Wanxian Ch. 26B3
Wanyuan Ch. 26B3
Wappapelio (Lac) É.-U. 54A3
Wapsinipicon (R.) É.-U. 54A2
Warangal Inde 34B1
Warder Éth. 42E3
Wardha Inde 32D4
Wargla Alg. 40C1
Warin Chamrap Th. 29D2

Warmbad

Yangzi (Bouches du)

Warmbad Afr. du S. 43C6
Warnemünde R.D.A. 16C2
Warrego (R.) Austr. 46D3
Warren É.-U. 54C2
Warren É.-U. 55D2
Warrenpoint Irl. du N. 11B4
Warrenton Afr. du S. 43C6
Warrenton É.-U. 55D3
Warri Nig. 41H4
Warrington G.-B. 11D5
Warrnambool Austr. 46D4
Warta (R.) Pol. 17D2
Warwick Austr. 47E3
Warwick (Comté) G.-B. 11E5
Warwick É.-U. 55E2
Warwick G.-B. 11E5
Wasatch (Monts) É.-U. 52B2
Wasco É.-U. 56C3
Washap Pak. 35E3
Washburn É.-U. 54A1
Washburn (Lac) Can. 50H2
Wāshīm Inde 32D4
Washington (District de Columbia) É.-U. 53F3
Washington (État) É.-U. 52A2
Washington É.-U. 54B3
Washington É.-U. 54C2
Washington É.-U. 54A2
Washington É.-U. 54A3
Washington Court House É.-U. 54C3
Washington (Mt) É.-U. 55E2
Wash (The) G.-B. 11F5
Washuk Pak. 32A3
Waspán Nic. 58A4
Wassuk (Monts) É.-U. 56C1
Watampone Indon. 46B1
Waterbury É.-U. 55E2
Waterford (Comté) Irl. 11B5
Waterford Irl. 9B3
Waterford Harbour Irl. 11B5
Waterloo É.-U. 54A2
Watersmeet É.-U. 54B1
Watertown É.-U. 55D2
Watertown É.-U. 52D2
Watertown É.-U. 54B2
Waterville É.-U. 55F2
Waterways Can. 50G4
Watford G.-B. 11E6
Watkins Glen É.-U. 55D2
Watrous Can. 50H4
Watsa Zaïre 42C3
Watson Lake Can. 50F3
Watsonville É.-U. 56B2
Wau P.-N.-G. 25H7
Wau Soud. 42C3
Waua Can. 51K5
Waukegan É.-U. 54B2
Waukesha É.-U. 54B2
Waupun É.-U. 54B2
Wausau É.-U. 54B2
Wauwatosa É.-U. 54B2
Wave Hill Austr. 46C2
Waverey (R.) G.-B. 11F5
Waverly É.-U. 54C3
Wawa Can. 54C1
Wawa Nig. 41G4
Wawona É.-U. 56C2
Waxahachie É.-U. 52D3
Waycross É.-U. 53E3
Waynesboro É.-U. 55D3
Waza (Parc nat. de) Cameroun 41J3
Wazi Khwa Afgh. 32B2
Wé (Lifou) N.-C. 8
Weald (The) G.-B. 11F6
Wear (R.) G.-B. 10D4
Webbwood Can. 54C1
Webster Groves É.-U. 54A3
Weddell (Ile) Falkland 62D8
Weddell (Mer de) Antarct. 64G2
Weichang Ch. 26D1
Weiden R.F.A. 16C3
Weifang Ch. 26D2
Weihai Ch. 26E2
Wei He (R.) Ch. 26C3
Weining Ch. 26A4
Weipa Austr. 46D2
Weirton É.-U. 54C2
Weishan Hu (Lac) Ch. 26D3
Weissenfels R.D.A. 16C2
Welch É.-U. 54C3
Weldon É.-U. 56C3
Welkom Afr. du S. 43C6
Welland Can. 55D2
Welland (R.) G.-B. 11E5
Wellesley (Iles) Austr. 46C2
Wellingborough G.-B. 11E5
Wellington É.-U. 56C1
Wellington N.-Z. 47G5
Wellington Channel Can. 51J2
Wellington (I.) Chili 62B7
Wells G.-B. 11D6
Wells (Lac) Austr. 46B3
Wels Autr. 16C3
Welshpool G.-B. 11D5
Wemindji Can. 51L4
Wenchi Gh. 41F4
Wenden Ch. 26E2
Wengen S. 7D2
Wenling Ch. 26E4
Wenshan Ch. 26A5
Wen Xian Ch. 26A3
Wenzhou Ch. 26E4
Wenzhu Ch. 26C4
Wepener Les. 43C6
Werra (R.) R.D.A. 16C2
Wesel R.F.A. 16B2
Weser (R.) R.F.A. 16B2
Wessel (Iles) Austr. 46C2
West Allis É.-U. 54B2
West Branch (R.) É.-U. 55D2
West Bromwich G.-B. 11E5
Westbrook É.-U. 55E2
Westby É.-U. 54A2
Westend É.-U. 56D3
Westerland R.F.A. 16B2
Westerly É.-U. 55E2
West Falkland (Ile) Falkland 62D8
Westfield É.-U. 55D2
Westfield É.-U. 55E2
West Frankfort É.-U. 54B3
West Glamorgan (Comté) G.-B. 11D6
West Grand (Lac) É.-U. 55F1
West Liberty É.-U. 54C3
West Lorne Can. 54C2
Westmeath (Comté) Irl. 11B5
West Midlands (Comté) G.-B. 11E5
Westminster G.-B. 11E6
West Nicholson Zimb. 43C6
Weston É.-U. 54C3
Weston Mal. 25E6
Weston-super-Mare G.-B. 11D6
West Palm Beach É.-U. 53E4
West Plains É.-U. 53D3
West Point É.-U. 56B1
West Point É.-U. 55E2
Westport N.-Z. 47G5
Westray (Ile) G.-B. 9C2
West Side M. du Nord 11F5
West Walker É.-U. 56C1
West Yorkshire (Comté) G.-B. 11E5
Wetar (Ile) Indon. 46B1
Wetaskiwin Can. 50G4
Wete Tanz. 42D4
Wewak P.-N.-G. 46D1
Wexford (Comté) Irl. 11B5
Wexford Irl. 11B5
Weyburn Can. 50H5
Weymouth É.-U. 55E2
Weymouth G.-B. 11D6
Whakatane N.-Z. 47G4
Whalsay (Ile) G.-B. 10E1
Whangarei N.-Z. 47G4
Wharfe (R.) G.-B. 11E5
Wheeler (Pic) É.-U. 52B3
Wheeler (Pic) É.-U. 52C3
Wheeler Ridge É.-U. 56C3
Wheeling É.-U. 54C2
Whitby Can. 55D2
Whitby G.-B. 11E4
White (R.) É.-U. 54B3
White (R.) É.-U. 52C2
White (R.) É.-U. 53D3
White (Baie) Can. 51N4
White Coomb (Mgne) G.-B. 9C2
Whitefish (Pte) É.-U. 54B1
Whitegull (Lac) Can. 51M4
Whitehall É.-U. 55E2
Whitehall É.-U. 54A2
Whitehaven G.-B. 11D4
Whitehorse Can. 50E3
White (Mts) É.-U. 56C2
White (Mts) É.-U. 55E2
White Plains É.-U. 55E2
White River Can. 51K5
White River Junction É.-U. 55E2
Whitewater É.-U. 54B2
Whithorn G.-B. 10C4
Whitney (Mt) É.-U. 56C2
Whittier É.-U. 56C4
Wholdia (Lac) Can. 50H3
Whyalla Austr. 46C4
Wiarton Can. 54C2
Wiawso Gh. 41F4
Wichita É.-U. 52D3
Wick G.-B. 10D2
Wicklow (Comté) Irl. 11B5
Wicklow Irl. 11B5
Wicklow (Monts) Irl. 11B5
Widyān (Al) Ar. S. et Iraq 36D3
Wielun Pol. 17D2
Wien = Vienne
Wiener Neustadt Autr. 16D3
Wieprz (R.) Pol. 17E2
Wiesbaden R.F.A. 16B2
Wigan G.-B. 11D5
Wight (Ile de) G.-B. 11E6
Wigtown G.-B. 10C4
Wigtown Bay (Baie) G.-B. 10C4
Wil S. 12C1
Wilcannia Austr. 46D4
Wildhorn (Mgne) S. 12B1
Wildspitze (Mgne) Autr. 12D1
Wilhelm (Mt) P.-N.-G. 46D1
Wilhelmshaven R.F.A. 16B2
Wilkes-Barre É.-U. 55D2
Wilkes (Terre de) Antarct. 64F8
Willcox É.-U. 52C3
Willemstad Curaçao 58D4
Williamsburg É.-U. 55D3
Williams Lake Can. 50F4
Williamson É.-U. 54C3
Williamsport É.-U. 55D2
Williamstown É.-U. 54C3
Willis (Iles) Austr. 46E2
Williston Afr. du S. 43C7
Williston É.-U. 52C2
Willmar É.-U. 51J5
Willowmore Afr. du S. 43C7
Wilmington É.-U. 55D3
Wilnona É.-U. 51J5
Wilson É.-U. 53F3
Wilson (Cap) Can. 51K3
Wilson (Mt) É.-U. 56C3
Wilson's Promontory Austr. 46D4
Wiltshire (Comté) G.-B. 11E6
Wiluna Austr. 46B3
Winamac É.-U. 54B2
Winchester Can. 55D1
Winchester É.-U. 54C3
Winchester É.-U. 55D3
Winchester G.-B. 11E6
Windermere G.-B. 11D4
Windhoek Nam. 43B6
Windorah Austr. 46D3
Wind River Range É.-U. 52C2
Windsor Can. 54C2
Windsor Can. 51M5
Windsor Can. 55E1
Windsor É.-U. 55E2
Windsor G.-B. 11E6
Windward Islands M. des Antilles 58E4
Windward Passage M. des Antilles 58C3
Winfield É.-U. 52D3
Winisk (R.) Can. 51K4
Winisk (Lac) Can. 51K4
Winkana Birm. 29B2
Winneba Gh. 41F4
Winnebago (Lac) É.-U. 54B2
Winnemuca É.-U. 52B2
Winnipeg Can. 50J4
Winnipeg (Lac) Can. 50J4
Winnipegosis Can. 50J4
Winnipesaukee (Lac) É.-U. 55E2
Winona É.-U. 54A2
Winooski É.-U. 55E2
Winslow É.-U. 52B3
Winston-Salem É.-U. 53E3
Wintera É.-U. 56B1
Winterthur S. 12C1
Winton Austr. 46D3
Wisbech G.-B. 11F5
Wisconsin (État) É.-U. 53E2
Wisconsin (R.) É.-U. 54A2
Wisconsin Dells É.-U. 54B2
Wisconsin Rapids É.-U. 51K5
Wiseman É.-U. 50C3
Wismar R.D.A. 16C2
Witagron Sur. 61G2
Witchita Falls É.-U. 52D3
Witham (R.) G.-B. 11E5
Withernsea G.-B. 11F5
Witney G.-B. 11E6
Wittenberg R.D.A. 16C2
Wittenoom Austr. 46A3
Wladyslawowo Pol. 17D2
Włocławek Pol. 17D2
Włodawa Pol. 17E2
Wohlen S. 12C1
Wokam Indon. 25G7
Woking G.-B. 11E6
Woleai (Ile) O. Pacifique 25H6
Wolf (R.) É.-U. 54B1
Wolf Point É.-U. 52C2
Wolfsberg Autr. 16C3
Wolfsburg R.F.A. 16C2
Wollaston (Is) Chili 62C9
Wollaston (Lac) Can. 50H4
Wollaston Lake Can. 50H4
Wollaston (Pénin.) Can. 50G3
Wollo Éth. 42D2
Wollongong Austr. 46E4
Wolmaranstad Afr. du S. 43C6
Wolow Pol. 16D2
Wolverhampton G.-B. 11D5
Wonju Corée du S. 27B4
Wonsan Corée du N. 27B4
Wonthaggi Austr. 46D4
Woodbridge É.-U. 55D3
Wood Buffalo (P.N.) Can. 50G4
Woodbury É.-U. 55D3
Woodchopper É.-U. 50D3
Woodfords É.-U. 56C1
Woodlake É.-U. 56C2
Woodland É.-U. 56B1
Woodlark (Ile) P.-N.-G. 47E1
Woodroffe (Mt) Austr. 46C3
Woodstock Can. 55F1
Woodstock Can. 54C2
Woodstock É.-U. 54B2
Woodward É.-U. 52D3
Woomera Austr. 46C4
Woonsocket É.-U. 55E2
Wooster É.-U. 54C2
Worcester Afr. du S. 43B7
Worcester É.-U. 55E2
Worcester G.-B. 11D5
Wörgl Autr. 12E1
Workington G.-B. 11D4
Worland É.-U. 52C2
Worms R.F.A. 16B3
Worms Head (Pointe) G.-B. 11C6
Worthing G.-B. 11E6
Worthington É.-U. 53D2
Worthington É.-U. 54C2
W (Parcs nationaux du) Afr. 41G3
Wrangell É.-U. 50E4
Wrangell (Mts) É.-U. 50D3
Wrath (C.) G.-B. 9B2
Wrexham G.-B. 11D5
Wrightwood É.-U. 56D3
Wrigley Can. 50F3
Wrocław Pol. 16D2
Wrzésnia Pol. 17D2
Wuchang Ch. 27B3
Wuchuan Ch. 29E1
Wuda Ch. 26E2
Wudil Nig. 41H3
Wuding He (R.) Ch. 26C2
Wudu Ch. 26A3
Wugang Ch. 26C4
Wuhai Ch. 26B2
Wuhan Ch. 26C3
Wuhu Ch. 26D3
Wuhua Ch. 26D5
Wūjang Ch. 32D2
Wujia He (R.) Ch. 26B1
Wu Jiang (R.) Ch. 26B4
Wukari Nig. 41H4
Wuling Shan (Mgnes) Ch. 26B4
Wum Cameroun 41J4
Wumeng Shan (Hauteurs) Ch. 26A4
Wuntho Birm. 33E3
Wuppertal R.F.A. 16B2
Wuqi Ch. 26B2
Wuqing Ch. 26D2
Würzburg R.F.A. 16B3
Wurzen R.D.A. 16C2
Wusuli Jiang (R.) Ch. 27C2
Wutai Shan (Mgne) Ch. 26C2
Wuvulu (Ile) O. Pacifique 25H7
Wuwei Ch. 26A2
Wuxi Ch. 26E3
Wuxing Ch. 26E3
Wuyang Ch. 26C2
Wuyiling Ch. 27B2
Wuyi Shan (Mgnes) Ch. 26D4
Wuyuan Ch. 26B1
Wuyur He (R.) Ch. 27B2
Wuzhi Shan (Mgnes) Ch. 29D2
Wuzhong Ch. 26B2
Wuzhou Ch. 26C5
Wyandotte É.-U. 54C2
Wye (R.) G.-B. 11D6
Wylye (R.) G.-B. 11D6
Wymondham G.-B. 11F5
Wyndham Austr. 46B2
Wynniatt (Baie) Can. 50G2
Wyoming (État) É.-U. 52C2
Wyoming É.-U. 54B2
Wytheville É.-U. 54C3

X

Xaafuun (Ras) Som. 39E3
Xaidulla Ch. 32D1
Xai Moron He (R.) Ch. 26D1
Xai Xai Moz. 43D6
Xangongo Ang. 43B5
Xánthi Gr. 15E2
Xau (Lac) Botswana 43C6
Xenia É.-U. 54C3
Xiaguan Ch. 24C4
Xiahe Ch. 26A2
Xiamen Ch. 26D5
Xi'an Ch. 26B3
Xianfeng Ch. 26B4
Xiangfan Ch. 26C3
Xiang Jiang (R.) Ch. 26C4
Xiangtan Ch. 26C4
Xianning Ch. 26C4
Xianyang Ch. 26B3
Xiao'ergou Ch. 27A2
Xiao Shui (R.) Ch. 26C4
Xiapu Ch. 26D4
Xichang Ch. 26A4
Xieng Khouang Laos 29C2
Xifeng Ch. 26B4
Xigazê Ch. 33C2
Xi He (R.) Ch. 26A1
Xiji Ch. 26B2
Xi Jiang (R.) Ch. 26C5
Xiliao He (R.) Ch. 26E1
Xilin Ch. 26B5
Xinfeng Ch. 26D4
Xinghe Ch. 26C1
Xingkai (Lac) Ch. et U.R.S.S. 27C2
Xingning Ch. 26D5
Xingren Ch. 26B4
Xingtai Ch. 26C2
Xingu (R.) Br. 61H4
Xingxingxia Ch. 24C2
Xingyi Ch. 26A4
Xinhan Ch. 27B3
Xining Ch. 26A2
Xinjiang (Rég. aut.) Ch. 31G1
Xinjin Ch. 26E2
Xinjin Ch. 26A3
Xinkai He (R.) Ch. 27A3
Xinwen Ch. 26D2
Xin Xian Ch. 26C2
Xinxiang Ch. 26C2
Xinyang Ch. 26C3
Xinyi Ch. 26C5
Xinyi Ch. 26D3
Xinzhu Taiwan 26E5
Xi Ujimqin Qi Ch. 26D1
Xiuyan Ch. 27A3
Xuancheng Ch. 26D3
Xuanhan Ch. 26B3
Xuanhua Ch. 26D1
Xuanwei Ch. 26A4
Xuchang Ch. 26C3
Xuddur Som. 42E3
Xue Shan Taiwan 26E5
Xunhua Ch. 26A2
Xun Jiang (R.) Ch. 26C5
Xunke Ch. 27B2
Xunwu Ch. 26D5
Xupu Ch. 26C4
Xuwen Ch. 29D2
Xuwen Ch. 29E1
Xuyong Ch. 26B4
Xuzhou Ch. 26D3

Y

Ya'an Ch. 26A4
Yabassi Cameroun 42B3
Yablochnyy U.R.S.S. 27E2
Yabrūd Syrie 37D2
Yacuiba Bol. 60F8
Yādgīr Inde 34B1
Yafran Libye 39A1
Yagishiri (Ile) J. 28D2
Yagotin U.R.S.S. 17G2
Yahuma Zaïre 42C3
Yaita J. 28C3
Yaizu J. 28C4
Yajiang Ch. 26A4
Yakataga É.-U. 50D3
Yako Burk. 41F3
Yakoma Zaïre 42C3
Yaku (Ile) J. 27C5
Yaku (Dt de) J. 27C5
Yakumo J. 27E3
Yakutat É.-U. 50E4
Yakutat (Baie de) Can. 50D4
Yala Th. 29C4
Yalinga Centr. 42C3
Yalong (R.) Ch. 24C3
Yalova Turq. 15F2
Yalta U.R.S.S. 21E7
Yalu He (R.) Ch. 27A2
Yalu Jiang (R.) Ch. 27B3
Yamada J. 28D3
Yamagata J. 27D4
Yamaguchi J. 27C5
Yamal (Pén.) 20M2
Yamarovka U.R.S.S. 24E1
Yambio Soud. 42C3
Yamdena Indon. 25G7
Yamethin Birm. 33E3
Yamoussoukro C.-d'Iv. 40B4
Yamsk U.R.S.S. 19R4
Yamuna (R.) Inde 32D3
Yamzho Yumco (Lac) Ch. 33D2
Yana (R.) U.R.S.S. 19P3
Yanagawa J. 28B4
Yanam Inde 34C1
Yan'an Ch. 26B2
Yancheng Ch. 26E3
Yanchi Ch. 26B2
Yangambi Zaïre 42C3
Yanggi Ch. 24B2
Yanggu Corée du S. 28A3
Yang He (R.) Ch. 26C1
Yangjiang Ch. 26C5
Yangquan Ch. 26C2
Yangsan Corée du S. 28A3
Yangshan Ch. 26C5
Yangyang Corée du S. 28A3
Yangzhou Ch. 26D3
Yangzi (Bouches du) Ch. 26E3

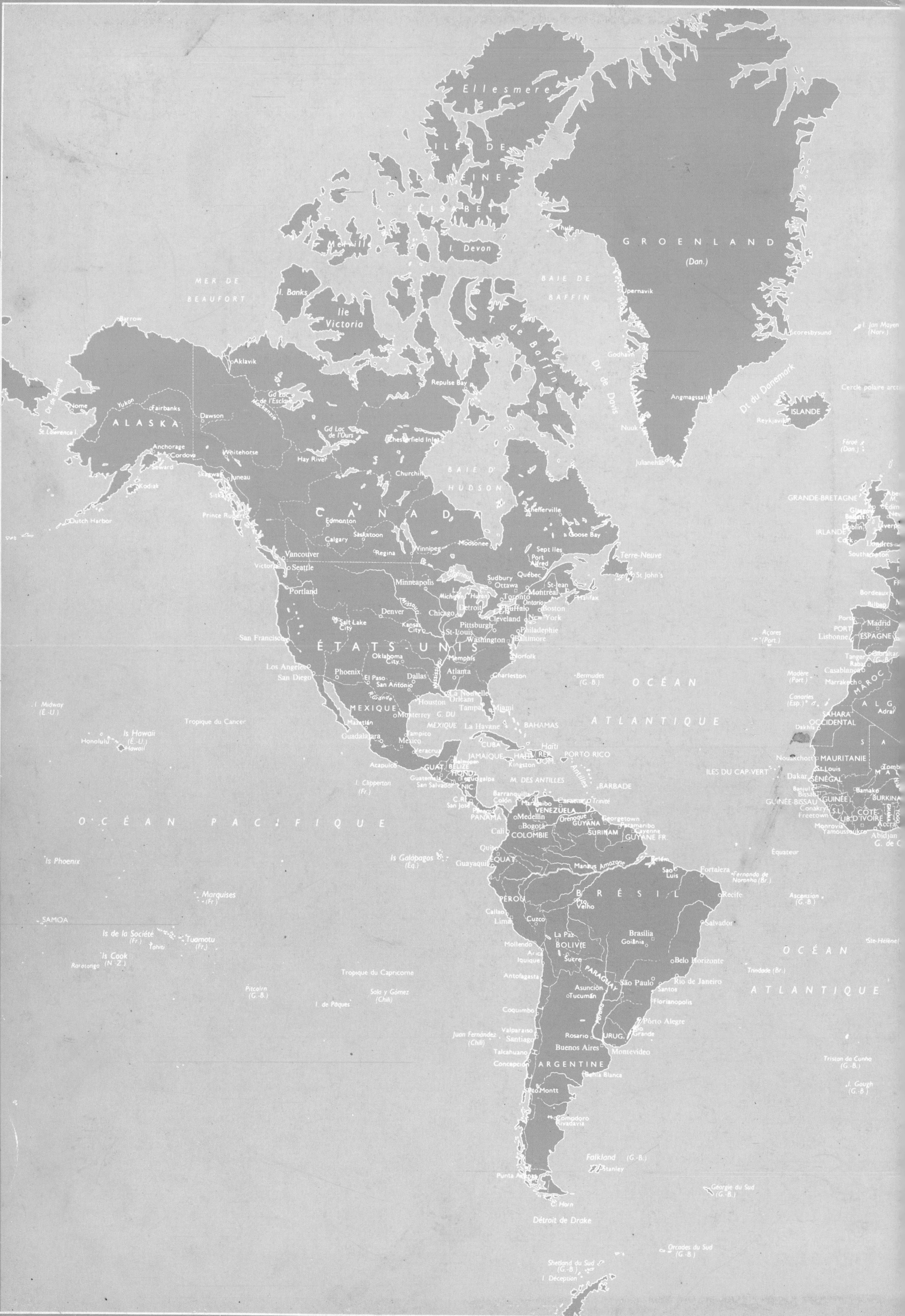

Ellesmere

ÎLE DE

REINE

ÉLISABETH

I. Devon

GROENLAND

(Dan.)

Thule

Melville

BAIE DE

BAFFIN

Upernavik

I. Jon Mayen
(Norv.)

MER DE
BEAUFORT

I. Banks

Île
Victoria

T. de Baffin

DT du Danemark

Scoresbysund

Barrow

Godhavn

Cercle polaire arctique

ISLANDE

Nome

Fairbanks

Dawson

Gd Lac
de l'Esclave

Repulse Bay

Angmagssalik

Reykjavik

ALASKA

Aklavik

Gd Lac
de l'Ours

Chesterfield Inlet

Nuuk

Féroé
(Dan.)

GRANDE-BRETAGNE

Anchorage
Cordova

Whitehorse

Hay River

Churchill

BAIE D'
HUDSON

Julianehåb

Dublin

Liverpool

Seward

Skagway

Juneau

Sitka

Kodiak

Prince Rupert

Shefferville

Goose Bay

Terre-Neuve

IRLANDE

Londres

Southampton

Dutch Harbor

CANADA

Edmonton

Calgary

Saskatoon

Regina

Vancouver

Victoria

Seattle

Portland

Moosonee

Winnipeg

Port
Alfred

Sept Îles

Québec

St-John's

Acores
(Port.)

Bordeaux

Bilbao

Sudbury
Ottawa

St-Jean

Halifax

PORT.

Madrid

Minneapolis

Michigan
Huron

Ontario

Toronto

Montréal

Boston

ESPAGNE

Lisbonne

Denver

Chicago

Detroit

Buffalo

New York

ÉTATS-UNIS

Salt Lake
City

Kansas
City

St-Louis

Cleveland

Pittsburgh

Philadelphie

Washington

Baltimore

Tanger
Rabat

Casablanca

MAROC

San Francisco

Norfolk

Madère
(Port.)

Marrakech

Los Angeles

San Diego

Phoenix

Oklahoma
City

Memphis

Atlanta

Charleston

Bermudes
(G.-B.)

OCÉAN

Canaries
(Esp.)

ALG.

Adrar

El Paso

Dallas

San Antonio

La Nouvelle
Orléans

Houston

Rio Grande

Tampa

Miami

ATLANTIQUE

SAHARA
OCCIDENTAL

I. Midway
(É.-U.)

MEXIQUE

Monterrey

G. DU
MEXIQUE

La Havane

BAHAMAS

Dakhla

Tropique du Cancer

Mazatlán

Tampico

CUBA

Nouakchott

MAURITANIE

Is Hawaii
(É.-U.)

Guadalajara

Veracruz

Mexico

Haïti

HAÏTI RÉP.

PORTO RICO

ÎLES DU CAP-VERT

St-Louis

Dakar

SÉNÉGAL

Honolulu

Hawaii

Acapulco

GUAT.

BELIZE

Guatemala

San Salvador

Guadalajara

HOND.

NIC.

JAMAÏQUE

Kingston

M. DES ANTILLES

BARBADE

Banjul

Bissau

GUINÉE-BISSAU

Bamako

GUINÉE

Conakry

Freetown

BURKINA

I. Clipperton
(Fr.)

CR.

San José

PANAMA

Barranquilla

Colón

Maracaibo

Caracas

Trinité

GUINÉE

(S.L.)

Monrovia

Yamoussoukro

CÔTE
D'IVOIRE

Accra

OCÉAN PACIFIQUE

Cali

Medellín

Bogotá

COLOMBIE

Orénoque

VENEZUELA

GUYANA

Georgetown

Paramaribo

Cayenne

SURINAM

GUYANE FR.

Abidjan

G. de

Is Phoenix

Quito

ÉQUAT.

Guayaquil

Is Galápagos
(Éq.)

Manaus

Amazone

Belém

São
Luís

Fortaleza

Fernando de
Noronha (Br.)

Équateur

Marquises
(Fr.)

PÉROU

Porto
Velho

BRÉSIL

Recife

Ascension
(G.-B.)

SAMOA

Callao

Lima

Cuzco

La Paz

BOLIVIE

Brasília

Goiânia

Salvador

Is de la Société
(Fr.)

Tahiti

Tuamotu
(Fr.)

Mollendo

Arica

Iquique

Sucre

Belo Horizonte

OCÉAN

Is Cook
(N.Z.)

Rarotonga

PARAGUAY

São Paulo

Rio de Janeiro

Santos

Trindade (Br.)

Ste-Hélène

Tropique du Capricorne

Antofagasta

Asunción

Tucumán

Florianópolis

ATLANTIQUE

Pitcairn
(G.-B.)

Sala y Gómez
(Chili)

I. de Pâques

Coquimbo

Porto Alegre

Juan Fernández
(Chili)

Valparaíso

Santiago

Rosario

URUG.

Rio Grande

Tristan da Cunha
(G.-B.)

Talcahuano

Buenos Aires

Montevideo

Concepción

ARGENTINE

Bahía Blanca

J. Gough
(G.-B.)

Pto Montt

Comodoro
Rivadavia

Falkland (G.-B.)

Stanley

Punta Arenas

Géorgie du Sud
(G.-B.)

C. Horn

Détroit de Drake

Orcades du Sud
(G.-B.)

Shetland du Sud
(G.-B.)

I. Déception